全国高等教育自学考试指定教材
经济管理类专业

市场营销学

（含：市场营销学自学考试大纲）
（2015 年版）

全国高等教育自学考试指导委员会　组编
主　编　　毕克贵
副主编　　孙宴娥

中国人民大学出版社
·北京·

图书在版编目（CIP）数据

市场营销学/毕克贵主编. —北京：中国人民大学出版社，2015.2
全国高等教育自学考试指定教材
ISBN 978-7-300-20901-2

Ⅰ. ①市… Ⅱ. ①毕… Ⅲ. ①市场营销学-高等教育-自学考试-教材 Ⅳ. ①F713.50

中国版本图书馆 CIP 数据核字（2015）第 039261 号

全国高等教育自学考试指定教材
经济管理类专业
市场营销学
（含：市场营销学自学考试大纲）
（2015 年版）
全国高等教育自学考试指导委员会　组编
主　编　毕克贵
副主编　孙宴娥
Shichang Yingxiaoxue

出版发行	中国人民大学出版社		
社　　址	北京中关村大街 31 号	**邮政编码**	100080
电　　话	010－62511242（总编室）		
网　　址	http://www. crup. com. cn		
印　　刷	北京市鑫霸印务有限公司		
规　　格	185 mm×260 mm　16 开本	**版　　次**	2015 年 4 月第 1 版
印　　张	24. 25	**印　　次**	2021 年 12 月第 15 次印刷
字　　数	563 000	**定　　价**	56. 00 元

官方淘宝店　网址：http://shop136348527.taobao.com
本书如有质量问题，请与教材供应部门联系。

组编前言

21 世纪是一个变幻难测的世纪，是一个催人奋进的时代。科学技术飞速发展，知识更替日新月异。希望、困惑、机遇、挑战，随时随地都有可能出现在每一个社会成员的生活之中。抓住机遇，寻求发展，迎接挑战，适应变化的制胜法宝就是学习——依靠自己学习、终生学习。

作为我国高等教育组成部分的自学考试，其职责就是在高等教育这个水平上倡导自学、鼓励自学、帮助自学、推动自学，为每一个自学者铺就成才之路。组织编写供读者学习的教材就是履行这个职责的重要环节。毫无疑问，这种教材应当适合自学，应当有利于学习者掌握和了解新知识、新信息，有利于学习者增强创新意识，培养实践能力，形成自学能力，也有利于学习者学以致用，解决实际工作中所遇到的问题。具有如此特点的书，我们虽然沿用了“教材”这个概念，但它与那种仅供教师讲、学生听，教师不讲、学生不懂，以“教”为中心的教科书相比，已经在内容安排、编写体例、行文风格等方面都大不相同了。希望读者对此有所了解，以便从一开始就树立起依靠自己学习的坚定信念，不断探索适合自己的学习方法，充分利用自己已有的知识基础和实际工作经验，最大限度地发挥自己的潜能，达到学习的目标。

欢迎读者提出意见和建议。

祝每一位读者自学成功。

全国高等教育自学考试指导委员会

2014 年 3 月

目　录

市场营销学自学考试大纲

市场营销学

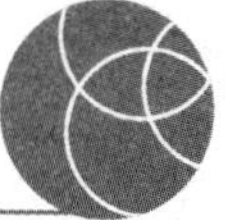

市场营销学
自学考试大纲

出版前言

为了适应社会主义现代化建设事业的需要，鼓励自学成才，我国在 20 世纪 80 年代初建立了高等教育自学考试制度。高等教育自学考试是个人自学、社会助学和国家考试相结合的一种高等教育形式。应考者通过规定的专业考试课程并经思想品德鉴定达到毕业要求的，可获得毕业证书；国家承认学历并按照规定享有与普通高等学校毕业生同等的有关待遇。经过 30 多年的发展，高等教育自学考试为国家培养造就了大批专门人才。

课程自学考试大纲是国家规范自学者学习范围、要求和考试标准的文件。它是按照专业考试计划的要求，具体指导个人自学、社会助学、国家考试、编写教材、编写自学辅导书的依据。

随着经济社会的快速发展，新的法律法规不断出台，科技成果不断涌现，原大纲中有些内容过时、知识陈旧。为更新教育观念，深化教学内容方式、考试制度、质量评价制度改革，使自学考试更好地提高人才培养的质量，各专业委员会按照专业考试计划的要求，对原课程自学考试大纲组织了修订或重编。

修订后的大纲，在层次上，专科参照一般普通高校专科或高职院校的水平，本科参照一般普通高校本科水平；在内容上，力图反映学科的发展变化，增补了自然科学和社会科学近年来研究的成果，对明显陈旧的内容进行了删减。

全国高等教育自学考试指导委员会经济管理类专业委员会组织制定了《市场营销学自学考试大纲》，经教育部批准，现颁发施行。各地教育部门、考试机构应认真贯彻执行。

全国高等教育自学考试指导委员会
经济管理类专业委员会
2015 年 1 月

I 课程性质与课程目标

一、课程性质和特点

“市场营销学”课程是全国高等教育自学考试市场营销专业的必修课，是在经济全球化背景下，为培养适应社会主义市场经济发展需要的应用型专业人才服务的。

市场营销学是伴随着经济发展和企业经营管理需要而出现的，是21世纪发展最快的管理学科之一。市场营销学是一门建立在经济学、心理学、社会学和管理学基础上的综合性应用科学，专门研究营销者如何开发、提供有价值的产品与服务并通过交换满足顾客需要和欲望的社会过程和管理过程。市场营销学的主要研究内容是市场营销活动及其规律，即企业在特定的市场竞争环境下，为了满足顾客潜在和现实的需求，以市场营销调研和预测为基础，针对目标市场所实施的以产品、价格、渠道和促销等营销组合工具为主要决策内容的营销管理和控制过程。

在社会主义市场经济条件下，市场营销理论不但广泛应用于企业、政府和非营利性组织机构，而且逐渐在微观、中观和宏观三个层次都得到全面体现，已经涉及社会经济生活的各个方面。市场营销学不仅是经济管理类各专业的必修课，也是人文、哲学和社会科学等专业的重要课程。

通过对市场营销学的学习，应使自学考生比较全面、系统地掌握基本概念、基本理论、基本方法和管理流程，充分认识到在经济全球化背景下，在加快发展我国市场经济的进程中，企业加强市场营销的重要性；了解市场营销哲学，坚持市场营销道德和社会责任，掌握市场营销调研和预测、市场营销环境、市场购买行为、关系营销策略、目标市场选择、市场营销组合策略、市场营销策划、组织和控制的基本内容、流程和方法，培养和提高自学考生正确分析和解决我国市场营销管理问题的实践能力，以使自学考生毕业后能更好地适应市场营销管理工作实践的需要，为国家和社会的稳定发展做出贡献。

二、课程目标

“市场营销学”课程设置的目标是使考生：

1. 成为具有专业营销理论基础和实践应用能力的、能在各类企业或部门从事营销管理工作的应用型人才；

2. 全面树立现代市场营销哲学，充分认识市场营销在社会主义市场经济建设中的重要作用；

3. 系统掌握市场营销学的基本概念、基本理论、基本方法和管理流程；

4. 应用市场营销学知识来分析和解决现实中的营销问题的能力，为进一步学习其他专业课程提供理论基础。

三、与相关课程的联系与区别

“市场营销学”是市场营销专业的必修课，也是工商管理类课程体系中十分重要的专业基础课。市场营销学是一门应用性很强的综合性应用科学，广泛应用于各个学科领域和社会经济生活的各个方面，对其理论体系和知识点的把握需要建立在多门学科的基础上。因此，学习“市场营销学”课程应该具备一定的经济学、心理学、社会学、管理学、哲学、数学、统计学和信息科学等方面的基础知识。同时，学习这门课程一定要加强实践环节的教学安排，以实际的案例来激发学生的学习兴趣和热情，培养具有创新意识和创业能力的应用型市场营销人才。

四、课程的重点

本课程的重点在后文的“课程内容与考核要求”中有详细的介绍，请社会助学单位及自学考生准确把握。

Ⅱ 考核目标

本大纲的考核目标包括四个层次，即识记、领会、简单应用和综合应用，并据此来规定应该达到的能力要求。四个能力层次是递进关系，各能力层次的含义是：

1. 识记：考生能够识别和记忆市场营销学的相关名词及概念，并能够正确地表述或选择。

2. 领会：考生在识记的基础上，能全面把握市场营销学的基本知识、基本原理及市场营销管理的主要理论和流程，理解相关概念及知识、原理的区别和联系，并能够正确地表述、选择和分析。

3. 简单应用：考生在识记和领会的基础上，能运用一两个基本概念、基本原理解决简单的理论联系实际的问题。

4. 综合应用：考生在简单应用的基础上，能运用跨章节的多个知识点，综合分析和解决复杂的现实问题，为市场营销活动提出对策建议。

Ⅲ 课程内容与考核要求

第一部分 市场营销概述

第一章 市场营销和营销哲学

一、学习目的与要求

市场营销学是一门建立在经济学、心理学、社会学、管理学等理论基础上的应用科学，其主要内容是研究市场营销活动及其规律。因此，掌握市场营销的相关概念，确立市场营销哲学，充分理解市场营销管理的任务与流程，全面认识市场营销道德与社会责任，对于做好市场营销活动具有重大意义。

通过本章的学习，考生需要了解市场营销的学科性质、概念及特征，能够比较、分析市场营销的几组核心概念，掌握市场营销哲学的概念、类型和确立，明确市场营销管理的任务和流程，准确把握市场营销道德的概念及市场营销道德在市场营销活动中的体现，客观认识企业社会责任以及企业承担社会责任的内容、利益与风险，为本课程今后的学习打下良好的基础。

二、课程内容

第一节 市场营销的学科性质与相关概念

（一）市场营销的学科性质

1. 市场营销学的产生

2. 市场营销学与相关学科的关系

（二）市场营销的概念

（三）市场营销的特征

1. 市场营销不仅仅是销售

2. 市场营销是让渡价值的系统流程

3. 市场营销是组织的整体哲学

（四）市场营销的核心概念

1. 营销者、预期顾客与相互营销

2. 需要、欲望和需求

3. 交换与交易

4. 市场、关系和网络

第二节 市场营销哲学的确立

（一）市场营销哲学的概念

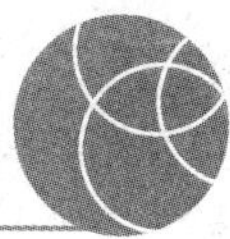

（二）市场营销哲学的类型

1. 传统市场营销哲学

2. 现代市场营销哲学

（三）现代市场营销哲学的确立

1. 确立现代市场营销哲学的支柱

2. 现代市场营销哲学确立的动力和阻力

3. 实现市场营销哲学的确立

第三节　市场营销管理流程

（一）市场营销管理的概念

（二）市场营销管理的任务

1. 需求的类型

2. 不同需求状态下的营销管理任务

（三）市场营销管理的流程

1. 分析环境和市场机会

2. 确定目标市场

3. 制定营销战略和战术

4. 实施和控制营销活动

第四节　市场营销道德与企业社会责任

（一）市场营销道德的概念

（二）企业营销活动中的道德问题

1. 营销调研过程中的营销道德

2. 产品策略中的营销道德

3. 定价策略中的营销道德

4. 渠道策略中的营销道德

5. 促销策略中的营销道德

（三）企业社会责任概述

1. 企业社会责任的产生与发展

2. 企业社会责任的界定

3. 企业承担社会责任的必然性

（四）企业社会责任的内容、利益与风险

1. 企业社会责任的内容

2. 企业承担社会责任的利益与风险

三、考核知识点与考核要求

（一）市场营销的学科性质与相关概念

1. 识记：市场营销的概念、市场营销的核心概念

2. 领会：市场营销学与相关学科的关系、市场营销的特征

（二）市场营销哲学的确立

1. 识记：市场营销哲学的概念

2. 领会：市场营销哲学的类型、确立现代市场营销哲学的支柱、现代市场营销哲学确立的动力和阻力

（三）市场营销管理流程

1. 识记：市场营销管理的概念、市场营销组合的概念

2. 领会：需求的类型

3. 简单应用：不同需求状态下的营销管理任务

4. 综合应用：市场营销管理的流程、市场营销组合的应用

（四）市场营销道德与企业社会责任

1. 识记：市场营销道德的概念

2. 领会：企业营销活动中的道德问题、企业承担社会责任的必然性、企业社会责任的内容

3. 简单应用：企业承担社会责任的利益与风险

四、本章重点

本章的重点是市场营销的核心概念、市场营销组合的概念、市场营销道德的概念、市场营销哲学的类型、确立现代市场营销哲学的支柱、市场营销管理的流程、企业营销活动中的道德问题、企业承担社会责任的必然性、企业社会责任的内容、企业承担社会责任的利益与风险。

第二章　关系营销：顾客价值、满意与忠诚

一、学习目的与要求

建立与维护良好的顾客关系，是企业实现长远利益、增强抵御风险能力的重要途径。因此，开展顾客关系营销，持续提供卓越的顾客价值，创造顾客满意并培养顾客忠诚对于现代企业应对市场竞争意义重大。

在学习本章内容之后，考生需要掌握顾客让渡价值的概念、构成和提升策略，了解顾客让渡价值的实现途径，准确把握顾客满意与顾客忠诚的概念及相应的测量方法，认识顾客吸引与维系的重要意义，全面理解顾客关系营销并熟悉顾客盈利率分析。

二、课程内容

第一节　顾客让渡价值的实现

（一）顾客让渡价值的概念

（二）顾客让渡价值的构成

1. 顾客总价值

2. 顾客总成本

（三）顾客让渡价值的提升策略

1. 提升顾客总价值

2. 降低顾客总成本

（四）顾客让渡价值的实现

1. 价值链

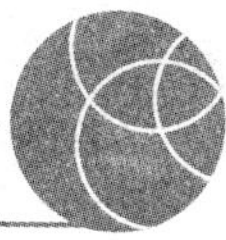

2. 价值让渡网络

第二节　顾客满意与顾客忠诚的测量

（一）顾客满意的概念

（二）顾客满意的测量

1. 投诉与建议系统

2. 顾客满意度调查

3. 佯装购物者

（三）顾客忠诚的概念

（四）顾客忠诚的测量

1. 顾客的购买次数和重复购买率

2. 顾客购买的种类、数量和比例

3. 顾客购买时的挑选时间

4. 顾客对价格的敏感程度

5. 顾客对企业产品质量事故的包容程度

6. 顾客对待外部干扰的态度

第三节　顾客关系营销

（一）顾客的吸引与维系

1. 顾客的吸引

2. 顾客的维系

（二）顾客关系营销概述

1. 关系营销的概念与层次

2. 关系营销与交易营销的区别

3. 关系营销的实现策略

（三）顾客盈利率分析

三、考核知识点与考核要求

（一）顾客让渡价值的实现

1. 识记：顾客让渡价值的概念

2. 领会：顾客让渡价值的构成、顾客让渡价值的提升策略、价值链、价值让渡网络

（二）顾客满意与顾客忠诚的测量

1. 识记：顾客满意的概念、顾客忠诚的概念

2. 领会：顾客满意的测量、顾客忠诚的测量

（三）顾客关系营销

1. 识记：关系营销的概念

2. 领会：顾客的吸引与维系、关系营销与交易营销的区别

3. 简单应用：关系营销的层次

4. 综合应用：关系营销的实现策略

四、本章重点

本章重点是顾客让渡价值的概念、顾客满意的概念、顾客忠诚的概念、价值链与价值

让渡网络、顾客让渡价值的提升策略、关系营销的层次、关系营销的实现策略。

第二部分　市场营销调研与策划

第三章　市场营销调研

一、学习目的与要求

市场营销调研是指系统地设计、收集、分析和提出数据资料，并提供与企业所面临的特定营销状况有关的调查结果。在现代市场营销管理过程中，市场营销调研是开展市场营销管理过程的依据和基础，也是探索市场价值的基本工具。

通过本章的学习，考生需要了解市场营销信息系统的构成、市场营销调研的概念与功能、市场营销调研的流程，能够掌握一手资料的收集方法、市场调查工具和市场接触方式，能够比较、分析市场需求预测的相关概念和市场定性、定量预测法。

二、课程内容

第一节　市场营销调研概述

（一）市场营销信息系统的构成

1. 内部报告系统

2. 营销情报系统

3. 营销调研系统

4. 营销决策支持系统

（二）市场营销调研的概念与功能

1. 市场营销调研的概念

2. 市场营销调研的功能

（三）市场营销调研的流程

1. 确定市场营销调研主题

2. 制定调研方案

3. 收集市场信息资料

4. 整理与分析市场信息资料

5. 提出市场营销调研报告

第二节　市场调研方法

（一）市场调研方法概述

1. 二手资料的收集

2. 一手资料的收集方法

（二）市场调查工具

1. 调查表

2. 仪器

3. 定性测量

（三）市场接触方式

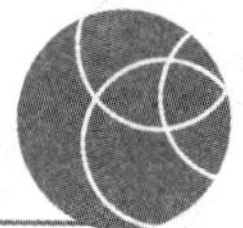

1. 邮寄调查表
2. 电话访谈
3. 面对面访问
4. 在线访问

第三节　市场需求预测

（一）市场需求预测的相关概念

1. 市场需求和市场潜量
2. 企业需求和企业潜量
3. 总市场潜量
4. 地区市场潜量
5. 行业销售额
6. 市场需求预测

（二）市场需求预测的方法

1. 市场定性预测法
2. 市场定量预测法

三、考核知识点与考核要求

（一）市场营销调研概述

1. 识记：市场营销调研的概念、市场营销调研的功能
2. 领会：市场营销信息系统的构成
3. 简单应用：市场营销调研方案的基本内容
4. 综合应用：有效市场营销调研的流程

（二）市场调研方法

1. 识记：一手资料的收集方法、调查表的设计与制作程序、市场调查工具
2. 领会：德尔菲法、头脑风暴法、市场接触方式
3. 简单应用：定性调研分析的常见方法

（三）市场需求预测

1. 识记：市场需求预测的相关概念、预测的特点
2. 领会：市场定性预测法、市场定量预测法

四、本章重点

本章的重点是市场营销信息系统的构成、市场营销调研的概念、市场营销调研的功能、有效的市场营销调研流程、一手资料的收集方法、德尔菲法及头脑风暴法的概念、市场接触方式、市场需求预测的相关概念。

第四章　市场营销策划

一、学习目的与要求

市场营销策划为企业构建了实现其目标的明确规划，也为企业未来的行动提供了重要依据。市场营销策划包含一系列紧密相关的内容，这些内容的制定与实施决定了企业营销活动的效率与效果。

通过对本章内容的学习，考生需要把握市场营销策划的概念、特征、类型及具体内容，了解企业战略业务单位确定的相关知识，掌握战略业务单位评价与分析的两个经典模型，全面认识企业新业务发展策划所涉及的3种战略。

二、课程内容

第一节　市场营销策划概述

（一）市场营销策划的概念和特征

1. 市场营销策划的概念

2. 市场营销策划的特征

（二）市场营销策划的类型

1. 按照策划的组织层次分类

2. 按照策划的内容分类

（三）市场营销策划的内容

1. 执行概要和目录

2. 营销现状

3. 机会和问题分析

4. 制定目标

5. 营销战略

6. 行动方案

7. 预测损益表

8. 营销控制

第二节　现有业务组合策划

（一）战略业务单位的确定

1. 战略业务单位的概念与特征

2. 以营销导向确定战略业务单位

（二）波士顿咨询公司模型

1. 波士顿咨询公司模型介绍

2. 各业务单位的营销战略决策

（三）通用电气公司模型

1. 通用电气公司模型介绍

2. 各业务区域的营销战略决策

（四）现有业务组合模型评价

第三节　新业务发展策划

（一）密集型成长战略

1. 市场渗透战略

2. 市场开发战略

3. 产品开发战略

（二）一体化成长战略

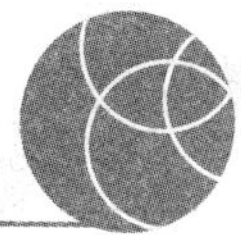

1. 后向一体化战略
2. 前向一体化战略
3. 水平一体化战略

（三）多角化成长战略

1. 同心多角化战略
2. 水平多角化战略
3. 跨行业多角化战略

三、考核知识点与考核要求

（一）市场营销策划概述

1. 识记：市场营销策划的概念
2. 领会：市场营销策划的特征、市场营销策划的类型、市场营销策划方案的内容
3. 综合应用：公司策划的 4 项活动

（二）现有业务组合策划

1. 识记：战略业务单位的概念
2. 领会：战略业务单位的特征、以营销导向确定战略业务单位
3. 简单应用：波士顿咨询公司模型、通用电气公司模型、现有业务组合模型评价

（三）新业务发展策划

1. 识记：密集型成长战略的概念、一体化成长战略的概念、多角化成长战略的概念
2. 领会：密集型成长战略的类型、一体化成长战略的类型、多角化成长战略的类型

四、本章重点

本章重点是市场营销策划的概念、战略业务单位的概念、市场营销策划的类型、市场营销策划的内容、波士顿咨询公司模型、通用电气公司模型、密集型成长战略的类型、一体化成长战略的类型、多角化成长战略的类型。

第三部分　市场营销环境与竞争分析

第五章　市场营销环境扫描

一、学习目的与要求

企业营销活动总是要面对一定的市场环境，环境中存在着对企业有利或不利的因素，这些不是企业可以完全掌控的，但精明的管理者可以通过控制企业的营销活动，即时刻关注环境的变化并对环境进行细致、精准的分析，去发现和抓住机会并避免潜在威胁，实现企业可持续发展。

通过本章的学习，考生需要了解市场营销环境的概念、特征及市场营销与环境的关系，能够全面理解市场营销环境的构成，掌握企业市场营销微观环境和市场营销宏观环境的影响因素，准确把握企业市场营销环境的分析方法并能在现实生活中加以运用。

二、课程内容

第一节　市场营销环境概述

（一）市场营销环境的概念与特征

1. 市场营销环境的概念
2. 市场营销环境的特征
（二）市场营销与环境的关系
（三）市场营销环境的构成
1. 微观环境和宏观环境
2. 可控因素与不可控因素
3. 营销环境的总体构成

第二节　市场营销微观环境

（一）内部微观环境因素分析
1. 与其他职能部门的协调
2. 企业文化
3. 企业组织结构
4. 营销组合的要素
（二）外部微观环境因素分析
1. 供应商
2. 竞争者
3. 社会公众
4. 营销中介
5. 顾客

第三节　市场营销宏观环境

（一）人口环境
1. 人口规模和增长率
2. 年龄结构
3. 性别结构
4. 家庭结构
5. 社会结构
6. 民族结构
7. 人口地理分布及区间流动
（二）经济环境
1. 宏观经济环境
2. 微观经济环境
（三）自然环境
1. 自然资源的拥有及开发利用
2. 环境污染与生态平衡
（四）科学技术环境
（五）政治与法律环境
1. 政治环境
2. 法律环境

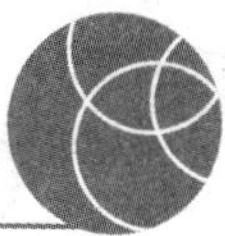

（六）社会与文化环境

1. 教育水平

2. 语言文字

3. 宗教信仰

4. 价值观念

5. 风俗习惯

6. 审美观念

第四节　市场营销环境分析方法

（一）营销环境的机会与威胁

1. 营销环境机会分析

2. 营销环境威胁分析

3. 机会—威胁综合分析

（二）企业的优势与劣势

1. 企业优势

2. 企业劣势

（三）SWOT 分析法

三、考核知识点与考核要求

（一）市场营销环境概述

1. 识记：市场营销环境的概念

2. 领会：市场营销环境的特征、市场营销与环境的关系

3. 简单应用：市场营销环境的构成

（二）市场营销微观环境

1. 识记：市场营销微观环境的概念

2. 领会：内部微观环境因素分析和外部微观环境因素分析

（三）市场营销宏观环境

1. 识记：市场营销宏观环境的概念

2. 领会：人口环境、经济环境、自然环境、科学技术环境、政治与法律环境、社会与文化环境

（四）市场营销环境分析方法

1. 识记：营销环境的机会与威胁、企业的优势与劣势

2. 领会：营销环境机会分析、营销环境威胁分析

3. 简单应用：机会—威胁综合分析

4. 综合应用：SWOT 分析法

四、本章重点

本章的重点是市场营销环境的概念与特征、市场营销与环境的关系、内部微观环境因素分析、外部微观环境因素分析、市场营销宏观环境因素分析、营销环境的机会与威胁、企业的优势与劣势。

第六章　市场竞争战略

一、学习目的与要求

市场竞争所形成的优胜劣汰会迫使企业提高运营效率和管理水平，以获得最佳效益，同样也可能使企业在大浪淘沙中一蹶不振。“适者生存”不仅仅是自然界的演化规律，也是市场竞争的必然法则。正确的市场竞争战略，是企业成功实现其营销目标的关键。面对变幻莫测的市场竞争，能否制定有效的竞争战略成为决定企业成败的重要因素。

通过本章的学习，考生需要正确认识影响竞争的5种力量，了解竞争者识别的观念并能够对竞争者进行正确的分析与选择，掌握成本领先战略、差异化战略和集中化战略的概念及企业采取这些战略时的优势和风险，掌握市场领导者战略、市场挑战者战略、市场跟随者战略和市场补缺者战略的基本内容。

二、课程内容

第一节　竞争者识别与选择

（一）影响竞争的5种力量

1. 现有企业间的竞争
2. 潜在进入者的威胁
3. 替代产品的威胁
4. 购买者的讨价还价能力
5. 供应商的讨价还价能力

（二）竞争者识别的观念

1. 行业竞争观念
2. 市场竞争观念

（三）竞争者分析与选择

1. 识别竞争者的战略
2. 确定竞争者的目标
3. 评估竞争者的优势和劣势
4. 估计竞争者的反应
5. 竞争者选择

第二节　基本竞争战略

（一）成本领先战略

1. 成本领先战略的优势和风险
2. 成本领先战略的适用条件
3. 成本领先战略的实现途径

（二）差异化战略

1. 差异化战略的优势和风险
2. 差异化战略的适用条件
3. 差异化战略的实现途径

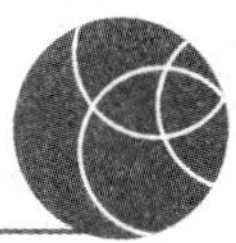

（三）集中化战略
1. 集中化战略的优势和风险
2. 集中化战略的适用条件
3. 集中化战略的实现途径
第三节　市场竞争战略
（一）市场领导者战略
1. 扩大市场总需求
2. 保护现有市场份额
3. 扩大市场份额
（二）市场挑战者战略
1. 确定战略目标和挑战对象
2. 选择进攻战略
（三）市场跟随者战略
1. 紧密跟随
2. 距离跟随
3. 选择跟随
（四）市场补缺者战略
1. 补缺市场的特征
2. 市场补缺者的战略
3. 市场补缺者的任务

三、考核知识点与考核要求

（一）竞争者识别与选择
1. 识记：影响竞争的5种力量
2. 领会：竞争者识别的观念
3. 简单应用：竞争者分析与选择
（二）基本竞争战略
1. 识记：成本领先战略、差异化战略、集中化战略的概念
2. 领会：成本领先战略、差异化战略、集中化战略的优势、风险、适用条件
3. 简单应用：成本领先战略、差异化战略、集中化战略的实现途径
（三）市场竞争战略
1. 识记：市场领导者、市场挑战者、市场跟随者及市场补缺者的概念
2. 领会：市场领导者战略、市场挑战者战略、市场跟随者战略及市场补缺者战略的主要内容
3. 综合应用：市场领导者战略、市场挑战者战略、市场跟随者战略及市场补缺者战略的具体方法

四、本章重点

本章的重点是影响竞争的5种力量、竞争者识别的观念、竞争者分析与选择以及成本领先战略、差异化战略、集中化战略的优势、风险、适用条件与实现途径。

第四部分 购买行为与目标市场选择

第七章 市场与购买者行为

一、学习目的与要求

企业的市场营销过程就是满足顾客需求的过程，要想满足顾客的需求，首先要能识别顾客的需求；而要想识别顾客的需求，就必须对顾客行为进行科学的分析。对于企业来说，市场是其最需要关注的部分，因为在市场导向的企业中，市场是其营销活动的出发点和归宿。能否正确地认识市场的特征和作用、了解市场购买者的行为，关系到企业能否制定正确的营销方案和企业的兴衰存亡。

通过本章的学习，考生需要了解市场的概念、市场的构成与市场的类型划分，掌握影响消费者购买行为与组织市场购买行为的相关因素，明确消费者购买与组织市场购买的角色与类型，准确把握消费者市场的购买决策流程与组织市场的购买决策流程。

二、课程内容

第一节 市场构成与类型

（一）市场的概念

1. 人口
2. 购买力
3. 购买欲望

（二）市场的构成

1. 一定量的可交换的产品
2. 为市场提供商品的卖方
3. 商品需求及其人格化的代表者——买方

（三）市场的类型

1. 消费者市场
2. 组织市场

第二节 消费者购买行为

（一）影响消费者购买行为的因素

1. 文化因素
2. 个人因素
3. 心理因素
4. 社会因素

（二）消费者购买的角色和类型

1. 消费者市场的购买角色
2. 消费者购买行为类型

（三）消费者市场的购买决策流程

1. 确定需要

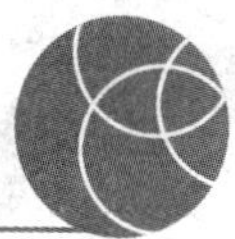

2. 信息收集
3. 方案评价
4. 购买决策
5. 购后行为

第三节　组织市场购买行为

（一）影响组织市场购买行为的因素
1. 环境因素
2. 组织因素
3. 人际因素
4. 个人因素

（二）组织市场购买角色与类型
1. 组织市场购买角色
2. 组织市场的购买类型

（三）组织市场的购买决策流程
1. 问题识别
2. 总需求说明
3. 确定产品规格
4. 寻找合格的供应商
5. 征求供应建议书
6. 评价和选择供应商
7. 履行订购手续
8. 绩效评估

三、考核知识点与考核要求

（一）市场构成与类型
1. 识记：市场的概念、市场的构成要素
2. 领会：组织市场的类型
3. 简单应用：消费者市场的特点、组织市场的特点

（二）消费者购买行为
1. 识记：消费者市场的购买角色
2. 领会：消费者购买行为类型
3. 简单应用：影响消费者购买行为的因素
4. 综合应用：消费者市场的购买决策流程

（三）组织市场购买行为
1. 识记：组织市场购买角色、组织市场的购买类型
2. 领会：影响组织市场购买行为的因素
3. 简单应用：组织市场的购买决策流程

四、本章重点

本章的重点是市场的概念、市场的构成、消费者市场的特征、消费者购买的角色、消

费者购买的类型、影响组织市场购买行为的因素。

第八章 目标市场分析与选择

一、学习目的与要求

目标市场营销是企业践行现代营销理念的关键内容，其出发点不是企业或产品自身，而是市场需求。目标市场营销战略的主要特点是市场需求的针对性强，能帮助企业更好地识别市场营销机会，从而为各个目标市场提供适销对路的产品，取得良好的营销效果。

在学习本章内容的基础上，考生需要对目标市场营销战略的三个环节做出全面认识。在此基础上，要理解市场细分的概念和作用，掌握市场细分的依据、理论基础及相应的方法、流程和有效性，正确把握评价细分市场的角度、选择目标市场的模式和策略，明确市场定位的概念和有效条件，掌握市场定位的策略、层次和流程。

二、课程内容

第一节 市场细分

(一）市场细分概述

1. 市场细分的概念
2. 市场细分的作用

(二）市场细分的理论基础

1. 同质偏好
2. 分散偏好
3. 集群偏好

(三）市场细分的依据

1. 消费者市场的细分依据
2. 组织市场的细分依据

(四）市场细分的方法、流程与有效性

1. 市场细分的方法
2. 市场细分的流程与有效性

第二节 目标市场选择

(一）评价细分市场

1. 细分市场的规模与发展前景
2. 细分市场的结构吸引力
3. 企业的目标与资源

(二）选择目标市场

1. 单一市场集中化
2. 选择性专业化
3. 产品专业化
4. 市场专业化
5. 全面进入

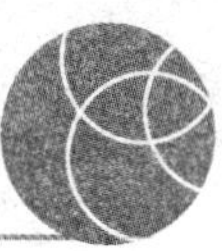

（三）目标市场覆盖策略

1. 目标市场覆盖策略的类型

2. 选择目标市场覆盖策略应考虑的因素

第三节　市场定位

（一）市场定位的概念和有效条件

1. 市场定位的概念

2. 市场定位的有效条件

（二）市场定位的策略

1. 根据产品特色定位

2. 根据产品用途定位

3. 根据使用者定位

4. 根据对竞争者的态度定位

（三）市场定位的层次

1. 产品定位

2. 服务定位

3. 人员定位

4. 渠道定位

5. 形象定位

（四）市场定位的流程

1. 分析目标市场的竞争格局

2. 识别顾客对各种替代品的选择依据

3. 评估顾客追求的利益的相对重要性

4. 确定竞争产品在重要属性方面的地位

5. 选择竞争优势

6. 显示竞争优势

三、考核知识点与考核要求

（一）市场细分

1. 识记：市场细分的概念

2. 领会：市场细分的作用、市场细分的理论基础、市场细分的依据、流程和有效性

3. 简单应用：市场细分的方法

（二）目标市场选择

1. 识记：无差异营销、差异性营销和集中性营销的概念

2. 领会：细分市场的评价、目标市场的选择模式、选择目标市场覆盖策略应考虑的因素

3. 简单应用：目标市场覆盖策略

（三）市场定位

1. 识记：市场定位的概念

2. 领会：市场定位的有效条件、市场定位的层次

3. 简单应用：市场定位的策略

4. 综合应用：市场定位的流程

四、本章重点

本章的重点是市场细分的概念、市场定位的概念、市场细分的理论基础、市场细分的依据、市场细分的流程与有效性、目标市场选择模式与目标市场覆盖策略、市场定位的策略与层次、市场定位的流程。

第五部分　市场营销组合策略

第九章　产品策略

一、学习目的与要求

产品既是企业满足顾客需求的载体，也是营销组合的重要变量。产品策略是企业营销策略的重要内容。掌握产品策略的相关概念和具体内容，对企业满足顾客需求进而获取竞争优势起着举足轻重的作用。

在学习本章内容之后，考生需要了解产品的概念、层次与分类，掌握产品组合及产品线决策，认识产品生命周期的概念、特征及相应的营销策略，明确新产品的开发流程和采用过程，把握品牌的概念、作用及品牌资产和品牌策略，理解产品的包装策略和服务策略。

二、课程内容

第一节　产品概述

（一）产品的概念与层次

1. 核心产品

2. 基础产品

3. 期望产品

4. 延伸产品

5. 潜在产品

（二）产品的分类

1. 产品的耐用性和有形性

2. 消费者购买习惯

3. 工业品分类

（三）产品组合

1. 产品组合的相关概念

2. 产品组合的维度

（四）产品线决策

1. 产品线延伸决策

2. 产品线填补决策

3. 产品线现代化决策

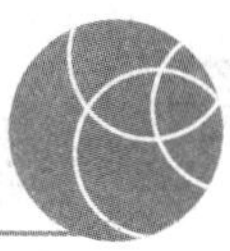

4. 产品线特色化决策
5. 产品线削减决策

第二节 产品生命周期与新产品开发策略

(一) 产品生命周期的概念与特征
(二) 产品生命周期的营销策略
1. 导入期的营销策略
2. 成长期的营销策略
3. 成熟期的营销策略
4. 衰退期的营销策略
(三) 新产品的概念与类型
1. 新产品的概念
2. 新产品的类型
(四) 新产品开发流程
1. 创意产生
2. 创意筛选
3. 产品概念的发展和测试
4. 营销战略发展
5. 商业分析
6. 产品开发
7. 市场测试
8. 商品化
(五) 新产品的采用过程
1. 知晓
2. 兴趣
3. 评价
4. 试用
5. 采用

第三节 产品品牌策略

(一) 品牌的概念与作用
1. 品牌的概念
2. 品牌的作用
(二) 品牌资产
1. 品牌资产的概念
2. 品牌资产的竞争优势
(三) 品牌策略
1. 品牌化策略
2. 品牌使用者策略
3. 品牌名称策略

4. 品牌发展策略
5. 品牌重新定位策略
第四节　产品的包装策略与服务策略
（一）产品的包装策略
1. 包装的概念和种类
2. 包装的作用
3. 包装策略
（二）服务策略
1. 服务的概念和性质
2. 服务的类型
3. 服务营销策略

三、考核知识点与考核要求

（一）产品概述
1. 识记：产品的概念、产品组合的概念、产品线的概念、产品项目的概念
2. 领会：产品的分类、产品组合的维度
3. 简单应用：产品线决策
（二）产品生命周期与新产品开发策略
1. 识记：产品生命周期的概念、新产品的概念
2. 领会：产品生命周期的特征、新产品的类型、新产品的采用过程
3. 简单应用：新产品开发流程
4. 综合应用：产品生命周期的营销策略
（三）产品品牌策略
1. 识记：品牌的概念、品牌资产的概念
2. 领会：品牌的作用、品牌资产的竞争优势
3. 简单应用：品牌策略
（四）产品的包装策略与服务策略
1. 识记：包装的概念、服务的概念
2. 领会：包装的种类、包装的作用、服务的性质、服务的类型
3. 简单应用：包装策略
4. 综合应用：服务营销策略

四、本章重点

本章的重点是产品的概念、产品组合的概念、品牌的概念、品牌资产的概念、新产品的概念、产品组合的维度、新产品开发流程、产品生命周期的特征与营销策略、服务营销策略。

第十章　价格策略

一、学习目的与要求

价格决策是市场营销管理的重要组成部分，作为营销组合中唯一表现为收入的要素，

价格对于企业利润的杠杆作用远远显著于其他因素。制定合理的价格需要综合考虑企业内外两个方面的因素，对企业具有重要的战略意义。

通过本章的学习，考生需要了解影响定价的因素和定价的流程，掌握成本导向定价法、需求导向定价法、竞争导向定价法以及这三种定价方法的适用条件，明确心理定价策略、地理定价策略、差别定价策略、产品生命周期定价策略、促销定价策略、折扣定价与补贴策略、新产品定价策略、产品组合定价策略、价格变更策略并能够结合实际进行简单的分析与应用。

二、课程内容

第一节　定价流程

（一）定价的概念

（二）影响定价的因素

1. 内部因素

2. 外部因素

（三）定价的流程

1. 选择定价目标

2. 分析需求

3. 估计成本

4. 分析竞争者

5. 选择定价方法

6. 确定最终价格

第二节　定价方法

（一）成本导向定价法

1. 成本加成定价法

2. 目标收益定价法

（二）需求导向定价法

1. 感知价值定价法

2. 价值定价法

3. 需求差异定价法

（三）竞争导向定价法

1. 随行就市定价法

2. 拍卖定价法

3. 密封投标定价法

第三节　定价策略

（一）心理定价策略

1. 尾数定价

2. 整数定价

3. 声望定价

4. 习惯定价

5. 招徕定价

（二）地理定价策略

1. FOB 原产地定价

2. 统一交货定价

3. 分区定价

4. 基点定价

5. 运费免收定价

（三）差别定价策略

1. 顾客细分定价

2. 产品规格与形象差别定价

3. 位置差别定价

4. 时间差别定价

5. 渠道差别定价

（四）产品生命周期定价策略

1. 导入期的定价策略

2. 成长期的定价策略

3. 成熟期的定价策略

4. 衰退期的定价策略

（五）促销定价策略

1. 特别事件定价策略

2. 现金回扣定价策略

3. 低息贷款

4. 担保和服务合同

（六）折扣定价与补贴策略

1. 现金折扣

2. 数量折扣

3. 功能折扣

4. 季节折扣

5. 补贴

（七）新产品定价策略

1. 市场撇脂定价策略

2. 市场渗透定价策略

（八）产品组合定价策略

1. 产品线定价策略

2. 互补产品定价策略

3. 副产品定价策略

4. 替代产品定价策略

5. 捆绑定价策略

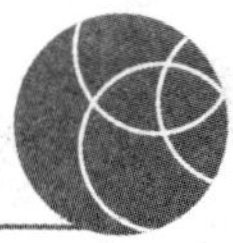

（九）价格变更策略

1. 降价策略

2. 提价策略

三、考核知识点与考核要求

（一）定价流程

1. 识记：定价的概念、经验曲线

2. 领会：影响定价的因素

3. 综合应用：定价的流程

（二）定价方法

1. 识记：成本导向定价法、需求导向定价法、竞争导向定价法的原理

2. 领会：各类定价方法的具体形式

3. 简单应用：三大类定价方法的适用条件

（三）定价策略

1. 识记：心理定价策略、地理定价策略、差别定价策略、产品生命周期定价策略、促销定价策略、折扣定价与补贴策略、新产品定价策略、产品组合定价策略、价格变更策略

2. 领会：九种定价策略的具体形式及适用情形

3. 简单应用：新产品定价策略

4. 综合应用：价格变更策略

四、本章重点

本章的重点是定价的重要性、影响定价的因素、定价的流程、成本导向定价法、需求导向定价法、竞争导向定价法、九大类定价策略及其应用。

第十一章　渠道策略

一、学习目的与要求

渠道策略是市场营销策略的重要组成部分。因此，掌握分销渠道的基本概念与设计过程，熟知分销渠道的管理，了解市场物流决策，充分理解电子商务营销实践，对于制定和实施市场营销策略至关重要。

通过本章的学习，考生需要理解分销渠道的概念，了解分销渠道的功能与类型，掌握分销渠道设计的影响因素和设计步骤，熟悉分销渠道成员的管理与分销渠道冲突管理，明确市场物流的内涵与作用，准确把握订单程序决策、仓储决策、存货决策和运输决策的方法，充分理解电子商务营销的基本程序及电子商务营销在实践中的重要性。

二、课程内容

第一节　分销渠道设计

（一）分销渠道的概念、功能与流程

1. 分销渠道的概念

2. 分销渠道的功能与流程

（二）分销渠道的类型与系统

1. 分销渠道的类型

2. 分销渠道的系统

（三）分销渠道的设计

1. 影响分销渠道设计的因素

2. 分销渠道设计的过程

第二节 分销渠道管理

（一）确定渠道成员的条件和责任

1. 价格政策

2. 销售条件

3. 地区权利

4. 服务和责任

（二）分销渠道成员的管理

1. 渠道成员的选择

2. 渠道成员的培训

3. 渠道成员的激励

4. 渠道成员的评价

5. 渠道改进安排

（三）分销渠道冲突的管理

1. 分销渠道冲突的类型

2. 分销渠道冲突的原因

3. 分销渠道冲突的解决

第三节 市场物流决策

（一）市场物流

1. 市场物流的概念

2. 市场物流的内容与功能

（二）市场物流系统与目标

1. 市场物流系统

2. 市场物流目标

（三）市场物流决策的内容

1. 订单程序决策

2. 仓储决策

3. 存货决策

4. 运输决策

第四节 电子商务营销实践

（一）电子商务的内涵与类型

1. 电子商务的内涵

2. 电子商务的类型

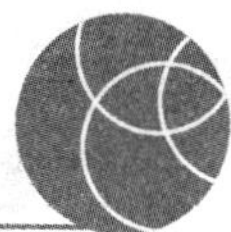

（二）电子商务营销的基本程序

1. 电子商务营销调研

2. 电子商务营销策略制定

3. 电子商务宣传

4. 电子商务促销

5. 电子商务风险管理

三、考核知识点与考核要求

（一）分销渠道设计

1. 识记：分销渠道的概念

2. 领会：中间商的经济效果、分销渠道的功能与流程、分销渠道的类型、分销渠道的系统

3. 简单应用：影响分销渠道设计的因素

4. 综合应用：分销渠道设计的过程

（二）分销渠道管理

1. 识记：确定渠道成员的条件和责任、分销渠道冲突的类型

2. 领会：渠道成员的激励、渠道改进安排、分销渠道冲突的原因

3. 简单应用：分销渠道成员的管理、分销渠道冲突的解决

（三）市场物流决策

1. 识记：市场物流的概念、内容与功能、市场物流系统

2. 领会：市场物流目标、订单程序决策、仓储决策、存货决策、运输决策

3. 简单应用：市场物流决策

（四）电子商务营销实践

1. 识记：电子商务的内涵

2. 领会：电子商务的类型

3. 简单应用：电子商务营销调研、电子商务营销策略制定、电子商务风险管理

四、本章重点

本章的重点是分销渠道的概念、分销渠道的类型、分销渠道冲突的管理、分销渠道成员的管理、市场物流的概念、市场物流目标、市场物流决策、电子商务的内涵、电子商务营销的基本程序。

第十二章　整合营销传播策略

一、学习目的与要求

整合营销传播是市场营销策略中提升产品和服务的知名度，并最终促成大量消费者购买的重要工具。因此，深入认识和了解整合营销传播的概念，了解整合营销传播的工具，知晓影响整合营销传播组合的因素，充分了解整合营销传播的开发流程，并能够灵活运用广告、销售促进、公共关系、人员销售与直接营销等整合营销传播工具，能有效地推动市场营销活动的开展，提升营销策略的成功率。

通过本章的学习，考生需要理解整合营销传播的概念，熟悉整合营销传播的开发流程，掌握整合营销传播的工具，包括广告、销售促进、公共关系、人员销售、直接营销等，并熟悉这些整合营销传播工具的组合决策内容，最终能够结合实际把握各种整合营销传播工具的应用。

二、课程内容

第一节　整合营销传播概述

（一）整合营销传播的概念和特征

1. 整合营销传播的概念

2. 整合营销传播的特征

3. 整合营销传播与整合营销的区别

（二）整合营销传播的工具

1. 整合营销传播工具的类型

2. 信息传播模型

（三）影响整合营销传播组合决策的因素

1. 产品市场类型

2. 推式战略和拉式战略

3. 消费者购买行为阶段

4. 产品生命周期阶段

5. 企业产品的市场地位

（四）整合营销传播的开发流程

1. 确定传播对象

2. 决定传播目标

3. 设计传播信息

4. 选择传播渠道

5. 编制促销预算

6. 促销组合决策

7. 管理和协调营销传播过程

第二节　广告、销售促进与公共关系

（一）广告

1. 广告的概念

2. 广告决策的内容与流程

（二）销售促进

1. 销售促进的概念

2. 销售促进决策的内容与流程

（三）公共关系

1. 公共关系的概念

2. 公共关系决策的内容与流程

第三节　人员销售与直接营销

（一）人员销售

1. 人员销售的内容
2. 销售队伍的管理

（二）直接营销

1. 直接营销的概念
2. 直接营销的工具

三、考核知识点与考核要求

（一）整合营销传播概述

1. 识记：整合营销传播的概念
2. 领会：整合营销传播的特征、整合营销传播与整合营销的区别、整合营销传播工具、信息传播模型
3. 简单应用：影响整合营销传播组合决策的因素
4. 综合应用：整合营销传播的开发流程

（二）广告、销售促进与公共关系

1. 识记：广告的概念、销售促进的概念、公共关系的概念
2. 领会：广告决策的内容与流程、销售促进决策的内容与流程、公共关系决策的内容与流程

（三）人员销售与直接营销

1. 识记：人员销售的内容、直接营销的概念
2. 领会：销售队伍的管理、直接营销的工具
3. 简单应用：购物亭营销、电子营销

四、本章重点

本章的重点是整合营销传播的概念和特征、整合营销传播工具、影响整合营销传播组合决策的因素、广告的概念、销售促进的概念、公共关系的概念、直接营销的概念、公共关系决策的内容与流程、销售促进决策的内容与流程、直接营销的工具。

第六部分　市场营销的组织和控制

第十三章　市场营销组织

一、学习目的与要求

市场营销组织是以市场营销观念为基础而建立的组织，是市场营销活动的基础与保证，因此必须跟随市场技术革新而不断进行自我调整。市场营销组织的模式伴随着营销导向的转变不断发生变化，逐渐从生产导向模式转向市场导向模式，衍生出不同类型的营销组织结构，而企业在设计市场营销组织时也需遵循一定的原则与步骤。

通过本章的学习，考生需要了解市场营销组织的概念与目标，熟悉市场营销组织的演化，深入认识市场营销组织的模式，掌握市场营销组织的具体类型，把握市场营销组织设计的原则与步骤。

二、课程内容

第一节　市场营销组织的发展

（一）市场营销组织的概念与目标

1. 市场营销组织的概念

2. 市场营销组织的目标

（二）市场营销组织的演化

1. 单纯的销售部门

2. 兼有营销职能的销售部门

3. 独立的营销部门

4. 现代市场营销部门

5. 现代营销型企业

6. 以过程和结果为基础的公司

第二节　市场营销组织的类型

（一）市场营销组织的模式

（二）营销组织的具体类型

1. 职能型营销组织

2. 地理型营销组织

3. 产品型营销组织

4. 市场型营销组织

第三节　市场营销组织设计

（一）营销组织设计的原则

1. 战略主导原则

2. 高效可控原则

3. 整体协调原则

4. 责权利对等原则

5. 管理幅度与层次原则

（二）营销组织的设计步骤

1. 分析营销组织环境

2. 确定组织内部活动

3. 建立组织职位

4. 设计组织结构

5. 配备组织人员

6. 评价和调整组织

三、考核知识点与考核要求

（一）市场营销组织的发展

1. 识记：市场营销组织的概念与目标

2. 领会：市场营销组织的演化

（二）市场营销组织的类型

1. 识记：市场营销组织的模式
2. 领会：营销组织的具体类型

（三）市场营销组织设计

1. 识记：营销组织设计的原则
2. 简单应用：营销组织的设计步骤

四、本章重点

本章的重点是市场营销组织的概念与目标、市场营销组织的演化、市场营销组织的模式、营销组织的具体类型。

第十四章　市场营销控制

一、学习目的与要求

市场营销控制是市场营销管理的基本功能之一，也是市场营销管理过程的一个重要步骤。它是指市场营销管理者为了确保预定营销计划的运行、衡量和评估营销计划的成果而实施的一整套工作程序或工作制度。市场营销控制用于跟踪企业市场营销活动过程的每一环节，它包括为了达到营销绩效与预期目标的一致而采取的一切措施。

通过本章的学习，考生需要了解市场营销控制的概念，能够比较、分析市场营销控制的 4 种类型，了解市场营销控制的流程，准确把握市场营销控制的内容与方法。

二、课程内容

第一节　市场营销控制概述

（一）市场营销控制的概念、任务与特点

1. 市场营销控制的概念
2. 市场营销控制的任务
3. 市场营销控制的特点

（二）市场营销控制的类型与原则

1. 市场营销控制的类型
2. 市场营销控制的原则

（三）市场营销控制的流程

1. 确定市场营销控制的对象
2. 识别衡量的尺度
3. 确定衡量的标准
4. 选择控制方法
5. 按标准衡量绩效
6. 分析偏差原因并提出改进建议

第二节　市场营销控制的内容与方法

（一）年度计划控制

1. 年度计划控制的概念
2. 企业的年度计划控制方法

（二）战略控制
1. 战略控制的概念
2. 战略控制的方法
（三）效率控制
1. 效率控制的概念
2. 效率控制的方法
（四）盈利能力控制
1. 盈利能力控制的概念
2. 盈利能力控制的方法
3. 盈利能力控制的流程

三、考核知识点与考核要求

（一）市场营销控制概述
1. 识记：市场营销控制的概念、市场营销控制的特点
2. 领会：市场营销控制的类型
3. 综合应用：市场营销控制的流程
（二）市场营销控制的内容与方法
1. 识记：年度计划控制的概念、战略控制的概念、效率控制的概念、盈利能力控制的概念
2. 领会：营销审计的内容、效率控制的方法、盈利能力控制的方法
3. 简单应用：年度计划控制的方法
4. 综合应用：市场营销控制的内容与方法

四、本章重点

本章的重点是市场营销控制的概念、市场营销控制的特点、年度计划控制的概念、战略控制的概念、效率控制的概念、盈利能力控制的概念、年度计划控制的方法、效率控制的方法、盈利能力控制的方法。

Ⅳ 关于大纲的说明与考核实施要求

一、自学考试大纲的目的和作用

课程自学考试大纲是根据专业自学考试计划的要求，结合自学考试的特点而确定的。其目的是对个人自学、社会助学和课程考试命题进行指导和规定。

课程自学考试大纲明确了课程学习的内容及深度和广度，规定了课程自学考试的范围和标准。因此，它是编写自学考试教材和辅导书的依据，是社会助学组织进行自学辅导的依据，是自学者学习教材、掌握课程内容知识范围和程度的依据，也是进行自学考试命题的依据。

二、课程自学考试大纲与教材的关系

课程自学考试大纲是进行学习和考核的依据，教材是学习掌握课程知识的基本内容与范围，教材的内容是大纲所规定的课程知识和内容的扩展与发挥。课程内容在教材中可以体现一定的深度或难度，但在大纲中对考核的要求一定要适当。

大纲与教材所体现的课程内容应基本一致；大纲里面的课程内容和考核知识点，教材里一般也要有。反过来教材里有的内容，大纲里就不一定体现。

三、关于自学教材

《市场营销学》，全国高等教育自学考试指导委员会组编，毕克贵主编，孙宴娥副主编，中国人民大学出版社，2015年版。

四、关于自学要求和自学方法的指导

为了有效地指导个人自学和社会助学，本大纲指明了学习目的与要求，也给出了学习的重点内容。为使自学考生更好地学习“市场营销学”这门课程，在学习中可遵循以下几种方法：

第一，在全面学习课程内容的基础上增强对知识点和重点内容的记忆。自学考生首先应全面、系统地学习《市场营销学》教材的内容，并以此为基础，加强对重点内容的学习。

第二，在学习中注重理论联系实际，提高自己分析和解决市场营销实际问题的能力。

第三，扣紧教材和考试大纲进行学习。考试大纲有规定的课程内容和考核目标，是自学考生学习教材、掌握课程内容知识范围和程度的依据，《市场营销学》教材的内容则是考试大纲所规定的课程知识和内容的扩展与发挥。考生在学习中紧扣教材和大纲进行学习，既可以全面地掌握“市场营销学”的基本原理，又可以抓住该课程的重点内容。

第四，自学考生必须保证必要的自学时间。自学考生应根据该课程的特点和自身的实际情况，合理安排自学时间。

五、对社会助学的要求

社会助学单位应该根据本课程自学考试大纲提出的基本学时建议和要求，在助学活动中注意把握好助学方向和导向，正确处理好学习知识和提高能力的关系。具体要求如下：

1. 社会助学单位在安排本课程的辅导时，建议授课学时不少于64学时。

2. 社会助学者应明确本课程的课程性质与课程目标，根据考试大纲准确把握指定教材的课程内容、知识点及重点。在辅导过程中，引导自学考生掌握正确的学习方法，准确理解各知识点要求达到的认知层次和考核要求，不能随意增删课程内容，更不能随意提高或降低考核要求。

3. 市场营销学是一门应用性极强的学科，其理论本身就是实践内容。所以，以实务为特征的各种教学安排是本课程的核心。社会助学者应该通过多种形式的案例教学，引发自学考生的学习兴趣，培养考生的问题意识，鼓励考生开放性思考，通过质疑、讨论和研究，进行课程内容学习和知识点梳理。

4. 社会助学者应根据“市场营销学”的课程特点，全面、系统地学习指定教材，结合考核目标，准确区分一般内容和重点内容，引导自学考生全面掌握本课程的基本概念、基本理论和实践流程，培养自学考生的良好学风，提高其自学能力和效率。

5. 虽然本课程内容有一般、重点之分，但是社会助学者需要劝导自学考生避免投机行为，坚信一分耕耘一分收获。社会助学者要引导自学考生在全面了解指定教材内容的基础上，改进学习方法，课前预习课后复习，多做练习题。

六、对考核内容的说明

1. 本课程要求自学考生学习和掌握的知识点都作为考核的内容。课程中各章的内容均由若干知识点组成，在自学考试中成为考核知识点。因此，课程自学考试大纲中所规定的考试内容是以分解为考核知识点的方式给出的。由于各知识点在课程中的地位、作用以及知识自身的特点不同，自学考试将对各知识点分别按四个认知（或叫能力）层次确定其考核要求。

2. 在考试之日起6个月前，由全国人民代表大会和国务院颁布或修订的法律、法规都将列入相应课程的考试范围。凡大纲、教材内容与现行法律、法规不符的，应以现行法律、法规为准。命题时也会对我国经济建设和科技文化发展的重大方针政策的变化予以体现。

七、关于考试命题的若干规定

1. 本课程的考试采用闭卷笔试形式，考试时间为150分钟；满分100分，60分及格。本课程可能涉及简单的数学计算，因此可以携带无通信功能、无记忆存储功能的计算器进入考场。

2. 本大纲各章所规定的基本要求、知识点及知识点下的知识细目，都属于考核内容。考试命题既要覆盖到章，又要避免面面俱到。要注意突出课程的重点，加大重点内容的覆盖度。

3. 命题不应有超出大纲中考核知识点范围的题目，考核目标不得高于大纲中所规定的相应的最高能力层次要求。命题应着重考核自学考生是否了解或掌握基本概念、基本知识和基本理论，是否会用或熟练使用基本方法。命题不应出现与基本要求不符的偏题或怪题。试题量以中等学习水平的自学者在规定时间内可以答完全部试题为宜。

4. 本课程在试卷中对不同能力层次要求的分数比例大致为：识记占20%，领会占

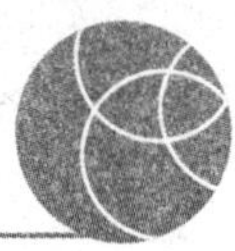

30%，简单应用占30%，综合应用占20%。

5. 要合理安排试题的难易程度，试题的难度可分为易、较易、较难和难四个等级。每份试卷中不同难度试题的分数比例一般为2∶3∶3∶2。

必须注意的是，试题的难易程度与能力层次有一定的联系，但二者不是等同的概念，在各个能力层次中都有不同难度的试题。

6. 本课程考试命题的主要题型有单项选择题、多项选择题、简答题、案例分析题、论述题等。在命题工作中，必须按照本课程大纲中所规定的题型命制，考试试卷使用的题型可以略少，但不能超出本课程大纲对题型的规定。

7. 为使自学考生能够详细了解试题的有关情况，特附参考样卷及其答案各一份，仅供参考。

V 参考样卷

一、单项选择题（本大题共 20 小题，每小题 1 分，共 20 分）

在每小题列出的四个备选项中只有一个是符合题目要求的，请将其代码填写在题后的括号内。错选、多选或未选均无分。

1. 最适宜描述凉鞋、凉席等季节性显著的日用品需求状况的是（　　）。

A. 负需求　　B. 下降需求　　C. 不规则需求　　D. 潜在需求

2. "酒香不怕巷子深"体现的市场营销哲学是（　　）。

A. 生产导向　　B. 社会营销导向

C. 推销导向　　D. 产品导向

3. 下列不属于市场基本要素的是（　　）。

A. 人口　　B. 购买力　　C. 购买欲望　　D. 产品

4. 野猪礁海参公司决定将现在市场上销售的产品进行降价销售，以提升现有市场占有率，这种密集型成长战略是（　　）。

A. 市场渗透　　B. 市场开发　　C. 产品开发　　D. 多角化成长

5. 使用波士顿咨询公司模型对"菜根村"公司进行分析时发现，"豆芽"业务的特点是高市场增长率和低相对市场占有率，这类战略业务单位属于（　　）。

A. 问题类　　B. 明星类　　C. 现金牛类　　D. 瘦狗类

6. 夏雨时装公司兼并了大连三家经营不善的服装企业以扩大经营规模，这种增长战略是（　　）。

A. 后向一体化　　B. 前向一体化

C. 水平一体化　　D. 多角化成长

7. 某超市通过在天花板安装摄像头的方式，了解顾客在超市购物的行进路线和购物过程，并据此调整货物的摆放位置和顺序，这种原始数据收集方法是（　　）。

A. 观察法　　B. 实验法　　C. 调查法　　D. 德尔菲法

8. 圣克拉公司是一家奶粉生产企业，在婴幼儿、青少年和老年专业奶粉市场享有很高的知名度和美誉度，远远领先于竞争对手。圣克拉公司通过市场调研发现针对糖尿病患者的奶粉为市场空白，市场状况是高机会、低威胁，故决定向市场投放专门针对糖尿病患者的奶粉。圣克拉公司的这一业务属于（　　）。

A. 理想环境　　B. 冒险环境　　C. 成熟环境　　D. 困难环境

9. 阿元大学毕业后进入某公司工作，准备更换手机，因此对手机类产品各方面信息的关注度非常高，这在心理因素中属于（　　）。

A. 动机　　B. 认知　　C. 学习　　D. 信念和态度

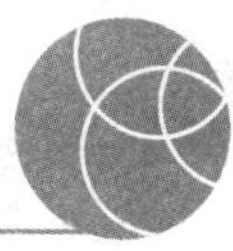

10. 王氏鞋业冬季在南方地区主推单皮鞋，在北方地区主推棉皮鞋，王氏鞋业采用的市场细分方式属于（　　）。

A. 地理细分　　B. 人口细分　　C. 心理细分　　D. 行为细分

11. 康利公司是一家洗涤剂制造商，在市场上一旦遭到竞争对手挑战，就会采取猛烈的全面反击。对于竞争对手而言，康利公司属于（　　）。

A. 从容不迫型竞争者　　B. 选择型竞争者

C. 强劲型竞争者　　D. 随机型竞争者

12. 好味道公司进行市场细分时，首先考虑细分市场能否获得充足的利润，这种市场细分有效性体现的是（　　）。

A. 可衡量性　　B. 可进入性　　C. 可盈利性　　D. 可区别性

13. ML 公司有电冰箱、空调和微波炉 3 个产品线，其中电冰箱有 6 个产品项目，空调有 4 个产品项目，微波炉有 2 个产品项目，ML 公司的产品组合宽度是（　　）。

A. 2　　B. 3　　C. 4　　D. 6

14. LT 公司是一家家用电器生产企业，全部产品均使用 LT 品牌进行销售，该公司采用的品牌统分策略是（　　）。

A. 个别品牌　　B. 家族品牌　　C. 独立家族品牌　　D. 组合品牌

15. 国庆食品公司生产的儿童饼干采用铁盒与纸盒两种包装方式，用以区分送礼和自用，这种包装策略属于（　　）。

A. 赠品式包装策略　　B. 类似包装策略

C. 等级式包装策略　　D. 连带式包装策略

16. 中品堂公司在确定新年度的产品定价时，将获得更大的市场份额作为主要目标，同类产品的定价普遍比竞争对手低 10%，中品堂公司的定价目标是（　　）。

A. 维持基本生存　　B. 当期利润最大化

C. 市场份额最大化　　D. 产品质量领先

17. 新生活面包厂生产的面包全部由新滋味公司分销给各零售超市进行销售，这一分销渠道的长度是（　　）。

A. 一级　　B. 二级　　C. 三级　　D. 四级

18. 两家经营某品牌橙子的经销商，地域接近但分属不同省份，由于货物越界经常发生渠道冲突，产生这类冲突的原因是（　　）。

A. 目标差异　　B. 权责模糊　　C. 预期差异　　D. 依赖性差异

19. “元旦”假日期间某商场对某款商品进行促销活动，“买 100 减 30”，持有该商场会员卡的顾客在此基础上还能再享受 9.5 折优惠，这种促销手段属于（　　）。

A. 直接营销　　B. 人员销售　　C. 销售促进　　D. 广告

20. ZAHS 公司是一家全国性公司，在各个省（直辖市、自治区）均组建了自己的销售公司，这种组织类型是（　　）。

A. 职能型组织　　B. 市场型组织　　C. 产品型组织　　D. 地区型组织

二、多项选择题（本大题共 5 小题，每小题 2 分，共 10 分）

在每小题列出的五个备选项中至少有两个是符合题目要求的，请将其代码填写在题后的括号内。错选、多选、少选或未选均无分。

21. 下列属于市场营销组合（又称 4P 理论）的有（　　）。

A. 产品　　B. 价格

C. 权利　　D. 促销

E. 地点

22. 下列属于市场营销宏观环境的有（　　）。

A. 人口环境　　B. 经济环境

C. 自然环境　　D. 科学技术环境

E. 政治与法律环境

23. 市场营销控制的类型有（　　）。

A. 年度计划控制　　B. 盈利能力控制

C. 效率控制　　D. 战略控制

E. 广告计划控制

24. 组织的采购中心通常包括的角色有（　　）。

A. 发起者　　B. 使用者

C. 控制者　　D. 影响者

E. 决定者

25. 市场领导者扩大市场需求总量可以采取的方法有（　　）。

A. 开发新用户　　B. 开辟新用途

C. 增加使用量　　D. 提高产品价格

E. 降低促销水平

三、简答题（本大题共 5 小题，每小题 6 分，共 30 分）

26. 简述消费者市场购买决策流程。

27. 企业社会责任的内容有哪些?

28. 选择目标市场覆盖策略应考虑哪些因素?

29. 电子商务营销有哪些特点?

30. 某公司的洗发水品牌有“飘逸”、“柔顺”、“黑亮”等，该公司采用的是何种品牌策略? 使用该品牌策略的主要原因是什么?

四、案例分析题（本大题共 2 小题，其中第 31 题 10 分，第 32 题 15 分，共 25 分）

31. 河北某尼龙企业将其 10 个不同的尼龙公司重组为一个企业之后，面临的首要问题就是如何对新企业进行竞争性定位。对其竞争对手的客户所进行的初步调查显示：在客户偏好方面，该企业只排第三位，落后于处于行业领先地位的其他两家企业。调查还显示：客户对尼龙供应商的服务均不满意。有些客户评价说：“尼龙供应商就像沿街兜售小商品的小贩一样，仅在价格和供货上竞争，而不提供服务。”

上述调研结果为该企业制定营销战略提供了依据。为了区别于竞争对手并建立自己的优势，该企业不再局限于仅提供优质的产品，还注重提供服务，并且开始寻求与客户建立密切的关系。也就是说，企业不仅出售产品，还出售服务；企业不仅仅满足于将产品销售给客户，更为重要的是通过全方位的服务使客户满意。为此，他们在产品说明书、保证、

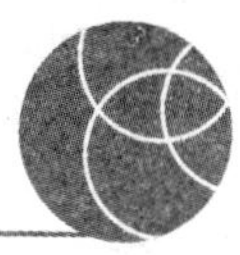

使用、送货、技术培训、客户咨询等方面给客户提供全方位的服务。营销部门的一位高级经理说："不论客户使用尼龙去做简单的地毯还是复杂的汽车设备，公司都要去帮助他们在市场上获得成功。"这种新的营销战略使该企业真正成为一个顾客导向型企业。

在"不仅销售尼龙，还销售服务，同时注重与客户建立伙伴型关系"战略思想的指导下，该企业取得了巨大的成功，很快成为国内尼龙行业的主导者。

问题：

(1)"不仅销售产品，还销售服务"体现了该尼龙企业对哪个产品层次的重视？请具体解释该产品层次的内涵。

(2)该尼龙企业处理企业和客户关系的行为，体现了关系营销中哪一层次的营销思想？

32. 东升公司于2013年3月向市场推出了新产品——东升Ⅰ型自动净水器，由于采用了新的净水技术且产品自动化水平更高，其产品定价比市场同类产品高出30%。为了促进销售，公司花费了大量资金进行市场宣传，但是市场认可度不高，产品销售持续不见起色，月销量维持在1 000台左右。

2013年年底，国内发生了一起水源污染事件，众多媒体开始对家庭健康用水进行广泛的讨论，越来越多的消费者也开始关注家庭用水质量。自2014年1月开始，家庭净水器市场开始呈现快速增长趋势，东升Ⅰ型自动净水器的市场销量也大幅度提升，由原来的月销量1 000台迅速提升到2014年6月单月销售10 000台。为确保公司产品的竞争力，东升公司一方面对东升Ⅰ型自动净水器进行了改进，另一方面又推出了更加小巧的东升Ⅱ型自动净水器，进一步提升了市场销量，至2014年年底达到月销量25 000台。

2015年年初，由于竞争对手的加入，东升公司在家庭净水器市场的增长速度放缓。东升公司及时对东升Ⅰ、Ⅱ型自动净水器产品价格进行调整，分别降价15%和10%，并同时推出东升Ⅲ、Ⅳ型自动净水器，这些新的策略使东升公司月销售量于2015年年初开始至今一直维持在26 000台左右。

问题：

(1)解释产品生命周期的含义。

(2)指出东升公司净水器产品所经历的产品生命周期阶段。

(3)分析东升公司在产品生命周期各阶段所采取的策略。

五、论述题（本题15分）

33. 论述市场营销管理的流程。

Ⅵ 参考样卷答案

一、单项选择题

1. C 2. D 3. D 4. A 5. A 6. C 7. A 8. A 9. B 10. A

11. C 12. C 13. B 14. B 15. C 16. C 17. B 18. B 19. C 20. D

二、多项选择题

21. ABDE 22. ABCDE 23. ABCD 24. ABCDE 25. ABC

三、简答题

26. 消费者市场购买决策流程包括：(1) 确定需要；(2) 信息收集；(3) 方案评价；(4) 购买决策；(5) 购后行为。

27. 企业社会责任的内容有：(1) 企业对股东的责任；(2) 企业对员工的责任；(3) 企业对消费者的责任；(4) 企业对政府的责任；(5) 企业对社区的责任；(6) 企业对环境的责任。

28. 选择目标市场覆盖策略应考虑的因素有：(1) 企业资源；(2) 产品的同质性；(3) 市场的同质性；(4) 产品所处的生命周期阶段；(5) 竞争对手的目标市场选择策略。

29. 电子商务营销具有以下特点：第一，是一种跨越时空的交互式营销；第二，是一种个性化、顾客导向的营销；第三，是一种技术性动态营销。

30. 该公司采用的是多品牌策略。

使用多品牌策略的原因是：多品牌策略能使企业占领更多的分销商货架，进而压缩或挤占竞争者产品的货架面积，为获取较高的市场占有率奠定了坚实的基础。而且，多品牌还可以为不同的买主提供不同性能或满足其不同的诉求，进一步提高市场占有率。

四、案例分析题

31. (1) “不仅销售产品，还销售服务”体现了该尼龙企业对延伸产品的重视。延伸产品是指顾客购买基础产品和期望产品时，附带获得的各种利益的总和，主要包括运送、安装、调试、维修、产品保证、零配件供应、技术人员培训等。

(2) 该企业寻求与客户建立更密切的关系，把客户的发展和自己的利益结合在一起，重视客户在市场上获得成功而不仅仅是把产品卖给他们，体现了伙伴型关系营销的思想。

32. (1) 产品生命周期是指产品从投入市场到退出市场所经历的全部过程。

(2) 2013 年 3 月—12 月，导入期；2014 年 1 月—12 月，成长期；2015 年 1 月至今，成熟期。

(3) 导入期采用高价格、高促销费用的快速撇脂策略；成长期采用改善产品品质、增加新产品的策略；成熟期采用推出新产品、降价促销的策略。

五、论述题

33. (1) 分析环境和市场机会。企业必须首先对环境进行分析，以求识别和把握机会，即发现顾客需求的变化或者新出现的需求，进而决定是否或怎样满足这种需求。同时，环境分析的另一个目的就是及时发现环境中存在的威胁并做出相应的规避措施。

(2) 确定目标市场。在经过系统科学的环境分析并发现市场切入点时，就要开始有针对性地选择企业将要服务的顾客群体，即目标市场。在选定目标市场时，企业一方面要考虑自身的能力，即能否满足目标市场的需要，另一方面要综合权衡将要选择的目标市场能够给企业带来的获利潜力及需要承担的风险，进而决定是否要进入该市场。

(3) 制定营销战略和战术。这主要涉及2个方面的内容：一是就长期而言，企业应采取何种战略去满足目标市场的需要，即企业在满足目标市场的过程中应该奉行一种怎样的原则；二是就当下而言，企业应该怎样合理安排各种营销手段或工具，即营销组合的确定。

(4) 实施和控制营销活动。市场营销管理的最后一个步骤是在确定的营销战略和战术的指导下对营销活动进行具体的实施和控制，以及在实施过程中根据市场环境等因素的变化对预先设计好的营销方案进行系统调整。

后记

2014年3月，由全国高等教育自学考试指导委员会办公室召开了全国高等教育自学考试课程大纲、教材编前会，会上确定了“市场营销学”课程自学考试大纲编写的指导思想、基本原则和要求。

本大纲由东北财经大学毕克贵副教授负责编写。大纲完成后，中国人民大学吕一林教授、北京理工大学王秀村教授参加审稿工作，由全国高等教育自学考试指导委员会经济管理类专业委员会审定。

全国高等教育自学考试指导委员会
经济管理类专业委员会
2015年1月

市场营销学

编写说明

“市场营销学”课程是全国高等教育自学考试经济管理类专业的必修课，本书是该课程考试的指定教材，除供全国高等教育自学考试经济管理类专业考生备考使用外，同时供各大专院校相关专业的师生在教学过程中使用，也是企事业单位经营管理人员自修提高的指导用书。

本书根据全国高等教育自学考试指导委员会颁发的《高等教育自学考试专业和课程改革方案》规定的培养目标和改革要求组织编写，其目的是为培养适应社会主义市场经济发展需要的应用型专业人才服务。在社会主义市场经济条件下，市场营销理论广泛应用于企业、政府和非营利性组织机构，涉及社会经济生活的各个方面。“市场营销学”不仅是经济管理类各专业的必修课，也是人文、哲学和社会科学等专业的重要课程。

本书共 14 章，主要研究内容是市场营销活动及其规律，即企业在特定的市场竞争环境下，为了满足顾客潜在和现实的需求，以市场营销调研和预测为基础，针对目标市场所实施的以产品、价格、渠道和促销等营销组合工具为主要决策内容的营销管理和控制过程。

本书由东北财经大学毕克贵、孙宴娥、周学仁、张扬、刘洋、赵贵南、望美玲、张志文、范津律及内蒙古包头财经信息职业学校王琦凡共同编写。具体分工为：第一章：毕克贵、刘洋；第二章：毕克贵；第三章：孙宴娥；第四章：毕克贵；第五章：毕克贵；第六章：毕克贵、赵贵南；第七章：孙宴娥；第八章：王琦凡、望美玲；第九章：王琦凡、刘洋；第十章：张扬、张志文；第十一章：周学仁；第十二章：周学仁、范津律；第十三章：张扬；第十四章：孙宴娥。最后由毕克贵、孙宴娥和刘洋进行统稿。

本书在编写过程中，参考借鉴了菲利普·科特勒、郭国庆、李怀斌等国内外诸多营销学界前辈和同人的研究成果，吕一林教授、王秀村教授等在本书审稿过程中提出了很多宝贵建议，在此一并表示最诚挚的谢意。由于编者能力和水平有限，书中的缺点和不足在所难免，恳请广大读者和考生不吝指教，以便及时修订与提高。

编者

2015 年 1 月

第一部分
市场营销概述

第一章　市场营销和营销哲学

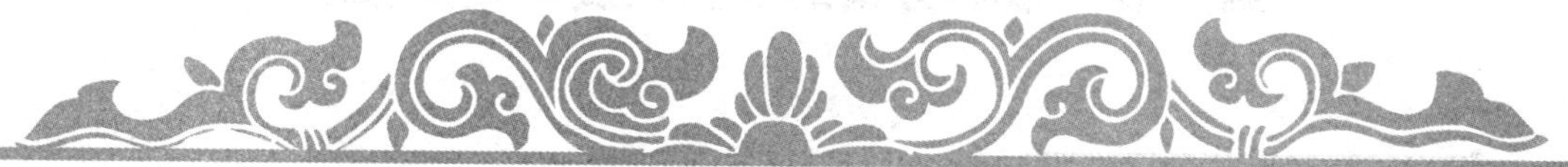

学习目标

1. 了解市场营销学的学科性质，掌握其相关概念；
2. 熟悉市场营销哲学的概念和类型，掌握现代市场营销哲学确立的条件；
3. 把握市场营销管理流程和具体任务；
4. 认识市场营销道德与企业社会责任，理解其重要意义。

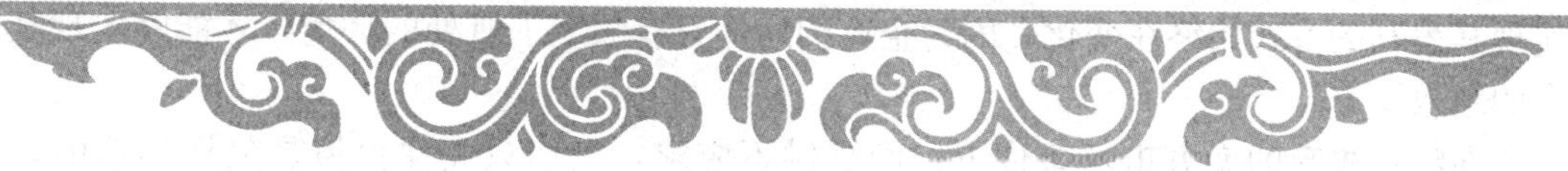

导学案例

你不了解的"奔驰"

梅赛德斯—奔驰(Mercedes-Benz),这个诞生于1926年的品牌,被认为是世界上高档汽车品牌之一。奔驰汽车之所以有今天的成功,除了其完美的技术和过硬的质量外,更多的是源于公司的经营理念。

有这样一则故事:一位年轻人到奔驰公司买车,看完陈列厅里的100多款车后,竟没有一辆中意的。他想要一辆灰底黑边的车,销售员告诉他:"本公司没有这款车。"当公司的销售部主任得知这件事后,生气地批评了销售员,之后又设法找到那位年轻人,告诉他两天后来取车。两天后,年轻人看到了他想要的灰底黑边车,但还是不满意地说:"这车不是我要的规格。"销售部主任耐心地询问:"先生需要什么规格?我们一定满足您的要求。"三天后,年轻人高兴地看到了他想要的规格、型号、样式的车。可是他试开一圈后,对销售部主任说:"要是能给汽车安装个收音机就好了。"销售部主任犹豫了片刻,对年轻人说:"先生下午来可以吗?"最终,挑剔的年轻人从奔驰公司买走了他中意的车。

尽管故事本身有待考证,但奔驰公司对顾客需求的重视却是真实存在的。以顾客需求为中心是现代营销理念的核心。今天,市场营销的重要性,对于任何企业来说,都是毋庸置疑的。只有始终坚持把顾客需求放在第一位的企业,才能赢得顾客的认可,在激烈的竞争中求得生存和发展。

资料来源:http://finance.people.com.cn/GB/1040/59940/165807/12212544.html,经编者整理、分析而成。

第一节 市场营销的学科性质与相关概念

一、市场营销的学科性质

学习市场营销学,首先要对其学科性质有一个正确的认识。要把握这一点,就必须理解其产生的背景,以及它与相关学科的关系。

(一)市场营销学的产生

企业自产生以来,始终在追逐盈利,这也是企业能够生存和发展的原动力。然而企业实现其盈利的方式始终在变化,因为企业的运作只有顺应了所处的环境,才能够实现其应有的绩效。

在物资匮乏的卖方市场条件下,商品供不应求,人们只关注价值是怎样创造的,如何才能创造出更多的物质财富,而价值的实现似乎是理所当然的,因此传统经济理论完全能够应对这样的处境。然而在近代,随着资本主义国家生产力的发展,特别是经过工业革命的洗礼之后,生产力增速超过有效需求增速,这时企业所创造的价值不再如从前那样会自然实现,消费者成为企业争相迎合的对象,市场竞争逐渐显现并愈演愈烈。面对有限的市场份额和激烈的竞争形势，如何把握和利用市场活动的规律，进而实现市场交换成为企业最大的困扰，市场营销学作为一门独立学科应运而生。1912年，哈佛大学教授赫杰特齐出版了第一本以“市场营销学”命名的教科书，标志着市场营销学的诞生。此后，市场营销学从美国传播开来，在企业营销实践历史演进的过程中，受到越来越多的关注。

经过一个世纪的发展和演变，市场营销学已成为建立在多种学科基础上的一门应用学科。这门和经济正常运行关系密切的新兴学科，如同工程学从物理学、化学等基础学科中汲取营养一样，也植根于几门基础学科，包括经济学、心理学、社会学、管理学等，而且随着这些学科的发展而不断完善和进步。

（二）市场营销学与相关学科的关系

发展至今，市场营销学已成为一门独立学科，并形成了自身特有的理论体系。为了理解它的内在支撑，有必要把握它与相关学科的关系。

1. 市场营销学与经济学

市场营销学与经济学的联系是最为紧密的，经济学是其重要的理论基础，甚至可以说，市场营销学就是“从经济学的母体中脱胎而出的”。事实上，这一点并不难理解，市场营销活动本来就属于一种经济活动，而市场营销学研究的正是这种活动的内在规律性。而且，市场营销学本身也是为解决许多传统经济理论难以解决的问题而产生的。所以，经济学对于市场营销学的贡献毋庸置疑。

2. 市场营销学与心理学

市场营销学是研究营销活动及其规律的一门学科，其主体是经济活动中的个人和组织。同时，人类进行的任何活动都必然要受到一定的意识或心理状态的影响。而心理学研究的正是人们的心理、意识和行为，以及个体如何作为一个整体与其周围的自然环境和社会环境发生关系。这种研究主体的相关性决定了市场营销学必然要涉及心理学的相关知识。事实上也的确如此，我们在本章将要学习的一些关于市场营销的核心概念（如需要、欲望等），其实都来源于心理学。

3. 市场营销学与社会学

类似于心理学，社会学的研究对象也是人类的行为。与心理学不同的是，社会学主要研究群体和社会环境下的人类行为。显然，这与市场营销学的研究领域也存在着一定的交叉，因此，社会学也成为市场营销学的基石之一。如在市场营销学中分析消费者行为时，必须考虑到与之相关的一些社会因素，如家庭、邻居等，考虑这些问题的角度无疑与社会学知识密不可分。

4. 市场营销学与管理学

市场营销活动主要是一种企业活动，营销成功与否必然受到企业管理行为的影响。另外，在本章介绍市场营销的特征时我们将会看到，市场营销活动发展至今，已不再是简单的销售或广告，也不只是简单的经济活动的组合，而是涉及价值传递的整个过程，且活动结果取决于各个活动环节的协调程度。因此，我们今天所面对的市场营销学，也自然要受到管理学的影响。关于这一点，从现代企业营销活动中必不可少的营销战略选择和控制等方面就可以看出。

此外，人类学、法学等诸多其他学科都为市场营销学的发展和完善做出了贡献，在此不再赘述。但同时需要注意的是，我们不能因此而将市场营销学与任一相关学科等同。市场营销学有其自身的研究对象和要解决的问题，因此，虽然它来源于经济学并以许多学科为基础，却早已独立于这些学科。

从所属范畴来讲，今天的市场营销学是管理学大类之下的一门应用学科。从本质上来看，市场营销学是对企业营销活动及其规律的一种认识和把握。作为一门学科，市场营销学是伴随着企业自觉的营销实践而产生的，在营销实践的发展过程中不断与相关学科产生相互交叉和渗透。可以说，市场营销学的发展过程是一个博采众长、兼容并蓄的过程，同时又保持着自身独特的立场和研究视角，为人类认识、把握进而利用营销活动以及市场中的个体和组织活动的规律性提供了科学的切入点。

二、市场营销的概念

市场营销作为一种客观存在的企业实践活动，其定义是随着人们对企业营销实践认识的深化而不断发展的，并且是用来反映企业营销实践的客观需要的。市场营销学产生至今，相关机构和学者对市场营销给出了不同的定义。

1935 年，美国全国市场营销学教师协会把市场营销定义为：市场营销是引导产品或劳务从生产者流向消费者的企业营销活动。此后，这一定义被美国市场营销协会（American Marketing Association，AMA）采纳。

1985 年，伴随着市场营销实践的发展和人们关注焦点的转移，AMA 重新审视了先前给出的定义，将其修改为：市场营销是对思想、产品及劳务进行设计、定价、促销及分销的计划和实施的过程，从而产生满足个人和组织目标的交换。

1990 年，日本市场营销协会（JMA）给出的市场营销定义为：市场营销是包括教育机构、医疗机构、行政管理机构等在内的各种组织，基于与顾客、委托人、业务伙伴、个人、当地居民、雇员及有关各方达成的相互理解，通过对社会、文化、自然环境等领域的细致观察，而对组织内外部的调研、产品、价格、促销、分销、顾客关系、环境适应等进行整合、集成和协调的各种活动。

2004 年，AMA 再次对市场营销的定义进行了修改并指出：市场营销既是一种组织职能，也是为了组织自身及利益相关者的利益而创造、传播、传递客户价值，管理客户关系的一系列过程。

此外，营销大师菲利普·科特勒（Philip Kotler）从两个角度表述了市场营销的含义：从社会角度看，市场营销就是以满足人类各种需要和欲望为目的，通过市场变潜在交换为现实交换的活动，也是个人和集体通过创造、提供出售、同别人自由交换产品和价值，以获取其所需、所欲之物的社会过程；从管理角度看，市场营销就是当一桩潜在交易中至少有一方在考虑如何从另一方获得所渴求的反应时而形成的目的和手段的过程，包括选择目标市场，通过创造、传递和传播优质的顾客价值，来获得、保持和发展顾客。

由以上定义可以看到，随着社会经济的发展和人类认识的深化，市场营销的内涵和外延都已大为丰富和扩展。今天的市场营销不再局限于企业的活动，还拓展到非营利性组织

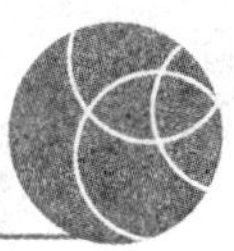

与公共机构，可以被博物馆、学校、慈善机构等组织所使用，以吸引客户、志愿者和捐助基金。

三、市场营销的特征

正如对市场营销概念的界定过程一样，人们对市场营销特征的认识也是随着企业营销实践的发展而不断深化的。另外，由于不同的营销活动参与者的角色不同，他们会对市场营销做出不全面的理解，进而不能正确地把握市场营销的特征。美国的斯坦顿（W. J. Stanton）曾指出："一个推销员或销售经理谈到市场营销，真正所指的可能是销售；一个广告客户业务员所说的市场营销，可能就是广告活动；百货企业部门经理谈到的可能是零售商计划。他们都谈到了市场营销，但是，都只谈到了整个市场营销活动的一部分。"显然，在这种对市场营销活动本身认识不足的情况下，势必难以正确把握其特征。

基于对现代市场营销活动的认识，市场营销的主要特征可以归结为以下 3 个方面。

（一）市场营销不仅仅是销售

市场营销活动在生产产品之前就已经开始了，而销售只是在生产产品之后才发生的。市场营销包括销售之外的很多其他营销活动，如营销调研、市场细分、市场选择、渠道选择以及广告、公共关系、物流、售后服务等所有与实现企业价值相关的活动，它涵盖了从顾客价值实现到企业价值实现的整个过程中的各个环节。

（二）市场营销是让渡价值的系统流程

市场营销不仅包括一系列环节的活动，而且是由这些环节整合而成的流程。也可以说，市场营销不仅是提供产品，还是让渡价值的系统流程。这个让渡价值的流程主要包括 3 个环节，即选择价值、提供价值、传播价值，如图 1—1 所示。

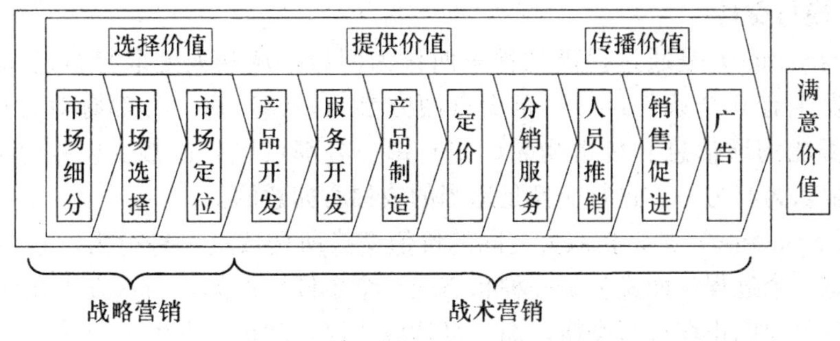

图 1—1　市场营销的价值让渡流程

由图 1—1 可知，市场营销活动始于顾客需求，即若想实现企业自身价值，则市场营销的首要目标并不是盈利，而是满足顾客需求，传递顾客需要的价值。而顾客得到其需要的价值之后，企业也可以从顾客那里得到回报，从而实现自身价值需要，即获取利润。正如管理学大师彼得·德鲁克所言："营销的目标是使销售成为不必要。"

（三）市场营销是组织的整体哲学

市场营销活动是在一定观念指导下的一种有序活动。在由客观时代背景决定的营销环境和观念的历史演进过程中，各个时期的企业营销实践也必然要与之相适应。因而，这种整体哲学表现为企业营销的活动过程在相应的营销观念的引导下进行。

同时，市场营销不仅是一个部门的职能，还是组织的整体哲学和实践。因此，市场营销是针对企业整体的，而不仅仅是营销部门。因为产品从生产者流向最终消费者，绝不是企业的某一个部门可以单独完成的，这一过程的最终完成需要各个职能部门的通力合作。

四、市场营销的核心概念

为了对市场营销学形成系统认识，有必要对它所涉及的几个核心概念加以界定。

（一）营销者、预期顾客与相互营销

在市场营销活动中，价值实现的过程就是交易的过程，价值的实现是交易双方价值的共同实现。交易双方积极主动寻求响应的一方称为营销者，而另一方则称为预期顾客。需要注意的是，营销者既可以是买方，也可以是卖方，如果在交易过程中买方比卖方表现得更主动，则此时买方是营销者，这种情况通常出现在几个买方都想与同一卖方进行交易的情况下。但交易双方并非总是存在主动和被动的关系，如果出现交易双方都积极寻求响应的情况，则双方都称为营销者，这种情况称为相互营销。

（二）需要、欲望和需求

在市场营销学中，需要（needs）是指人类的基本要求，如为了维持生存所必需的水、食品、空气等。当需要趋向某些特定目标时，就变成了欲望（wants）。如人在饥饿状态下会对食品产生需要，当这种对食品的需要转化为想吃某种食品如馒头时，这种需要就变成了想吃馒头的欲望。需求（demands）是指对有能力购买的某个具体产品的欲望，即需求的构成要素有两个：（1）欲望；（2）购买能力。

（三）交换与交易

交换（exchange）是通过提供某种东西作为回报，从某人处取得自己所需物品的行为。交换的发生有5个条件：（1）至少有两方参与；（2）每一方都有对方所需的东西；（3）每一方都能沟通信息和传送物品；（4）每一方都可以自由接受或拒绝对方的产品；（5）每一方都认为与另一方进行交换是适当的或称心如意的。

交易（transaction）则是指双方之间的价值交换所构成的一种行为。它与交换的区别在于：交换是一个过程，而交易是一种状态或一个事件。例如，当双方正在谈判并趋于达成协议时，表示他们正在进行交换；而一旦达成协议，就称其发生了交易。

（四）市场、关系和网络

市场（market）可以从不同的角度来描述。从广义的角度来看，市场是指商品买卖的场所，也是一系列交换关系的总和。而在市场营销学中，市场特指企业的顾客群体。营销活动中卖主的集合构成行业，买主的集合构成市场。

市场营销学中的关系（relationships）是指企业与其经营活动中的关键成员（包括供应商、经销商、顾客等）所形成的一系列长期稳定的交易关系。市场营销的目标是不仅要实现企业的价值，而且要使这种价值长期保持下去，使企业能在动态的环境中保持自身的

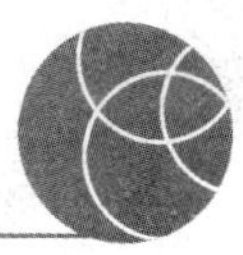

竞争优势。要实现这一目标，就必须与利益相关者建立起长期稳定的合作伙伴关系。因此，市场营销不是简单的一次或几次交易，而是通过适当的方式来建立与这些利益相关者的稳定关系。

市场营销学中的网络（networks）是指由企业及其所有利益相关者（顾客、员工、供应商、经销商、广告商、金融机构等）所形成的长期稳定的市场网络。在现代市场营销活动中，企业市场网络的规模和稳定性是形成企业市场竞争力的重要因素。

第二节 市场营销哲学的确立

一、市场营销哲学的概念

市场营销哲学（marketing orientation）也称市场营销导向，是企业在进行市场营销管理的过程中，处理企业、顾客和社会三者利益关系所持的态度、思想和观念。

就企业和环境之间存在的历史和辩证的关系而言，市场营销哲学是对营销环境变化的反应，是关于环境中主导因素的基本对策。当营销环境的变化程度不大、环境的主导因素处于相对稳定的状态时，营销哲学基本可以延续；当营销环境发生较大的变化、环境的主导因素出现根本改变时，营销哲学也需要做出必要的调整。否则，整个营销活动和营销环境将难以实现动态适应与和谐匹配。

二、市场营销哲学的类型

自企业营销实践产生以来，便伴随着相应的营销哲学，但处于不同时代背景下的企业，其营销哲学又各不相同。市场营销哲学的演进历程伴随着生产力的发展过程，不同的营销哲学总是与不同生产力条件下的市场环境相适应。纵观企业营销实践的历史演进，我们可以发现存在 6 种主要的市场营销哲学：生产导向、产品导向、推销导向、营销导向、顾客导向和社会营销导向。其中，前 3 种导向是与卖方市场条件相适应的传统市场营销哲学，而后 3 种才是现代市场营销哲学的代表。

（一）传统市场营销哲学

1. 生产导向（production concept）

生产导向是最为古老的一种市场营销哲学，持这种观念的生产者认为：消费者喜欢那些可以随处买到且价格低廉的产品。显然，这是一种重生产而轻营销的市场观念。因此，在这种观念的引导下，企业必然会集中力量组织资源，致力于生产率的提高和产品成本的降低，从而扩大生产、抢占市场。大批量、少品种是这种观念引导下生产的主要特征。

生产导向产生于西方国家工业化初期，当时由于物资匮乏，生产力水平亟待提高，企业即使全力生产仍不能满足消费者的需求，正如福特曾宣称“我们的汽车唯一的缺点就是生产得不够快”。因此，在这种背景下，生产导向的存在有其客观必然性。

2. 产品导向（product concept）

产品导向观念认为：消费者喜欢高质量、多功能且具备某些创新特色的产品。因此，在这种观念的指引下，企业开始关注产品的品质，致力于提高产品的质量，强调对产品的性能进行持续改进，同时不断发掘产品的新特色。显然，在这种观念中，一方面，企业开始对消费者需求有所关注；但另一方面，企业在其产品设计的过程中又很少甚至根本不让消费者介入，它们对自己的能力充满信心，甚至因此而不考虑竞争者的产品。

相对于生产导向而言，产品导向有所进步。但这种观念的缺陷在于过于关注产品本身而忽视了消费者需求。在这种情形下，企业常常沉浸在产品改进的自我陶醉中，而忽略了市场需求的变化，正如菲利普·科特勒所说：“它们可能忘记了产品只是解决消费者问题的工具而已。”

阅读参考：“柯达时代”的终结

曾经辉煌一时的柯达公司，一度因胶卷生产而闻名于世，但数字时代的到来彻底改变了消费者的需求。柯达本来坐拥可观的资源，即便在数字时代仍然能独领风骚，但却没有继续研究下去，而是担心数字技术冲击柯达原有的胶片市场。最终，这个曾经的胶卷帝国走向没落。

现实中，很多企业虽然也重视对消费者需求的满足，但面对一时的成功，却常常陷入自我陶醉而渐渐集中精力于自己现有的产品。在激烈的市场竞争中，只有时刻关注消费者需求的变化并以满足消费者需求为己任的企业，才能赢得消费者的青睐，求得生存和发展。

资料来源：http://www.sino－nz.com/dianzibao/html/2012－02/03/content_57133.htm，经编者整理、分析而成。

3. 推销导向（selling concept）

推销导向的一个基本假设是消费者都具有购买惰性，即如果企业不做出积极努力，消费者就不会主动地大量购买某种产品。因此，这种观念认为：企业必须加大推销和促销力度，采用各种手段刺激消费行为。也就是说，这种观念认为企业推销什么，消费者就购买什么。

这种观念产生于卖方市场向买方市场转变的特殊时期，这时买方市场的出现使企业已不再拥有卖方市场条件下的市场优势，市场竞争的加剧促使企业开始考虑如何争取消费者。相对于之前的营销哲学来说，这无疑是一个进步，但处于这一时期的企业，事实上仍然没有完全走出原先的思维惯性，因而其营销活动的起点仍旧是企业自身而不是消费者，也就是说，依然不是从消费者的需求出发去进行营销。

通过对比不难发现，传统营销哲学的一个基本思路是“以产定销”，即消费者没有或只掌握有限的自由选择权利，消费者能得到什么完全取决于企业将要生产什么。尽管三种传统的营销哲学后一种都比前一种有所进步，但这种变化都只是量变，从本质上来讲，都没有摆脱“以生产者为中心”的思维定式。

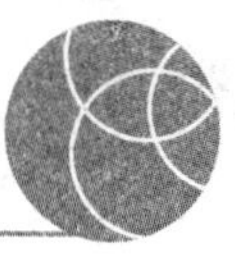

（二）现代市场营销哲学

现代市场营销哲学的出现是营销观念的一次重大变革和质的飞跃，有人甚至将这种变革称为营销哲学的一次伟大革命。

1. 营销导向（marketing concept）

营销导向观念认为：实现企业自身价值目标的关键在于正确定位目标市场的需要和欲望，并且比竞争者更为有效地传递相应的产品或服务去满足这些需要和欲望。

显然，营销导向是一种以顾客为中心的经营理念，它产生于买方市场步入成熟、市场竞争日益激烈的市场环境中。这一时期的企业不得不面对的一个关键问题是如何才能在竞争中求得生存和发展，于是在外力的驱动下，企业不约而同地将目光聚焦于顾客。营销导向的企业将关注的焦点由原来的企业或产品本身转向顾客的需要，通过提供能满足顾客需要的价值来吸引顾客主动购买。如美国的国际商业机器公司（IBM）从不以世界最大的电子计算机制造者自居，而是将自己定位于为解决问题和满足需要而存在，从顾客需要的角度出发不断开发新产品，巩固自己的领先地位。

毋庸置疑，营销导向的出现彻底颠覆了自企业营销实践产生以来一直被沿袭的惯性思维。传统营销哲学忽视了顾客选择的力量，也没有给予顾客自由选择的权利，而现代营销哲学的产生使企业营销活动开始以满足顾客需要为中心，从而实现了“以销定产”。

2. 顾客导向（customer concept）

随着市场竞争的加剧和行业整体营销理念的进步，顾客需要也日益呈现出多样化趋势，这就导致即使处于同一目标市场的顾客需要也越来越呈现出差异化。这样，营销导向所强调的满足整个目标市场的需要与市场环境的契合程度开始渐渐降低，这时便需要一种新的理念来指引企业在激烈的市场竞争中脱颖而出，而顾客导向的出现恰好满足了这种需要。

顾客导向是指对市场中每一位顾客的需要都加以区分，并收集不同顾客的历史交易信息、消费习惯和偏好信息等各种相关资料，以此为基础为市场中不同的顾客分别提供其所需要的产品或服务。顾客导向与营销导向的共同之处在于它们对顾客中心地位的认可，而区别在于与营销导向强调满足整个目标市场的需要不同，顾客导向更为精确，它强调要满足市场中不同顾客的需要。即营销导向关注的焦点是目标市场，而顾客导向则关注市场中的每一位顾客，这无疑对企业的价值创造提出了更高的要求。

在此我们不难看出，顾客导向对企业的资源规模和技术化程度都有着近乎苛刻的要求，虽然这种要求并非不可实现的，但也不是所有企业都可以达到的。而且在以这种导向为指引的前提下，企业必须对成本与收益进行衡量和预测，否则将会得不偿失。

3. 社会营销导向（social marketing concept）

进入 20 世纪 70 年代，随着资源短缺、生态破坏等全球性问题的爆发，消费者个人利益最大化与社会整体的长远利益最大化之间的矛盾日渐显现，人们开始对纯粹的以满足消费者个人需要和利益为中心的市场营销哲学进行反思，正是这种背景催生了社会营销导向。

与纯粹的市场营销哲学单纯追求消费者需要的满足不同，社会营销导向的核心观点是企业在满足消费者需要的同时还应考虑到社会整体福利和长远利益。由此可以看出，这种观念的一个隐含前提是消费者的个人利益可能与社会整体利益和长远利益存在冲突，企业需要对冲突的双方做出有效平衡和协调。因此，按照社会营销导向的观点，企业在营销活动中不仅要考虑消费者需要和自身的利润需要，还要兼顾社会整体利益，即在企业、消费者、社会整体的利益之间做出平衡和协调。

阅读参考："南孚"的社会营销

成立于1988年的南孚公司，在我国享有很高的知名度。电池本来是快速消费品，其更换周期应该是较短的。但南孚却反其道而行之，推出了"聚能环"的理念，以节能耐用来吸引消费者眼球，尽管其科学性有待考证，但还是体现了"南孚"为消费者着想的营销理念，而这样做的结果是赢得了众多消费者的好评。同时，"南孚"还推出了多种无汞、无镉、无铅绿色环保电池，充分迎合了当今的环保趋势。"南孚"用实际行动展现了其社会营销观念，兼顾了消费者和社会的整体利益，也获得了自身长远发展的社会基础。

资料来源：百度百科，经编者整理、分析而成。

三、现代市场营销哲学的确立

现代市场营销哲学对于当今企业的发展无疑有着重要意义。然而，要使这种观念真正被企业接受并自觉地进行实践，却需要一定的条件。

（一）确立现代市场营销哲学的支柱

1. 目标市场

目标市场是指企业营销活动所针对的具有相似需要的顾客群体。营销导向要求企业必须根据顾客的需要去开展各自的营销活动，但我们必须承认的一个事实是"并非所有的顾客都喜欢同样的麦片粥、酒店、大学或电影"，即人的需求总是呈现出多样化和差异化，企业所面临的顾客群体不可能是完全同质的。因此企业要实践营销导向，首先要做的就是对市场进行细分，并确定自己的目标市场。

2. 顾客需要

营销导向的出发点是满足顾客的需要，因此分析顾客需要也是践行现代市场营销哲学必不可少的一个环节。不仅要关注顾客需要的多样性和差异性，而且应对同一需要进行深入剖析。对于顾客的某种需要，可以划分为5个层次：（1）表明了的需要，即顾客明确提出的需要，如顾客可能提出他需要一台便宜的笔记本电脑；（2）真正的需要，即在基本需要中隐含的顾客真正的需要，如顾客需要的是电脑在整个使用周期内的总投入费用（售价和维护费用的总和）最低，而不是售价最低；（3）未表明的需要，即顾客希望通过其购买行为能够获得的附加价值，如现在的商家经常会提供的送货上门及售后服务等；（4）令人愉悦的需要，即顾客期望从其购买经历中获得的一种愉悦的心情，如商家的额外赠送或舒适的购物环境都能提升顾客的消费体验；（5）秘密的需要，即顾客期望企业能够像朋友般设身处地地考虑其需要，提供更具针对性的产品或服务。

阅读参考：需要层次论

1954 年，美国心理学家亚伯拉罕·马斯洛出版了《动机与人格》一书，提出了需要层次论。他将人类需要划分为五个层次，即生理需要、安全需要、归属需要、尊重需要和自我实现需要，并认为这五种需要是遵循递进规律的。虽然几十年来这一理论受到了很多的质疑，而且其的确存在自身的片面性，但它的诞生却依然具有伟大意义，也为我们研究人类行为动机提供了一个参照。

3. 整合营销

整合营销是指企业以顾客为中心，整合内部所有资源，以提高顾客的服务水平和满足程度，使所有部门都为满足顾客的利益提供协调一致的服务。从其概念不难看出，整合营销包括 2 个方面的含义：（1）对各种营销职能，如人员、广告、产品管理、营销调研等进行整合；（2）使其他部门与营销部门在观念上保持一致，从满足顾客需要的角度出发思考问题。企业只有正确把握这 2 个方面的含义，充分认识资源整合与各部门协同合作在营销活动中的地位和作用，才能真正实现“整体大于部分之和”的系统功效，进而实现现代营销哲学的应有之义。

阅读参考：内部营销

从市场营销的特征可以知道，营销不仅仅是某一个部门的责任，其最终效果取决于各个部门的协同合作。只有将现代营销导向的理念融入每个部门甚至每个员工的行动当中，才能真正发挥企业的整体功效。为此，在外部营销——通常所说的市场营销活动真正开始之前，需要先进行内部营销。

所谓内部营销，就是有组织地引导企业员工和管理层树立起以顾客为中心的现代营销导向，并使其将这种理念渗透到自己的日常实践当中。

4. 盈利能力

盈利能力是指营销活动要取得一定的经营绩效。企业开展营销活动，归根结底是为了盈利。因此，现代营销哲学能否成功地被企业所认可和践行，最终取决于在这种观念的引导下企业的盈利能力如何。在此要正确认识企业盈利与顾客盈利之间的关系。传统的营销哲学之所以把注意力集中在企业本身，把生产看做是营销活动的起点，正是因为忽视了企业盈利与满足顾客需要（即顾客盈利）之间的关系。事实上，在现代营销哲学的理念中，企业盈利与顾客盈利之间不仅不存在冲突，而且具有同步性，即企业盈利的关键就在于满足顾客需要，营销活动只有以顾客需要为起点，才能够真正为顾客所认可，进而实现企业的自身价值，提升其盈利能力。

(二) 现代市场营销哲学确立的动力和阻力

1. 现代市场营销哲学确立的动力

市场营销哲学是用来指导企业营销实践的，因此其确立必然始于企业在营销活动中所面临的问题以及对新的市场营销哲学将会带来的好处的认识。一般来说，企业确立某种市场营销哲学的外部驱动主要有以下 5 个方面：

(1) 销售额下降。

当企业的销售额下降时，企业自然会进行反思并积极寻找解决问题的途径。尽管引起销售额下降的原因纷繁复杂，但从本质上来看，对顾客需求关注不够以及对市场变化的掌握不及时常常是企业经营过程中的主要问题。这就迫使企业主动地学习市场营销理论并从经营理念的层面真正接受以顾客需求为中心的营销哲学。

(2) 增长缓慢。

面对增长缓慢的市场，企业实现进一步发展的有效途径之一就是进入新的市场。当面对一个陌生的市场和新的顾客群体时，企业会在学习和了解新市场的过程中潜移默化地树立起以顾客需求为中心的营销理念，因此其最终活动必须符合现代市场营销哲学。

(3) 购买形式变动。

企业所处的市场环境是不断变化的，顾客的需求、偏好、消费习惯和购买方式也会产生变化。为了应对市场环境中的这些变化，企业自然会开始关注顾客需求，并最终确立现代市场营销哲学。

(4) 竞争的加剧。

企业面临的竞争压力不断加剧，使其不得不做出更加周密的营销策划、营销调研，开展有效的营销活动。竞争越激烈，以整合营销和顾客导向为中心的现代市场营销哲学就会越多地被企业所采用。

(5) 营销费用增长。

随着企业的经营和发展，其可能会发现自身的广告、促销、营销调研和为顾客提供服务的费用过高。这时，管理部门会加强对营销活动的审查和改进，在明确以目标市场和特定顾客群体为中心的前提下，开展更为细致的营销活动。

2. 现代市场营销哲学面临的阻力

人们对新事物的认可和接受总是需要一个过程的，现代市场营销哲学的确立也不例外。在确立现代市场营销哲学的过程中，企业面临的阻力主要有 3 个方面：

(1) 组织的抵制。

组织内部的抵制主要来自于非营销部门。例如，生产、财务和研发部门，往往会因为不愿看到由于营销部门的权力扩大而威胁自身权力，进而采取抵制营销活动的行为。

(2) 学习缓慢。

现代市场营销哲学在企业内部的贯彻实施必然要经历一个学习的过程。因此，即使企业建立了营销部门，组织了营销研讨班，加大了营销预算费用，引进了营销计划与控制系统，也难免会因为对市场营销的学习进展缓慢而难以进入理想的状态。

(3) 迅速遗忘。

企业在现代市场营销哲学的确立过程中，往往存在反复性，即企业可能在某段时间确

立和执行营销哲学的效果较好，但随着时间的推移渐渐将已经确立的营销哲学遗忘。为此，企业应跟踪掌握现代市场营销哲学在企业内部的明确程度和减弱程度，并有针对性地对市场营销哲学进行加强和持续学习。

（三）实现市场营销哲学的确立

如前所述，市场营销哲学的确立是企业为适应市场环境的变化而在经营理念方面做出自主改变的过程，因此要真正实现市场营销哲学的确立，市场环境的变化对企业的外部驱动是一个必不可少的基础。另外，市场营销哲学的确立应该是企业整体的行为，只有这种理念在企业中得到自上而下的贯彻，市场营销哲学才能真正发挥指导企业营销实践的作用。所以，即使在某些企业中市场营销哲学已得到高层管理者的认可和接受，也会由于缺乏配套的管理机制和实施措施而未能落实到位。因此，企业要实现市场营销哲学的确立，应该分阶段、有步骤地推进，具体流程如下。

1. 第一个阶段是市场营销哲学被企业高层接受和认可的过程

（1）采用科学、系统的方法衡量本企业产品的现实需求和潜在需求，并与同类企业进行对比；

（2）深入了解本企业产品在消费者中的产品形象和消费者的主流评价。

2. 第二阶段是贯彻执行阶段

（1）将市场营销哲学的理念注入企业文化建设的过程当中；

（2）在企业用人标准和员工培训过程中引入客户至上的经营理念；

（3）将客户至上的经营理念与各层级、部门的绩效评估相联系，进而与企业成员的发展和报酬相联系；

（4）开展各类学习活动，让企业成员从思想上认识到市场营销哲学的重要性。

第三节　市场营销管理流程

自营销实践产生以来，人们就一直在探索其内在规律性并试图把握和利用这一规律去处理企业、消费者、竞争者以及外部市场环境之间的关系，从而使营销活动朝着对自身有利的方向发展。在这个过程中，市场营销管理无疑扮演着重要的角色。

一、市场营销管理的概念

市场营销管理是指为了实现企业目标，创造、建立和保持与目标市场之间的互利交换关系，而对设计方案进行的分析、计划、执行与控制。

在营销管埋中，分析是从外部环境和自身资源出发，发现机会并据以确定目标的过程；计划即根据确立的目标，结合企业自身资源和人员素质等条件，制定达到企业目标的可行方案及实施步骤；执行是对方案的实施；控制则是要制定相应的标准，并对执行的过程进行监管，以保证计划的执行不偏离预定轨道，同时也包括对执行结果的总结和反馈。

二、市场营销管理的任务

市场营销管理的目标就是促进企业目标的实现，其实质是需求管理，因此，市场营销管理的任务就是为促进企业目标的实现而对不同的需求状况进行合理的调整。根据需求的不同状态，营销管理的具体任务有所不同。

（一）需求的类型

1. 负需求

负需求是指绝大多数人对某个产品感到厌恶，甚至愿意出钱回避它的一种需求状况。例如，在现代市场环境中，出于对健康的追求，很多消费者在饮食方面会尽量回避油炸食品等高能量食物。

2. 无需求

无需求是指目标市场对产品毫无兴趣或漠不关心的一种需求状况。例如，多数男士对面膜等产品往往没有兴趣。

3. 潜在需求

潜在需求是指相当一部分消费者对某物有强烈的渴求，而现有产品或服务又无法使之满足的一种需求状况。例如，现在的消费者对某些节能低耗产品的需求。

4. 下降需求

下降需求是指市场对一个或几个产品的需求呈下降趋势的一种需求状况。例如，产品更新换代后，人们对过时产品常常会出现下降需求。

5. 不规则需求

不规则需求是指某些物品或服务的市场需求在一年的不同季节，或一周的不同日子，甚至一天的不同时间段波动很大的一种需求状况。例如，消费者对月饼等某些节日性产品的需求。

6. 充分需求

充分需求是指某种物品或服务目前的需求水平和时间等于预期的需求水平和时间的一种需求状况。

7. 过量需求

过量需求是指某种物品或服务的市场需求超过了企业所能供给或所愿供给的水平的一种需求状况。

8. 有害需求

有害需求是指市场对某些有害物品或服务的需求，如烟草等。

（二）不同需求状态下的营销管理任务

1. 负需求状态下的营销管理任务

负需求的产生有很多原因，有些是可以挽回的。因此，面对负需求时，市场营销管理的任务首先应该是深入分析这种情况产生的原因并积极寻找突破口，然后在此基础上对原先的营销方案进行修改和完善，力求使负需求向正需求转变。

2. 无需求状态下的营销管理任务

通常情况下，消费者对某种产品无需求是因为其认为该产品对自己没有价值。事实上，

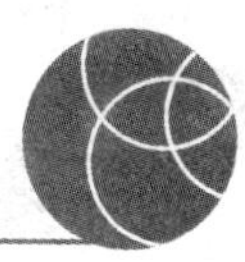

同样的产品往往会对不同的消费者群体产生不同的效用。例如，从一个学生的角度来讲，一本古书可能并没有用，然而收藏爱好者则可能对其爱不释手。因此，面对无需求状态时，市场营销管理的任务就是从新的角度思考本企业产品的价值所在，同时在原有市场上采用新的手段刺激消费行为。

3. 潜在需求状态下的营销管理任务

潜在需求往往意味着市场空白，在这种情况下，市场营销管理的任务是分析潜在需求带来的市场机会，衡量开发新市场可能要承担的风险和相应的获利潜力，从而在此基础上决定是否要拓展市场。

4. 下降需求状态下的营销管理任务

任何产品都有自己的生命周期，随着消费品的日益多样化，消费者对产品的需求持续时间逐渐缩短，因此任何产品都需要面对需求下降的时期。在这一时期，市场营销管理的任务就是分析需求下降的主观和客观原因，并分别采取有针对性的营销手段，努力阻止或减缓需求下降的趋势。

5. 不规则需求状态下的营销管理任务

不论对于企业还是消费者而言，消费者需求的波动幅度超过一定限度都是不利的，这种情况往往会导致供需始终处于不同步的状态。因此在面对不规则需求时，市场营销管理的任务就是通过灵活运用营销手段和工具来对需求进行调节。例如，通过价格和促销力度的变化来调节不同时期的需求。

6. 充分需求状态下的营销管理任务

毫无疑问，充分需求对于供需双方来讲都是一种理想的市场状态，但由于产品的生命周期和消费者偏好持续性等因素的变化，这种状态不会一直保持下去。因此对于企业来说，此时市场营销管理的任务就是充分挖掘产品的潜力，对产品进行持续改进和完善，从而使这种状态能够持续尽可能长的时间。

7. 过量需求状态下的营销管理任务

当过量需求出现时，不论是由于何种原因，市场营销管理的任务只能是降低或者转移需求，常见的手段主要有提升价格、开发替代品等。

8. 有害需求状态下的营销管理任务

对于有害需求，市场营销管理的任务是：一方面通过提升价格、减少甚至停止供给来抑制这种需求，另一方面积极宣传和提醒消费者这种需求的有害性。

三、市场营销管理的流程

一方面，营销活动是面向顾客需求的；另一方面，企业所能满足的顾客需求又是有限的，即企业不可能满足所有市场上的所有需求。因此，营销活动必须找到合适的重心，即确定企业的目标市场，进而比竞争对手更有效地满足目标市场中的顾客需求。这一过程事实上就是市场营销管理的过程，其具体流程可归结为4个环节：分析环境和市场机会、确定目标市场、制定营销战略和战术、实施和控制营销活动，如图1—2所示。

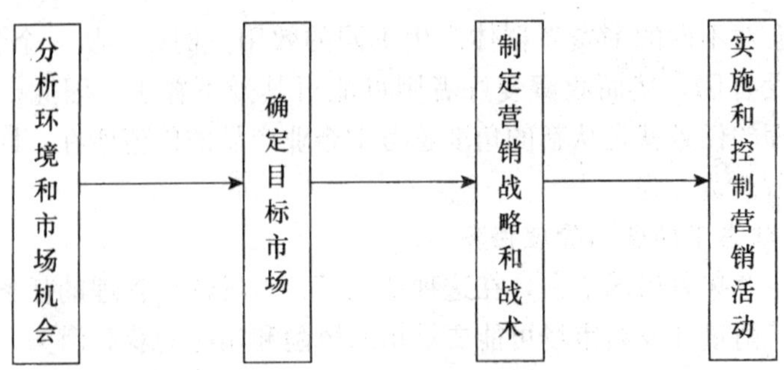

图 1—2　市场营销管理的流程

（一）分析环境和市场机会

企业营销活动总是在一定的环境中进行的，从本质上讲，这是一种发现和利用市场规律来实现企业盈利的活动。同时，市场中存在着诸多对企业营销活动有利或不利的因素，对这些因素加以全面认识，有利于企业更好地利用市场规律。因此，企业必须对环境进行分析，以求识别和把握机会，即发现顾客需求的变化或者新出现的需求，进而决定是否或怎样满足这种需求。同时，环境分析的另一个目的就是及时发现环境中存在的威胁并采取相应的规避措施。

（二）确定目标市场

顾客的需求总是处于变动之中，因此只要企业善于发现，就能找到很多机会。尽管在条件允许的情况下，企业应该满足尽可能多的需求以获得更多的市场回报，但事实上，企业“不可能为所有人服务，如果尝试为所有人服务，那么可能最终任何顾客都得不到好的服务”。因此，在经过系统科学的环境分析并发现市场切入点时，就要有针对性地选择企业将要服务的顾客群体，即目标市场。在选定目标市场时，企业一方面要考虑自身的能力，即能否满足目标市场的需要，另一方面要综合权衡将要选择的目标市场能够给企业带来的获利潜力及需要承担的风险，进而决定是否要进入该市场。企业在具体选择时，有其对应的策略，这一点我们将在后面的章节中讨论。

（三）制定营销战略和战术

在确定目标市场后，企业就要开始制定具体的营销战略，并部署相应的营销战术去满足其需要。在具体的方案制定时，主要涉及 2 个方面的内容：（1）就长期而言，企业应采取何种战略去满足目标市场的需要，即企业在满足目标市场的过程中应该奉行一种怎样的原则；（2）就当下而言，企业应该怎样合理安排各种营销手段或工具，即对营销组合的确定。

市场营销组合是指企业为了满足其目标顾客群体的需要而加以组合的可控制的变量，也是对与实现营销目标有关的各种可控因素的组合和运用。1953 年，尼尔·博登（Neil Borden）在美国市场营销学会的就职演说中首次提出了“市场营销组合”（marketing mix）的概念，认为市场需求或多或少会受到营销变量或营销要素的影响，并列举出相关的许多营销变量，如价格、包装、品牌等。随后，美国营销学家麦卡锡（McCarthy）于 1960 年将这些变量归结为产品（product）、价格（price）、渠道（place）、促销（promotion）4 个方面，即著名的 4P 理论。在此之后，众多学者对营销组合的构成都做出了不同的诠释，在此不再赘述。现代营销实践证明，这些变量的不同组合方式确实能产生不同的效果。

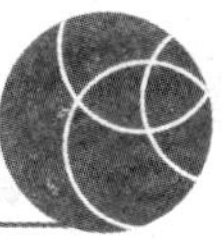

(四) 实施和控制营销活动

市场营销管理的最后一个步骤是在确定的营销战略和战术的指导下对营销活动进行具体的实施和控制，以及在实施过程中根据市场环境等因素的变化对预先设计好的营销方案进行系统调整。显然，这也是连接先前三个环节同企业目标的最终实现的重要媒介，在这一环节之前的所有工作恰当与否最终要在这一环节中得到检验。因此，企业应对这一过程引起足够的重视，组织和配备相应的专业管理人员去完成这项工作。

第四节 市场营销道德与企业社会责任

一方面，现代营销理念强调消费者需求在营销活动中的主导地位，而企业在满足消费者需求时不仅需要考虑到其当下的需要，还要考虑到营销活动是否符合其长远利益；另一方面，在经济活动中，消费者的个人利益与社会整体利益并非总是保持一致的，这就要求企业在二者之间做出权衡或协调。我们知道，企业满足消费者需求的最终目的在于实现自身盈利，因此在整个营销活动中，企业必须处理好自身需要、消费者需要与社会整体需要之间的关系。在这个过程中，必然会涉及 2 个方面的问题：市场营销道德与企业社会责任。

一、市场营销道德的概念

营销活动本质上是企业的一种社会性活动，同其他的社会活动一样，它需要在一定的道德约束下进行。

营销道德（marketing ethics）是商业道德的一个分支。同营销活动本身相比，它是一个更为新兴的概念。市场营销道德是指用来判定市场营销活动正确与否的道德标准，即判断企业营销活动是否符合消费者及社会的利益，能否给广大消费者及社会带来最大福利。

阅读参考：营销道德与营销伦理

在市场营销学中，还有一个概念叫做营销伦理。在现实中，道德与伦理一般不做区分，二者都被认为是判定企业营销活动是否适当的标准和规范。但从理论上来讲，二者还是有区别的。道德是一种人类行为的善恶标准和行为规范，而伦理是对道德规范的哲学思考。因此，伦理是高于道德的哲学，而道德则是伦理在现实中的体现。也可以说，伦理倾向于理论，是对道德的科学性和方法性的系统思考。道德告诉我们什么是善恶，而伦理则告诉我们什么应该是善或恶。

二、企业营销活动中的道德问题

现代企业营销道德贯穿企业营销活动中的每个环节，并在营销活动中的各个要素中表现出来。

(一) 营销调研过程中的营销道德

营销调研是现代企业获取市场信息并据此制定企业经营战略的必要途径，也可以看作企业营销活动的开端。营销调研主要是对有关市场供求状况、竞争情况以及消费者偏好等信息的采集；同时，随着近年来企业对营销调研的重视程度的提升，许多企业开始委托专业的调研机构为其采集信息，使营销道德的内容进一步延伸。在具体的营销调研过程中，涉及的道德问题主要有消费者个人隐私保护、数据的合法获取、兑现调研中的馈赠承诺等。

(二) 产品策略中的营销道德

企业经营的最终目的是盈利，而现代营销理念强调以满足消费者需要为出发点去实现可持续盈利。因此，在企业产品策略中涉及3个方面的道德问题：(1) 满足消费者需要是企业实现可持续盈利的前提，也应该是营销活动的出发点，但现实中，有些企业往往违背这一理念，在营销活动中只追求利润而置消费者利益于不顾，从而出现了假冒伪劣、以次充好等不道德现象。(2) 企业营销活动应综合考虑消费者的当前利益和长远利益，但在有些情况下，企业往往忽视了这一点，如“麦当劳早期推出的美味但含有过多盐分的食品，虽然为消费者带来了即刻的满足，却忽视了长期食用这些食品给消费者带来的危害”。(3) 现代营销活动要求企业在满足消费者需要的同时还要照顾到整个社会的长远利益，如我们现在倡导要限制一次性塑料袋的使用，就是因为环保问题在营销领域越来越受重视。

(三) 定价策略中的营销道德

价格是营销活动中的重要变量，也是与企业和消费者利益最直接相关的部分，而价格的决定也是与供求双方的利益都相关的。在定价策略中的营销道德问题主要可以归结为价格与产品本身不相匹配，具体表现有：(1) 价格欺诈。例如，我们现在经常会遇到的商家以促销为名实行先抬价再打折的行为，以及用低价招徕消费者后以高价结算的行为等都属于价格欺诈。(2) 价格歧视。这里的价格歧视是指企业在没有任何正当理由的情况下对购买同样商品的不同买家实行不同的价格，这与经济学中所说的价格歧视是有区别的。(3) 掠夺性定价。即实力雄厚的企业采用低价挤压对手以实现其未来长期高价的行为。(4) 暴利价格。即企业采取不正当手段制定超过产品合理价格波动幅度的行为，如囤积居奇。此外，在营销活动中，企业的许多行为如价格共谋等，也是违背营销道德的。

(四) 渠道策略中的营销道德

这里的渠道，指的是分销渠道，即产品从生产者向消费者流动的渠道。这一过程中的营销道德主要源于生产者和中间商之间的契约关系。具体涉及2个方面：(1) 生产者和中间商未能完全履行合同中的相关义务，如生产者不能及时供货、中间商拖欠货款以及双方相互推诿售后责任等。(2) 生产者或中间商利用自身优势地位来压榨其他渠道成员，或者采取不正当竞争手段来挤压处于同一层次的渠道成员。

(五) 促销策略中的营销道德

广告、公共关系等各种促销工具的运用，是企业维持和提升竞争力的一个重要因素。同时，这一过程中也涉及很多营销道德问题，主要表现在：(1) 广告方面，广告的初衷是

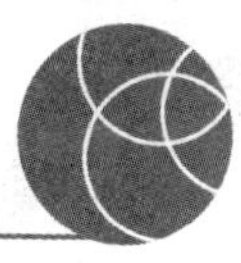

向消费者如实传递产品信息，帮助消费者做出决策，但现在的很多广告常常会过分夸大产品的功效或者隐瞒产品存在的某些缺陷，从而对消费者产生误导。(2) 推销方面，有很多消费者都经历过所谓的高压式推销，这种情况常常发生在一对一的人员推销中，在推销人员的语言攻势造成的心理压力下，消费者常常碍于情面而不得不购买其不需要的产品、伪劣产品或滞销积压产品。(3) 采用恶意攻击竞争对手产品等不正当竞争手段来挤压竞争对手等。此外，促销策略中还包括一些其他方面的问题，如通过制造假新闻来对企业产品进行炒作等，都属于营销道德问题。

三、企业社会责任概述

(一) 企业社会责任的产生与发展

尽管企业社会责任 (corporate social responsibility) 的概念起源于 20 世纪初，但事实上，作为一个社会组织，企业的社会责任是一直存在的，只是内涵和表现形式在变化而已。

早在 18 世纪，亚当·斯密 (Adam Smith) 就指出有一只“看不见的手”始终在引导着企业去实现社会福利最大化。因此可以说，自企业产生以来，便不自觉地承担起一定的社会责任，即使其初衷仅仅是追求自身利润的实现。当然，这时的社会责任还没有引起人们的关注，人们也没有意识到企业利益会与社会利益发生冲突，因而这时的社会责任还仅仅停留在客观存在的层面。

阅读参考：“看不见的手”

亚当·斯密于 1776 年出版了《国家财富的性质和原因的研究》(简称《国富论》) 一书，书中有一段话被后人广为引用：“每个人都试图应用他的资本，来使其生产品得到最大的价值。一般来说，他并不企图增进公共福利，也不清楚增进的公共福利有多少，他所追求的仅仅是他个人的安乐、个人的利益。但当他这样做的时候，就会有一双看不见的手引导他去达到另一个目标，而这个目标绝不是他所追求的东西。由于追逐他个人的利益，他经常促进了社会利益，其效果比他真正想促进社会利益时所得到的效果更大。”这就是现在经济学中著名的“看不见的手”的原理。

进入 19 世纪以后，工业革命带来了社会生产力质的飞跃，之后伴随着企业规模的不断扩大和垄断经济产生的诸多负面影响，客观上对企业提出了更多的要求。加之同一时期劳动阶层维权意识的增强和国家对相关问题的重视，使人们开始思考企业与社会的关系，企业社会责任观念的出现成为历史必然。

20 世纪是企业社会责任真正受到广泛关注的时期，这时也出现了关于企业是否应承担社会责任的争论。这些争论主要可以分为两大阵营，即“古典观”和“社会经济观”。古典观的支持者认为，企业的社会责任就在于创造利润，典型代表是著名经济学家米尔顿·弗里德曼 (Milton Friedman)，他认为“企业的一项也是唯一的社会责任是在制度范围内增加利润”。而社会经济观的支持者则认为企业应该对包括股东在内的所有利益相关者（如消费者、供应商、债权人、员工、所在社区乃至政府等）负责。

（二）企业社会责任的界定

我们今天所谈的企业社会责任，早已超越了经济和法律对企业的基本要求，更确切地讲，企业的社会责任还包括在经济和法律基础上整个社会对企业的一种期望，它要求企业能够在实现自身利润的同时兼顾社会的长远利益以及付出尽可能少的环境代价。因此，企业的社会责任不仅包括现实环境的硬性要求，还包括需要靠企业的自觉意识去实现的一些隐性期望。

同时需要看到，企业社会责任的内涵是伴随着时代的进步而不断丰富的。在不同时期，由于客观环境的不同，人们对企业的期望也不同，这就意味着企业的社会责任是不断丰富的，在某一时期人们认为的社会责任，也许在下一时期它只是企业应履行的一种基本义务而已。这一点我们在企业社会责任演进的事实当中就可以发现，在企业产生初期，企业的社会责任仅仅是在遵守规章制度的前提下创造更多财富，因为这样做的结果不仅对企业自身有利，也有利于社会经济的发展；但今天，这显然只是企业存在的一种基本意义所在，也仅仅是社会对企业最起码的要求，而遵守相关的商业法规更是法律的明确规定。

（三）企业承担社会责任的必然性

企业社会责任不仅是一种理念，更是一种实践。今天的企业身处竞争激烈的市场环境之中，而消费者以及社会对企业的要求也早已不再是单纯的创造利润。为了更好地适应社会大环境，企业对社会责任的承担已成为一种必然选择。

首先，承担社会责任是时代环境的客观诉求。从全球视角来看，伴随着企业社会责任运动的蓬勃发展，社会责任已成为世界各国的大小企业都必须面对的一个共同话题。针对企业的社会责任，也已经形成各种相关的评价指标体系，如以“SA8000 认证”方式呈现的对企业社会责任的明确期望和标准。显然，这种环境背景是任何企业都无法回避的，积极应对并主动承担与企业发展有关的社会责任已是大势所趋。

其次，承担社会责任是企业发展的内在要求。一方面，在现代营销环境中，企业与公众日益紧密的联系已不可回避，就这一层面而言，树立良好的公众形象是企业长远发展中不容忽视的一个外部条件，而公众对企业的期望也已不再是单纯的物质财富创造；另一方面，就企业发展过程本身来看，全球范围内的各种能源和生态问题已经波及很多相关企业，特别是对于资源和环境依赖较大的企业来讲，这些问题已成为其发展过程中的主要制约。

最后，社会责任的相关内容已逐步被列入法律条款。例如，我国证监会 2002 年发布的《上市公司治理准则》，其第六章的全部条款都与公司利益相关者有关，要求尊重利益相关者的合法权利。而《中华人民共和国公司法》中则出现了更多关于企业社会责任的规定。

总之，对于今天的企业来讲，市场竞争提出了更多、更高的要求，企业在竞争中需要综合权衡各方利益，对社会责任引起足够重视。

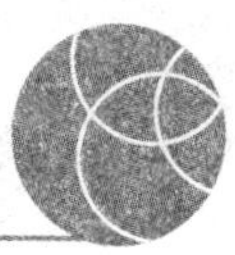

四、企业社会责任的内容、利益与风险

（一）企业社会责任的内容

1. 企业对股东的责任

在市场经济和现代公司制度逐步完善的今天，企业与股东的关系越来越多地表现为投资者与被投资者的关系，而股东的投资形式也日益表现为股票、债券、基金等多样化的形式，同时股东的规模也逐渐壮大并遍布社会的各个领域。在这种形势下，企业与股东的关系呈现出越来越多的社会性。企业对股东的社会责任主要包括：（1）尊重股东的法定权利；（2）企业行为应该以保障股东的资金安全和收益性为前提；（3）向股东提供真实的经营和投资信息。

2. 企业对员工的责任

员工作为企业的构成部分，同时也有其社会性的一面。而且企业与员工的关系除了最基本的建立在契约基础上的经济关系以外，还包括一定的法律关系和道德关系，这表明企业对自己的员工无疑是需要承担社会责任的。其中，经济关系简而言之就是劳动和雇佣关系；法律关系是对经济关系的法律规定；道德关系在肯定经济关系和法律关系的前提下，揭示了企业与员工之间相互尊重与信任的关系，同时企业对员工的发展和完善也负有一定的责任。在实践中，企业对员工的责任主要包括：（1）为员工提供安全、健康的工作环境；（2）为员工提供平等的就业、升迁、接受教育的机会；（3）为员工提供民主参与管理的渠道。

3. 企业对消费者的责任

消费者作为与企业营销活动发生直接联系的群体，同时也是社会整体的构成部分，因此企业对消费者的责任也是其社会责任的体现。企业对消费者的责任主要体现在对消费者权益的维护方面，按照《消费者权益保护法》的规定，主要包括安全的权利、知情的权利、自由选择的权利和听证的权利。在具体的营销实践活动中则表现为：（1）向消费者提供安全可靠的产品；（2）尊重消费者的知情权和自由选择权。当然，在法律明确规定的范围之外，企业对消费者的社会责任也可以通过其为消费者长远利益和潜在需求着想的经营行为得以体现，而这些方面也正是现代营销活动以消费者需求为中心的主要表现。

4. 企业对政府的责任

企业和政府是社会制度架构中的重要组织层次，在不同的制度下，企业和政府的关系不同，履行责任的方式和内容也不同。在现代市场经济条件下，企业和政府的关系逐步由单纯的管理、控制走向监督、协调和服务。在这种制度框架下，企业对政府的责任表现为：（1）合法经营、照章纳税；（2）积极参与政府倡导的社会公益活动、福利和慈善事业，服务社会。

5. 企业对社区的责任

企业存在于一定的社区中，社区内的人员素质、文化传统对企业的经营活动有一定的影响，良好的社区环境是企业发展的有利条件，因而企业积极承担对社区的责任时，不仅为社区发展做出了贡献，同时也为自身发展奠定了良好的环境基础。企业对社区的责任主要表现为支援社区建设、吸收社区的人员就业、帮助失学儿童等公益性活动。显然，企业在为社区做出贡献的同时，也促进了自身的发展，并赢得了社区公众的信赖和支持。

6. 企业对环境的责任

20 世纪以来，科学技术和生产力的飞速前进在推动人类文明进程的同时，也带来了很多新的问题。特别是环境恶化、资源浪费、生态平衡遭到破坏等问题，正在成为全球范围内共同面对的挑战，各个国家在政策制定中也越来越多地开始考虑这些问题。同时，这些问题也正在成为各类相关企业在发展过程中的制约因素。因此，不论从宏观层面来看，还是从企业自身的微观层面来讲，企业对环境都负有不可忽视的责任。在经营过程中，企业对环境的责任主要表现为：（1）树立人与自然和谐的价值观，努力使自身的经营行为与尊重自然和爱护自然的环境主题相契合；（2）以绿色经营观为指导，强化绿色角色意识，实施绿色管理，同时积极倡导绿色生产和绿色消费。也就是说，在进行任何营销活动之前，都要考虑这些活动将会对环境产生的影响。

（二）企业承担社会责任的利益与风险

1. 企业承担社会责任的利益

（1）有利于制定正确的企业使命。

任何企业的存在都伴随一定的使命，企业使命决定了企业今后的发展方向和战略规划。而社会责任表达了社会整体对企业的期望，企业积极承担相关社会责任有利于顺应外部环境的要求。因此，企业在制定自身使命时，应该考虑到相关的社会责任，使企业使命符合股东、员工、消费者以及政府、社区、环境等利益相关方的期望，从而为自身发展奠定良好的社会基础。

（2）有利于提升企业竞争力，获得竞争优势。

在竞争形势趋于白热化的现代市场环境中，各个企业都致力于培养自身的核心竞争力。除了成本、质量、服务等衡量企业竞争力的传统标准之外，承担社会责任也能够为企业参与市场竞争注入新的动力。积极承担社会责任有利于企业塑造其在公众中的良好形象，增强社会公信，进而提升企业品牌形象，吸引优秀人才，构建企业区别于竞争对手的差异化优势，全面提升企业的竞争力。

（3）有利于销售额和市场份额的增长。

企业在承担社会责任的过程中能够获得消费者的信赖，刺激消费者产生积极的购买意愿，从而使企业的产品或服务优先进入消费者的购买考虑范围。同时，消费者对于企业的信任会扩散到企业的各类产品，从而降低企业的广告、促销等相关费用。

（4）有利于企业从社会问题中发现商机。

企业承担社会责任的出发点是对社会问题的关注和在实际营销活动中的支持，而社会问题本身可能蕴含着潜在的商机。因此，承担社会责任的企业在付出一定成本的同时，也可以发现新的发展机遇。如 20 世纪 90 年代，海尔率先推出我国市场上第一台无氟节能冰箱，这一举动对海尔成为家电行业的领先者产生了重要作用。

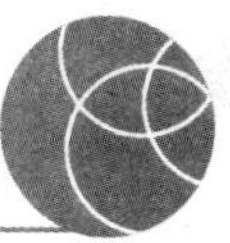

阅读参考：企业承担社会责任的收益

很多时候，企业承担社会责任不但能在消费者心中树立起良好的形象，而且能为自身带来收益。以通用磨坊（General Mills）为例，该公司在其位于卡温顿市的工厂安装了能源使用监测表之后，当年的支出节省了 60 万美元。再以联邦快递（FedEx）为例，700 架飞机与 44 000 部机动车辆组成的运输队伍，一天就要消耗 400 万加仑燃料。而按照该公司的“燃料意识”计划，就可以减少约 35%的燃料消耗、提升 20%的载运量。只要企业重视环保、真正实践企业社会责任，投入的资源自然就会减少，成本就能相应降低。

资料来源：http://www.hi-csr.com/Items.asp? id=54，经编者整理、分析而成。

2. 企业承担社会责任的风险

尽管从长期来看，企业积极承担各种社会责任是有利于自身生存和发展的，甚至会带来其他方面的回报，但并不是所有社会责任都与企业发展相关，企业也没有能力解决所有的社会问题。因此在有些情况下，这样做也存在一定的风险。

(1) 财务风险。

企业承担社会责任固然是社会所期望的，但企业终究是一个经济实体，不能脱离企业的实际能力空谈社会责任，即企业承担社会责任的前提是不能超出自身能力范围。但在有些情况下，企业往往迫于外界舆论或政府等方面的压力而做出一些自身能力范围之外的举动，这无疑会在一定程度上给企业埋下财务风险的隐患。

(2) 消费者认知风险。

企业承担社会责任的行为有时也会让消费者产生误解。有些消费者可能会对企业承担社会责任的动机表示怀疑，认为企业在利用社会责任活动获取利益、掩饰产品缺陷，或认为企业只是在炒作。例如，农夫山泉“饮水思源”的广告播出后，公众一直在讨论“用贫困山区的孩子做广告是否有悖于情理”、“每喝一瓶水捐一分钱是不是少了点”等。

本章小结

市场营销学是在经济学、管理学等学科基础上发展起来的一门独立学科。从所属范畴来讲，它属于管理学范畴；从本质上来讲，它是对企业营销活动及其规律的一种认识和把握。

市场营销哲学是企业在进行市场营销管理的过程中，处理企业、顾客和社会三者利益关系所持的态度、思想和观念。在企业营销实践的发展过程中，其市场营销哲学也是不断变化和完善的。目前主要有 6 种市场营销哲学：生产导向、产品导向、推销导向、营销导向、顾客导向、社会营销导向。现代市场营销哲学的确立需要四大支柱：目标市场、顾客需要、整合营销和盈利能力。

市场营销管理是指为了实现企业目标，创造、建立和保持与目标市场之间的互利交换关系，而对设计方案进行的分析、计划、执行与控制。其主要任务是通过企业有针对性的营销活动调节市场需求，这种调节的过程主要包括分析环境和市场机会、确定目标市场、制定营销战略和战术、实施和控制营销活动4个环节。

同其他社会活动一样，市场营销活动同样涉及道德问题。市场营销道德是用来判定市场营销活动正确与否的道德标准，即判断企业营销活动是否符合消费者及社会的利益，能否给广大消费者及社会带来最大福利。而且，企业作为一个社会实体，自产生以来便与一定的社会责任相联系。企业承担社会责任，从长远来看是有利于自身生存和发展的，但如果这种社会责任超出了企业的能力范围，或者企业在履行责任的过程中未能采取恰当的方法，便可能产生风险。

思考题

1. 如何理解市场营销的学科性质？
2. 市场营销的特征是什么？
3. 市场营销哲学有哪些类型和具体内容？
4. 市场营销管理流程由哪些环节构成？如何正确认识市场营销组合？
5. 市场营销管理的任务是什么？
6. 企业营销活动中的道德问题有哪些？

第二章　关系营销：顾客价值、满意与忠诚

学习目标

1. 理解顾客让渡价值的内涵和意义，掌握顾客让渡价值的提升策略，把握顾客让渡价值的实现途径；

2. 熟悉顾客满意和顾客忠诚的概念及相应的测量方法，理解其在企业营销活动中的实践意义；

3. 认识顾客吸引与维系的意义，理解关系营销的概念、层次、实现策略以及关系营销与交易营销的区别。

导学案例

海尔——顾客关系的经营者

创立于1984年的海尔集团，历经多年的持续发展，目前已成为全球白电第一品牌。2012年9月10日，美国财经杂志《福布斯》发布2012年“亚洲上市公司50强”排行榜，海尔跻身其中，这已是海尔连续两年入围该榜单。但也许有很多人不知道，张瑞敏刚刚接手海尔时，面对的却是一家资不抵债、濒临倒闭的集体小厂。那么究竟是什么成就了海尔，使它走出了曾经的穷途末路，最终成长为今天享誉海内外的大型国际化企业集团呢？其中，海尔对顾客关系维系的重视是值得很多企业学习的。

1996年，一位四川农民投诉海尔洗衣机排水管老是被堵，服务人员上门维修时发现，这位农民用洗衣机洗红薯，红薯上泥土多，洗衣机排水管当然容易堵塞。但服务人员并没有推卸自己的责任，而是帮顾客加粗了排水管。后经调查发现，在四川农村有不少洗衣机都存在类似情况。这令张瑞敏萌生一个大胆的想法：发明一种洗红薯的洗衣机。后来，海尔真的将这一想法付诸实践。

在关注顾客需求的同时，海尔还积极与供应商和集团客户进行互动，建立互惠合作关系。在海尔的发展历程中，一直致力于建立和维系与各个利益相关方的稳定关系。

面对激烈的竞争，企业要实现持续发展越来越困难。为了在竞争中求得生存和发展，就不仅要满足顾客需求，还要使这种满足能够持续下去。为此，企业必须发展和强化自身与顾客之间的联系，这就是顾客关系营销的实质。

资料来源：http://www.my0832.com/7622/blog—23706.html，经编者整理、分析而成。

第一节　顾客让渡价值的实现

通过第一章的内容我们知道，企业进行营销活动最终是为了实现自身利润，而这一目标的实现必须以满足顾客需求为中心和出发点。那么顾客的真正需求是什么？换言之，对于现代营销活动而言，企业应该为顾客创造怎样的价值？这就是本节将要介绍的内容——顾客让渡价值。

一、顾客让渡价值的概念

顾客让渡价值（customer delivered value）是指顾客总价值与顾客总成本之间的差额。需要注意的是，这里所讲的顾客价值与成本，绝不仅仅是通常所认为的产品价值与价格。

管理学大师彼得·德鲁克曾指出：顾客购买和消费的绝不是产品，而是价值。随着生活水平的提高和企业营销活动的进步，顾客的购买行为日趋多样化，越来越多的顾客对价值的判断已不仅仅局限于产品本身，在估计自己付出的成本时，货币支出不再是他们唯一考虑的因素。在此背景下，顾客让渡价值成为顾客进行消费决策的重要驱动因素。

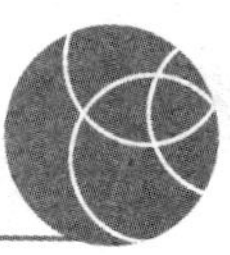

二、顾客让渡价值的构成

顾客让渡价值是顾客总价值与顾客总成本之间的差额，用公式表示为：

顾客让渡价值＝顾客总价值－顾客总成本

顾客让渡价值的构成如图 2—1 所示。

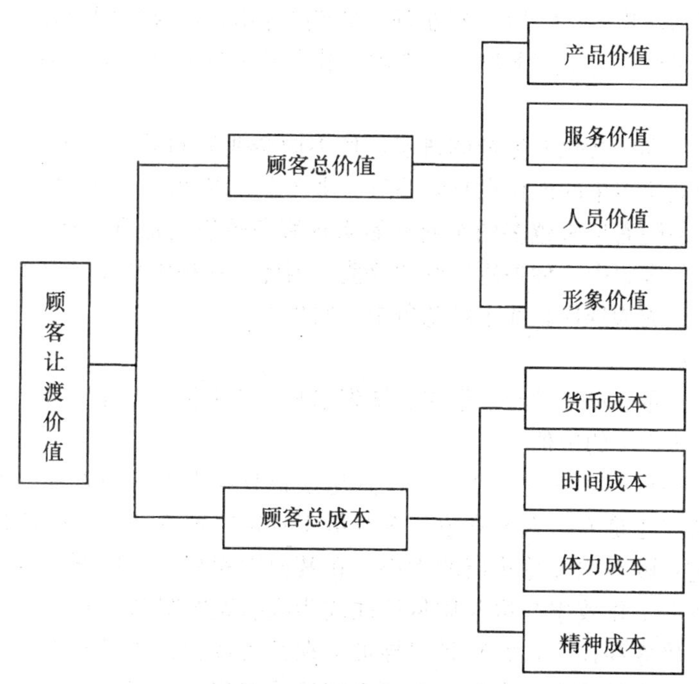

图 2—1　顾客让渡价值的构成

（一）顾客总价值

顾客总价值是指顾客在购买某种产品或服务时所能获得的一组利益的总和。它是顾客让渡价值的重要组成部分，主要包括产品、服务、人员、形象 4 个方面。

1. 产品价值

产品价值是由产品的质量、功能、规格、样式等因素所产生的价值。其中，产品质量是产品价值的基本属性，质量的优劣直接决定着产品的其他属性能否发挥其应有功效；在此基础上，产品的功能越丰富，就能帮助使用者解决越多的问题，其价值也越高；产品规格则需要根据产品的用途和针对的顾客群做出相应的调整；而产品样式作为产品的外在表现形式，也会在一定程度上影响顾客的购买意向。产品价值是顾客购买产品或服务的直接驱动因素，也是决定顾客总价值大小的关键因素。但需要注意的是，产品价值的大小还会受到 2 个变量的影响：（1）在不同的社会条件下，顾客对产品价值要求的侧重点不同。在某种产品比较稀缺或产品不易获得的条件下，顾客往往更注重产品的耐用性，即质量，如我国在计划经济时期，由于物资短缺，顾客在购买衣物时往往首先会考虑其质量。但在产品和服务呈现出丰富化和多样化趋势的现代市场中，顾客关注的重点除了产品质量外，开始加入性能、样式等新的因素，这就对企业提出了更高的要求。(2) 在相同的社会条件下，由于顾客的年龄、性别、收入等个人情况不同，不同顾客对产品价值的理解也会有所不同。如对于手机而言，老年人往往更注重其质量和可操作性，而年轻人往往更侧重于性能和款式。

2. 服务价值

服务价值是指顾客在购买经历中由于获得商家提供的各种服务而产生的价值。一般而言，服务涉及售前、售中、售后3个方面，如产品介绍、示范使用以及送货、安装、调试和售后维修等。另外，对于服务型企业来讲，其产品本身也是一种服务，从而使服务价值的作用更加突出。

现代科学技术和社会化大生产的进步，使不同企业的同类产品之间的差距日趋变小，服务价值在企业竞争力中的地位也日渐凸显。事实上，附加服务的提供最初本来是个别企业的独特优势，但随着越来越多的企业开始重视服务价值的提升，在今天的市场竞争中，服务价值已成为顾客眼中一种理所当然的价值。因此，在提供优质产品的同时，向顾客提供完善的服务，已成为现代企业市场竞争中新的焦点。

3. 人员价值

人员价值是指企业员工的经营思想、知识水平、业务能力、工作效率与质量、经营作风、应变能力等所产生的价值。

尽管在现代科技相对完善的今天，信息化在企业竞争中扮演着重要的角色，但企业间的竞争归根结底还是人与人的竞争。企业员工直接决定着企业为顾客提供的产品与服务的质量，决定着顾客购买总价值的大小。在其他因素相近的情况下，企业员工的业务能力、工作态度、工作效率与服务质量往往成为吸引顾客眼球的新亮点。因此，加强对员工综合能力的培养和提升，特别是引导员工在经营观念、质量意识、行为取向等方面树立起以顾客为中心的理念，有助于企业更好地贯彻现代营销理念，也有助于顾客价值的提升。

4. 形象价值

形象价值是指企业及其产品在社会公众中形成的总体形象所产生的价值。包括企业的产品、技术、质量、包装、商标、工作场所等有形因素所产生的价值，以及企业员工的职业道德行为、经营行为、服务态度、作风和企业的价值观念、管理哲学等无形因素所产生的价值等。

对于顾客来说，良好的企业及产品形象使其更易于做出决策，也能够在需要某种产品时及时找到对应的企业，从而节省购物的精力，甚至获得精神上的满足或愉悦；而从企业的角度来讲，良好的企业及产品形象能够使顾客对企业产生一种信任甚至依赖，进而使产品更容易得到顾客的认可，特别是对于企业的新产品而言，良好的企业形象能够帮助其迅速被顾客接受。

不言而喻，形象价值对于企业来讲是一种宝贵的无形资产，企业应给予高度关注并着力塑造。同时也不难看出，形象价值在很大程度上是产品价值、服务价值和人员价值3个方面综合作用的结果，而且塑造企业形象是一个日积月累的过程，因此，企业应在日常经

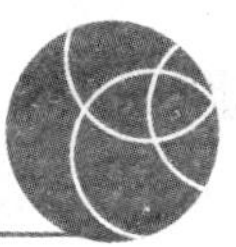

营活动中时刻关注自身形象。

阅读参考：企业形象的价值

在日常生活中，很多消费者通常都有自己心中对各类产品的一个大致认识和印象。例如提到汽车的安全性，很多人会想到沃尔沃；谈到超市，沃尔玛似乎已经成为很多都市消费者的首选。诸如此类的现象，在很大程度上是由于企业的产品在某一方面或整体上给消费者留下了深刻印象，得到了消费者的认可。毫无疑问，消费者心目中的这些印象都将成为影响其做出购买决策的重要因素。

（二）顾客总成本

如前所述，顾客让渡价值的另一个重要部分是顾客总成本，它与顾客总价值共同决定着顾客让渡价值。

顾客总成本是指顾客在挑选和购买某种产品和服务的过程中所付出的各种形式的成本之和，主要包括货币、时间、体力、精神 4 个方面。

1. 货币成本

货币成本是指顾客在购买产品或服务的过程中所需支付的货币资金的总和。货币成本是顾客购买产品或服务时的首要限制因素，如果货币成本超出其负担能力，则其他成本的高低都将没有实质性的意义。

2. 时间成本

时间成本是指顾客为购买某种产品或服务而耗费的所有与之相关的时间。事实上，时间是一种无形的资产，顾客购买商品所花费的时间，也可以去工作或娱乐，并从中获得报酬或放松精神。因此，顾客在购买企业产品或服务时所消耗的时间也是一种隐性的成本。

顾客在购买过程中的时间支出主要包括购物前的信息收集时间、购物时的选择比较时间等。例如，在购买汽车、家电等一些价值较高的产品时，理性的顾客往往会事先花时间对同类产品进行了解和比较；在超市购物结账时遇到高峰期需要排队等候，这些都是时间成本。另外，对于服务型企业来说，顾客等候服务的时间也是一种成本。例如，在理发或看电影时遇到人多需要等候的情况，也会增加顾客的时间成本。

3. 体力成本

体力成本是指顾客在购买过程中的体力消耗。体力成本涉及顾客的需求生成与确认、信息获取、选择判断、购买决定、购买实施以及购后感受与行为等各个方面。尽管网络购物在现代生活中扮演着重要的角色，但很多情况下，顾客还是不能脱离传统的购物方式。在购买过程中，顾客常常需要有体力支出。如有时为了了解产品信息或比较同类产品，顾客需要亲临地理位置相距较远的几家店铺，或者为了购买某一特定企业的产品，需要到离家较远的地点。这时，顾客在付出时间成本的同时，无疑也付出了体力成本。

阅读参考：营销模式对顾客让渡价值的影响——以O2O为例

在现代信息技术不断完善的今天，随着网络购物的兴起，一种全新的企业营销形式——O2O（online to offline，即线上到线下）开始在网络上兴起。这种商业模式的核心就是把线上的顾客带到现实的商店中去，即在线支付购买线下的商品和服务，再到线下去使用。比如现在很流行的团购就是这种模式的代表。

显然，O2O模式的兴起为顾客带来了更多的方便，也降低了购买成本。在这种模式中，顾客可以不必亲临，而通过网络了解不同商家的各类信息，进而做出比较和选择。与传统购物方式相比，这样无疑能使顾客节省许多时间和体力，即降低了顾客总成本，进而提升了顾客让渡价值。

4. 精神成本

精神成本是指顾客购买产品或服务时在精神方面的支出。顾客在购买产品的过程中常常需要进行比较、选择，在这个过程中，除了时间与体力的支出外，顾客的精神成本也是需要考虑的一个因素。

如前所述，顾客在购买某些产品时常常需要事先了解产品的详细信息，在购买时顾客还要衡量和对比不同品牌之间的优势与劣势，甚至在购买后还会担心售后服务的问题，而当购买的产品涉及的技术或本身结构较为复杂时，顾客还要花费精力去学习如何使用，这些情况都需要顾客付出精神成本。

三、顾客让渡价值的提升策略

企业在营销实践中应关注顾客让渡价值的提升。我们已经知道，顾客让渡价值是顾客总价值与顾客总成本的差额，因此，提升顾客让渡价值的途径主要涉及2个方面。

（一）提升顾客总价值

顾客总价值的提升主要应该从产品、服务、人员、形象4个方面入手。其一，产品价值的保证是现今市场对各个企业的一项基本要求，企业必须在保证产品质量的基础上，保持产品在功能、规格、样式等方面的不断创新，为顾客提供多样化的产品。其二，服务价值的提升，这取决于2个方面：一方面，企业应通过对现代营销理念进行自上而下的贯彻，提升原有服务质量；另一方面，企业应积极探索顾客需求，进行服务创新。其三，人员价值的提升需要企业充分发挥内部营销的作用，首先从观念上引导员工注重顾客需求，进而通过日常培训提升员工的总体素质。其四，形象价值本身是由前3个方面决定的，因而其提升取决于上述工作的效果。

（二）降低顾客总成本

降低顾客总成本的策略主要可以从货币和非货币2个方面入手。

就货币成本而言，企业应在遵循营销道德的基础上考虑不同顾客的消费心理，适当地进行定价。因为有些情况下，价格其实并非越低越好，如奢侈品的定价在一定程度上就是利用顾客的炫耀心理。

非货币成本即顾客总成本中除去货币成本以外的部分。为了降低顾客的非货币成本，企业应该从顾客的角度考虑如何才能使购物更为便捷。如通过各种渠道发布产品信息以使顾客能够方便省时地了解产品、通过合理的销售方式来减少顾客的购物及排队等候时间等，都有利于帮助顾客节省购物时间和体力支出。现在很多大型电器卖场的兴起，就为不同品牌的同类产品聚集提供了一个平台，这样做的结果就是顾客在购物时只要走进一家门店，便可以充分了解所需产品的各种信息并方便地进行对比，这无疑节省了顾客四处奔走所造成的相关成本。另外，我们在生活中常会发现超市物品的摆放格局也会影响顾客购物的便利性，如果顾客走进一家大型超市却发现商品摆放毫无规律可言，这无疑增加了顾客的购物难度。

同时，对于服务型企业来说，重视人员工作效率的提升，扩大人员规模及增设服务席位以减少顾客的等候时间也是降低顾客总成本的一种有效方法。

四、顾客让渡价值的实现

现代营销理念要求企业以顾客需求为中心，而顾客让渡价值的概念则告诉企业应该为顾客提供怎样的价值，下面我们将讨论怎样才能创造出这种价值。事实上，顾客让渡价值的实现，主要基于 2 个方面的努力。

（一）价值链

哈佛大学的迈克尔·波特教授在其《竞争优势》一书中提出了价值链（value chain）的概念，其核心思想是将企业活动归结为五种基础活动和四种支持性活动，并认为这九种活动共同组成了企业的价值链。也就是说，企业的价值创造是由这相互关联的九种活动共同完成的，如图 2—2 所示。其中，基础活动包括内部后勤、生产运营、外部后勤、销售和服务；而支持性活动包括人力资源管理、技术开发、采购和企业基础设施。四种支持性活动贯穿于五种基础活动之中，并为基础活动的有序进行提供必要的支撑，而且价值链中的每一项活动都会影响企业价值创造的最终结果。

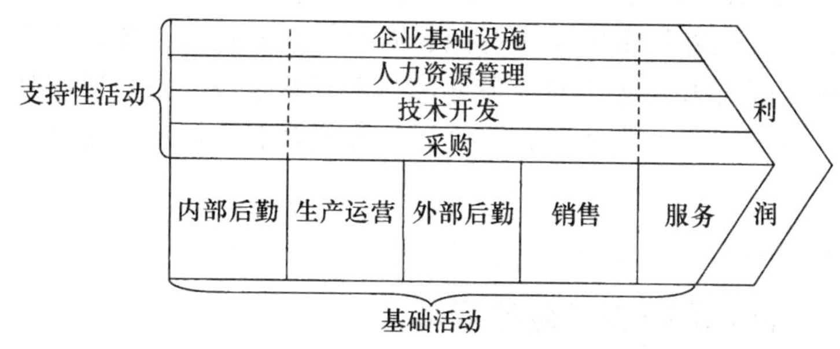

图 2—2　价值链示意图

价值链理论对企业营销活动的启示，主要可归结为 2 个方面：

（1）企业是一个由设计、采购、生产、物流、营销等各种活动组成的整体，企业的各个职能部门都可以看作价值创造当中的一个环节，顾客让渡价值的大小最终取决于各个职能部门的协同作用，而不单单是营销部门的职责。因此，在创造顾客让渡价值的过程中，企业首先应对营销活动的每一个环节逐一分析，以各个具体的职能部门活动为突破口，分析其价值创造的绩效和成本并加以改进。在此基础上，从全局的角度对营销活动进行统一规划，真正实现各个部门和各种资源的整合与协调，使企业成为一个以满足顾客需求为中心的系统，进而发挥其应有的整体作用。

(2) 对企业来讲，创造顾客价值的最终目的是实现自身利润，在有限的市场份额中，为了达到这一目标就必须比竞争对手更为有效地向顾客传递其所需要的价值。因而顾客让渡价值不只是一个绝对的概念，它还有一种相对的内涵。即企业不仅要从自身价值链的每一个环节进行绩效提升，还应该把自身价值链的各个环节同市场上最强的竞争对手进行比较，发现其优势所在并以此作为超越的基准。只有企业间不断地对比，才会有创新的动力，也才能真正使顾客让渡价值得以提升。

(二) 价值让渡网络

价值链直观地解释了企业价值创造的流程。但现实中，一方面，任何企业的价值创造都或多或少地与其他企业存在联系，因为现实中的大多数企业往往都只是专注于价值创造的部分环节，如生产和销售，因而需要获得其他环节企业的帮助，如供给原材料或提供物流等；另一方面，现代市场竞争中，全球化导致的无国界竞争加剧和信息化的运用带来的营销活动突破地域限制等因素，使现今企业面临的竞争形势更为严峻，传统的企业竞争模式正接受严峻挑战。面对来自不同方向的竞争压力，任何单个企业抵御风险的能力都日益显现出其局限性。因此，企业的价值创造若想更有成效，就必须突破自身价值链的范畴，进入其供应商和分销商甚至是顾客的价值链，或者说建立更大范围的价值链，即从合作中获得更多的竞争优势。

外部价值链整合的实质是把不同企业的价值链进行有机的结合，发挥协同作战的整体优势，从而形成一个价值让渡网络。这样的网络也被称为供应链，即由供应商一直延伸到最终顾客的一条价值链。事实上，供应链上各个企业的整合能够为链上的各企业带来诸多优势。例如，各个企业独立运作时可能会为了避免缺货风险而建立各自的库存，这样做常常会导致库存的重复建立而增加整条供应链的成本，但在各企业协同合作后，通过供应链上最贴近顾客的零售企业对顾客需求信息的及时传递，可以使供应商等其他企业及时掌握顾客需求。这样的结果是，一方面不必像原来一样因持有库存过多而影响资金周转，另一方面也能使各企业更加贴近顾客需求，从而提供更高的顾客让渡价值。

阅读参考：沃尔玛与供应商的双赢

作为全球零售业巨头，沃尔玛经营的商品种类众多，但我们走进它的任何一家店铺，都很少会发现缺货断货的情况。沃尔玛总是能及时地满足顾客所需，这在很大程度上要归功于它与供应商的合作。

早在20世纪80年代，沃尔玛就花费4亿美元购买了商业卫星，实现了全球联网，并建立了储存沃尔玛每天各类商品销售动态的数据中心。同时，通过自动补货系统等先进技术，供应商可以直接查看其商品在沃尔玛的实时动态并自主安排供货计划，这在帮助供应

商降低库存的同时也保证了沃尔玛对顾客需求的快速响应，并且降低了总的供货成本，在一定程度上保证了沃尔玛"天天平价"口号的实施，从而使双方实现了共赢。

资料来源：百度百科，经编者整理、分析而成。

第二节　顾客满意与顾客忠诚的测量

营销导向的核心是通过满足顾客需求来吸引顾客主动消费，而顾客让渡价值告诉企业应该创造怎样的价值去满足顾客需求。但企业创造的价值最终能否被顾客接受取决于顾客满意与否，感到满意的顾客才会再次购买。而且这类顾客通常更容易对企业产品形成一定程度的信赖并将其作为未来购买时首先考虑的选择。这就是本节将要介绍的两个内容——顾客满意与顾客忠诚。

一、顾客满意的概念

顾客满意（customer satisfaction）是指顾客通过将某种产品可感知的效果（或结果）与其期望值相比较后，所形成的愉悦或失望的感觉状态。在现代企业以满足顾客需求为中心的营销活动中，顾客满意无疑对企业营销活动的成败起着举足轻重的作用，也因此成为每一个企业必须关注的一项重要课题。

从以上定义可以看出，顾客的满意状态取决于 2 个方面，即购买前的预期和购买后的感知效果。产品或服务的感知效果主要取决于企业，那么顾客在购买前的期望又由什么决定？事实上，顾客的期望值主要源自 3 个方面，即先前的购买经历、身边其他人所传递的信息和企业的营销活动。由此可以看出，顾客对产品或服务的期望值也在很大程度上受到企业的影响。

顾客对产品的期望有一部分是来自企业对其产品信息的传递。一方面，毫无疑问，若企业的营销活动向顾客传递的信息使顾客对企业产品或服务有较高的期望值，能够吸引更多的顾客；但另一方面，顾客在购买企业的产品或服务后，会自然地将其感知到的效果与购买前的期望进行比较。当购买后的感知效果未能达到其在购买前的期望时，顾客会感到不满意；当其感知效果能够符合先前期望时，顾客就会感到满意；而当企业提供的产品或服务超过顾客的期望值时，顾客会感到高度满意或"惊喜"。因此，对于企业来说，顾客有过高的期望值也会造成一定的压力，这就要求企业在产品优势宣传与控制顾客期望值之间做出一定的平衡。

同时，与顾客让渡价值类似，顾客满意也有其相对的内涵。因为当今的顾客面对的不是一家或几家企业，而是整个市场中的众多企业。所以在购买产品或服务时，顾客一方面会根据对不同企业产品的期望值去做出购买决策，另一方面在购买后也会把不同企业的产品或服务所提供的价值进行比较。这 2 个方面最终决定了顾客对企业产品的满意程度。因此，企业在关注自身顾客满意程度的同时，还要注意主要竞争对手的顾客满意情况并进行比较和超越。

高度的顾客满意对于现代企业来说无疑是具有重要意义的。美国汽车行业的调查数据显示：一个满意的顾客至少会引来 8 笔潜在的交易，这其中至少有一笔会成交，而一个不满意的顾客会影响 25 个人的购买意愿。即满意的顾客不仅会重复购买企业的产品，还会向其身边的人宣传令其满意的产品；而不满意的顾客则恰恰相反，他们不仅可能终止继续购买企业的产品，还可能采取某些行动，来宣泄自己的不满。

但需要注意的是，企业追求顾客满意的最终目的是实现自身利润，而顾客满意的程度与企业所付出的成本紧密相关，因此过度追求顾客满意必然会适得其反。这就需要企业在创造较高顾客满意度的同时把握营销成本，在两者之间综合权衡，以免得不偿失。

二、顾客满意的测量

顾客满意是顾客自身所产生的一种感觉状态，而这种感觉状态对企业来说又具有重要意义。因此，为了获得关于顾客是否满意的信息，企业有必要采取适当的措施，对顾客满意情况进行调查。具体来讲，主要可以从 3 个方面着手。

（一）投诉与建议系统

企业通过设立各种专门的投诉与建议体系，有利于获得顾客关于企业产品或服务状况的一些反馈信息，并以此作为改进的依据。这种方法的表现形式多种多样，依企业产品或服务性质而定。例如，现在很多企业都开通了客服热线，以方便顾客的咨询、投诉或建议，也有的企业设置了意见箱、意见卡等方便顾客的信息反馈形式。这些做法能够使企业及时了解顾客的满意水平，从而使营销策略更加有的放矢。更为重要的是，企业通过这些途径，不仅能够更为准确和迅速地了解顾客的问题及顾客的满意水平，而且能够及时地解决顾客面临的问题，从而有效地弥补企业产品或服务方面的不足，减少顾客的流失；同时，这些来自顾客的信息也常常能为企业改进其产品或服务提供许多新的思路，使企业能够更加准确地把握顾客的需求动态，从而获得更多的顾客满意。另外，相对于其他方法而言，投诉与建议系统的建立成本较低，且可操作性较强。

（二）顾客满意度调查

一个方便、快捷的投诉与建议系统虽然为顾客向企业反映问题和发泄不满提供了良好的途径，但一项在新加坡商场中所做的调查表明，当顾客对企业产品或服务不满意时，70%的顾客会选择到别处购买；39%的顾客认为去投诉太麻烦；24%的顾客会告诉其他人不要到提供劣质产品或服务的商店购物；17%的顾客将会对劣质产品或服务写信投诉；9%的顾客会因为劣质产品或服务而责备销售人员。另一项研究则表明，顾客每 4 次购买中就会有 1 次不满意，而只有不足 5%的不满意顾客会抱怨，大多数顾客会减少购买或转向其他供应商。由此可以看出，在现实中，并非所有顾客产生不满意时都会进行信息反馈，加之不同顾客产生不满意的原因不尽相同，投诉与建议系统被动接受的特点就导致其调查范围有限，往往很难获得关于顾客满意的全面信息，而且获得的信息也不够系统。因此企业对顾客满意情况的追踪若完全寄希望于投诉与建议系统，则难免会效率低下。

在投诉与建议系统之外，企业还有必要通过其他途径，主动对顾客满意度进行周期性

调查。例如，企业可以在其现有的顾客中随机抽样，然后通过面谈、问卷、电话、网络互动等形式对顾客的满意情况，以及顾客对企业的看法与印象进行深入而系统的调研。在对顾客进行调查，获取相关信息时，企业可以询问一些间接的问题来了解顾客再次购买的意图，因为顾客的满意度一般与重复购买存在正相关；还可以了解顾客是否愿意向其他人推荐企业及其产品等方面的信息，因为好的口碑意味着企业的顾客满意度处于较为理想的状态。

（三）佯装购物者

除前述两种方法之外，佯装购物者也是企业常用来调查顾客满意度的方法。这种方法也称为“神秘顾客”调查法，即企业通过雇用外部人员或指派特定的内部人员佯装顾客亲临购物现场，体验企业自身的产品或服务，从而获得关于顾客感知效果的真实信息。例如，有些企业会雇用一些外部人员佯装顾客，甚至在购物过程中提出一些刁钻的要求来考验员工的服务态度和应变能力。同以上两种方法相比，这种方法的主要优点在于：首先，由于是亲身体验，所以获得的信息往往更为直观和真实；其次，避免了事后调查因顾客记忆的时效性而遗漏信息的可能；最后，由于不涉及顾客的主观利益，因而避免了顾客为了实现自身利益最大化而扭曲信息的可能。例如，在调查顾客对企业产品价格是否满意时，如果直接向顾客询问，则顾客很有可能会抱怨价格偏高，即使事实并非如此。

三、顾客忠诚的概念

顾客忠诚是指顾客在对某一产品或服务的满意度不断提高的基础上，重复购买该产品或服务，以及向他人热情推荐该产品或服务的一种行为表现。在市场竞争趋于白热化的今天，企业间的竞争归根结底是争取顾客的竞争。为了在竞争中求得生存和发展，实现持续盈利的目标，顾客的忠诚度越来越受到重视。

对于顾客忠诚，可以从顾客的情感和行为 2 个方面加以理解，二者共同构成了顾客忠诚。就情感而言，顾客忠诚通常表现为对企业的经营理念、行为和形象具有高度的认同、信赖、满意和支持；就行为而言，顾客忠诚则通常表现为在较长时期内对企业产品或服务的持续购买以及愿意向他人推荐企业的产品或服务的行为。但在现实中，很多顾客对某种产品的重复购买事实上并非出于主观偏好，而只是因为其价格低廉。与此类似的是，有些顾客虽然在情感上忠于某一企业，却由于其销售网点的偏僻而放弃这种偏好。在此我们看到，由于外部因素的制约，顾客的情感和行为并非总是一致的，而且对于只是在购买行为上忠于企业的顾客来说，这种行为常常是不稳定的，一旦外界因素发生变化，比如企业的竞争对手推出了更为廉价的产品，顾客就很容易转向其他企业；而对于单纯地在态度上倾向于企业的顾客来说，如果这种态度不能最终转化为对产品或服务的持续购买，那么对企业来讲，显然是缺乏实质意义的。

对企业而言，忠诚的顾客常常能带来持续的盈利和自发的口碑效应，这对于企业竞争优势的保障无疑会产生重要影响。为了提高顾客忠诚，企业需要在以下 2 个方面做出努力：一方面，为了争取顾客在主观情感上对企业产品或服务的偏好和依赖，企业必须从顾客的角度出发，不断改进和创造优质的顾客让渡价值，同时也要加强对顾客满意的关注，从而使企业创造的价值能够真正达到吸引顾客的目标；另一方面，顾客的行为表现尽管要受到许多外界因素的干扰，但企业通过自身努力完全可以降低甚至规避这些制约因素，比如通过加强成本控制来降低价格，企业可以争取那些有购买意愿而又缺乏足够支付能力的顾客。这就告诉企业，顾客忠诚是可以培养的，特别是在今天的市场竞争中，顾客忠诚的培养是企业必须关注的一个话题。

在本节开始，我们提出了顾客满意的概念。事实上，顾客满意只是代表了顾客对企业产品或服务的初步认同，只有企业能够持续地创造让顾客满意的价值，提供持续的顾客满意，才会最终形成顾客忠诚。虽然顾客满意只表明了顾客的态度倾向，最终并不总是能转化为顾客忠诚，但以创造顾客满意为起点，从而实现顾客满意向顾客忠诚的转变对企业来说具有重要的现实意义。忠诚顾客会为企业的发展带来稳定性和良好的基础。具体来讲，提高顾客的忠诚度对企业发展的意义表现在 5 个方面：(1) 忠诚顾客可以为企业带来更多的利润，这些利润主要来自于忠诚顾客的重复购买行为以及对企业新产品和服务的鼎力支持；(2) 忠诚顾客可以对其他顾客产生影响，从而可能为企业带来新的顾客，增加企业的市场份额，这主要来自忠诚顾客对企业的义务宣传；(3) 忠诚顾客可以为企业提供很多意见和建议，而这些意见和建议可以为企业改进和提高管理水平、改进产品或服务的质量、设计开发新产品或服务提供有益的参考；(4) 借助于忠诚顾客的影响，企业可以更加容易地处理不满意顾客的投诉和抱怨；(5) 忠诚顾客群体的扩大有助于企业竞争能力的提升，从而有利于企业长期卓越的发展，因为忠诚顾客群体构成了企业坚实的市场基础。

四、顾客忠诚的测量

在明确了顾客忠诚的概念和意义之后，企业还需要对自身的顾客忠诚情况进行测量。虽然顾客忠诚是由顾客的情感和行为 2 个方面共同构成的，但在现实操作中，由于情感难以被量化处理而不易被测量，企业可以从顾客的行为表现入手来对顾客忠诚情况进行测量。主要方法有以下几种。

(一) 顾客的购买次数和重复购买率

由于顾客忠诚最直观的表现就是在较长时期内对企业产品或服务的重复购买，因此相对非忠诚顾客而言，其购买次数或频率势必会较高。在测量顾客忠诚情况时，对这一指标的测量是最直接和有效的手段之一。

(二) 顾客购买的种类、数量和比例

即顾客经常购买某类产品或服务的种类、数量，以及在最近购买中各种品牌所占的比例。忠诚顾客的一个主要表现是持续性购买，因而其购买的种类和数量无疑可以作为衡量顾客忠诚的指标之一。另外，尽管绝对数量能够在很大程度上表明顾客忠诚与否，但需要注意的是，顾客的购买量还要受到产品的用途、功能等因素的影响，有时即使顾客忠诚情况良好且没有外部制约，但其购买量不会很大或购买频率不会很高。例如，对于家具等使用周期较长的产品，即便顾客对某个企业存在顾客忠诚，也不会出现购买频率很高或数量很大的现象。这时，就要通过将顾客对企业产品的购买量在其购买同类产品总量中所占的

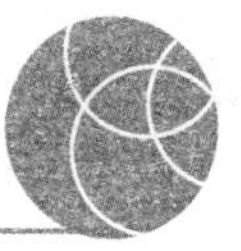

比例，或对不同企业产品的购买支出进行对比来反映企业的顾客忠诚情况。

（三）顾客购买时的挑选时间

在今天的市场竞争中，同类产品众多，品质差异也较大，这导致顾客在选择产品或服务时常常需要精挑细选。但如果顾客对某一企业或其某一类产品形成顾客忠诚，就代表其对该企业或产品已经有相当的了解并对其建立了心理上的信任或依赖，进而在做出相应的购买决策时往往比较果断，耗时也较短。因此，从顾客做出购买决策所花费的时间，也可以看出顾客忠诚情况。

（四）顾客对价格的敏感程度

忠诚的顾客在长期的消费过程中对企业的产品或服务已形成一种购买依赖，而且这种依赖心理往往不会轻易改变，因此在一定范围内，顾客能够容忍企业产品相对较高的价格或者企业对产品价格的提升，这也使得顾客对企业产品或服务价格的敏感程度成为考量企业顾客忠诚情况的一项重要指标。

（五）顾客对企业产品质量事故的包容程度

尽管企业为了在竞争中求得生存和发展必须对顾客做出持续一致的价值承诺，但任何企业都难免有失误。当企业失误导致产品质量或其他方面的问题时，顾客忠诚能够缓解这种失误造成的损失，因为忠诚的顾客会包容企业在一定程度内的许多问题。正因为如此，顾客对企业问题的包容程度也可以作为衡量企业顾客忠诚情况的指标之一。

（六）顾客对待外部干扰的态度

在理解顾客忠诚的概念时需要注意的是，顾客对企业产品或服务的支持态度有时并不能转化为其最终的购买行为，因为这种态度常常会受到地域限制以及竞争者提供产品购买的便利性等因素的影响。顾客忠诚与否的一个重要标志，就是顾客对这些外部因素的态度是否坚定。真正忠诚的顾客通常会克服外部因素的干扰而坚定地支持企业的产品或服务。因此，顾客对待外部干扰的态度也是衡量企业顾客忠诚情况的手段之一。

第三节　顾客关系营销

通过对前面内容的学习我们已经知道，顾客忠诚对于现代企业营销具有重要意义。而顾客忠诚培养的最佳途径就是与顾客建立起长期的互惠关系。同时，企业的价值创造必须依靠整条价值链的协同运作。为了实现这一目标，企业需要与整条价值链上的各个利益相关方（包括顾客）建立并维系一种亲密合作的良性互动关系。本节要介绍的内容就是企业与顾客之间的关系建立与维护，即顾客关系营销。

一、顾客的吸引与维系

（一）顾客的吸引

企业营销活动作为一种自觉的实践活动，伴随着市场营销学的发展而不断进步。在营销实践的历史演进过程中，企业与顾客的关系也在不断发生着变化。

在早期的企业营销活动中，由于物资短缺、产品供不应求，企业的价值实现几乎毫无阻力可言。在此形势下，生产率的提高是企业唯一关心的问题，生产者理所当然地认为“我们生产什么，消费者就购买什么”。显然，这时的顾客处于被动接受的弱势地位。亨利·福特曾经傲慢地宣称：“不论顾客需要什么颜色的汽车，我只生产黑色。”然而，经过工业革命对人力和智力的解放，加上先进的管理理论诞生，社会生产力大幅提高，物质财富极大丰富，越来越多的新兴企业崛起，市场容量逐渐趋于饱和，整个市场环境的变化使顾客需求变得多样化。于是顾客渐渐地掌握市场活动的话语权，企业不得不争相迎合顾客的需求。这种市场形势变化的结果就是市场竞争日趋激烈，买方市场的到来成为每个企业都不可回避的一个现实。

时至今日，伴随着消费者主权论在世界范围内的普及，“顾客就是上帝”已不是一个简单的口号，而是企业必须遵循的一条真理。越来越多的企业开始把注意力从自身转向顾客。为应对新时期的挑战，在有限的市场份额中争取尽可能多的机会，企业就必须争取更多顾客的支持。于是，吸引顾客成为所有企业都必须迎接的一项新课题。

如今的市场上同类产品琳琅满目，其品质也参差不齐，顾客在购买时往往难以抉择。加之网络营销等各种新型营销形式的兴起，顾客面对的企业和产品往往令其目不暇接。任何企业要具备足够的吸引力，都毋庸置疑地要以满足顾客需求为战略重心和出发点，并在此基础上制定相应的营销策略。

在顾客需求驱动企业营销活动的市场竞争当中，企业吸引顾客的关键在于持续不断地创造卓越的顾客价值，并时常关注竞争对手的动向，致力于比竞争对手更为有效地满足顾客需求，提供更多的顾客让渡价值。在此基础上，顾客满意才会大幅提高，从而使企业的产品或服务获得更多顾客的青睐。

（二）顾客的维系

当前，企业竞争的环境已发生了剧烈的变化，企业在参与市场竞争的过程中，不仅要不断发展新顾客以扩大市场占有率，更应该努力维系与现有顾客的关系以保持既有的市场占有率。甚至可以说，对于现在的企业而言，重要的问题已不是拥有多少顾客，而是拥有多少忠诚的顾客。因此，顾客的维系对于当今企业的重要意义已不容忽视。

1. 流失顾客的成本

对企业来说，忠诚的顾客是一种宝贵的资产，如果不能有效地维系与顾客的关系，也将会为其带来潜在的损失。

企业维系现有顾客的成本往往相对较低。相关研究表明：争取一位新顾客的成本是留住一位老顾客所付出成本的 6 倍。同时，企业赢得一个新顾客要付出广告宣传成本、人力成本、时间成本和精力成本等，这些初期的成本有时需要通过顾客的长期支持得到补偿，那么现有顾客的流失无疑会使企业前期的投资付诸东流。

2. 维系顾客的方法

（1）老顾客的价值。

老顾客能够为企业带来各种直接和间接的效益。美国哈佛商业研究报告的调查数据显示：相比新顾客而言，老顾客可为企业多带来 20%～85%的利润。同时有学者对 14 个行

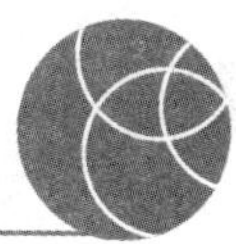

业的研究表明，如果忠诚顾客每增长 5%，那么企业利润将依行业不同增长 25%～95%。具体来讲，老顾客能够给企业带来的收益主要包括 2 个方面：一方面，老顾客常常能够为企业带来持续的盈利。关于这一点，菲利普·科特勒用“顾客终身价值”来加以说明。顾客终身价值是指企业的忠诚顾客在其长期消费过程中为企业带来的收益总和，这是老顾客为企业带来的最直接的收益表现。另一方面，忠诚于企业的老顾客常常热衷于把自己的偏好推荐给身边的其他人，也有人将这种现象称为口碑效应，这种效应的结果常常是给企业带来更多的潜在交易。

(2) 维系顾客的方法。

通过分析顾客流失给企业造成的损失可以看出，维系顾客对于企业增强市场竞争力具有重要意义。因此，应该在企业内部贯彻一种以顾客需求为中心的理念，这是企业营销活动的起点，也是维系顾客关系的关键所在。这种理念的贯彻可以从 2 个方面进行：从组织角度考虑，营销活动的最终成效取决于企业的整体运作，而不单单是营销部门的责任。因此，以顾客需求为中心的营销理念必须得到企业内部各个职能部门的认可和支持。从个体角度考虑，员工是连接企业与顾客的纽带和实施营销理念的基础，顾客需求的满足最终要通过员工去落实。因此，维系顾客关系的必要前提是让员工树立相关理念并对其进行相应的培训。在营销实践中，维系顾客的方法，主要涉及以下 2 个方面：

一方面，通过提供高度的顾客满意来维系顾客。顾客满意是企业营销活动成功与否的决定性因素，也是企业维系顾客关系的重要工具和前提条件。相关研究表明，顾客满意的程度存在一个下限，低于这个限度将导致顾客的大量流失。为此，企业需要持续地创造高度的顾客满意。顾客满意通常与顾客让渡价值存在直接的联系，而且创造卓越的顾客让渡价值也是企业营销活动的基本要求，因此可以通过对顾客让渡价值的提升去促进顾客满意，进而实现企业对顾客的维系。

另一方面，通过提高转换成本来维系顾客。转换成本是指顾客在转向其他企业时所需付出的货币、时间、精力等方面的成本，它可被视作阻止顾客脱离企业服务关系的一种障碍。例如，顾客在形成对某一企业的购买习惯后，如果要转向另一企业，常常需要收集相关的产品和服务信息，这时难免需要投入许多时间和精力。企业可以通过某些方式影响顾客的转换成本，如现在的很多酒店鼓励顾客办理会员卡，而会员卡的购买费用就会在顾客决定转向其他酒店时起到阻碍作用。

二、顾客关系营销概述

在顾客让渡价值的创造中，我们提到价值创造需要企业超越自身价值链，进入其供应商甚至是顾客的价值链。基于这种理念，整条价值链上的各个企业以及顾客都是价值创造的相关环节，企业营销活动应该把自身之外的每一个环节都看作价值创造的伙伴，并在此基础上开展适当的营销活动才能收到理想的效果。这种合作的关键在于建立和维系与各个相关方之间的伙伴关系，这就是关系营销的基础。而在企业关系营销过程中，顾客关系营销始终处于核心地位。

(一) 关系营销的概念与层次

1. 关系营销的概念

美国学者贝利于1983年提出了“关系营销”的概念，之后引起了有关学者的广泛关注，至今已有许多学者对关系营销做出了不同程度的研究。关系营销（relationship marketing）是企业与顾客、供应商、分销商等关键成员建立长期满意关系的实践活动，其目的是保持与企业关键成员之间的长期交易关系。现代营销活动始于顾客需求的拉动，企业市场营销的整个过程都是以满足顾客需求为出发点的，因此，在企业关系营销活动中顾客关系营销始终处于核心地位。企业与顾客关系的建立和维系是一个过程，这个过程是从企业选择顾客开始的，进而在此基础上对不同的顾客实施不同的关系管理，最终成就企业的营销活动获利最大化。

2. 关系营销的层次

对于企业来说，关系营销是实现长期盈利的一种有效手段。通过与顾客建立长期稳定的互惠关系，企业不仅能够实现持续的利润增长，而且能保持顾客的稳定性，进而增强自身抵御市场风险的能力。但这种关系的建立必须是以价值实现为前提的，因此根据顾客的重要程度可以将关系营销划分为以下5个层次：

(1) 基本型关系。

基本型关系是关系营销的最低层次，即企业与顾客之间只维持最普通的交易关系。这种关系适用于企业顾客众多且单位产品的利润很低的情况。

(2) 响应型关系。

在响应型关系中，企业在达成交易之后，鼓励顾客反馈关于产品满意状况或缺陷的信息并据此给出答复，其实质是企业对于顾客要求的被动响应。

(3) 责任型关系。

在责任型关系中，企业的销售人员在产品售出后通过各种方式了解产品是否与顾客的期望相吻合，并且从顾客那里征集各种有关产品改进的建议以及顾客对产品的特殊要求，售后服务人员会将这些信息反馈给企业，以便企业及时改进。在这种关系中，企业体现出承担责任的态度。

(4) 主动型关系。

企业的销售人员经常通过各种方式与顾客联系、沟通，讨论有关改进产品用途或开发新产品的各种建议，向顾客提供改进产品使用的建议，或者向顾客提供关于企业新产品的各种信息，以促进新产品的销售，这就是主动型关系。在这种关系中，企业开始主动关注顾客需求并与其共同探讨满足需求的途径。

(5) 伙伴型关系。

伙伴型关系是最为高级的关系，企业与顾客通过持续合作，建立起相互信任，共同努力使顾客能够更加有效地使用其资金或帮助顾客选择更好的行动方式与途径，并按照顾客的要求来设计新产品，推动其关系向更高级状态发展。

(二) 关系营销与交易营销的区别

关注单次交易利润最大化，而不考虑与顾客建立长期关系的营销行为叫作交易营销。显然，交易营销与关系营销有着明显的差异。正如科特勒所指出的那样，传统营销理论和

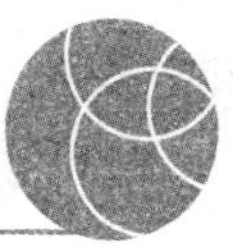

实践往往集中在如何吸引新的顾客上，强调创造交易，而不是维系和发展顾客关系。二者之间的区别如表 2—1 所示。

表 2—1　　交易营销与关系营销的区别

项目＼营销方式	交易营销	关系营销
适用人群	适用于注重短期价值和转换成本较低的顾客	适用于注重长远价值和转换成本较高的顾客
营销活动重心	达成交易	建立与顾客之间的长期互利关系
企业的着眼点	近期利益	长远利益
双方对关系的态度	以对立为主	以合作为主
对价格的看法	是主要的竞争手段	不是主要的竞争手段
营销活动的着眼点	吸引新顾客	先留住老顾客，再吸引新顾客
营销管理追求	单向利润的最大化	通过互动来实现双方价值最大化
市场风险	大	小
最终结果	未超出“营销渠道”的概念范畴	超出“营销渠道”的概念范畴，可能成为战略伙伴，发展成为营销网络

（三）关系营销的实现策略

作为一种进步的营销理念和手段，关系营销无疑适应了时代的要求，也成为现代企业开展营销活动的理想方式。然而，不同的顾客对企业的重要程度又是不同的。因此，企业在开展关系营销的过程中应该针对不同的顾客采取相应的策略。

（1）建立财务联系。在这一层次中，企业维持顾客关系的手段主要是价格刺激，即通过各种价格手段刺激顾客重复购买。如现在的很多企业经常开展的降价促销等活动。

（2）建立社会联系。它要求企业了解顾客的需求并提供个性化的产品和服务，从而与顾客建立良好的互动关系。如现在的一些在线书店，会根据顾客的选择和购买记录等一些个人信息发送电子邮件来推荐顾客可能感兴趣的书籍。

（3）建立结构性联系。即企业通过与顾客建立结构性和系统性的联系而使双方成为真正意义上的合作伙伴。结构性联系的实质是企业通过培养自身不易被竞争对手模仿的核心能力而与顾客建立稳定的伙伴关系。这种关系能够稳定的关键，在于它对双方都是有利的，顾客单方面放弃这种关系常常会引起自身损失。宝洁和沃尔玛通过建立密切的长期战略合作伙伴关系，使双方取得了共同的发展和进步，而这种关系的维系对于双方也自然都是有价值的，放弃这种关系，对于双方来说都是一种损失。

三、顾客盈利率分析

关系营销的实施重点不仅仅是开发新顾客，还要在此基础上维系与现有顾客的关系。但顾客关系的维系同样是需要成本投入的，而且并非所有顾客都能为企业带来相同的盈利，因此在实施关系营销的过程中，要对顾客的盈利率进行分析。从企业的角度来讲，应该正确识别那些能够为企业带来真正持续盈利的顾客并与之建立关系；而对于那些维系成本较高或盈利能力较低的顾客则不必花费太多的精力，甚至在有些情况下企业还会采取措施去回避非盈利顾客。如 20 世纪 90 年代，芝加哥第一银行采用收取柜台服务费的措施"驱逐"低额储户，使得该银行一年后利润总额增长 28%。只有在正确识别目标顾客的前提下，企业才能够实现其营销活动的最佳效果。

具体来讲，企业需要在盈利率分析的基础上将顾客划分为不同的类型并采用相应的管理方法，这样才能使有限的资源得到最优配置，从而实现营销利润最大化。这一过程可以用图 2—3 加以说明。

	C_1	C_2	C_3	
P_1	+	+	+	高盈利产品
P_2	+			盈利产品
P_3		—	—	亏损产品
P_4	—		—	无利润产品
	高盈利顾客	无利润顾客	亏损顾客	

图 2—3　顾客盈利率分析

从图 2—3 可以看到，顾客 C_1 由于购买了 2 个盈利产品（P_1、P_2）和 1 个无利润产品（P_4），从而产生了较高的利润；顾客 C_2 由于购买了 1 个盈利产品（P_1）和 1 个亏损产品（P_3），因而其对企业的利润贡献是混合型的，属于无利润顾客；顾客 C_3 则是一个亏损的顾客，因为他购买了 1 个亏损产品（P_3）、1 个无利润产品（P_4）和 1 个盈利产品（P_1）。对于顾客 C_2 和顾客 C_3，企业可以采取的措施有两个：一是提高无利润产品的价格，从而提高无利润产品的盈利率，或者干脆取消这些产品；二是尽力向这些顾客销售盈利产品，以使他们转化为盈利顾客。如果这些无利可图的顾客转向了企业的竞争对手，对于企业而言则是一件好事，因为企业可以提高其总体的盈利水平。

企业在进行盈利率分析的基础上，往往会发现能够带来高利润的顾客并非总是那些所谓的"大客户"，因为这类顾客虽然能够为企业带来高额收益，却往往也需要企业提供高品质的产品和服务，这就意味着企业的成本也会随之增加。购买量小的顾客虽然对服务和折扣的要求都很低，但企业与他们之间交易的成本也降低了企业的盈利水平。而企业的中等规模的顾客只要求良好的服务，支付的价格也接近全价，因而往往是为企业贡献最大利润的客户。当然，这都是在企业进行盈利率分析并实施分类管理的条件下才能够实现的。

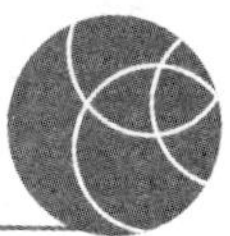

本章小结

现代营销理念的核心就是满足顾客需求，为此，企业必须向顾客提供其需要的价值——顾客让渡价值。顾客让渡价值是指顾客在其购买经历中获得的总价值与自身所付出的总成本之间的差额，其大小最终由顾客总成本和顾客总价值共同决定。因此，企业提升顾客让渡价值的主要策略包括增加顾客总价值和降低顾客总成本 2 个方面。而实现这种提升的关键在于整个企业内部的协同运作以及企业与其他企业的分工合作。

企业创造的价值最终能否得到顾客认可取决于顾客满意与否。顾客满意是指顾客通过将某种产品可感知的效果与其期望值相比较后，所形成的愉悦或失望的感觉状态。企业应该时常对顾客满意情况进行测量，主要方法有投诉与建议系统、顾客满意度调查和佯装购物者。在得到顾客满意后，企业还应该及时培养顾客忠诚。顾客忠诚是指顾客在对某一产品或服务的满意度不断提高的基础上，重复购买该产品或服务，以及向他人热情推荐该产品或服务的一种行为表现。它是由顾客的情感和行为共同组成的。对于顾客忠诚的测量，主要有 6 个方面的指标，即顾客的购买次数和重复购买率，顾客购买的种类、数量和比例，顾客购买时的挑选时间，顾客对价格的敏感程度，顾客对企业产品质量事故的包容程度，顾客对待外部干扰的态度。

为了实现顾客满意和忠诚，企业需要与价值链上的各个节点建立起一种互利合作的关系，其中顾客关系的建立与维系处于核心地位。企业建立和维系顾客关系的过程，实质上就是在开展顾客关系营销。关系营销是指企业与顾客、供应商、分销商等关键成员建立长期满意关系的实践活动，其目的是保持与企业关键成员之间的长期交易关系。顾客关系营销可以分为基本型关系、响应型关系、责任型关系、主动型关系、伙伴型关系 5 个层次，其实现途径主要包括建立财务联系、社会联系和结构性联系 3 个方面。同时，企业在具体实施时还应该注意进行顾客盈利率分析，从而使资源得到最优配置，使营销活动获得最佳效果。

思考题

1. 简述顾客让渡价值的概念和构成。
2. 怎样实现顾客让渡价值？
3. 什么是顾客满意和顾客忠诚？
4. 顾客满意和顾客忠诚的测量方法有哪些？
5. 什么是关系营销？它与交易营销的区别有哪些？
6. 关系营销分为哪几个层次？

第二部分
市场营销调研与策划

第三章　市场营销调研

学习目标

1. 了解市场营销信息系统的构成、市场营销调研的概念与基本功能；
2. 掌握市场调研的方法、调查工具和接触方式；
3. 掌握市场需求预测的相关概念和定性预测法。

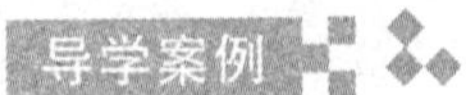

导学案例

甜心方便通心粉的成功

当甜心公司推出新的产品系列甜心方便通心粉时，管理层普遍认为这会是一次成功的尝试。毕竟这种新产品是该品牌的拓展，而甜心通心粉和奶酪曾风靡一时，在整个美国饮食文化中占有重要地位。甜心方便通心粉作为该传统品牌的微波专用产品，在速度和便利性方面满足了消费者的需求。但甜心方便通心粉投放市场后，并没有达到预期的效果(5%的市场份额)，实际份额只是该数字的一半。品牌管理人员大伤脑筋，他们确信甜心方便通心粉是一种优良产品，因为它在微波炉中仍然能够保留原有的味道。那到底是什么原因抑制了该产品的发展呢？管理人员对2 000多名消费者进行了详细的调查，结果显示，人们曾经关注过甜心方便通心粉，但对该产品的感觉要比期望差一些。所以尽管有些人留意过甜心方便通心粉，但是却没有购买。

这种情况揭示出人们对甜心方便通心粉的口味和质量还持怀疑态度。该发现令管理人员极度震惊，他们曾经认为甜心品牌效应一定能保证消费者相信甜心方便通心粉的质量和口味。此外，甜心公司管理人员在仔细研究了市场调查结果以后，发现那些品尝过甜心方便通心粉的消费者的反馈存在很大的差异：55%的食用者说该产品的口味不错，而20%的人认为不佳；而且那些没有食用过甜心方便通心粉的人，在品尝和知道其食用方法之后，他们的想法也会和食用者一样。管理人员由此预测，出现问题的原因不在于产品本身，而在于和消费者的沟通。

一系列的调查显示，母亲们喜欢甜心方便通心粉是因为年纪大一些的孩子可以自己吃，从而培养孩子的自立意识，并减轻母亲家庭劳务的负担。鉴于此，甜心公司决定修改其广告方案，重点不是快捷、方便，而是集中在“年纪大一点的孩子可以自己动手做”。广告播出以后，调查显示，甜心方便通心粉在品牌和广告知名度方面都有提升，而且销售量也上升了30%，成为甜心通心粉和奶酪拓展业务中最成功的产品。

在市场营销活动中，为了在瞬息万变的市场上求得生存，寻找新的市场机会并回避风险，企业必须具有较强的应变能力，能够及时应对变化的市场环境，做出正确的决策。在上述案例中，重视市场信息收集的甜心公司借助其掌握的全面、可靠的市场营销信息，以及对市场营销信息的及时处理和分析，正确制定了市场营销策略，最终获得了成功。

资料来源：http://www.doc88.com/p—7804756927101.html，经编者整理、分析而成。

第一节　市场营销调研概述

在现代市场营销管理过程中，市场营销调研是开展市场营销管理过程的依据和基础，也是探索市场价值的基本工具。企业正确的决策来自全面、可靠的市场营销信息，企业只有重视对市场营销信息的收集、处理和分析，才能为最终决策提供可靠依据。

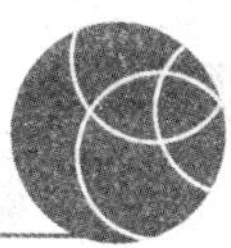

一、市场营销信息系统的构成

市场营销调研是企业营销信息系统的重要组成部分，因此首先需要了解市场营销信息系统的构成。市场营销信息系统（marketing information system，MIS）是由人员、设备和程序所组成的，可以为营销决策者收集、挑选、分析、评估和分配有价值的、及时的、准确的信息。

市场营销信息系统的作用是评估营销决策者的信息需要，通过收集所需要的信息，为营销管理人员改进市场营销计划、执行和控制工作提供依据。它包括企业内部报告系统、营销情报系统、营销调研系统和营销决策支持系统4个子系统。

（一）内部报告系统

内部报告系统（internal report system）也叫作内部会计系统，是营销管理人员经常使用的最基本的信息系统。其主要功能是向营销管理人员及时提供订货数量、销售额、产品成本、存货水平、现金余额、应收账款、应付账款等各种反映企业经营状况的信息。通过对这些信息的分析，营销管理人员能够发现市场机会，找出管理中的问题，同时可以比较实际状况与预期水准之间的差异。

（二）营销情报系统

营销情报系统（marketing intelligence system）是指营销管理人员用来了解日常的有关企业外部营销环境发展趋势的各种信息来源与程序。它的任务是利用各种方法收集和提供企业营销环境最新发展信息。营销情报系统与内部报告系统的主要区别在于后者为营销管理人员提供事件发生以后的结果数据，而前者为营销管理人员提供正在发生和变化中的数据。

（三）营销调研系统

营销调研系统（marketing research system）的任务就是系统、客观地识别、收集、分析和传递有关市场营销活动方面的信息，提出与企业所面临的特定营销问题有关的研究报告，以帮助营销管理者制定有效的营销策略。营销调研系统不同于营销情报系统，它主要侧重于解决企业营销活动中的某些特定问题。

（四）营销决策支持系统

营销决策支持系统（marketing decision support system）是一个组织，通过软件和硬件支持，协调数据收集、系统、工具和技术，解释企业内部和外部环境的有关信息，并把它们转化为营销活动的基础。它通过对复杂现象的统计、分析，建立数学模型，帮助营销管理人员分析复杂的市场营销问题，从而做出最合适的市场营销决策。

二、市场营销调研的概念与功能

（一）市场营销调研的概念

市场营销调研是指系统地设计、收集、分析和提出数据资料，并提供与企业所面临的特定营销状况有关的调查结果。

根据市场信息涵盖的范围不同，市场营销调研有狭义和广义之分：狭义的市场营销调研将市场营销调研的领域锁定在对顾客或顾客需求的研究方面；广义的市场营销调研将市场营销调研的领域扩展为一切与市场营销活动有关的方面，这是随着市场营销活动的开展与要求，从更宽泛的视角来定义的市场营销调研。我们可以从 2 个方面理解广义的市场营销调研：从纵向上看，市场营销调研贯穿于市场营销活动全过程，从市场研发开始，到营销战略与策略制定，直至产品的售后服务研究；从横向上看，市场营销调研的领域不仅涵盖对顾客购买行为的研究，还涉及以市场为导向的企业经营环境研究、企业竞争对手研究和各项市场营销组合要素（产品、价格、渠道、促销）的市场有效性研究等各个方面。

（二）市场营销调研的功能

市场营销调研有 4 种基本类型，分别对应 4 种基本功能，即探索性调研、描述性调研、因果性调研和预测性调研。

探索性调研（exploratory research）是指在企业对市场状况不甚了解或对问题不知从何处寻求突破时所采用的一种调研方式。其主要功能是“探测”，即帮助调研主体识别和了解：企业的市场机会可能在哪里，企业的市场问题可能在哪里，并寻找那些与之相关的影响变量，以便确定下一步市场营销调研或开展市场营销活动的方向。

描述性调研（descriptive research）是指对已经找出的问题做如实反映和具体回答。其基本功能是对特定的市场情报和市场数据进行系统收集与汇总，以对市场情况做出准确、客观的反映与描述。其特点是回答市场现状“是什么”，而不是“为什么”的问题。描述性调研要求有比较规范的市场营销调研方案，比较精确的抽样与问卷设计，以及对调研过程的有效控制。

因果性调研（causal research）也称解释性市场营销调研，是指为了解市场上出现的有关现象之间的因果关系而进行的调研。其目的在于对市场现象发生的因果关系进行解释和说明。因果性调研的功能是在描述性调研的基础上，通过对调研数据的加工、计算，再结合市场环境要素的影响，对市场信息进行解释和说明，回答“为什么”或“如何做会产生什么结果”之类问题。例如，某企业尽管调低了产品的销售价格，但产品销售量仍然下降，企业不能确定究竟是广告支出减少所致还是大量竞争对手进入市场或者是企业的产品质量不能满足消费者的要求所致。要解决这一问题，就需要收集有关因素的实际资料，通过对资料的科学分析，对客观现象给予理论解释和证明。因果性调研的意义在于，调研人员可以向决策部门提供较为完整的市场信息，并提出有科学依据的具体建议。

预测性调研（predictive research）是指在描述性调研和因果性调研的基础之上，依据过去和现在的市场经验以及科学的预测技术，对市场未来的趋势进行测算和判断，以便得出与客观事实相吻合的结论。预测性调研的目的在于对某些市场变量未来的前景和趋势进行科学的估计和推断，回答“将来的市场将怎样”的问题。例如，对行业市场销售前景的预测、对企业未来市场份额的预测、对产品需求趋势的预测等，都是带有预测性的市场营销调研。

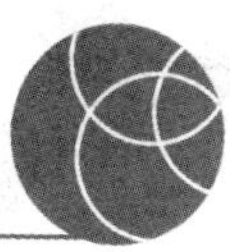

阅读参考：描述性调研

在开展描述性调研时，一定要明确6W：对象（who）、内容（what）、时间（when）、地点（where）、目的（why）和方法（way）。

例如，中国大中城市女性减肥品市场分层研究属于描述性调研中的一次性横截面调研，其6W可以概括如下：

调查对象：中国女性减肥品的现有消费者和潜在消费者。

调查内容：消费者对减肥品的态度、动机、购买行为；现有和潜在消费者的基本特征。

调查时间：2013年12月。

调查地点：DL公司办事处所在地的销售终端（药店、商场、超市）。

调查目的：为DL公司改进营销方案提供依据。

调查方法：DL公司业务人员进行拦截访谈式问卷调查。

三、市场营销调研的流程

有效的市场营销调研流程包括5个基本环节，见图3—1。

图3—1 市场营销调研基本流程

（一）确定市场营销调研主题

市场营销调研的主要目的是通过收集与分析资料，帮助管理人员解决有关营销决策的问题。因此，市场营销调研要求营销调研人员首先认真确定主题，进而商定调研的目标。市场营销调研主题的确定在整个市场营销调研过程中是非常重要的，它既是市场营销调研的出发点，也是市场营销调研的归宿。市场营销调研主题的确定过程也称市场诊断，其主要功能是为后期的市场研究导航。确定主题和调研目标是为了限定调研范围，从而能够在最短的时间内花费最少的费用达到解决问题的目的。

准确地确定市场调研目标一般要经历4个阶段：

（1）提出一个笼统的、不确定的市场问题；

（2）对该问题的症结提出多种假设，并对其进行梳理、排列、筛选和排除；

（3）建立或确定市场营销调研基本主题，形成市场营销调研的基本假设；

（4）当市场营销调研主题确定以后，还要对其可行性及能够达到的基本目标进行评估，并确认调研结果对企业营销决策的价值。

（二）制定调研方案

市场营销调研的第二个阶段是制定营销调研方案，即对市场营销调研所要达到的目标进行全方位和全过程的计划或设计。市场营销调研方案设计的科学性至关重要，一个好的市场营销调研方案应该既能够准确地反映市场营销调研主题的要求，又能够指导市场营销调研活动的有效进行。市场营销调研方案是整个市场营销调研活动的纲领性文件，也是市场营销调研过程的行动指导，市场营销调研的这一过程最能够体现市场营销调研人员的组织设计能力与创造能力。

不同的市场营销调研目标或主题，调研方案的设计内容也不同，甚至相同的主题也存在不同的设计方法。市场营销调研方案的基本内容见图 3—2。

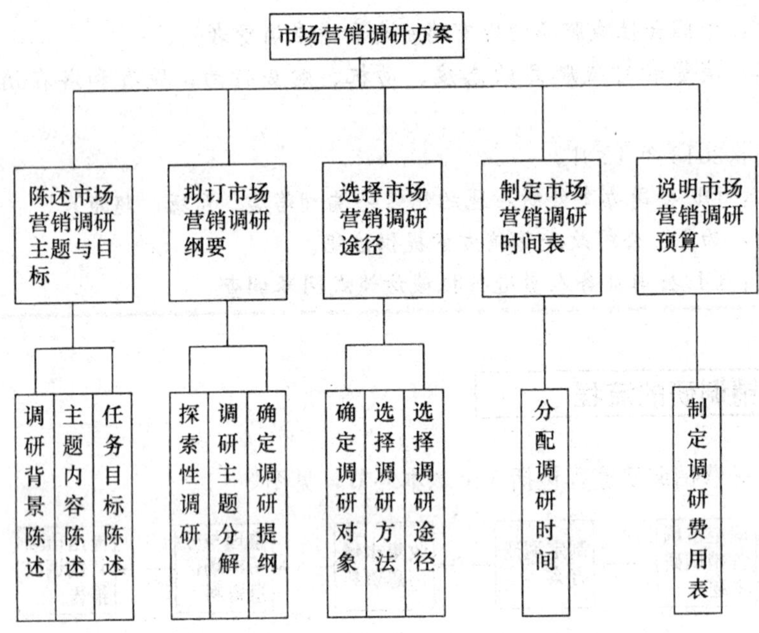

图 3—2　市场营销调研方案的基本内容

1. 陈述市场营销调研主题与目标

在市场营销调研方案中，要对已经确定的市场营销调研主题的背景、内容、所要达到的任务目标进行简明扼要的陈述与说明。调研背景陈述是指明确市场营销调研任务、市场营销调研目的或者市场营销调研结果的意义等；主题内容陈述是指用比较精练的语言来表述市场营销调研的主题，包括基本主题和分项主题；任务目标陈述则一般说明市场营销调研任务的基本目标等。

2. 拟订市场营销调研纲要

市场营销调研纲要主要根据市场营销调研主题的要求，对市场营销调研的具体内容或项目进行确定。在调研的早期，调研人员通常对调研问题缺乏足够的了解，因此需要通过探索性调研帮助调研人员明确调研的方向和范围，然后对市场营销调研主题目标的具体指标进行分解，使抽象的市场营销调研主题转化为具有可操作性的市场营销调研题目。

3. 选择市场营销调研途径

市场营销调研途径的设计主要解决的是市场营销调研纲要如何实施的问题，其内容主要包括 3 个方面：确定调研对象、选择调研方法和选择调研途径。

确定调研对象包括 2 个方面的内容：一是向“谁”做调研，二是调查多少样本才能够

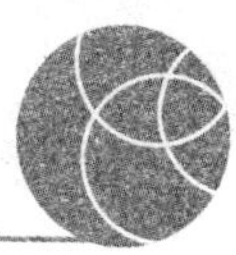

取得有效的市场研究数据。

市场营销调研的方法多种多样，选择什么样的方法才能达到有效收集、整理、分析市场信息的目的应该视情况而定。一般来说，市场营销调研方法的确定取决于3个基本要素：市场营销调研主题的要求，市场营销调研对象的基本特点，市场营销调研经费预算的限制。

市场营销调研途径的选择除了要考虑以上基本要素以外，还要考虑企业自身的市场研究实力。

4. 制定市场营销调研时间表

市场营销调研是一项注重时效性的工作，市场营销调研人员应在一定的时间限定条件下完成市场营销调研的全过程。因此，为了保证市场营销调研的顺利进行，制定市场营销调研时间表是非常必要的。市场营销调研时间表一般采用简明的表格形式先列出市场营销调研过程所包括的主要工作环节，然后注明各工作环节的时间分配。

5. 说明市场营销调研预算

市场营销调研预算是市场营销调研工作的重要限定条件，因此必须予以详细说明。说明市场营销调研预算的最好方式是将市场营销调研中所涉及的所有费用项目通过列表的方式进行逐项说明。

（三）收集市场信息资料

收集市场信息资料是实施市场营销调研方案的一个重要环节，其工作量大、成本高、过程复杂、所涉及的市场营销调研方法与手段多，是最难控制、最容易出错、最辛苦然而却能最终决定市场营销调研质量与结果的关键。因此，对这一过程的组织实施必须认真、细致。市场信息资料的收集方式主要有两种：文案调研和实地调研。

文案调研也称二手资料的收集，是根据调研主题，从各种历史的或现行的文书档案或同级资料中检索出所需资料，并加以归类、分析和整理的一种方式。一般来说，文案调研能够收集到有关企业经营环境方面的市场情报与信息。虽然通过文案调研所获取的市场环境情报比较概括或笼统，但是由于成本较低，可以收到事半功倍的效果。同时，文案调研也是做好实地调研的重要基础。

实地调研是指在确定的市场营销调研计划的指导下，调研人员深入现场，对调研对象进行直接的接触或观察，以便收集第一手市场情报。对实地调研环节的控制主要包括2个方面内容：一是对实地调研科学方法的选择与控制，主要包括抽样、问卷、访问、试验等方法；二是对实地调研计划执行的控制。

阅读参考：营销调研中统计软件的应用

在营销调研中最基本的分析工具是SPSS和SAS，它们都是常用的统计工具。

SPSS（statistical product and service solutions）即“社会科学统计软件包”，是一种集成化的计算机数据处理应用软件，是目前世界上流行的3大统计软件之一，除了适用于社会科学之外，也适用于自然科学各领域的统计分析。将其应用于市场调查统计分析，能使研究者以客观的态度收集并分析有关研究数据，以描述、解释或预测问卷调查内容的现象及各相关因素之间的关系。SPSS技术的应用为市场调查实证研究中的定量分析提供了支持与保障，其易学、易用、功能强大等特点是其他方法所无法替代的。

SAS（statistical analysis system）软件是用于决策支援的大型集成咨询系统。SAS集数据存取、管理、分析和展现于一体，统计分析功能是它的核心功能。在资料处理和统计分析领域，SAS系统被誉为统计软件界的巨无霸。

（四）整理与分析市场信息资料

市场营销调研人员还必须对所获得的信息资料进行必要的筛选、整理和分析，为后期市场营销调研报告的撰写，以及最后制定正确的市场营销决策做好必要的准备。

整理市场信息资料就是对大量原始的市场数据进行筛选和提炼，使其系统化和条理化。这一过程一般包括3个方面的内容：一是信息筛选，即从收集到的市场信息资料中挑选出对调研目标有重要参考价值的资料，并对这些资料的可靠性进行审核；二是信息整理，即将这些有用的和可靠的资料按照市场营销调研主题的要求进行分组与汇总；三是信息分析，即根据要求，用统计图或统计表的方式将这些资料的整理结果表现出来。

分析市场信息资料就是根据调研主题的要求，利用科学的分析方法，如综合指标分析、时间序列分析、回归分析，以及各种统计技术和分析模型，在资料整理的基础上，对调研资料进行预测分析，对市场现象的发展变化规律及各种现象之间的相互关系进行研究，并具体、明确地说明市场营销调研的结果。

阅读参考：市场营销调研的失误

市场营销调研的技术性和科学性操作是影响市场营销调研质量的重要因素之一，也是市场营销调研引起争议的重要原因之一。市场营销调研过程及方法的技术性和科学性对企业经营及发展会产生重大影响，市场营销调研失误会对企业产生很大的负面影响。

联合利华公司的冲浪（Surf）超浓缩洗衣粉（以下简称冲浪）在进入日本市场前，做了大量的市场调研。冲浪的包装经过预测试，设计成日本人装茶叶的香袋模样，很受欢迎。调研发现，消费者试用冲浪时，方便性是很重要的性能指标。同时，由于调研显示消费者认为冲浪的气味清新也很吸引人，联合利华公司就把“气味清新”作为冲浪的主要诉求点。可是当产品进入日本市场后，市场份额仅能占到2.8%，远远低于原来的期望值，使得联合利华公司陷入窘境。问题出在哪里呢？

一方面，消费者发现冲浪在洗涤时难以溶解，原因是日本当时流行使用慢速搅动的洗衣机；另一方面，“气味清新”基本上没有吸引力，原因是大多数日本人习惯露天晾衣服。

显然，冲浪进入日本市场时实施的调研设计存在严重缺陷，调研人员没有找到日本洗衣粉销售中应该考虑的关键属性——容易溶解，而提供了并不重要的认知——气味清新，导致对消费者消费行为的误解。

资料来源：http://www.chinadmd.com/file/svzoiuprewrurcau6p6eurw6_1.html，经编者整理、分析而成。

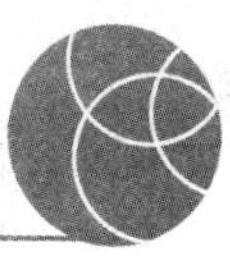

（五）提出市场营销调研报告

对收集到的信息进行整理、分析，得出相应的调研结果后，还应根据企业决策人员的需要提出调研报告。市场营销调研报告的撰写是市场营销调研工作的最后阶段，也是整个市场营销调研工作成果的最终体现。调研报告在用事实材料对所调研的问题做出系统的分析、说明后，应得出结论性意见，并提出若干可行的建议。一份优秀的市场营销调研报告不仅要清楚、简洁地阐明市场营销调研的结论，还要出示得出这些结论的市场营销调研数据，以及这些数据的收集方法和分析方法。

不管市场营销调研报告以什么格式提出，在编写时都要注意以下问题：

（1）突出调研主题，明确回答调研报告开始时提出的问题；

（2）内容要客观，重点突出，抓住核心；

（3）文字简练，方案简明易懂；

（4）报告结构合理、严谨、完整；

（5）计算、分析步骤清晰，结论明确；

（6）善于利用易于理解的图、表说明问题；

（7）分析产生问题的原因，得出明确的解决问题的方法，并提出可行的建议。

第二节 市场调研方法

一、市场调研方法概述

为了满足管理者的信息需求，调研计划要求收集二手资料或一手资料，或者二者兼顾。

（一）二手资料的收集

二手资料（secondary data）是指为其他某种目的而收集的资料。企业内部的数据库为收集二手资料提供了一个很好的起点。此外，企业也能找出很多种类的外部信息资源，如商业机构、市场营销研究公司、行业协会、计算机数据库、新闻媒体和政府资源等。例如，尼尔森公司提供来自 27 个国家 250 000 多个固定家庭消费者样本组的数据信息，包括试用和重复购买的方式、品牌忠诚度以及购买者的人口统计特征等。由于互联网的普及，公司网站及相关的在线数据库通常可以快捷、方便地提供背景信息，连锁超市、银行、保险、电信等企业的客户数据也为营销研究提供了非常有价值的数据来源。

和一手资料相比，获得二手资料的速度更快、成本更低。但二手资料也同样存在一些问题，例如：需要的信息有时可能根本不存在——市场调研者不可能从二手资料那里得到自己需要的所有信息；即使找到了相关的信息，这些信息也不一定具有可用性。调研人员必须对二手资料进行仔细评估，从而确认它们具有相关性（满足调研目标的要求）、准确性（收集和提交过程可靠）、及时性（对于现在的决策来说更新得足够快）和客观性（客观地收集和提交）。

阅读参考：收集二手数据的步骤与注意事项

二手数据的收集一般包括如下步骤：

(1) 根据研究主题和研究框架确定需要什么数据；

(2) 查询这些数据有哪些来源，例如：人口数据的来源可以是公安部门的户籍登记数据，也可以是统计局的人口普查和调查数据；

(3) 搜寻相关数据资料，可以通过浏览网页或索取有关数据文件的方式，了解数据的内容、格式、使用条件等，确定该数据对于本研究项目来说是否合适；

(4) 通过购买、交换或免费索取的方式获得相关资料；

(5) 通过对数据的初步分析，评估其内容和质量。

二手数据的收集和使用需注意以下问题：

(1) 适用性，即拟使用的二手数据能否很好地满足当前特定研究的需要；

(2) 数据质量，即数据的质量是否符合特定研究的需要；

(3) 可得性和成本，即数据是否容易获得以及获得该数据的成本；

(4) 使用和发表的条件，即数据的提供方对数据的使用和发布是否有一定的限制或条件。

(二) 一手资料的收集方法

相对于二手资料来说，原始的一手资料的优点是更具体、更切合所调研的问题；其主要缺点是成本太高，而且比收集二手资料更耗费时间。

一手资料的收集方法主要有以下几种。

1. 观察法

观察法是指根据调研目的的要求，由调研人员直接或通过仪器在现场观察调研对象的行为动态并加以记录而获取原始资料的方法。观察法分为人工观察和非人工观察，在营销调研中用途很广。随着现代科学技术的发展，人们在运用观察法时可借助一些专门的仪器来观察消费者的行为。如费雪公司设立了一个实验室，专门用于观察孩子们得到新玩具时的反应。费雪的游戏实验室里到处都是玩具，在这里孩子们可以提前玩到费雪公司新开发的玩具模型，而那些想要知道哪些玩具可以使孩子们成为玩具狂的设计者也获得了相应的信息。直接观察法具有直接性、客观性、方法简单的特点。

通过观察法可以获得一些人们不愿意或者不能提供的信息，但由于不频繁的行为很难被观察到，因此研究者经常把观察法和其他的数据收集方法结合起来使用。

2. 深度小组座谈法

深度小组座谈法是指有选择地邀请 6～10 个人，利用一段时间，谈论不同的话题，以某种方式记录座谈内容，营销经理一般会在隔壁装有监视镜头的观察室内进行观察和旁听。深度小组座谈法一般由一个有经验的主持人根据营销主管提供的讨论指南或时间表来提出问题，以确保得到需要的信息。

深度小组座谈法已经成为获取消费者内心想法和感觉的一种主要的研究方法。然而，深度小组座谈法也存在一些问题，比如为了确保在规定的时间和成本内完成调查，

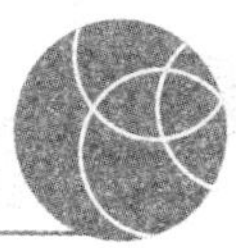

深度小组座谈通常只采用少量的样本，而且也不是随机抽取的，因此不能保证调查结果的普遍性。

3. 专家调查法

专家调查法是一种依靠专家的知识、经验和市场观察能力，来收集和分析市场情况的方法。专家调查法的形式多种多样，其中比较流行的方法是德尔菲法和头脑风暴法。

（1）德尔菲法。

德尔菲法是一种依靠专家小组成员背对背地对市场情况进行分析判断，使每个专家对市场的不同意见和分歧得到充分表达和交流，并经过专家反复的分析判断，最后使专家们对市场情况逐渐趋向一种较为一致的意见，将该意见作为市场预测的根据的一种集体预测调查法。德尔菲法的主要特点是匿名性、反复性、集体性。

使用德尔菲法的基本步骤如下：

1）选定专家。由市场营销调研组织者选定专家，人数一般以 20 名左右为宜。为了使专家们不受影响地尽量发表个人的见解，他们彼此之间不发生联系，仅与调研组织者通过信件（E-mail）或交谈进行接触。

2）第 1 轮交流。调研组织者根据调研或预测的主题，编写调研提纲，连同市场营销调研主题相关方面的现有信息资料，分别送给各位专家，请专家们在背对背的情况下各自独立地做出自己的判断，提出意见，然后将意见反馈给调研组织者。

3）第 2 轮交流。调研组织者将专家们的意见进行综合汇总与分析，将综合归纳的调研结果再次分别送给各位专家，请专家们根据反馈的资料重新考虑和修改自己的意见，然后再返还给调研组织者。

4）循环往复。这样，经过几轮的反馈，专家们的判断将逐渐趋向于某一种较为集中的意见，最后形成一个集体的调研预测结论。

（2）头脑风暴法。

头脑风暴法是 20 世纪 50 年代以来被广泛应用的一种调研预测方法，这种方法要求会议的主持者在调研会议上先介绍会议主题，然后鼓励与会者根据会议主题畅所欲言，最后由主持者汇总会议的综合结论。

头脑风暴法的突出特点是：鼓励与会者自由发表意见，有利于各种不同观点和看法的表达，并且互相启发、互相借鉴、互相补充；由于只谈自己的看法，或者吸取别人的意见补充自己的看法，而不提反驳意见，可以使调研会议的气氛更趋向于自由、平等、合理、客观。

4. 实验法

实验法是指在控制条件下对所研究现象的一个或多个因素进行操纵，以确定这些因素之间的关系，它是因果性调研中经常使用的一种行之有效的方法。实验法的目的是通过排除观察结果中带有矛盾性的因素来获取实验对象之间的真实因果关系。例如，在决定是否应在菜单中增加新款三明治前，麦当劳首先通过实验法来比较两种不同价格下的销量。它可能在推出同样的新款三明治的两座城市采用不同的价格，如果城市彼此之间情况相似，并且针对新款三明治的销售所做的营销努力也都一样，那么两个城市新款三明治销量的不同则可能与价格差异有关。

5. 行为数据法

行为数据法是指通过商店的扫描数据、分类购买记录和顾客数据库来记录顾客的购买行为的方法。顾客在实际购买行为中所表现出来的偏好，一般会比顾客向营销人员讲述的情况更真实，很多人经常会说出那些常见的品牌，但实际购买时往往会选择其他的品牌。通过这种调查方法，营销调研人员可以了解更多的真实情况。

6. 人类学研究法

人类学研究法是指研究者通过使用人类学和其他社会科学领域中的一些概念和工具，对人们的生活与工作方式进行深层次了解的一种特殊的观察方法。人类学研究法的目的是使研究者通过深入消费者的生活，去探索消费者无法言传的需要。

二、市场调查工具

营销调研人员在收集资料时，可以选择的市场调查工具主要有以下 3 种。

(一) 调查表

调查表是收集第一手资料最常用的工具。调查表的问题一般分为两种：一种是封闭式问题，即规定了回答方式和所有可能的答案，在所有可能的答案中，被调查者只能选择一个或多个答案。封闭式问题使被调查者的回答更为方便、节省时间，同时对结果的解释和整理比较容易；其不足之处是被调查者缺乏自发性表达。另一种是开放式问题，即调查表上没有事先提供备选答案，对问题的回答没有限制，被调查者可以根据自己的情况自由回答。开放式问题可以获得更多的信息，被调查者有机会尽量发表意见，可形成良好的调研气氛，但不易统计和分析。

调查表的设计和制作一般要经过如下程序：

(1) 明确调查的主题。在进行调查表设计之前，首先要明确营销调研的基本主题，以及本次调查的目的及其与市场营销调研主题之间的关系。

(2) 拟订调查项目。确定调查主题后，调查表设计人员还应根据调查主题拟订调查表的基本内容和基本项目。

(3) 问题设计。问题设计是一项技巧性非常强的工作，调查表中提出的问题必须清楚明确，不能含糊其辞、模棱两可；不能使用行业专用名词，使人难以理解。

(4) 问题排序。问题的内容和顺序都会影响被调查者的回答，因此，要对设计好的问题进行合理排序。

(5) 编写调查表的其他内容。调查表的其他内容主要有：调查表的题目、前言、样本特征、结束语、电脑编号等。

(6) 调查表评估。当一份调查表初步完成以后，设计人员有必要对已经设计好的调查表进行逐项评估并修订。

(7) 调查表的测试。当设计好的调查表得到各相关方面的基本认可后，营销调研人员还可以在假定的营销调研对象中，选择具有典型意义或者具有代表性的少量样本进行测试，主要的测试目标是被调查者对调查表内容的理解与调查目标之间是否存在偏差，尤其是被调查者对问题及答案的理解是否与设计者的目标相吻合。

(8) 付印。在资金、时间、设备等方面条件允许的情况下，营销调研人员应该为自己的调查对象准备一份具有吸引力、便于阅读和易于回答的调查表，因此也不能忽视付印这一环节。

(二) 仪器

近年来，随着科学技术的进步，皮肤传感器、脑电波扫描仪和全身扫描仪等仪器，都被用于获取顾客的反应。例如，在商场的不同方位安装摄像系统，可以较好地记录售货人员和顾客的行为表现；利用视速器测试顾客对快速闪过的一系列广告的记忆等。尼尔森媒体调研公司公布的收视率是通过“人气记录图”来收集的，人气记录图是连接在电视机、有线电视接收器和美国居民家庭安装的盘状卫星天线上的一个盒子，当一位观众开始和结束收看电视节目的时候，有一个遥控装置会自动进行记录，全部的收视信息都会被储存，然后再传输给尼尔森媒体调研公司。

(三) 定性测量

定性测量主要通过定性调研技术来进行。定性调研技术是探知消费者真实感知的一种有创意的调查工具。企业对消费者内心想法进行定性调研分析的常见方法主要有以下几种。

1. 词汇联想

营销调研人员通过询问被调查者听到或看到某个品牌时会产生怎样的联想，以了解该品牌在消费者心中的形象。例如，可以让潜在的消费者闻某一新款香水，然后让其说出第一时间浮现在脑海中的一个词语，通过对不同词语出现频率的统计，可以间接了解消费者对此款香水的感受，以此作为确定品牌名称和广告诉求的参考。

2. 投射技术

投射技术比较常用的方法有语句填空法和比喻法。语句填空法是指所设计的调查语句只说出问题的部分，对问题的回答留有余地，要求被调查者完善整个语句。从不同类型的被调查者的回答中，营销调研人员可以探测出被调查者对同一个问题的不同心理。比喻法是指营销调研人员要求被调查者将对某个品牌的印象比喻成一个人或城市、动物、活动、服装、职业、汽车、杂志、蔬菜、国家等，以探求消费者对该品牌的真实感觉。

3. 想象具体化

营销调研人员要求被调查者从杂志照片和图画中创建一幅拼贴画来描述他们的感觉。无限青少年调研公司（Teenage Research Unlimited，TRU）的调研人员用这种方法来帮助他们发现青少年喜欢什么、穿什么衣服、听什么音乐、读什么书和看什么电视。TRU公司一年两次调查 2 000 名青少年来识别他们的生活方式、态度、趋势和行为，如发给被调查的青少年消费者一份最酷品牌表，要求他们在特定的产品目录下填写自己认为最酷的品牌。

4. 品牌拟人化

品牌拟人化是指赋予品牌更多的人性化特征，即营销调研人员要求被调查者说出如果某个品牌是一个人，其主要生活特征是怎样的。

5. 梯形上升

营销调研人员通过向被调查者不断地提出一系列递进的“为什么式”的问题，来收集有关顾客购买动机的信息。

三、市场接触方式

营销调研人员与被调查者的接触方式主要有邮寄调查表、电话访谈、面对面访问和在线访问 4 种。

（一）邮寄调查表

邮寄调查表是将事先设计好的调查表邮寄给被调查者，让其回答后再寄回的一种信息收集方法。使用该方法进行调查，可以不受地点的限制，只要是通邮的地方都可以进行；被调查者可以有充足的时间对调查表上所提的问题进行考虑；还可以避免提问人员偏见的影响，所以收集的信息相对比较可靠。但是由于这种方法在使用时必须事先查明有关人员的姓名、通信地址等资料，因而在调查对象的选择上受限制较大。此外，这种方法在使用时遇到的最大难题是问卷的回收率较低，而且随着调查频率的提高，回收率有越来越低的趋势。

（二）电话访谈

电话访谈是通过电话对抽中的调查对象按事先设计好的问卷进行提问并记录答案的一种信息收集方法。电话访谈是获取市场信息的一种简单、快捷的方法，其优点是可以在较短的时间内，迅速地与被调查者进行接触，从成千上万个安装电话的家庭中获取市场信息。但是，由于通话时间不长，只能用于对一些比较简单的问题的调查。目前，专业的公司都普遍采用计算机辅助电话访谈，调研人员用计算机拨打选中的电话号码，接通后读出屏幕上显示的问题，并直接将调查对象的答案输入计算机。

（三）面对面访问

面对面访问是调研人员直接访问被调查对象，向被调查对象提出有关的问题，以获取信息资料的一种信息收集方法。市场营销调研常用的面对面访问有入户访问和商业街拦截访问。通常情况下，调研人员根据事先拟订好的问卷或调查提纲上的问题，依次进行提问；有时也可以采用自由交谈的方式来进行。面对面访问使调研人员能够直接接触被调查者，提出较多的问题并通过个人观察来弥补电话访谈的不足，易于控制质量；其缺点是调查成本比较高，调查结果受调研人员业务水平和被调查者回答问题真实与否的影响很大。

（四）在线访问

在线访问（online interviewing）是指利用互联网对被调查者进行访问的一种信息收集方法。常见的方式有在企业的网站或各门户网站设置有奖问答；在网络上进行某些产品的在线测试等。目前，在线访问与网上调查与日俱增。其优点为：成本较低，在线访问比传统方式便宜很多；速度较快，在线访问加快了信息交流的速度；信息真实，人们在网上一般不留真实姓名，匿名的状态下所提供的信息可能更为真实；形式多样，计算机软件可以让在线访问的形式和功能更为多样。在线访问同时具有两方面的缺点：一是样本数量难以保证，足够的访问量是进行在线访问的必要条件之一；二是容易出现技术问题，因为在线访问涉及网络技术应用，因此比较容易出现技术问题。

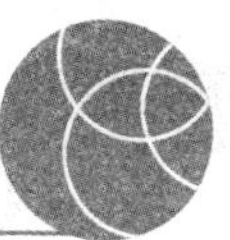

阅读参考：网络调查

网络调查是传统调查在新的信息传播媒体上的应用，它是指在互联网上针对特定的问题进行的调查设计、收集资料和分析等活动。信息技术的突飞猛进使个体与社会的关系发生了根本性的变革，这使得基于网络的统计调查具有巨大的技术优势和发展潜力，它的出现对传统的统计调查方式产生了极大的冲击。网络调查跨越了时空界限，不仅节省人力、物力和财力，而且将彻底改变传统的统计调查模式。作为一种适应信息传播媒体变革的崭新的调查方式，在欧美等互联网发达的国家，关于市场及民意的网络调查已相当普遍。

网络调查具有传统调查不可比拟的优势：第一，网络调查成本低。传统调查往往要耗费大量的人力、物力，而网络调查只需要一台联网的计算机，通过站点发布电子问卷或组织网上座谈，利用计算机及统计分析软件进行整理分析，省去传统调查中的印刷问卷、派遣人员、邮寄、打电话及繁重的信息采集与录入等工作与相关费用，既方便又便宜。第二，网络调查速度快。网上信息传播速度非常快，如用 E-mail，几分钟就可把问卷发送到各地，问卷的回收也相当快。利用统计分析软件，可对调查的结果进行即时统计，整个过程非常迅速，而传统的调查要经过很长一段时间才能得出结论。第三，网络调查隐匿性好。在调查一些涉及个人隐私的敏感问题时，传统调查尽管可以在问卷设计中通过采用委婉法、间接法、消虑法、虚拟法等手段，在问题和被调查者之间增加一些缓冲因素，但无论如何，传统调查的各种采样方式都会在不同程度上影响被调查者的填答心理。而网民是在完全自愿的情况下参与调查，对调查的内容往往有一定的兴趣，因此回答问题时更加大胆、坦诚，调查结果可能比传统调查更为客观和真实。第四，网络调查具有互动性。网络的互动性赋予网络调查互动性的优势，网络调查不受时空的限制，抽样框较传统调查大，调查范围也相当广泛。

第三节　市场需求预测

一、市场需求预测的相关概念

（一）市场需求和市场潜量

市场需求是指一个产品在一定的地理区域和一定的时期内，在一定的营销环境和一定的营销方案下，特定的顾客群体所愿意购买的总数量。

市场潜量是营销努力或营销费用极大时市场需求的极限。基本需求量是在没有营销努力或不发生任何营销费用的情况下市场的最低需求量；市场预测量是介于市场潜量与基本需求量之间的、与特定的营销努力或营销费用所对应的需求量，它表示营销努力或营销费用对市场需求的影响力，也是市场营销调研和市场预测中经常涉及的一个指标。

（二）企业需求和企业潜量

企业需求是指企业在营销努力的基础上估计的市场需求份额。

企业潜量是指当企业相对于竞争对手的营销努力增大时，企业需求所能达到的极限。

（三）总市场潜量

总市场潜量是指在一定时期内，在一定的行业营销努力水平和一定的环境条件下，一个行业中所有企业所能获得的最大销售数额。

（四）地区市场潜量

估计不同地区的市场潜量可用市场组合法，即辨别在每个市场上的所有潜在购买者，并估计其潜在购买量，然后将一个市场上所有潜在购买者的潜在购买量加总，得出每个市场的购买潜量。

（五）行业销售额

除了要估计总市场潜量和地区市场潜量外，企业还要估计行业的实际销售额。也就是说，企业还必须识别其竞争者并估计竞争者的销售额。

企业可以根据政府统计部门或行业协会公布的资料，或者采取向营销调研公司购买有关调研报告的方式，来了解行业的总销售情况，并据此估计自己在本行业的经营业绩。

（六）市场需求预测

市场需求预测也可以简称为市场预测。市场需求预测在市场调研的基础上，运用科学的方法对市场需求和企业需求以及影响市场需求变化的诸因素进行分析研究，对未来市场商品供求及其发展变动趋势、发展前景做出判断和推测，同时对相互联系、相互制约、相互影响的有关事件及其影响程度做出估计，为企业制定正确的市场营销决策提供依据。它是预测科学的一个重要组成部分。预测能否接近未来实际的关键在于人们能否把握市场活动的内在联系和发展变化规律。由此可见，市场预测是一种科学的预见。

作为一种认识未来的工具，预测有 3 个显著特点。

1. 科学性

预测是对未来的预知，但它不是主观的臆想和猜测，而是具有一定的科学依据。这些科学依据来自：市场营销调研过程中大量收集和经过科学加工整理的市场数据；遵循现象发展变化及其相互关系的理论；运用各种科学的定性与定量的分析手段与方法进行的客观分析和论证。客观、科学是市场预测的基本原则。

2. 近似性

预测结果只能大致描述市场的未来趋势。预测是根据过去和现在已知的因素对事物的未来发展趋势进行的预计和推测，但是，未来不可能是对过去和现在的简单重复，因此预测只能是大概或近似地描述未来事物的发展轨迹。

3. 局限性

预测不是万能的，尽管在预测时所采用的方法是科学的，仍然可能得出与未来事实相反的预测结果。因为事物的发展变化会受到许多因素的影响，而有些影响因素是不可测的。同时，由于人们对未来的认识往往受到经验、知识、时间、条件等方面的限制，这些都会对预测的准确性造成影响。

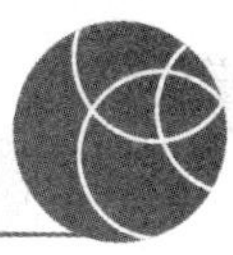

二、市场需求预测的方法

市场需求预测的方法有很多，对于企业营销管理人员来说，应该了解和掌握的主要有市场定性预测法与市场定量预测法。

（一）市场定性预测法

定性预测又称判断预测，是凭借企业经营者或专家的经营知识、经验、智慧及对市场信息的掌握程度，对事物的性质、市场发展前景进行估计和预测。定性预测的特点是：预测过程简单，一般不需要复杂、系统的统计数据资料；有利于经营者的“灵感”和“敏锐性”等主观能动性的发挥，但同时也容易犯主观武断的错误。

1. 经验估计预测法

经验估计预测法是指利用企业经营管理人员或市场营销专家的市场知识、经验和主观判断力，通过对所提供的各方面的市场情报的分析与研究，运用逻辑思维对市场未来所进行的科学估计和判断的一种方法。根据市场预测主体的不同，经验估计预测法又分为经理人员预测法、销售人员预测法和专家预测法 3 种。

（1）经理人员预测法。

经理人员预测法是以企业经理人员为市场预测主体的一种经验估计法。其具体做法为：由企业总经理召集与市场相关的各部门经理，请他们对企业未来的市场形势或某一具体的市场问题发表个人的意见和看法，然后将各种意见进行综合汇总，得出市场预测的最终结果。

（2）销售人员预测法。

销售人员预测法是以企业的销售人员作为市场预测主体的一种经验估计法。它的具体做法是：总部将各地的市场销售人员召集起来，请他们根据自己对市场情况的了解，对自己“辖区”的市场销售量做出估计，然后对销售人员的市场估计量进行汇总，经过综合分析后对下一个年度或季度的销售量进行预测。

（3）专家预测法。

专家预测法是以各方面专家作为市场预测主体的一种经验估计法，它依靠各方面专家的知识、经验和判断力对市场未来进行预测。这里关于专家的定义是比较广泛的，可以是经济学家、市场营销专家、各行各业的理论工作者、专业技术人员、统计专家、市场预测专家等。

专家预测的方法多种多样，如德尔菲法、专家会议法（头脑风暴法）、个别专家意见法等。前两种方法我们已经做过介绍，这里结合个别专家意见法对专家预测中常用的主观概率法进行说明。

主观概率法是预测者对所预测的事件发生的可能性做出主观估计，然后加权平均得出市场预测结论的一种方法。在市场预测中，由于数据的缺乏，有时很难判断出事件发生的客观概率，只能凭借主观判断来推测事件发生的可能性。主观概率预测往往是预测者个人对市场结果所做出的度量，也是对预测者个人的市场信念的一种度量。

2. 调查预测法

调查预测法是在掌握市场调查第一手资料的基础上，经过分析和推断，预测未来市场的一种方法。如果说经验估计预测法在预测中注重预测者个人的知识、经验和智慧的话，调查预测法则更注重市场信息的作用，它强调对市场信息的收集、整理与分析。其大致可分为购买者意图调查预测法和市场测试法。

（1）购买者意图调查预测法。

在消费品购买者市场营销调研中，预测实际上是预测消费者买什么的艺术。购买者意图调查预测法是根据对购买者意图调查的结果，来预测市场需求量的一种方法。如果购买者有明确的购买欲望和购买能力，同时又愿意表达他的想法，市场营销调研者将会获得意想不到的调查预测结果。

在生产者购买意向调研中，市场营销调研者可以根据购买者的订单和合同，对一些大客户进行测算，确定其未来的市场需求量；也可以采用客户走访法，对主要客户的需求量及其变动进行测算。具体步骤为：首先，精心挑选出主要客户进行走访；其次，向主要客户了解其未来年份的产品需求量及增量或减量；再次，根据调查结果做出次年“最有利销售预测”和“最不利销售预测”；最后，分别对“最有利销售预测”和“最不利销售预测”进行主观概率预测。

（2）市场测试法。

当消费者购买意向不清且购买的随意性较大时，市场营销调研者可以采用市场测试法进行销售预测。尤其是对新上市产品的销售预测，市场测试法不仅可以帮助市场营销调研者预测产品的市场潜量、了解消费者对产品的意见和建议，还可以测试市场营销方案的可行性和有效性。

由于目前市场竞争日益激烈，企业必须不断推出具有竞争力的新产品才能保持其竞争力和持续增长；同时，新产品开发和推广的费用在不断攀升，新产品的失败率也很高。因此，市场测试在快速消费品的推出中越来越受到重视。

消费品市场测试的主要方法有以下几种：

1）销售波调研。

销售波调研是指免费提供产品给目标顾客试用，然后以低价再次提供本企业及竞争者的产品给目标顾客，这样重复提供 3～5 次，市场营销调研人员要密切注意目标顾客的重复购买率，以及他们对产品的满意程度。销售波调研也可以向目标顾客提供几种广告概念的雏形，用以观察广告对重复购买的影响等。

2）加速试销。

加速试销有利于对广告效果的测定和对产品需求量的测定。其具体步骤为：

第一，邀请 30～40 名购物者，请他们观看一些简短的广告，内容是宣传几种不同的产品，企业要推出的产品也在其中。

第二，分发给购物者少量的购物券，请他们到指定的商店购买任何物品（也可以不买）。

第三，企业记录购物者购买本公司产品和竞争者产品的数量。

第四，召集购买者，并请他们谈购买理由。

第五，几周后电话询访，了解购物者对所购买的产品的态度、使用情况和满意程度。

3）控制试销。

企业也可以将产品试销活动委托给参与试销的商店，并负责各项试销方案的设计，如

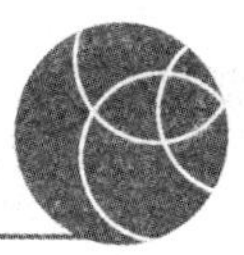

货架的设计、陈列的方式、促销活动的安排等，最后测试试销效果。

4）市场测试。

企业还可以与外部的市场营销调研公司合作，选择有代表性的销售市场展开全方位的产品广告和促销活动，通过这种“彩排”收集和积累向市场全面推广的经验。

工业品市场测试的方式主要有两种：产品使用测试和贸易展销会测试。产品使用测试是指企业选择一些同意试用本企业产品的潜在市场用户，免费向其提供试用产品，观察试用者在使用过程中的各项技术指标，记录产品与服务的各项要求，并了解用户的使用意见和购买意向。贸易展销会测试是指企业参加行业贸易展销会，在展销会上注意观察目标顾客群对新产品的兴趣、偏好、价格反应及购买意向等。贸易展销会测试的缺点是容易将自己暴露给竞争对手。

（二）市场定量预测法

定量预测又称统计预测，它需要根据一定的历史数据资料和当前的数据资料，采用科学的数学模型和统计分析方法，对市场需求进行定量分析与研究。定量预测的特点是：重视数据的作用和定量分析；以数学模型或统计分析方法为研究手段，排斥主观性；预测的结果客观、精确，且预测误差和预测精度有保证；对计算的数据要求较高。但是，定量预测不能够灵活地处理和解释复杂多变的各类环境影响要素，预测的结果相对比较呆板。

1. 最小平方法——直线趋势配合

最小平方法是比较常用的定量预测方法。由于时间序列的变动趋势有时呈直线，有时又呈曲线，所以在利用最小平方法进行趋势线配合时应首先研究时间序列的变化特点及大体的变动趋势。如果经过大量的数据分析（可以在坐标图上绘制散点图进行观察）确定时间序列的基本走向是呈直线变化的，则可以相应地配合一条直线方程。

［例 3—1］ 请根据表 3—1 中的资料，试对商品销售量配合直线趋势方程。

表 3—1　　**趋势计算表**

年份	季度	销售量	t	t^2	ty	y_i
2010	1	12	−15	225	−180	14.0
	2	21	−13	169	−273	15.1
	3	9	−11	121	−99	16.2
	4	18	−9	81	−162	17.3
2011	1	16	−7	49	−112	18.4
	2	33	−5	25	−165	19.5
	3	13	−3	9	−39	20.6
	4	22	−1	1	−22	21.7
2012	1	16	1	1	16	22.8
	2	33	3	9	99	23.9
	3	17	5	25	85	25.0
	4	30	7	49	210	26.1

续前表

年份	季度	销售量	t	t^2	ty	y_i
2013	1	24	9	81	216	27.2
	2	41	11	121	451	28.3
	3	21	13	169	273	29.4
	4	30	15	225	450	30.5
合计	—	356	0	1 360	748	356

分析：

据表中销售量数据的计算结果可以确定销售量直线趋势方程为：

$$a=\frac{\sum y}{n}=\frac{356}{16}=22.25$$

$$b=\frac{\sum ty}{\sum t^2}=\frac{748}{1\,360}=0.55$$

$$\hat{y}_i=22.25+0.55t_i$$

将各季 t 值代入公式便可求得最后一栏的趋势值，利用趋势方程可预测 2014 年 1 季度的销售量：

$$\hat{y}_{14,1}=22.25+0.55\times17=31.6$$

2. *时间序列分析法*

时间序列分析法是指将过去的历史资料及数据按时间顺序加以排列，构成数字系列，根据其变化动向预测未来的趋势的一种方法。该方法的特点是假定预测对象在预测时期的变化规律、趋势和速度，与过去的发展变化规律、趋势和速度相同或大体一致。因此，只要将时间序列的倾向性进行统计分析并加以延伸，就可以推测出市场需求的变化趋势，从而做出预测。这种预测方法与其他预测方法比较起来最成熟、最有说服力，因而被普遍使用，在市场预测中处于核心位置。但经济事件的未来状态不可能只是对过去的简单重复，因此该方法只适用于短期预测或中期预测。而且由于对事物未来发展变化中的转折点往往很难推算出来，故必须结合其他方法，特别是结合定性预测方法进行综合预测，才有可能达到预期的效果。

经常使用的时间序列分析法有按季平均法、加权平均法、移动平均法以及指数平滑法等。

(1) 按季平均法。

很多时间序列在长期的动态变化中存在着季节性变动。按季平均法就是将不同年份、相同季的数值相加，求其算术平均数，以消除不规则变动，然后计算出季节变动指数，以观察不同季节对时间序列的影响程度。

(2) 加权平均法。

时间序列中各期市场现象的观察值都会对预测值产生影响，但影响程度不同，可以先为观察期内的每一个数据分别给以不同的权重，再计算加权平均数，以此平均数作为下一

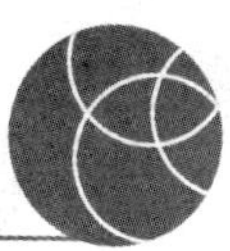

期的预测值。

（3）移动平均法。

移动平均法就是用一组最近的实际数据值来预测未来一期或几期内公司产品的需求量、公司产能等。它的基本思想是：根据时间序列资料逐项推移，依次计算包含一定项数的序时平均值，以反映长期趋势。因此，当时间序列的数值由于受周期变动和随机波动的影响起伏较大，不易显示出事件的发展趋势时，使用移动平均法可以消除这些因素的影响，显示出事件的发展方向与趋势（即趋势线），然后依趋势线分析预测序列的长期趋势。

（4）指数平滑法。

由于时间序列的态势具有稳定性或规则性，所以时间序列可被合理地顺势推延，最近的过去态势在某种程度上会持续到最近的未来，所以需要将较大的权数放在最近的资料。通过计算指数平滑值，配合一定的时间序列预测模型可以对现象的未来进行预测。其原理是任一期的指数平滑值都是本期实际观察值与前一期指数平滑值的加权平均。

3. 相关分析法

相关分析法也称为因果分析预测法，是根据市场现象中变量之间所存在的因果关系，通过统计分析和建立数学模型，来揭示预测变量与其他有关的经济变量之间的数量变化关系，再据此进行预测的一种方法。

其主要步骤为：（1）发掘与企业销售量具有高度相关的因素或变量；（2）估计这些因素未来变动的趋势；（3）根据这些相关因素的变动趋势，对销售量做出估计。

在市场预测中，虽然可以用时间序列分析法来测算市场供求关系的变动趋势，以此来直接预测未来的变化，但这并不能说明全部问题。利用相关分析法做市场需求预测，针对市场中普遍存在的因果关系问题进行研究预测较为客观可靠，而且可以委托专家办理。

4. 计量经济模式

计量经济模式是由一组相互关联的回归方程式所构成的系统，每一方程式常有一特定的经济理论或有关学科的理论做基础，根据已知的自变量来预测因变量。其优点是模式本身即可提供自变量的数值，预测时不需要对自变量另行估计；缺点是要建立一套有效的计量经济模式所耗费的时间及费用均相当可观，且模式复杂，不易为管理者所了解及接受。

阅读参考：定性研究与定量研究的比较

（1）目标不同。定性研究的目标是通过探查特殊的群体与行为，提供关于潜在原因、动机和态度的解释；定量研究需要先进行定量描述，再对事先提出的假设进行验证，从而对目标总体进行推论。

（2）样本不同。定性研究往往是选择精心挑选的小案例进行研究；定量研究则需要比较大的概率样本。

（3）数据收集方法不同。定性研究通常采用非结构化或半结构化方法；定量研究采用结构化方法。

（4）数据分析方法不同。定性研究运用的是定性方法，属于非统计分析；定量研究运用的是定量方法，强调统计分析。

本章小结

市场营销信息系统由人员、设备和程序所组成，包括企业内部报告系统、营销情报系统、营销调研系统和营销决策支持系统 4 个子系统。市场营销调研是指系统地设计、收集、分析和提出数据资料，并提供与企业所面临的特定营销状况有关的调查结果。它具有 4 种基本功能：对市场问题进行探索、描述、分析和预测。

有效的市场营销调研过程一般应该包括如下 5 个基本环节：确定市场营销调研主题、制定调研方案、收集市场信息资料、整理与分析市场信息资料、提出市场营销调研报告。其中，市场营销调研方案的设计又分为 5 个基本步骤：陈述市场营销调研主题与目标、拟订市场营销调研纲要、选择市场营销调研途径、制定市场营销调研时间表、说明市场营销调研预算。

为了满足管理者的信息需求，调研计划要求收集二手资料或一手资料，或者二者兼顾。一手资料的收集方法主要有：观察法、深度小组座谈法、专家调查法、实验法、行为数据法、人类学研究法。营销调研人员在收集资料时可以选择的市场调查工具主要有 3 种：调查表、仪器和定性测量。市场接触方式主要有邮寄调查表、电话访谈、面对面访问和在线访问 4 种。

市场需求是指一个产品在一定的地理区域和一定的时期内，在一定的营销环境和一定的营销方案下，特定的顾客群体所愿意购买的总数量。

市场需求预测在市场调研的基础上，运用科学的方法对市场需求和企业需求以及影响市场需求变化的诸因素进行分析研究，对未来市场商品供求及其发展变动趋势、发展前景做出判断和推测，同时对相互联系、相互制约、相互影响的有关事件及其影响程度做出估计，为企业制定正确的市场营销决策提供依据。按预测方法的不同，市场预测可分为定性预测与定量预测。

定性预测又称判断预测，是凭借企业经营者或专家的经营知识、经验、智慧及对市场信息的掌握程度，对事物的性质、市场发展前景进行估计和预测，主要有经验估计预测法和调查预测法等。

定量预测需要根据一定的历史数据资料和当前的数据资料，采用科学的数学模型和统计分析方法，对市场需求进行定量分析与研究，主要有最小平方法、时间序列分析法、相关分析法和计量经济模式等。

思考题

1. 如何理解市场营销调研的基本定义？
2. 概述市场营销调研的基本流程。

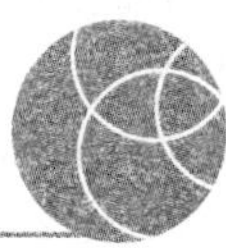

3. 什么是市场潜量？
4. 收集一手资料的方法有哪些？
5. 市场调查的工具有哪些？
6. 定性预测有哪几种基本方法？
7. 定量预测有哪几种基本方法？

第四章 市场营销策划

学习目标

1. 了解市场营销策划的概念和特征，熟悉市场营销策划的不同类型和主要内容；
2. 掌握业务组合策划的两个经典模型；
3. 理解新业务发展策划所涉及的各种战略。

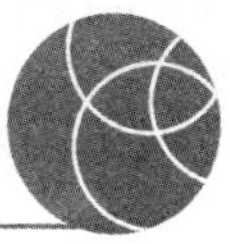

导学案例

ZARA——走在时尚的前沿

成立于1975年的ZARA公司是专营ZARA品牌服装的连锁零售机构。从成立至今，经过短短几十年的发展，它已成为全球排名第三、西班牙排名第一的服装商，在56个国家设立了2 000多家服装连锁店。

其实，ZARA能够取得今天的成就绝不仅仅因为某一方面的成功，最令消费者印象深刻的莫过于其对时尚的快速响应。简单来说，消费者花费不到顶级品牌1/10的价格，即可享受到顶级品牌的设计。ZARA可以在极短的时间内复制最流行的设计，并且迅速推广到世界各地的门店里，从而实现其让平民拥抱High Fashion的理念。通常，一些顶级品牌的最新设计刚摆上柜台，ZARA就会迅速发布和这些设计非常相似的时装。

"少品种，大批量"可以说是传统制造业的天条，而ZARA却大胆地突破这一常规，始终坚持"快速、少量、多款"的经营模式。同时，为了保持响应速度，其又坚持专属零售店策略，不与任何百货商场、卖场和加盟店合作，以维持品牌格调。

事实上，ZARA的个性化经营并非仅仅体现在某一方面，从"复制时尚"的经营理念到"多品种、少批量、超速度和产销一体"的效率化经营理念，再到相应的物流、库存等方面的规划，正是这一系列与其经营理念相适应的举措成就了ZARA，也满足了消费者追求时尚和个性却不需要花高价的需求，而这些举措无疑都是在周密策划的前提下才可能实现的。

资料来源：百度百科，经编者整理、分析而成。

第一节　市场营销策划概述

一、市场营销策划的概念和特征

（一）市场营销策划的概念

市场营销策划也称市场营销企划，是指为实现一定的营销目标，在对企业的营销现状予以准确分析并有效运用企业资源的基础上，对一定时期内的企业营销活动的方针、战略、实施方案与具体策略的预先设计和控制。

我们已经知道，企业的市场营销活动是为实现自身价值目标服务的，首先必须以满足消费者需求为中心。这一目标的实现需要经历一个动态发展的过程，并且企业作为一种组织形态是由各个职能部门及相应的众多人员构成的，因此在企业实现其目标的过程中，必须有明确的方向和具体的分工，以及关于各个阶段的详尽策略。这就是市场营销策划的意义所在，它为企业构建了从现在到未来、从确立目标到达成目标的规划，从而为企业行动指出了明确的方向和具体的步骤。简而言之，市场营销策划是组织或者个人对各类事业或活动决策的谋划、构思和设计活动，即通常所说的“4W1H”，也就是预先决定做什么（what）、何时做（when）、哪里做（where）、由谁做（who）、如何做（how）的问题。

企业的营销策划始于具体目标的确立，又必须立足于现状。因此，其最终成效取决于2个方面：一方面，营销策划是围绕企业目标展开的，目标确立合理与否直接决定营销策划的效果；另一方面，营销策划又必须从企业现状出发，策划成功与否的关键在于对企业现状的认识是否充分。

营销策划对于企业开展营销实践无疑是具有重大意义的。第一，成功的营销策划将会成为企业未来行动的可靠依据，也是明确成员和部门职责的重要手段，这使企业营销活动变得井井有条。第二，营销策划也是企业在具体的营销过程中明确自身行动是否偏离预定轨道的重要标准。

（二）市场营销策划的特征

1. 可行性

可行性是指营销策划的内容必须具有可操作性。显然，这也是营销策划的基本前提。具体来讲，可行性主要包括2个方面：一方面，营销策划是为了实现企业目标，而目标的实现是从企业现状出发的，因此营销策划的具体内容必然要切合企业自身实际，同时还要考虑到企业的特点，从而在可操作的前提下提升营销策划的效率；另一方面，企业的营销策划应该尽可能详尽、具体，从而使所有活动都有章可循、方向明确。

2. 创造性

在激烈的市场竞争中，企业要吸引和维系顾客，其营销活动必然要强调创新，而活动是以营销策划为依据的，这就决定了营销策划必须要有创造性。这里的创造性，是指营销策划必须在正确认识顾客需求的基础上，对企业未来的营销活动进行创造性的规划和引导。营销策划对企业活动的创造性规划表现在2个方面：一方面，在深入理解顾客需求的基础上，对企业营销方式和策略的创造性规划，如运用新兴的营销方式等；另一方面，营销策划在有些情况下还能够实现对顾客需求的创造，这里的需求创造是指对需求形式的创造，正如在几十年前，消费者还都无法想象能够像今天一样通过手机来实现不受地域限制的联系。

3. 预知性

预知性是指营销策划对企业未来活动和所处环境的科学判断。环境总是处于动态的变化和发展之中，而营销策划又是对企业未来行动的事先布置。因此，营销策划首先必须对企业未来所要面对的环境状况做出估计和预测，从而保证企业的行动能够与环境相契合。同时，对企业所处环境的预测是为了能够使企业在今后更有效率地行动，但效果如何还取决于企业努力的方向是否与其最终目标相一致，即企业不仅要“正确地做事”，还要“做正确的事”。因此这种预测必须建立在充分认识企业现状及发展趋势的基础上，同时要对企业外部环境中的各种因素予以关注，从而使效率与效果相统一。

4. 效益性

效益性是指企业的营销策划应该实现以最小的投入取得最佳的效果。营销活动的最终目标是实现企业价值，取得经济效益，而营销策划本身也需要投入相应的成本，因此在进

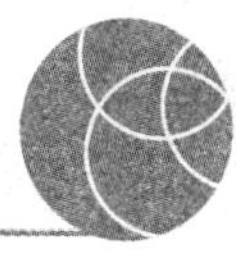

行营销策划时，应该在不影响方案质量的前提下尽可能投入最少的成本。

5. 权变性

权变性是指企业的营销策划要具有柔性，即能够根据环境的变化进行实时调整。企业总是处在一定的环境当中，其所有活动必然要与内外环境相适应，并且企业在进行营销策划时首先要对未来进行预测，而未来总是不确定的，即便企业在营销策划时已进行深入的分析和科学的规划，也难免会出现新的不确定因素。因此，当环境发生预料之外的改变时，企业必须要对其做出及时反应，实时调整营销策划。

二、市场营销策划的类型

按照不同的标准，营销策划可以分为不同的类型。典型的分类方法主要有两种。

（一）按照策划的组织层次分类

营销策划是关于企业未来行动的具体规划，而企业是由不同的部门和层级构成的，因此营销策划应该能够为每一个组织层次设定好未来的行动路线。一般来说，企业都包括 4 个组织层次，即公司层次、部门层次、业务单位层次和产品层次。以此为依据，可以将营销策划分为 4 种类型。

1. 公司策划

公司策划是企业营销策划的最高层次，其他层次的营销策划都要围绕公司策划展开。公司策划起着统领全局的作用，同时也指明了企业行动的大方向。在具体策划时，公司总部通过确立使命、目标、政策和战略，决定了资源如何在各部门之间分配以及各业务如何开设和终止，从而为各部门、各业务单位以及各种产品制定各自的营销策划建立了框架。一般来说，所有公司的最高管理层都必须着手完成以下 4 项活动：

（1）确立公司使命。公司策划的首要内容就是确立公司使命。公司使命指出了公司存在的原因或目的，说明公司将要从事什么事业或满足用户的哪些需求。如微软公司为自己确定的使命就是致力于提供使工作、学习、生活更加方便、丰富的个人电脑软件。同时，由于市场环境在变化，企业的自身需求也在变化，因此公司使命也要随着公司的发展而做出相应调整。

（2）建立战略业务单位。有为数众多的企业不只经营一种业务，在这种情况下，出于管理的需要，应该将企业的所有业务划分为不同的业务单位，并根据各类业务的情况分别制定相应的成长战略。

（3）为每个业务单位分配资源。企业划分业务单位是为了根据各类业务单位的自身特点进行相应的资源配置。具体实施时主要包括对各个业务单位的战略制定以及相应的人员和资金配备等，这其中最著名的方法有波士顿咨询公司模型和通用电气公司模型，后面的章节将会详细介绍。

（4）进行业务更新。在对各个业务单位的运营情况做出详细分析之后，常常需要为其制定下一步走向，这其中涉及业务拓展、紧缩或放弃。业务更新是企业保持竞争活力的一种有效手段。

2. 部门策划

部门策划是指企业各部门根据公司策划的方向和要求，制定各自部门的目标、成长战略及盈利率等，以便使公司在进行具体资源配置时有明确的依据。具体包括研发、采购、生产、营销、财务、人力等部门的策划。根据各个部门的运行特点，可以酌情制定长期、中期、短期策划。

3. 业务单位策划

业务单位策划是由公司策划确定的业务单位独立完成的战略策划，其目的是使业务单位本身的营销活动开展具有明确的指向，并具有相应的活动规划和绩效标准。业务单位策划要进行更具针对性的营销传播组合决策，如广告策划、市场调研策划、销售策划、公共关系策划、销售队伍策划、直接营销策划等。

4. 产品策划

产品策划是针对具体的各类产品而制定的相应策划，其实质是为各类特定产品达到预期的市场目标而进行的策略安排。具体包括新产品策划、产品线策划、品牌策划、服务策划、价格策划等，主要内容是围绕特定产品的定位、开发、市场进入等展开的战略和战术。

(二) 按照策划的内容分类

企业营销活动是在一定的战略和战术指导下进行的，因此，按照内容不同，可以将营销策划分为战略策划和战术策划。其中，战略策划是在分析当前营销环境和现状的基础上，对企业整体未来较长时期内的战略方向和行动宗旨所做的描述，其内容更具全局性、导向性和长远性；而战术策划则是描述一个特定时期的营销战术，对具体活动进行规划，以达到战略目标，包括广告、产品、定价、渠道、服务等，其内容更具体和微观，也更具可操作性、实践性和短期性。同时，二者又是紧密联系的。战略策划要以可操作的战术策划为实现手段，战术策划要以战略策划为原则，为实现战略策划的目标而服务。

策划的内容与前文所说的组织层次，也存在对应的关系，具体如表 4—1 所示。

表 4—1　策划层次与内容的联系

组织层次	内容	问题	结果
公司或部门	公司战略	公司目前的发展方向是什么？主营业务是什么？	公司战略策划（公司使命、目标、业务组合、发展战略）
业务单位	竞争战略	公司在哪里？与谁竞争？竞争地位如何？可以采用什么竞争战略？可以在营销的哪些方面进行改进而获得竞争优势？如何通过营销努力使公司获得持续的竞争优势？	竞争（营销）战略策划（营销目标、营销任务、目标市场、产品或公司定位）
产品	营销战术	公司采用什么手段实现营销目标和任务？公司应该怎样突出营销重点、贯彻营销战略？	营销战术策划（营销因素组合、营销项目策划）

市场营销策划的分类标准还有很多，比如，按照策划发挥作用的周期，可以分为过程策划（长期策划）、阶段策划（中期策划）及随机策划（短期策划）；按照策划主体的不同，可以分为企业自主型策划和外部参与型策划。

不论哪种类型的策划，其主体总是由 3 个部分组成的，即营销环境与现状部分、营销

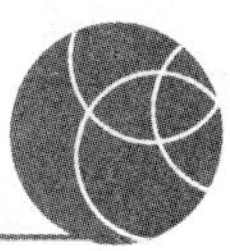

目标部分和行动方案部分。其中，营销环境与现状分析是企业营销活动的必要前提，营销目标则为企业营销活动指明了具体方向，而行动方案则为企业营销活动规划出详尽的步骤。而且，市场营销策划最终要依靠文字载体，表现为报告形式，即市场营销策划书或市场营销策划文案。因此，营销环境与现状、营销目标和行动方案也是营销策划书的主要构成内容。

三、市场营销策划的内容

市场营销策划是营销过程中最重要的内容之一，也是开展营销活动的必要前提。通过营销策划，公司可以确定各个业务单位所从事的活动以及不同部门和人员的具体职责，进而对营销活动进行有效管理和控制，而这一切最终都需要通过翔实可靠的策划内容来实现。因此在具体的策划过程中，策划内容是对企业最具实质性意义的部分。

营销策划是根据企业的具体情况量身定制的。对于不同行业、不同类型的企业，因策划对象和策划要求的不同，市场营销策划在内容和格式上是存在一定差别的。但大多数企业的市场营销策划包含的主要内容和格式基本相同。从通用的角度出发，一份规范、完整的市场营销策划方案应该包括的主要内容见表4—2。

表4—2　　市场营销策划方案的内容

内容构成	具体内容
执行概要和目录	提供策划内容的简略概要，便于阅读者掌握策划要点
营销现状	提供与市场、产品、竞争、分销和宏观环境有关的背景数据，描述目标市场和公司在其中的地位
机会和问题分析	概述主要机会与威胁、优势与劣势以及策划中必须解决的问题
制定目标	确定在销售量、市场占有率和利润等方面所要达到的目标或要解决的问题
营销战略	描述为实现策划目标而采用的主要营销方法和手段
行动方案	清楚表明特定的行动内容，如做什么，谁来做，什么时候做，成本是多少
预测损益表	概述策划所预期的财务收益情况
营销控制	说明如何监控策划的执行

（一）执行概要和目录

策划的开头部分应该是对主要目标和内容的简短摘要，包括执行概要和目录。执行概要是对策划内容所做的高度概括的说明，目的是使阅读者在第一时间了解策划的核心内容；目录是策划中各部分内容的清单，目的是使阅读者很快了解策划内容的全貌以及方便地查找相关内容。执行概要和目录虽然是在整个策划书的最前面，但一般却是在整个市场营销策划完成之后才可以形成。

（二）营销现状

营销现状主要是提供关于市场、产品、竞争、分销和宏观环境的背景数据，以准确把握目标市场以及公司在其中的地位。

1. 市场描述

该部分是描述整个市场和各个细分市场的基本情况，包括市场规模、市场成长和客户信息等，进而评价市场中用户的需求情况以及影响用户购买的因素。

2. 产品回顾

根据产品经理手中的产品事实报告，显示目前产品线上主要产品的销售、价格、利润以及产品寿命情况。

3. 竞争回顾

明确公司目前或者潜在的主要竞争对手，评估他们的规模、目标、市场占有率、产品定位以及为公司和产品制定的营销战略和战术。

4. 分销回顾

评估近期的销售情况和主要销售渠道的贡献、动态和未来趋势，通过认识各个销售渠道的重要意义和其经营能力的变化，对比分析对其进行激励所需的投入、费用和交易条件。

5. 宏观环境诊断

阐述影响公司或产品发展的主要宏观环境因素，包括人口、经济、技术、政治/法律、社会/文化等。

（三）机会和问题分析

在营销现状分析的基础上，企业需要对外部环境和内部客观情况进行全面认识，从而更好地融入市场活动，即机会和问题分析。具体表现为通过对当前形势的总结，辨析公司和产品所面临的内部优势与劣势、外部机会与威胁以及整个策划期内公司和产品的各种问题。

机会和问题分析的常用工具是SWOT分析，它通过机会、威胁、优势、劣势4个技术指标，对公司和产品的内、外部环境进行全面的评估。在外部环境分析中，营销人员必须综合分析影响公司获利能力的关键宏观环境因素和微观环境因素，目的是识别公司和产品在环境中面临的营销机会和威胁；在内部环境分析中，则要对公司的营销、生产、财务和组织能力的优势和劣势进行评价，从而对自身总体能力做出明确定位。

同时，仅仅对优势与劣势、机会与威胁进行罗列是不够的，还必须从罗列的情况中发现问题并制定相应的对策，作为随后战略选择和方案制定的基础。

（四）制定目标

经过了机会和问题分析之后，便要明确提出策划期内要实现的目标，用来指导随后的战略和行动方案。一般来说，目标的确定涵盖2个方面，即营销目标和财务目标。其中，营销目标是活动本身的目标，如市场占有率、销售增长率；而财务目标则指明了活动结果对企业的实际意义，如利润率和投资收益率等。

需要说明的是，目标不能仅仅停留在概念上，应当尽可能量化，使概念转换为便于沟通和衡量的指标。比如，“增加投资报酬率”这种概念式的目标，就不如“提高投资报酬率到30%”这样的目标明确。另外，各目标要保持内在的一致性，营销目标要为财务目标服务，但是财务目标的实现也不能超越营销能力的范畴。

（五）营销战略

营销战略是目标实现的指导思想，是从整体的角度对企业营销活动进行纲领性的规定。营销战略阐述了各个营销组合的运用范围和对象，同时指明了企业在未来营销活动中

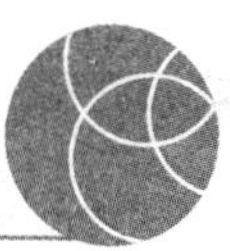

面对机会和威胁时应该以怎样的态度去做出决策，而且还要对策划中的关键细节加以说明。其主要内容是针对目标市场、定位、产品线、价格、分销渠道、销售队伍、服务、广告、促销、研究开发和市场调研等问题做出前瞻性的规划。

营销战略的制定是一项系统工程，涉及多个部门、多种人员，因此，战略制定者应该与其他职能部门进行充分的沟通。比如，应该与采购和生产部门取得联系，掌握在最大采购量的情况下的最大生产能力，以满足策划中的销售量需要；另外，还应该和财务主管进行沟通，以争取到可行的、充足的资金支持，这样才能保证策划得以顺利实施。

（六）行动方案

营销战略给出的是策划期间的策略纲要，其具体落实和实施则要通过行动方案来实现。行动方案清楚地表明了如何将营销战略转化为特定的行动内容，也就是说，行动方案是在既定的战略计划框架内，本着“做什么、什么时候做、谁来做、花费多少”的思路，将战略具体化，通盘考虑战略实施的各个因素、各个环节所涉及的所有内容。实践中，可以将具体的行动方案绘制成表，标明日期、责任人、行动内容和费用等，使整个行动方案一目了然，也便于执行和过程控制。

（七）预测损益表

在制定营销目标、战略和行动方案之后，便可以编制一份辅助预算的预测损益表，用来支持该市场营销策划内容的执行。在预测损益表中，收入栏说明的是预测的销售量、平均净价以及对应的销售额；支出栏则表明生产成本、实体分销成本和营销推广费用，以及再细分下去的细分项目费用，二者之差便是预测利润。

预测损益表编制完成之后，高层管理人员便会对预算进行审核，包括策划的设计、实施的可行性和企业对费用的承受能力等，最终提出赞成或者修改意见。预测损益表一经批准，将成为制定策划和安排原材料采购、生产调度、人员招聘、营销活动的基础。

（八）营销控制

市场营销策划的最后一部分是营销控制。营销控制是用来对策划的执行过程、进度和意外情况进行管理、监督和应对的，核心内容是监督策划的销售和利润目标能否顺利完成。通常来说，策划的目标和预算都是按季度、月份甚至更短的时间来制定的，高层管理者每期都会评估、审查这些结果，并且识别没有实现预期目标的活动和部门，查找、分析原因，进而要求相关部门限期做出合理解释和提出整改措施。

另外，有些营销控制部分还包括权变策划，可以确保在意外事件发生时，管理人员知道该如何应对（如价格波动或罢工）。权变策划除了可以保证原有策划在发生意外时可以经过调整重新投入实施外，还可以鼓励管理人员对可能发生的困难做事先考虑。

第二节 现有业务组合策划

多数企业经营的业务不止一项，而不同的业务给企业带来的回报是不同的。因此，市场营销策划的主要活动之一就是对现有的各项业务进行分析和评估，明确各项业务的现状和发展趋势，进而做出相应的投资决策。一般情况下，对现有业务组合的策划需要经过 3 个步骤：首先，确定战略业务单位；其次，为每个战略业务单位安排资源，具体实施中可以运用两种著名的投资业务组合评估模型：波士顿咨询公司模型和通用电气公司模型；最后，根据评估结果来确定各战略业务单位的投资决策。

一、战略业务单位的确定

（一）战略业务单位的概念与特征

企业管理层进行现有业务分析的第一步是确定战略业务单位（strategic business units，SBUs）。战略业务单位是企业在某一战略指导下开展的一定业务范围，具体是指具有单独的任务和目标，并可以单独制定计划而不与其他业务发生牵连的一个业务单位，可以是企业的一个部门或部门内的一个产品系列，也可以是具体的产品或品牌。业务范围的划分依据主要涉及 3 个方面：一是顾客群（customer groups）；二是顾客需要（customer needs）；三是技术（technology）。例如，一家专门为电器企业提供泡沫包装的公司，其顾客群是需要泡沫包装的电器企业；顾客需要是为电器设备进行包装；技术是用于包装的泡沫。

一个战略业务单位应该具有以下 3 个特征：

（1）战略业务单位是一项独立业务或相关业务的集合体，但在策划工作上能与企业其他业务分开而单独作业。

（2）战略业务单位有自己的竞争者，在各自领域有现实的或潜在的对手。

（3）战略业务单位有一位经理，负责战略计划、利润业绩，并且控制着影响利润的大多数因素。

（二）以营销导向确定战略业务单位

战略业务单位常常被确定在某项产品或服务内，如有些公司将自己定义为电影公司、化妆品公司、汽车行业或从事复印业务，这样极易陷入产品导向，从而将自身的业务范围也局限在其所提供的产品或服务之中。现代营销导向强调以顾客需求为中心，因此任何业务都应该是满足顾客需求的过程，而不是产品生产的过程。产品的生命是短暂的，顾客需求和顾客群才是永恒的。马车公司在汽车问世不久就被淘汰了，但是如果它将自己的业务定位于交通工具的提供，它就会从生产马车转为生产汽车。莱维特认为公司的市场定义比公司的产品定义更为重要，因此，在确定公司的业务范围时应从产品导向向营销导向转变。表 4—3 列举了几家公司的转变。

表 4—3　　不同导向的业务单位定义的比较

公司	产品导向定义	营销导向定义
密苏里—太平洋铁路公司	我们经营铁路	我们是人与货物的运输者
施乐公司	我们生产复印设备	我们帮助改进办公效率
标准石油公司	我们出售石油	我们提供能源
哥伦比亚电影公司	我们制作电影	我们提供娱乐
不列颠百科全书	我们出售百科全书	我们从事信息生产和传播事业

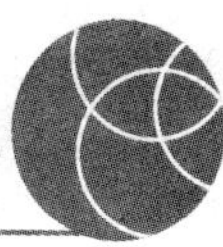

续前表

公司	产品导向定义	营销导向定义
资生堂	我们生产化妆品	我们出售美的希望
东芝	我们生产空调	我们为家庭提供舒适的氛围
IBM 公司	我们进行硬件生产和软件开发	我们是网络建设者

在以营销导向确定战略业务单位后，还应尽量避免有太多或太少的战略业务单位。如果太多，由于每一个战略业务单位都有自己的计划、管理和运作，会增加公司的管理负担；如果太少，设立战略业务单位的初衷则很难实现。

二、波士顿咨询公司模型

（一）波士顿咨询公司模型介绍

20 世纪 70 年代以来，西方学者提出了一些对公司战略业务单位加以分类和评价的方法，其中最著名的两种投资业务组合评估模型是波士顿咨询公司模型（BCG approach）和通用电气公司模型（GE approach）。波士顿咨询公司（Boston Consulting Group，BCG）是由布鲁斯·亨德森创办的美国第一流的管理咨询公司，在战略管理咨询领域被公认为先驱，它首创了“市场成长率—相对市场份额矩阵”（简称“成长/份额矩阵”），即波士顿咨询公司模型（见图 4—1）。

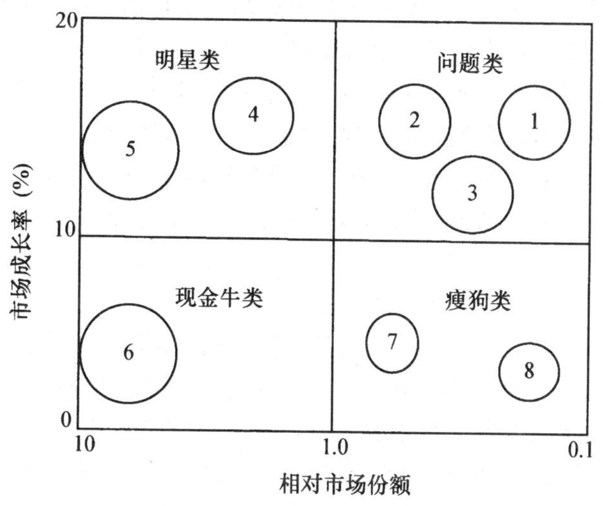

图 4—1　波士顿咨询公司模型

在成长/份额矩阵中，纵坐标代表市场成长率，即公司的各战略业务单位在各自市场中的年销售增长率。不妨假设其范围是 0%～20%（也可更高或更低），且以 10%为分界线，10%以下为低市场成长率；10%以上为高市场成长率。矩阵中的横坐标代表相对市场份额，即公司各战略业务单位的市场占有率与同行业的最大竞争者（即市场领导者）的市场占有率之比。可以假设其范围是 0.1～10（也可更高或更低），0.1 表示公司的各战略业务单位的销售额仅占各自市场领导者销售额的 10%；10 则表示该公司的战略业务单位是市场领导者，并且是占市场第二位的公司的销售额的10倍。相对市场份额以1.0为分界线，1.0以下为低相对市场份额，1.0以上为高相对市场份额。图4—1中的8个圆圈代表某公司的8项现有战略业务单位和它们目前的规模以及市场地位，每项战略业务单位的规模与圆圈大小成比例，因此，矩阵中最大的战略业务单位是5和6。成长/份额矩阵中有以下四种类型的战略业务单位。

1. 问题类

该业务位于矩阵的右上角，是市场成长率高、相对市场份额低的公司业务单位。由于公司常常试图进入一个高速成长、已经存在市场领导者的市场，所以很多业务都是从问题类开始的。在进入一个新市场时，必须添置厂房、机器设备和人员以适应迅速成长的市场需要；同时，在进入市场后还要赶超市场领导者。这些因素导致问题类业务意味着大量的现金投入，但另一方面该类业务能够给企业带来的回报又往往不确定。因此，企业对于该类业务必须谨慎，认真考虑对其进行大量投资的必要性。如果通过追加投资能够使其相对市场份额提高从而转变为明星类业务，则可以增加资金投入；如果增加资金投入后很难转变为明星类业务，或是公司的业务中属于问题类业务的数量过多（意味着需要耗费大量的公司资金），则应考虑放弃部分弱势业务。在图4—1中，公司经营三项问题类业务明显过多，应把资金集中在一项或两项此类业务为宜。

2. 明星类

该业务位于矩阵的左上角，是市场成长率和相对市场份额都高的公司业务单位，即双高业务。对于明星类业务而言，其成长过程中较高的市场增长率需要大量的资金投入，而其市场份额给企业带来的回报常常不足以维持自身成长需要。但这类业务对于企业来说往往意味着较高的获利潜力，因此，企业应高度重视并给予充分的资金支持，努力维持其优势地位，以期在未来获得较高的市场回报。另外，在经营实践中，明星类业务的数量可以表明企业未来的发展前景。在图4—1中，公司拥有两个明星类业务，表示可能存在很大的发展空间。如果一个公司没有明星类业务，说明其长远的发展前景并不乐观，需加以重视。

3. 现金牛类

该业务位于矩阵的左下角，是市场成长率低、相对市场份额高的公司业务单位。当明星类业务单位的市场成长率下降到10%以下，其持续保持高的相对市场份额时，就会转变为现金牛类业务。之所以称为现金牛类业务，是因为它能够为公司带来大量的现金收入。该类业务较低的市场增长率往往意味着较少的资金投入，而其较高的市场份额却能够为企业带来丰厚的利润。因此，企业对于现金牛类业务常常只需要少量的现金投入以维持其必要的增长现状，而它所产生的大量现金则可以用来支持问题类、明星类以及瘦狗类这些消耗资金较多的业务。现金牛类业务通常面临着两方面的威胁：一是当现金牛类业务由于竞争对手的进入而突然失去其市场份额时，需要公司投入巨额现金来维持其市场领导者地位；二是如果公司将全部现金用来发展其他类的业务，强壮的现金牛类业务也有可能转变为衰弱的瘦狗类业务。另外，现金牛类业务的数量对于企业来讲也具有重要意义。在图4—1中，公司只有一个现金牛类业务，因此现金收入相对较少，地位也比较弱。

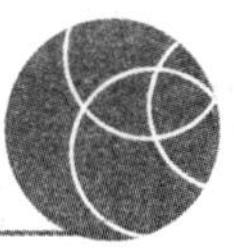

4. 瘦狗类

该业务位于矩阵的右下角，是市场成长率低、相对市场份额低的公司业务单位，即双低业务。一般情况下，这类业务常常是微利甚至亏损的。瘦狗类业务存在的原因更多的是由于感情上的因素，虽然一直微利经营，却不忍放弃，因此称为瘦狗类业务。对于瘦狗类业务，其较低的市场份额只能给企业带来较少的现金，而其较低的市场增长率意味着其未来的获利潜力不足，因此公司对于这类业务应该考虑放弃。在图4—1中，两个瘦狗类业务会增添公司的负担，应考虑将其中一个或全部剔除。当然，公司应该通过考察其存在的理由（如市场成长率是否有上升的可能以及相对市场份额能否提高）来决定保留哪些、摆脱哪些。

（二）各业务单位的营销战略决策

公司管理层通过对不同业务单位进行评估、分类后，下一步的工作就是针对每个战略业务单位的特点为其确定发展目标、制定相应投资战略。具体可采用以下4种投资战略决策。

1. 发展（build）

发展是指通过投资来扶持和发展有潜力的业务单位。这种战略的目的是扩大战略业务单位的相对市场份额。主要内容包括：注重营销费用的投入以发展和巩固原有的市场地位；注重生产费用的投入以扩大生产能力；注重研究与开发费用的投入，不断创新；注重公司业务管理费用的投入以提高管理效率等。这一战略特别适用于问题类和明星类业务。

2. 保持（hold）

保持是指维持和巩固某些业务的市场地位。这种战略的目的是维持战略业务单位的相对市场份额。主要内容包括：重视竞争，以适当营销投入保持和巩固市场地位；控制机器设备的投资以保持现有生产能力；适当进行产品或服务的改进以适应市场需求等。这一战略特别适用于现金牛类业务，保证其持续的现金流入。

3. 收获（harvest）

收获战略一般是指在计划中逐渐减少成本，并最终放弃某项业务。其战略目的是短期内快速增加战略业务单位的现金，而不考虑其长期效益。在公司需要迅速获取现金流入和发掘获利潜力的情况下，可以对现金牛类业务实行这一战略。主要内容包括：减少或取消研发费用；不更换到期的机器设备；不更换销售人员；减少广告投入等。其目的是使成本的下降快于销售额的下降，使公司的现金流量正向增长。在有些情况下，这一战略也适用于问题类和瘦狗类业务。

4. 放弃（divest）

放弃是指公司逐渐减少对某些业务的投资，适时退出市场。这种战略的目的是出售或清算业务，摆脱无法盈利的业务单位，以便把资源转移到更加有利的领域。主要内容包括：逐渐削减对某业务的投资，在此过程中要尽可能获取更多的利润；缩小该业务的生产规模，减少营销费用开支；对无利可图的业务进行分离、转让、拍卖，从市场中完全撤退。这一战略适用于问题类和瘦狗类业务，因为这两类业务可能会成为公司发展的沉重负担。

需要注意的是，公司的各项业务性质并非一成不变的。随着时间的推移，各战略业务单位在成长/份额矩阵中的位置会发生变化。成功的战略业务单位通常都有一个完整的生命周期，它们从问题类业务开始，如果经营成功就会发展为明星类，之后随着市场成长率的降低又成为现金牛类，最终消亡或成为瘦狗类，直到完成整个生命周期。因此，公司的管理层不仅要关注其战略业务单位在矩阵上的现有位置，还应注意其位置的变化。

业务单位划分和评估的最终目的是根据各个业务单位的现状及未来的发展趋势制定相应的战略，以实现公司有限资源的最优配置。因此，在公司发展过程中，管理层应注意联系业务单位的实际采取相应的管理措施，并根据业务单位的发展阶段实现动态管理，而不是一味地强求各个业务单位在市场成长率和市场份额方面保持一致。

三、通用电气公司模型

（一）通用电气公司模型介绍

战略业务单位的情况不仅仅是由市场成长率和相对市场份额来确定的，在现实中还需要对其他因素进行分类和评价。因此，为弥补波士顿咨询公司模型对业务的市场前景及公司实力分析简单化的缺陷，通用电气公司与麦肯锡公司合作开发了用于业务投资组合分析的“多因素业务经营组合矩阵”，即通用电气公司模型。其中，波士顿咨询公司的“成长/份额矩阵”可以被看作是通用电气公司的多因素业务经营组合矩阵的一个特例。

通用电气公司模型对每一项战略业务单位依据市场吸引力（market attractiveness）和业务优势（business strength）进行评定。其中，市场吸引力是由诸多外部因素组成的综合指数，业务优势是由诸多内部因素组成的综合指数。这两项综合指数对一项业务的成功具有重要意义。如市场吸引力告诉企业应尽量进入一些极富吸引力的行业，并力争在这些市场中获取所需要的业务优势，因为即便是一个实力雄厚的公司，也很难在一个夕阳行业大有作为。

在通用电气公司模型（见图4—2）的矩阵中，用圆圈的大小表示市场规模而非公司业务的大小，圆圈的阴影部分为公司业务的绝对市场份额（即此项业务的销售额占整个市场销售份额的比例）；矩阵的纵坐标代表市场吸引力，并假设以最大值5.00（市场吸引力最大）和最小值1.00（市场吸引力最小）为基准划分为高、中、低三部分；矩阵的横坐标代表业务优势，亦假设以最大值5.00（业务优势最强）和最小值1.00（业务优势最弱）为基准划分为强、中、弱三部分。由此，矩阵被划分为九个方格，并将这些方格划分为3个区域。

1. “绿灯区”

“绿灯区”是位于左上角的3个格子，代表最强的战略业务单位，即战略业务单位的市场吸引力和业务优势处于很高状态。

2. “黄灯区”

“黄灯区”是位于左下角到右上角的对角线上的3个格子，即战略业务单位的市场吸

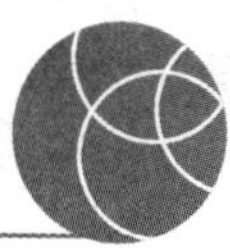

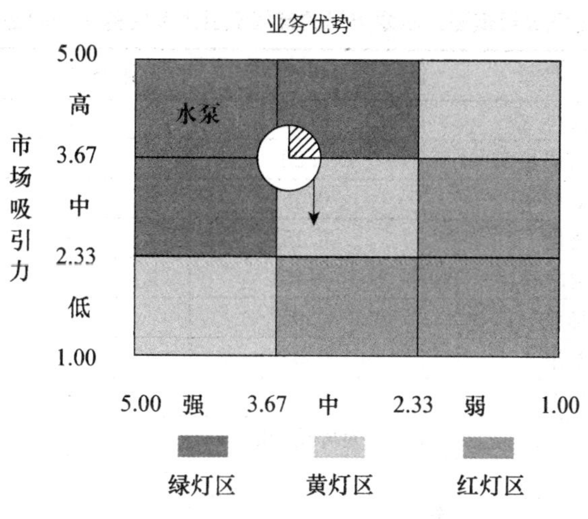

图 4—2　通用电气公司模型

引力和业务优势处于中等状态。

3. “红灯区”

“红灯区”是位于右下角的 3 个格子，代表最弱的战略业务单位，即战略业务单位的市场吸引力和业务优势处于很低状态。

以水泵市场（见表 4—4）为例，评估一项战略业务单位的具体实施步骤如下：

第一步，确定各变量的权数。对市场吸引力中的各个变量，根据其对市场吸引力影响程度的大小分别给定权数，并使权数之和为 1。用同样的方法，对公司业务优势的各个变量给定权数，权数之和亦为 1。市场大小和市场年成长率对市场吸引力的影响程度相对最大，权数为 0.2，而通货膨胀、能源要求以及环境对水泵市场吸引力的影响程度不大，因此权数仅为 0.05；份额增长和单位成本对业务优势的形成有较大的影响，因此权数为 0.15，而分销网络、促销力度、生产能力和生产效率等对业务优势的形成作用不大，因此权数仅为 0.05。

第二步，根据不同的业务，对变量进行评分。本书以 5 分制进行评分（也可采用 100 分制等进行评定）。管理层从最小值 1 到最大值 5 来反映某项业务在市场吸引力方面的分值和业务优势方面的分值。由表 4—4 可知，一方面，该市场年成长率很高，因此评分为 5 分；而竞争强度较高、能源要求较高，因此评分为 2 分。另一方面，本公司水泵的品牌知名度高和原材料供应能力强，因此评分为 5 分；而份额增长较缓慢和生产效率较低，因此评分为 2 分。按照此法对所有的变量进行评分。

第三步，计算各种业务的行业市场吸引力和公司业务实力的期望分值，并在矩阵中找到相应的位置以确定各战略业务单位所在的区域。先对市场吸引力和业务优势的所有影响因素的分值进行加总。以水泵市场为例，经计算，市场吸引力为 3.70，业务优势为 3.40，均未达到最高分 5.00；而后在矩阵坐标轴中找到相应的点（3.70，3.40）以表示该业务；最后以此点为圆心画圆，圆的大小与市场规模成一定比例。显然，水泵业务在矩阵中的绿灯区内，即市场吸引力高、业务优势中等。

表 4—4　　通用电气公司模型：水泵市场的市场吸引力和业务优势的基本要素

综合指数	变量	权数	评分（1～5）	分值
市场吸引力	市场大小	0.20	4	0.80
	市场年成长率	0.20	5	1.00
	历史毛利率	0.15	4	0.60
	竞争强度	0.15	2	0.30
	技术要求	0.15	4	0.60
	通货膨胀	0.05	3	0.15
	能源要求	0.05	2	0.10
	环境影响	0.05	3	0.15
	社会	为可接受的		
	政治			
	法律			
		1.00		3.70
业务优势	市场占有率	0.10	4	0.40
	份额增长	0.15	2	0.30
	产品质量	0.10	4	0.40
	品牌知名度	0.10	5	0.50
	分销网络	0.05	4	0.20
	促销力度	0.05	3	0.15
	生产能力	0.05	3	0.15
	生产效率	0.05	2	0.10
	单位成本	0.15	3	0.45
	原材料供应	0.05	5	0.25
	研发成果	0.10	3	0.30
	管理人员素质	0.05	4	0.20
		1.00		3.40

资料来源：［美］菲利普·科特勒著，梅汝和、梅清豪、周安柱译：《营销管理》，北京，中国人民大学出版社，2003。

（二）各业务区域的营销战略决策

在确定了每项战略业务单位在多因素业务经营组合矩阵中的位置后，应针对其具体情况制定合适的发展战略。

1. 绿灯区——投资或成长战略

首先，对于市场吸引力高、业务优势强的战略业务单位，应采取保持优势的战略，具体如下：

（1）快速投资发展。

（2）努力保持现有优势。

其次，对于市场吸引力高、业务优势中等的战略业务单位，应采取投资建立的战略，具体如下：

（1）向市场领导者挑战。

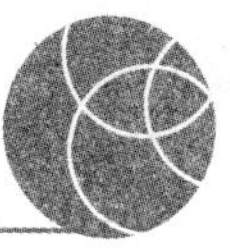

(2) 有选择地加强力量。

(3) 加强薄弱环节。

最后，对于市场吸引力中等、业务优势强的战略业务单位，应采取选择发展的战略，具体如下：

(1) 在最具吸引力处重点投资。

(2) 提高竞争能力。

(3) 提高生产力和获利能力。

2. 黄灯区——选择或盈利战略

首先，对于市场吸引力高、业务优势弱的战略业务单位，应采取有选择发展的战略，具体如下：

(1) 集中有限力量。

(2) 克服缺点。

(3) 若无明显增长则放弃。

其次，对于市场吸引力中等、业务优势中等的战略业务单位，应采取选择或设法保持现有收入的战略，具体如下：

(1) 保持现有计划。

(2) 集中投资于获利能力强、风险相对低的部门。

最后，对于市场吸引力低、业务优势强的战略业务单位，应采取固守和调整的战略，具体如下：

(1) 力争保持现有收入。

(2) 集中力量于吸引力大的部门。

(3) 保存防御力量。

3. 红灯区——收获或放弃战略

首先，对于市场吸引力中等、业务优势弱的战略业务单位，应采取有限发展或缩减的战略，即努力寻找风险小的发展办法，否则尽量减少投资。

其次，对于市场吸引力低、业务优势中等的战略业务单位，应采取设法保持现有收入的战略，具体如下：

(1) 大部分获利部门应保持优势。

(2) 升级产品线。

(3) 尽量缩减投资。

最后，对于市场吸引力低、业务优势弱的战略业务单位，应采取放弃的战略，具体如下：

(1) 在盈利最小时予以售出。

(2) 降低固定成本并避免投资。

随着时间的推移，各战略业务单位的业务优势及所在行业的市场吸引力会发生变化。因此，管理层应通过分析每项业务所处的产品生命周期，预计竞争对手的可能战略、可能采取的新技术等，分析业务优势和所在行业的市场吸引力的变化情况，预测每个战略业务单位在今后 3～5 年的发展情况，以更新其在矩阵中的位置，并将变化方向用箭头表示出来。例如，假设经过对各因素的分析后，预计水泵业务的市场吸引力将逐渐下降，则在图4—2 中用向下的箭头标出。

四、现有业务组合模型评价

波士顿咨询公司和通用电气公司两个业务组合模型对于企业战略的制定有如下益处：首先，它能够帮助管理层人员以更加前瞻性和战略性的方式进行思考；其次，它使管理层人员能够更好地理解各个战略业务单位的经济意义；再次，它能够提高管理人员的计划质量，并改善战略业务单位与管理层之间的沟通状况；最后，它有助于管理层确定一系列重大问题，如撤销较弱的战略业务单位，或加强对更有前景的战略业务单位的投资。

然而，利用该模型对公司战略业务单位加以分类和评价仍存在以下几方面的不足：第一，它可能使企业管理层过分强调市场占有率的提高而从事成长快的业务，却忽视了对现有业务的管理；第二，它的结果易受评定值与权数等主观因素的影响，从而可能被管理层操纵用来在矩阵中制造一个理想的位置；第三，它无法同时兼顾两个或两个以上的战略业务单位的平衡，这就意味着对某种业务做出决策是存在一定风险的；第四，取消亏损的战略业务单位存在一定的风险，因为该业务可能实际上为另几种战略业务单位提供所需的基本核心竞争力。

尽管如此，业务组合模型还是为管理层做出决策提供了一定的方向和参照，有助于提高管理层的分析能力和制定战略的效率。

第三节　新业务发展策划

将公司现有的业务经营组合计划汇总之后，就得到该公司的总销售额和总利润。但是期望销售额和利润通常低于管理层所希望达到的水平，如果现有经营业务的期望销售额和利润达不到战略任务和目标的规定，就会形成战略策划缺口，如图 4—3 所示。这种情况下，公司决策层必须创造性地填补这一缺口，这就需要开辟新业务或扩大现有的经营业务。

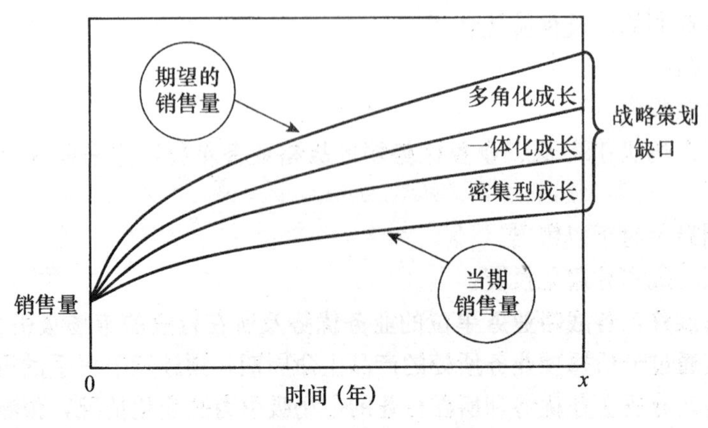

图 4—3　战略策划缺口

公司发展新业务有 3 种基本的战略类型，如表 4—5 所示。

表 4—5　发展新业务的战略选择

战略类型	密集型成长战略	一体化成长战略	多角化成长战略
1	市场渗透	后向一体化	同心多角化
2	市场开发	前向一体化	水平多角化
3	产品开发	水平一体化	跨行业多角化

一、密集型成长战略

密集型成长战略是指公司在原有生产领域内充分利用产品和市场方面的潜力，寻找改进现有业务和未来发展机会的战略。安索夫的产品—市场矩阵根据产品和市场的情况给出了 4 种战略，分别是市场渗透战略、市场开发战略、产品开发战略和多角化成长战略，其中的前 3 种战略即属于密集型成长战略。

	现有产品	新产品
现有市场	市场渗透	产品开发
新市场	市场开发	多角化成长

图 4—4　安索夫的产品—市场矩阵

（一）市场渗透战略

市场渗透战略是指公司通过各种方式和途径，在现有市场上增加现有产品或服务的销售量，以提高市场份额。在现有市场上扩大现有产品的销售量主要取决于两个因素，即使用者的数量和使用频率，用公式表示为：

销售量＝产品使用者的数量×各使用者的使用频率

从这两个因素出发，市场渗透战略可以从以下 3 个方面考虑。

1. 扩大使用者的数量

（1）争取非使用者。公司要做出努力把原本不使用本公司产品的人转变为使用者。例如，“爱面子”的心理使得本无力承担高档手表消费的人成为使用者。

（2）争取潜在顾客。潜在顾客虽然目前没有购买产品，但他们对本公司产品的兴趣有可能被激发。例如，强生公司的婴儿柔嫩润肤露本来是给婴儿用的，现在又成功地推销给了成年人，正所谓“宝宝用好，您用也好”。

（3）争取竞争对手的顾客。公司通过对产品和服务差异化的宣传，可以使得在竞争对手那里没有得到满足的顾客转向自己的产品。例如，曾经的小灵通以较低的价格和单向收费吸引了中国移动和中国联通的大量顾客。

2. 增加使用者的使用频率

（1）增加使用次数。公司可以通过努力使顾客频繁地使用本公司的产品，以增加使用次数。“冬天喝热露露，夏天喝冰露露，想怎么喝就怎么喝”，其出发点便在于此。

(2) 增加使用量。公司应努力使顾客在每次使用该产品时都增加使用量。例如，洗发水的销售商向顾客宣传，每次洗头时，洗两次比一次的效果更佳。

(3) 发现产品新用途。公司应努力发现产品的新用途，劝说人们更多地去使用。例如，“雪碧”除了可以作为一般饮料出售之外，还可以作为红酒的搭配饮料出售。

3. 进行产品改进

公司还应该改进产品的特性，以此吸引更多的顾客，增加其销售量。常用的方法有：

(1) 质量改进。公司可以增加产品的功能特性，比如耐用性、可靠性等，这种方法通常可以压倒竞争对手。

(2) 特色改进。主要是增加产品的新特色，比如尺寸、重量、材料等，使之具有更多的功能、更高的安全性和更多的便利性。新特色为顾客提供了更多的选择，能给公司带来免费的公众宣传。例如，开罐头的工具，改进之后增加了动力装置，既方便又安全。

(3) 式样改进。目的是增加对产品的美学诉求。比如，定期引进新车型就是一种式样改进，可以不断吸引顾客。

当然，市场渗透战略仅仅从以上几方面着手并不够，还需要在其他方面做出努力，如价格、渠道、促销、广告等。总之，市场渗透战略是在对现有产品进行较小改进的基础上，从现有市场上赢得更多的顾客，因此，其在市场成长战略中是风险最小的战略。当市场处于成长期时，该战略可能会增加公司的利润；但当市场趋于成熟时，公司会面临更加激烈的市场竞争，有限的市场规模就成为实施这一战略的最大制约。

(二) 市场开发战略

市场开发战略是指公司用现有产品去开辟新市场的一种战略。当现有产品无法在现有市场上进一步渗透时，公司就要考虑开辟新市场，以此为现有产品寻找新的出路。这里的新市场有两层含义：一是指尚未购买本公司产品的潜在顾客，比如某个复印机厂商一直向公司销售产品，现在打算进入家庭或个人市场；二是指新的地理区域，比如中国国内的彩电市场已接近饱和，许多公司便转向国际市场。

实行这种战略可以扩大销售区域，由地区扩展到全国，由国内扩展到国外，由一个地区或国家扩展到多个地区或国家，从而促进销售额增加；同时，还可以增加目标市场，进入新的细分市场，这也是一种有效的市场开发方法。实行市场开发战略有 3 种方法。

1. 寻找尚未购买本公司产品的潜在顾客

例如，手机多是成年人购买，但是随着手机的逐渐普及，现在正逐步进入小学生市场，该市场便成为潜在的手机购买群。

2. 进行市场开发

进行市场开发是指将公司现有产品打入其他相关市场，从而扩大产品销售量。比如彩色电视机在城市已逐渐普及，公司可以考虑将其销往偏远的农村或者不发达国家和地区，以扩大销量。

3. 在当地或国外增加新的销售渠道

比如葡萄酒，原来只有先通过中间商，然后才能到达顾客手中，现在为了扩大销量，

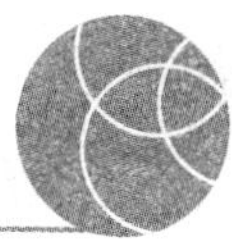

有的葡萄酒厂商自己开店直接销售，产品可以直接卖给顾客。

与市场渗透战略相比，市场开发战略的风险要大一些。因此，管理者应该拓宽视野，重新确定营销组合。需要注意的是，该战略不能降低因技术落后或客户减少而导致的风险，因而仍然是一个短期的战略。

（三）产品开发战略

产品开发战略是指开发出若干有潜在利益的新产品，以扩大产品在现有市场上的销售量的一种战略。产品开发有两种方法：一是利用公司现有的技术来开发新产品；二是在现有产品的基础上，通过增加花色、品种、规格、型号等开发出满足顾客需求的新产品。由于市场是公司不可控制的因素，产品开发是公司通过努力可以控制的因素，因此，从某种意义上说，产品开发战略是公司发展战略的核心。

采用这种战略的前提条件是：公司自身要透彻地了解其现有顾客，能够提供满足顾客需求的其他产品。尽管产品开发战略具备一定的创新开拓性，可以鼓励公司积极从事新的探索，提高公司对新技术的适应能力，但实行这种战略，公司的潜力仅仅用来在原有市场的顾客群中寻找新的发展机会，可能会产生较大的机会成本，因为其他市场，尤其是正在成长的新市场，可能比现在的市场更具发展潜力。

二、一体化成长战略

一体化成长战略是指向企业外部延伸和发展，根据物资流动的方向，与其他公司联合，使自身不断向深度和广度发展的战略。当公司所处的行业很有发展前景或公司实行一体化成长战略能大幅度提高效率时，往往采用一体化成长战略。实行一体化成长战略可以为公司创造一个良好、稳定的营销环境，可以使公司对产、供、销所构成的价值链体系进行自我控制，对公司比较有利。

“联合”主要发生在生产企业和供应企业之间、生产企业与销售企业之间以及各个生产企业之间，由此，一体化成长战略可以分为后向一体化、前向一体化和水平一体化，如图 4—5 所示。

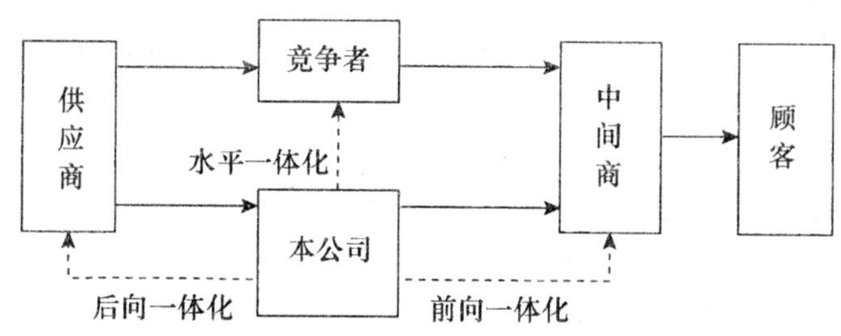

图 4—5　公司一体化发展模式

（一）后向一体化战略

后向一体化是指公司通过收购或兼并若干个原材料供应商，拥有属于自己的原材料供应体系。比如，力帆集团收购重庆客车厂，表面看来是“两轮”对“四轮”的胜利，其实根本原因在于重庆客车厂是力帆集团长期的发动机供应商。如果供应商的盈利性比较好或发展机会大，实行后向一体化可以使公司争取到更多收益，同时还可以使公司避免一些风险，如原材料短缺或成本受制于供应商。

（二）前向一体化战略

前向一体化是指收购或兼并下游的批发商、零售商，或者自建销售渠道，实行产销一体化。实行前向一体化的目的是促进和控制产品的需求，做好产品销售。比如，木材公司与家具制造商联合，纺织印染厂与服装加工厂联合。

（三）水平一体化战略

水平一体化是指与同种类型的其他公司合并，也就是与同行业竞争者联合或者在国外与其他同类公司合资生产经营。公司可以通过购买竞争对手的股票或其他资产，对其加以控制，以此实现水平一体化；也可以通过两个集团共同经营来扩大公司的实力。比如，日本的资生堂与北京日化合资生产化妆品。

三、多角化成长战略

多角化成长战略是指公司在现有业务领域基础上增加新的产品或业务的一种战略。当公司所属行业缺乏有利的发展机会，或者其他行业对公司的吸引力更大时，可考虑实行多角化战略。

需要注意的是，多角化并不是要利用一切可获得的机会大力发展新业务，而是要结合公司自身资源来选择市场机会，以充分发挥公司潜力，降低风险。多角化战略分为3种类型：同心多角化战略、水平多角化战略和跨行业多角化战略。

（一）同心多角化战略

同心多角化是指开发与原有生产技术或战略有协同关系的新产品，以便吸引新的顾客。这一战略的特点是原有产品与新产品基本用途不同，但有着较强的技术关联。比如，海尔以冰箱起家，后来生产空调、冰柜等新产品，虽然这些产品之间用途不同，但生产技术密切联系，即都是基于制冷技术。

同心多角化战略的关键在于以现有生产技术和营销资源为核心。由于公司是从同一圆心向外扩展业务，没有脱离原来的经营主线，因而有利于充分发挥现有的资源优势，风险相对较小。

（二）水平多角化战略

水平多角化是指公司利用现有市场，采用不同的技术条件和营销资源来发展新产品、开发新业务。比如，原来生产牙膏的公司，现在又投资生产牙刷。水平多角化的特点是现有产品与新产品虽然基本用途不同，但存在着较强的市场相关性，可以利用原来的分销渠道来销售新产品。

（三）跨行业多角化战略

跨行业多角化是指公司发展与现有生产技术、产品或市场完全无关的新业务。比如，春兰集团主要生产空调，后来进入与自己主业不相关的摩托车和汽车领域，这就是跨行业多角化战略。

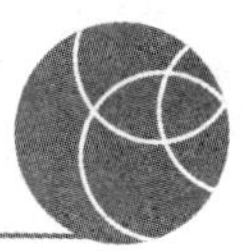

目前，跨行业多角化已经越来越普遍，国际上很多大型跨国公司都采取了这种发展战略。实行跨行业多角化战略不仅可以扩大公司的生产经营领域，有效分散风险，还可以帮助公司在复杂多变的市场上提高应变能力。但是，由于公司进入了一个全新的领域，缺乏管理经验和营销资本，风险也更大。相对于前面两种多角化战略，跨行业多角化战略难度更大，这主要是因为资金使用过于分散，因此在采取这种战略时，能否达到公司的理想利润目标是管理者决策时必须慎重考虑的。

运用多角化战略要求公司自身具有拓展经营项目的实力和管理更大规模公司的能力，具有足够的资金支持，具备相关专业人才作为技术保证，具备关系密切的分销渠道作为后盾，具备较高的知名度等。显然，并不是所有具备一定规模的公司都有上述优势，因此若公司条件不成熟，不可盲目追求多角化，而应该稳扎稳打。即使公司具备足够的实力和条件，也需要经过认真的分析，权衡利弊，不可盲目追求经营范围的全面和经营规模的宏大。

本章小结

市场营销策划是指为实现一定的营销目标，在对企业的营销现状予以准确分析并有效运用企业资源的基础上，对一定时期内的企业营销活动的方针、战略、实施方案与具体策略的预先设计和控制。市场营销策划的最终成效取决于两个前提条件：第一，要确定合适的营销目标；第二，要充分研究企业的营销现状。市场营销策划具有可行性、创造性、预知性、效益性和权变性等特征。市场营销策划有两种分类标准，按照策划的组织层次分类，可以划分为公司策划、部门策划、业务单位策划和产品策划；按照策划的内容分类，可以分为市场营销战略策划和市场营销战术策划。一份规范、完整的市场营销策划方案应该包括执行概要和目录、营销现状、机会和问题分析、制定目标、营销战略、行动方案、预测损益表和营销控制。

现有业务组合策划一般要经过 3 个步骤：确定战略业务单位；为每个战略业务单位安排资源；确定各战略业务单位的投资决策。战略业务单位是企业在某一战略指导下开展的一定业务范围。业务范围可从 3 方面加以确定：一是顾客群；二是顾客需要；三是技术。目前流行的有两种著名的投资业务组合评估模型：波士顿咨询公司模型和通用电气公司模型。

企业发展新业务的战略有 3 种类型：密集型成长战略、一体化成长战略、多角化成长战略。密集型成长战略是指公司在原有生产领域内充分利用产品和市场方面的潜力，寻找改进现有业务和未来发展机会的战略。可供选用的密集型成长战略有 3 种，即市场渗透战略、市场开发战略和产品开发战略。一体化成长战略是指向企业外部延伸和发展，根据物资流动的方向，与其他公司联合，使自身不断向深度和广度发展的战略。这种战略包括 3 种类型：后向一体化、前向一体化、水平一体化。多角化成长战略是指公司在现有业务领域基础上增加新的产品或业务的一种战略。这种战略包括 3 种类型：同心多角化、水平多角化和跨行业多角化。

思考题

1. 简述市场营销策划的概念和特征。
2. 市场营销策划的类型有哪些?
3. 市场营销策划的内容包括什么?
4. 简述波士顿咨询公司模型。
5. 简述通用电气公司模型。
6. 公司发展新业务有哪些基本战略类型?

第三部分
市场营销环境与竞争分析

第五章　市场营销环境扫描

学习目标

1. 了解市场营销环境的概念、特征；
2. 掌握市场营销环境的构成；
3. 理解市场营销微观环境和宏观环境的内容及其对企业的影响；
4. 掌握 SWOT 分析法和企业面对市场营销环境变化时应采取的措施。

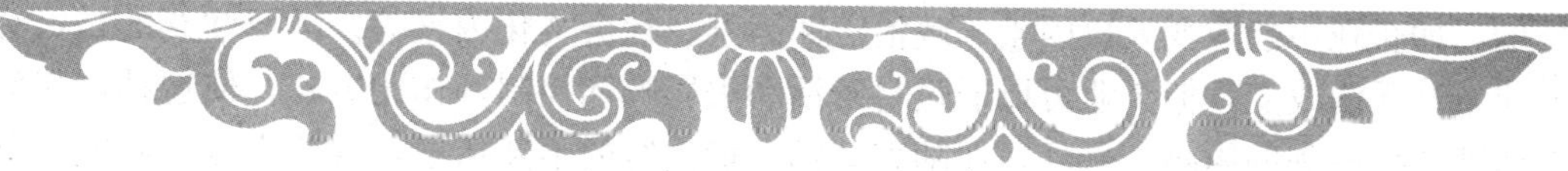

导学案例

美国罐头大王的发迹

1875 年，美国罐头大王亚默尔在报纸上看到一则“豆腐块新闻”，说是墨西哥畜群中发现了病疫，有些专家怀疑是一种传染性很强的瘟疫。亚默尔立即联想到，毗邻墨西哥的美国加利福尼亚、得克萨斯州是全国肉类供应基地，如果瘟疫传染至此，政府必定会禁止那里的牲畜及肉类进入其他地区，必然会造成全国的肉类供应紧张，价格上涨。于是，亚默尔马上派他的家庭医生调查，并证实了此消息，然后果断决定倾其所有，从加、得两州采购活畜和牛肉，迅速运至东部地区，结果赚了 900 万美元。

企业在开展营销活动时总是要面对一定的市场环境，环境中存在着对企业有利或不利的因素，这些不是企业可以完全掌控的，但精明的管理者可以通过控制企业的营销活动，即时刻关注环境的变化并对环境进行细致、精准的分析，去发现和抓住机会并避免潜在的威胁，实现企业可持续发展。

资料来源：http://yingyu.100xuexi.com/view/specdata/20100503/F1E38698-B50A-4192-90BC-077A405708D5.html，经编者整理、分析而成。

第一节　市场营销环境概述

一、市场营销环境的概念与特征

（一）市场营销环境的概念

市场营销环境与市场营销一样，是一个不断完善和发展的概念。营销大师菲利普·科特勒曾给出其对营销环境的解释：市场营销环境是指影响企业市场营销活动的不可控制的参与者和影响力。具体来说，就是指影响企业的市场营销管理能力，使其能否卓有成效地发展和维持与其目标顾客交易关系的外在参与者和影响力。因此，市场营销环境即与企业营销活动有潜在关系的所有外部力量和相关因素的集合，它是影响企业生存和发展的各种条件。

（二）市场营销环境的特征

1. 客观性

客观性是市场营销环境的首要特征。市场营销环境作为一种客观存在，不以企业营销者的意志为转移，它有自己的运行规律和发展趋势，就这一层面来讲，企业是无法改变环境的，如企业不能改变人口因素、政治法律因素、社会文化因素等。需要注意的是，客观规律虽然无法改变，但企业可以通过自身活动去影响和控制其作用方式，使这种规律对营销活动产生有利的影响。另外，伴随着营销环境内容的不断拓展，现代企业所研究的营销环境本身就包括一些企业可以控制的因素。

2. 差异性

市场营销环境的差异性是指企业所处的地理环境、生产经营的性质、政府管理制度等存在差异。这种差异具体表现在 2 个方面：一方面，不同企业所处的外部环境是不同的；

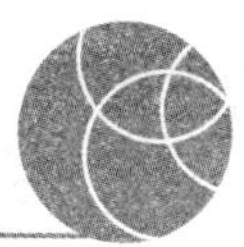

另一方面，同一种环境因素的变化对不同企业与行业的影响也不尽相同。由于这些环境差异的存在，企业必须根据自身和环境的特点制定有针对性的营销策略。面对同一环境变化，不同企业应根据环境变化的趋势和所处行业的特点，采取相应的营销策略。

3. 相关性

相关性是指市场营销环境是一个系统，在这个系统中，构成营销环境的各个因素和力量相互依存、相互影响并相互制约，某一因素的变化会带动其他因素的连锁变化，形成新的营销环境。这是由于社会经济现象的出现，往往不是由某个单一的因素所决定的，而是一系列相关因素共同作用的结果。例如，宏观环境中政治法律因素或经济政策的变动，会引起行业竞争环境的变动，从而形成新的竞争格局；企业开发新产品时，不仅要受到经济因素的影响，还要受到社会文化因素的制约。

4. 动态性

市场营销环境是企业营销活动的基础和条件，这种基础是处在动态变化之中的。市场营销环境是一个动态系统，构成营销环境的每一个因素都受其他诸多因素的影响，并且随社会经济的发展而不断变化。当然，市场营销环境的变化有快慢、大小之分，如科技、经济等因素的变化相对快且大，对企业营销活动的影响相对较短且跳跃性强；而人口、社会文化、自然等因素的变化相对慢且小，对企业营销活动的影响也相对较长且稳定。

二、市场营销与环境的关系

营销环境对企业营销活动的影响是企业无法回避的，对营销活动与营销环境关系的认识直接决定了企业将对这种影响持有的态度和做出的反应。在正确把握营销活动与客观环境关系的基础上，企业才能在适当的时间做出适当的行动决策。

营销活动与营销环境的内涵都在不断丰富，人们对二者关系的认识也在不断延伸。在营销实践兴起的早期，人们普遍认为市场是客观存在的，企业的任务就是通过自身的营销活动去满足市场中的需求。显然，其中隐含的一个前提假设是企业无法影响环境，对于环境只能被动地适应。之后，处于时代变迁中的营销活动和营销环境的内容都在拓展，人们对二者的关系也做出了新的认识。菲利普·科特勒在 20 世纪 80 年代曾提出，企业能够影响自己所处的环境，而不是单纯地顺从和适应环境。

事实上，每一种观点的出现都是与其时代背景相联系的，不存在绝对的对与错。在今天的市场中，企业营销活动与其所处环境的关系已经由单向的适应转变为双向的互动，即营销既要适应环境又要设法影响环境。一方面，企业要适应环境中不可改变的因素，制定相应的营销策略并根据其发展趋势及时做出调整；另一方面，企业对营销环境具有一定的能动性和反作用，即企业可以通过各种方式（如广告、公共关系等）影响和改变环境中某些可能被改变的因素，使其向有利于企业营销的方向转变，从而为企业自身发展创造良好的环境条件。

三、市场营销环境的构成

（一）微观环境和宏观环境

按照企业营销活动影响因素的范围来分，企业营销环境由微观环境和宏观环境两部分构成。但需要注意的是，由于微观环境中的所有因素都要受宏观环境中各种力量的影响，因此两者之间并非并列关系，而是主从关系。营销环境对企业的作用如图 5—1 所示。

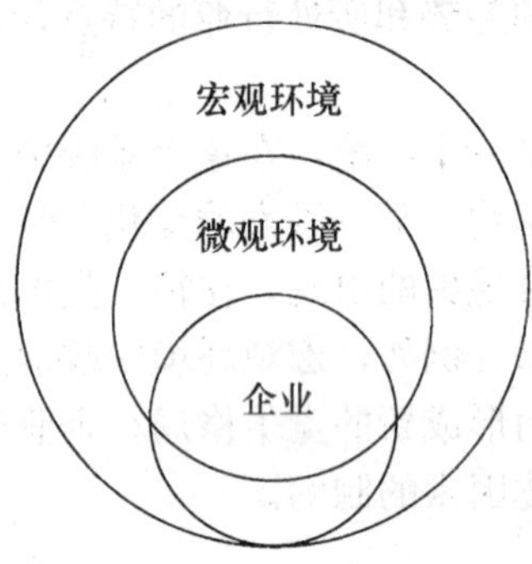

图 5—1　营销环境对企业的作用

（二）可控因素与不可控因素

按照影响营销的因素的可控性，营销环境的构成因素可以分为可控因素与不可控因素。其中，可控因素主要是指企业营销管理职能范围内的职能与活动，如产品、价格、促销和分销等；不可控因素主要是指那些与企业的营销活动有着密切联系的外部行动者以及较大的社会力量，如供应商、中间商、竞争者、社会公众以及人口、政治、法律、经济、技术、社会文化等。

（三）营销环境的总体构成

不论从何种角度划分，在具体时期内的营销环境内容都是相同的。如供应商、中间商等因素可以归入企业的微观环境，人口、政治等因素可以归入企业面对的宏观环境。同时，企业内部微观环境又可以归结为不同的职能系统。从现代营销活动的实际出发，营销环境的总体构成情况可以通过图 5—2 来描述。围绕企业的目标市场，各种因素由内而外分布，共同构成了企业的市场营销环境体系。

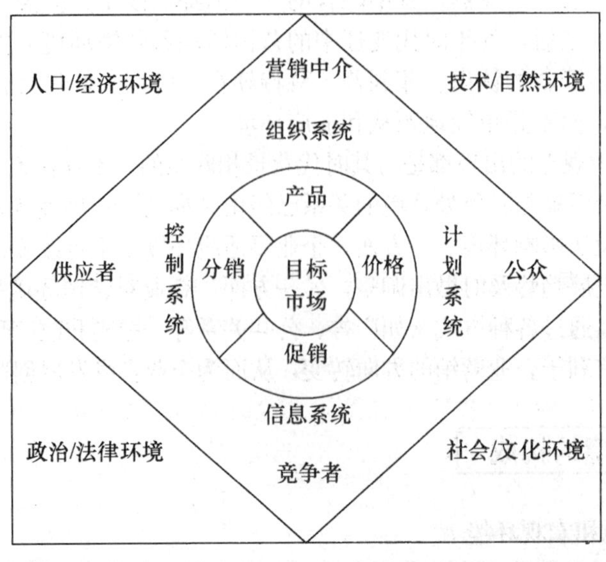

图 5—2　市场营销环境构成

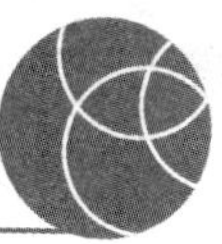

第二节　市场营销微观环境

微观营销环境是指对企业营销能力构成直接影响的各种力量，主要由企业外部的供应商、竞争者、社会公众、营销中介、顾客及企业自身所组成，这些因素共同影响着企业的价值创造过程，如图5—3所示。

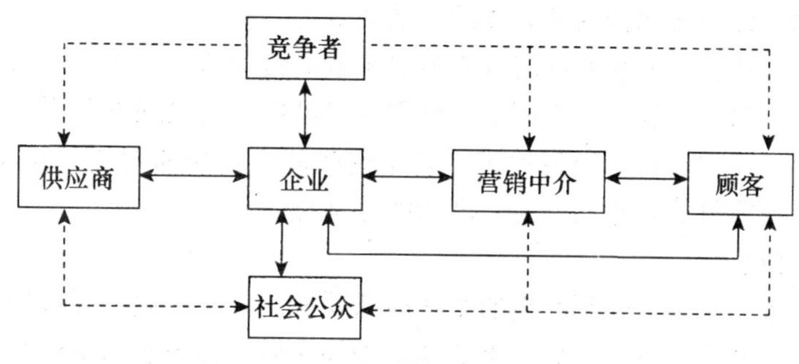

图5—3　微观营销环境

企业微观环境包括内部微观环境和外部微观环境。具体来讲，参与营销决策的其他职能部门、企业文化、企业组织结构以及构成营销组合的4个要素（产品、价格、渠道、促销）等属于内部微观环境因素，这些因素都是企业可以影响甚至控制的。供应商、竞争者、社会公众、营销中介、顾客都属于外部微观环境因素，尽管这些因素都属于不可控的微观营销环境，但并非绝对不可控的，企业可以通过自身能动性的发挥对这些因素产生不同程度的影响。

营销部门在制定和实施营销目标与计划时，不仅要考虑企业外部环境力量，而且要充分考虑企业内部环境力量，使企业内外环境相匹配。

一、内部微观环境因素分析

企业内部环境是企业市场营销环境的中心。即便身处相同的外部环境，不同企业的营销活动所取得的效果往往不同，根本原因就在于由企业内部环境因素决定的企业自身特点不同。

内部微观环境主要涉及企业营销管理范围内的职能与活动。企业营销部门通过有效运用计划、组织、激励、控制等职能，选择可以协助企业实现其整体战略目标的营销战略，并且与企业其他部门协调行动，共同执行营销战略和计划，最后采取必要的控制手段，以确保营销目标的实现。从营销部门的角度看，营销活动能否成功，首先要受企业内部环境中各种因素的直接影响。具体来讲，认识企业内部微观环境时主要可以从以下4个方面考虑。

（一）与其他职能部门的协调

企业内部构成包括最高管理者以及财务、研发、生产、会计等各个职能部门。企业营销活动的最终绩效取决于整条价值链的协同运作，即需要与企业的高层管理者以及其他职能部门发生各种联系。因此，营销管理者在制订营销计划时，必须获得高层管理者的支持并考虑与企业其他部门的协调。其中，高层管理者是企业的最高领导核心，负责制定企业的使命、目标、总战略和政策，营销理念的贯彻和具体营销战略的实施必须得到高层管理者的支持；财务部门负责寻找和使用实施营销计划所需的资金，资金的有效运用、合理分配、投资风险等都与财务部门有关；研究与开发部门负责新产品的设计和生产方法的制定；生产部门负责生产品质与数量都达标的产品；会计部门则核算收入与成本，协助营销部门了解其计划目标的实现程度和具体的运营绩效等。

因此，所有这些相互关联的部门都影响着企业的营销活动。营销部门在营销管理过程中，必须在决策层的统一领导和指挥下，处理好同其他部门之间的关系，使企业的整个营销活动得以正常、高效运转。通俗地讲，就是这些部门必须都能“想顾客所想”，协调一致地提供卓越的顾客价值，进而创造高度的顾客满意。

（二）企业文化

企业文化是近年来日益受到重视的企业内部要素。企业文化主要包括企业在各种实践活动中所表现出的文化气质、素养、审美观念等外在形式和企业的价值观念、经营哲学等内在理念。

企业文化有助于提升企业的市场营销能力。比如企业的店容店貌、相关设施及服务、企业员工的形象等，都蕴含着企业的文化气质、素养、审美观念，这些外在形式能直观地被公众所体会，进而影响企业在公众心目中的形象。良好的企业外部形象对市场营销活动往往有明显的促进作用，这也是现代企业对自身形象非常重视的原因所在。

市场营销活动中融入优秀的企业文化，可以促进企业核心竞争力的形成。在营销过程中，企业文化的作用日益显著，如何加强企业文化建设，拓展企业文化的传播途径，有效发挥其对营销活动的推动功能，已成为企业经营管理的重要内容。

（三）企业组织结构

企业组织结构也是构成组织内部微观环境的重要因素。组织结构是表明组织各部分排列顺序、空间位置、聚散状态、联系方式以及各要素之间相互关系的一种模式，是整个管理系统的框架。从企业整体层面来看，组织结构是为实现企业战略目标服务的，合理的组织结构是企业稳定运行的关键条件，也是实现企业战略目标的必要前提。具体到营销活动过程而言，不同的组织结构决定了企业内部运作的不同方式，并在一定程度上决定了营销部门与其他部门之间的基本关系以及营销部门在整个企业组织中的相对地位。因而，企业组织结构对于营销活动的影响，也是企业认识微观环境时必须考虑的一个因素。

（四）营销组合的要素

从4P组合的角度出发，营销组合的要素即营销活动所涉及的产品（product）、价格（price）、渠道（place）、促销（promotion）4个基本变量。由这4个基本变量构成具体的营销组合策略，是市场营销过程中可以控制的因素，这些因素是企业进行市场营销活动的主要手段。不同的营销组合决定了企业营销活动的不同方式，对营销活动的作用也不尽相同，因而营销组合的构成要素也是企业内部营销环境的重要组成部分。

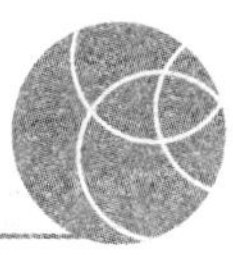

二、外部微观环境因素分析

企业外部微观环境主要由供应商、竞争者、社会公众、营销中介、顾客等因素构成。

（一）供应商

作为企业价值创造过程的重要环节，供应商是向企业及其竞争对手提供生产经营所需资源的企业或个人，主要包括向企业提供特定原材料、辅助材料以及能源等生产资料的供货机构。从广义层面来讲，也包括劳动力、资金和自然资源等的提供机构和个人。

供应商会对企业营销活动产生实质性的影响，其所供应的原材料直接关系到企业最终的产品。具体来讲，供应商对企业的影响主要涵盖以下几个方面。

1. 供货的稳定性与及时性

原材料、零部件、能源及机器设备等货源的保证，是企业营销活动顺利进行的前提。在物资供应紧张时，供应商的供货情况更起着决定性的作用，供应量不足、供应短缺都会影响企业按期完成生产任务。因此，企业必须与供应商保持密切的联系，及时了解和掌握供应商动态，使货源的供应在数量、时间和连续性方面都能得到切实保证。

2. 供货的价格变动

显然，供应商的供货价格直接影响企业的成本。如果供应商提高原材料价格，生产企业亦将被迫提高其产品价格，由此可能影响到企业的销售量和利润。因此，企业需要密切关注构成产品主要部分的原材料和主要零部件的价格变化情况，对于原材料和主要零部件的价格现状及趋势要做到心中有数。

3. 供货的质量水平

供货的质量涉及 2 个方面：一方面，供应商所提供的货物本身的质量，这一点直接决定了企业最终产品的质量，比如皮料质量决定了企业产出皮包的耐磨损程度；另一方面，与所供货物相关联的各种售前和售后服务，如服务态度、维修服务、保障服务等，这也是企业在衡量供货质量时需要考虑的因素。

针对上述影响，企业在寻找和选择供应商时，应特别注意以下 2 点：第一，对供应商进行等级分类。企业可以结合不同供应商所供货物在营销活动中的重要性及供应商的资信状况、产品和服务的质量、价格等对供应商进行等级分类，实现有效的供应商关系管理。第二，在很多情况下，企业有必要保持供应商多元化。当企业过分依赖一家或少数几家供应商时，常常会导致双方相对地位的不平等。为了避免出现这种制约，企业可以保持与多个供应商的联系，以免陷入不必要的困境。

（二）竞争者

竞争是市场经济的基本属性，只要存在商品生产和商品交换，就难免有不同程度的竞争。企业的营销系统总是受到各类竞争者的影响，除来自本行业的竞争外，还有来自替代品生产者、潜在加入者、原材料供应者和购买者等多种力量的竞争。实践证明，企业要想在市场竞争中获得成功，必须能够识别竞争者并且比竞争者更有效地满足顾客需求。

菲利普·科特勒从顾客需求的角度，将竞争者划分为 4 种类型。

1. 愿望竞争者

愿望竞争者是指提供不同产品以满足顾客不同需求的竞争者。从企业的角度来讲，顾客的需求是多方面的，很难同时满足，这时就出现了以不同产品满足不同需求的竞争。例如，对一家电视机制造商而言，生产电冰箱、洗衣机、个人电脑、家用空调等不同产品的厂家就是其愿望竞争者。由于顾客在同一时期的购买能力往往是有限的，即通常情况下不能同时购买所有需要的产品，只能综合自己的需求状况和购买能力，选择某些产品作为某一时期的愿望目标。因此尽管生产的产品不同，但愿望竞争者也存在着与企业的竞争。

2. 一般竞争者

一般竞争者又称平行竞争者、属类竞争者，是指提供不同的产品以满足同一种需求的竞争者，是顾客在决定需求的类型之后出现的次一级竞争。例如，近几年我国航空公司不断降低票价，一个重要原因就是高速公路的不断发展分散了其客源，而铁路部门也在通过运速的提升来吸引顾客。

3. 产品形式竞争者

产品形式竞争者是指满足同一需求的产品的不同形式之间的竞争者。以近视眼镜为例，它的基本功能是帮助近视患者矫正视力和看清远处，但满足这一需求的产品有各种各样的形式，包括普通眼镜、高档眼镜、隐形眼镜、特殊材质眼镜等，顾客可以通过选择某一种形式的产品来满足其需求。

4. 品牌竞争者

品牌竞争者是指满足同一消费需求的同种形式产品的不同品牌之间的竞争者。例如，笔记本电脑有联想、神州等多种国产品牌以及戴尔、索尼、苹果等进口品牌的产品供顾客选择。

以上几种竞争方式紧密相关，其中，品牌竞争在这 4 个层次的竞争中程度最激烈、最常见，其他层次的竞争则相对隐蔽。企业要想成功，必须在满足顾客需求方面比竞争对手做得更好。因此，企业必须加强对竞争对手的研究，了解对本企业形成威胁的主要竞争对手及双方力量对比。知己知彼，扬长避短，才能使本企业提供的产品在顾客心目中确立强有力的地位，获取竞争优势。

（三）社会公众

社会公众是指对企业实现其营销目标有实际或潜在利害关系和影响力的社会群体或个人，包括金融公众、媒介公众、政府公众、社团公众、社区公众、一般公众及内部公众。

1. 金融公众

金融公众是指影响企业融资能力的金融机构，主要的金融公众包括银行、投资公司、证券公司和保险公司等。作为资本供给者，金融公众对企业的稳定运行发挥着举足轻重的作用，营销活动自然要受到这类机构的影响。企业可以通过发布真实且乐观的年度财务报告、回答相关财务问题的咨询、稳健地运用资金等，以在金融公众中树立信誉。

2. 媒介公众

媒介公众是指报社、杂志社、广播电台、电视台等大众传播媒介。作为大众舆论的

重要引导者，各类媒体对企业的作用不言而喻。特别是在现今信息流动更为畅通的市场环境中，各类信息纷繁复杂甚至真伪难辨，媒体对企业的影响更是不可忽视。因而，媒介公众也是企业微观环境的重要参与者。

3. 政府公众

政府公众是指负责管理企业营销业务的有关政府机构，如工商行政管理局、税务局、各级物价局等。企业的营销活动首先要在相关政策法规的引导下开展，因而政府公众在营销环境中也扮演着重要角色。

4. 社团公众

社团公众又称“市民行动公众”、“市民组织公众”，是指有可能影响企业营销活动的消费者权益保护组织、环境保护组织及其他群众团体。这类团体可以通过宣传、诉讼和联合抵制等手段制约企业的营销活动。另外，社团活动在一定程度上会影响企业产品的销售，迫使企业在开展生产经营时建立起现代市场营销观念，如绿色营销、社会市场营销观念等。

5. 社区公众

社区公众也称“地方公众”、“当地公众”，是指与企业所在地邻近的居民和社区组织。企业必须重视保持与当地公众的良好关系，避免与周围公众利益发生冲突，同时有必要在能力范围内积极支持社区的重大活动，为社区的发展贡献力量，以此争取社区公众对企业营销活动的理解和支持。

6. 一般公众

一般公众是指并不购买企业的产品，但能够影响消费者对企业及其产品的态度和看法的个人。尽管一般公众并不是有组织地对企业采取行动，但却能通过某些方式对购买企业产品或服务的顾客群体产生影响，而且一般公众有时也会向其他类型的公众转变。因而，企业需要关注一般公众对企业产品及经营活动的态度。

7. 内部公众

内部公众是指企业内部的各级人员，包括企业领导、管理人员和一般职工。企业的营销计划需要全体员工的充分理解、支持和具体执行。作为营销活动的最终执行者，员工的责任感和满意度，常常会传播并影响外部公众，从而有利于塑造良好的企业形象。企业可以通过传递营销绩效等相关信息、介绍企业发展计划、鼓励员工参与决策、关心员工福利等方式，增强企业内部的凝聚力，从而促进企业营销理念的有效落实。

社会公众对企业的生存与发展有巨大影响，他们可能增强企业营销的效果，如媒体的正面宣传；也可能削弱企业的营销能力，如政府政策中对企业不利的因素。因此，企业的市场营销活动不仅要从目标市场的顾客需求出发，还需要考虑上述各类公众，努力塑造并保持企业良好信誉和公众形象，采取适当措施与周围各类公众保持良好的关系，以树立企业的良好形象，促使企业的营销活动顺利开展。

(四) 营销中介

营销中介是指协助企业销售其产品的机构，与企业的关系是一种销售协作关系，通常包括中间商、实体分配机构、营销服务机构和财务中介机构等。其存在的意义是以较高的效率、较低的成本把企业的产品或服务提供给最终顾客。

1. 中间商

中间商是指协助企业寻找顾客或直接与顾客进行交易的商业性企业，包括代理中间商和经销中间商两类。代理中间商不拥有商品所有权，专门为企业介绍顾客，有时还帮助企业与顾客磋商交易合同，在顾客之间传递信息，使企业节省用于推销业务的时间、精力、人力、物力和财力，主要包括代理商、经纪人和生产商代表。经销中间商又称买卖中间商，其买进商品，取得商品所有权，然后再出售并获得销售利润，主要包括批发商和零售商。作为顾客的代理人，经销中间商与企业更多的是合作关系。另外，从交易过程来看，经销中间商也可以看作企业目标市场的组成部分。

2. 实体分配机构

实体分配机构主要是指协助企业储存货物并将货物从原产地运往目的地的专业机构，包括仓储公司、运输公司等。其承担着包装、运输、仓储、装卸、库存控制和订单处理等职能，基本功能是调节生产与消费的矛盾，弥合产销在时空上的背离，提高商品的时间和空间效用，以便适时、适地、适量地将商品传递给消费者。

3. 营销服务机构

营销服务机构主要为企业提供市场调研、市场定位、产品促销、营销咨询等方面的营销服务，包括市场调研公司、广告公司、传媒机构及市场营销咨询公司等。企业可自设营销服务机构，也可委托外部营销服务机构代理有关业务。在现代，大多数企业都要借助这些服务机构开展营销活动，如请广告公司制作产品广告，依靠传播媒介传播信息等。企业选择这些服务机构时，需对其所提供的服务、质量、创造力等进行评估，并定期考核其业绩，及时替换那些不具有预期服务水平和效果的机构，这样才能提高经济效益。

4. 财务中介机构

财务中介机构主要是指协助企业融资或分担货物购销储运风险的机构，包括银行、保险公司、信托公司等。财务中介机构不直接从事商业活动，但对企业的经营发展至关重要。在现代经济生活中，企业与财务中介机构有着不可分割的联系，如企业间的财务往来要通过银行账户进行结算；企业的财产和货物要通过保险公司提供保障等。而银行贷款利率的上升或保险公司保险金额的上升，会使企业的营销活动受到影响；信贷来源受到限制更会使企业处于困境。诸如此类的情况都将直接影响企业的正常运转。因此，企业必须与财务中介机构建立密切的伙伴关系。

（五）顾客

顾客是指具有支付能力的实际和潜在的购买者。顾客是企业最重要的环境因素，是企业所服务的目标市场和营销活动的对象，也是营销活动的出发点和归宿，企业的一切营销活动都应以满足顾客的需求为中心。根据购买者及其购买目的的不同，可以把顾客市场分为 2 种类型：消费者市场和组织市场；组织市场又可分为生产者市场、中间商市场、机构市场及政府市场。

每一类顾客市场都各有特点，而且会随着时间的推移发展变化，这就要求企业以不同的服务方式提供不同产品和服务。因此，企业要认真研究不同顾客群的类别、需求特点及购买动机等，使营销活动针对顾客需求，符合顾客愿望。

第三节 市场营销宏观环境

宏观营销环境是指那些给企业带来市场机会和威胁的主要社会力量。企业及其所处的微观环境，都处在这些宏观力量的控制之下。对企业而言，这些因素一般是不可控制的，只能适应并加以利用。宏观营销环境包括人口环境、经济环境、自然环境、科学技术环境、政治与法律环境、社会与文化环境等。简而言之，宏观营销环境就是那些间接影响企业营销活动的不可控因素。

一、人口环境

作为需求的直接供给者，人口是构成市场的第一要素。企业在进入市场时，首先要按某种标准对市场进行细分，然后再确定目标市场。而这种细分实质上就是将消费者群体（即人口）进行划分，因此人口环境是企业市场营销的主要环境因素。对人口环境的研究，也成为企业成功开展市场营销活动的重要前提。企业对人口环境的研究内容主要包括人口规模和增长率、年龄结构、性别结构、家庭结构、社会结构、民族结构、人口地理分布及区间流动等。

（一）人口规模和增长率

人口规模直接决定市场的潜在容量，人口越多，市场规模越大。因而，企业开展市场营销活动的目标市场人口总量对企业的经营规模起着决定作用。在收入一定的情况下，人口越多，则对食物、服装、日用品等生活必需品的需求量越大；反之，需求量越小。除人口规模以外，企业营销人员还要注意人口的增长率。人口的增长会产生两方面的影响：一方面，新增人口会带来社会基本生存需求的扩大，这种需求不仅是衣、食、住、行等物质方面的基本需求，还会连带产生教育、医疗等多方面的需求，从而为企业营销带来新的市场机会；另一方面，人口增长速度过快将会限制经济的发展和人均收入水平的提高，导致某些市场的吸引力下降。

（二）年龄结构

不同年龄阶段的人有不同的消费需求。在企业决定进入一个市场之前，不仅要研究人口总量，还要研究人口的年龄结构，并针对人口年龄结构特点，制定相应的营销策略，开展营销活动。表5—1大体展示了不同年龄组人群需要的主要商品类别。

表5—1 不同年龄组人群需要的主要商品类别

年龄组	对应市场	主要需求类别
0～5岁	幼儿市场	婴儿食品、玩具、育儿室家具、幼儿服装等
6～19岁	学龄儿童和青少年市场	服装、体育用品、光盘、学习用品、快餐、软饮料、糖果、化妆品、电影等
20～35岁	青壮年市场	汽车、家具、房屋、食品和啤酒、服装、钻石、家庭娱乐设备等

续前表

年龄组	对应市场	主要需求类别
35 岁以上	中老年市场	新家具、计算机、娱乐设备、珠宝、服装、食品和葡萄酒、娱乐活动、旅行、医疗服务、药品等

值得注意的是，随着社会经济的发展、科学技术的进步、生活条件和医疗条件的改善，人口平均寿命大大延长，许多国家人口年龄结构趋向于老龄化。这种人口动向，无论对社会还是对企业的市场营销活动的影响都是深刻的。随着老年人口的绝对数和相对数的增加，银色市场日渐形成并迅速扩大，其需求主要包括保健品、营养品、药品、老年人健身器材等。

（三）性别结构

性别差异也会造成消费需求的不同，这种区别反映在市场上就会出现男性用品市场和女性用品市场。两大市场中的顾客性别差异会通过购买行为和消费习惯体现出来，并最终表现为需求内容和形式的不同。例如，女性的爱美之心一般强于男性，喜欢打扮，所以服装、化妆品成为女性市场的重要商品；而剃须刀、领带之类的物品则显然是男性市场的特色。

（四）家庭结构

家庭是社会的细胞，也是商品采购和消费的基本单位。一个国家或地区家庭单位的多少，直接影响着众多消费品的市场需求量。“传统家庭”被认为由丈夫、妻子和孩子（有时包括祖父母）组成。然而，在今天的中国，除“传统家庭”外，家庭结构还包括以下几种类型：独居家庭（未婚、离异无子女、丧偶无子女）、同居家庭（未婚）、夫妻家庭（未生育、“空巢”）、单亲家庭（离婚有子女、未婚有子女）。家庭类型的多样化决定了家庭市场产品需求的多样化。

我国家庭结构发展趋势中最显著的特征是家庭小型化、特殊化，这一变化趋势要求企业在产品设计和包装制作时，必须考虑到如何使产品更适应小家庭的需要。比如食品应采用较小包装，建造面积较小的公寓等。同时，由于大家庭裂变成小家庭，必然会使家庭户数增加，这使得以家庭为销售对象的电视机、电冰箱、洗衣机、电脑、家具、餐具等家庭用品的需求量大大增加。

（五）社会结构

社会结构主要包括阶层结构、区域结构、城乡结构、就业结构和社会组织结构等。截至 2011 年，我国人口中有近半数在农村，随着农村整体生活水平的不断提高，农村市场的购买力也日渐增长。这一社会结构的客观情况决定了很多企业将市场开拓的重点放在农村，比如淘宝、京东等企业纷纷进军农村电商市场。

（六）民族结构

国家是由一个或多个民族组成的，各个民族在总人口中所占的比例决定了民族结构。世界各国的民族结构有单一的，也有多元的。比如日本几乎所有人都属于一个民族，即大和民族；而在我国，除了占人口大多数的汉族以外，还有 55 个少数民族，他们在饮食、服饰、居住、婚丧、节日等物质和文化生活方面各有特点，如傣族居民要过泼水节，藏族居民要欢度藏历新年等。这些不同的消费需求与风俗习惯会影响消费者的需求构成和购买行为。

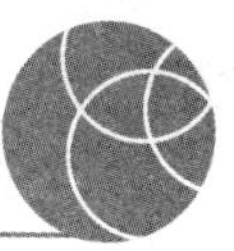

（七）人口地理分布及区间流动

人口地理分布是指人口在不同地区的密集程度。人口地理分布状况对企业营销活动的影响主要表现在3个方面：一是人口分布不均匀，人口密度的高低在一定程度上决定了市场规模的大小，因此对于不同人口密度的地区开展营销活动，应采取不同的措施。二是人们往往会因其所处地理位置、气候条件的差异，而产生消费需求和购买行为方面的明显差异。例如，北方干燥地区的消费者容易产生对加湿器的需求，而南方湿热地区的消费者会考虑购买除湿机或具有类似功能的产品。三是人口地理分布的动态变化对企业营销活动也会产生一定的影响。

随着经济的发展，人口的区域流动性也越来越大。人口流动的总趋势是从农村流向城市、由城市流向市郊、从欠发达地区流向发达地区、由一般地区流向开放地区。我国自1978年改革开放以来，人口的区域流动表现为农村人口向城市流动，内地人口向沿海经济开放地区流动，从而增加了人口流入较多地区的基本需求量，给当地企业带来较多的市场机会。

阅读参考：欧莱雅集团的中国经营之道

欧莱雅集团是一家大型的国际化妆品公司，进入中国市场至今，以其与众不同的优雅品牌形象，深受消费者青睐。

欧莱雅集团认为中国地域广阔，南北、东西地区气候、习俗、文化的差异使得人们对化妆品的偏好也有所不同。如中国南方气温高，易出汗，因此人们一般较倾向于淡妆；而北方由于气候干燥以及文化习俗的缘故，人们一般比较喜欢浓妆。同样，由于中国东、西部地区经济、观念、气候等的差异，人们对化妆品的原材料、质量、功能等也有不同的要求。欧莱雅集团敏锐地意识到这一点，按照地区推出不同的主打产品，并最终取得了成功。

资料来源：http://scyx.ayit.edu.cn/jdal/kcnr6.htm，经编者整理、分析而成。

二、经济环境

经济环境是指企业市场营销活动所面临的经济条件，它是企业开展市场营销活动的基础。企业从事市场营销活动的前提是市场的存在，而市场是由购买者、购买力和购买意愿三大要素组成的，市场的这三大要素又直接受经济环境变化的影响。因此，经济环境对企业营销活动具有重要的影响。经济环境包括宏观经济环境和微观经济环境。

（一）宏观经济环境

1. 经济发展阶段

经济发展阶段的高低直接影响企业市场营销活动。处于不同经济发展阶段的目标市场，呈现不同的市场需求和消费方式。就消费品市场而言，经济发展阶段较高的国家和地区，其市场营销方面强调产品款式、性能及特色，品质竞争重于价格竞争；而经济发展阶段较低的国家和地区，则侧重于产品的功能及实用性，价格因素重于产品品质。就生产资料市场而言，经济发展阶段较高的国家和地区，着重资本密集型产业的发展，需要有高新技术、性能良好、机械化和自动化程度高的生产设备；而经济发展阶段较低的国家和地区，以发展劳动密集型产业为主，侧重于多用劳动力而节省资金和生产设备，以应对劳动力低廉和资金缺乏的现状。

2. 经济体制

世界各国的经济体制不尽相同，有计划经济体制、市场经济体制、计划—市场经济体制及市场—计划经济体制等。不同的经济体制，对企业营销活动的制约和影响不同。随着我国市场经济体制的建立和不断完善，市场机制已经成为资源配置的主要手段。市场通过价格的变动引起供给和需求以及生产和消费的变动，进而使各种资源的流向发生变化，这就要求企业转变营销观念，调整营销管理方式和营销策略，根据供求关系、价值规律来开展营销活动。

3. 经济形势

国际、国内的经济形势，地区、国家乃至全球的经济繁荣与萧条，决定了企业所处环境的基本经济状况和特征，进而会对相应地区的收入水平和消费习惯产生重大影响，特别是对于跨地域或跨国企业来讲，这种影响更为明显。因而，经济形势也是企业经济环境的重要组成部分。而且，经济形势是动态变化的，机遇与挑战并存，因此企业需要在营销活动中充分考虑经济形势的现状和变化趋势。

4. 产业结构

产业结构指各产业部门在国民经济中所处地位和所占比重及相互之间的关系。一个国家的产业结构可以反映该国的经济发展水平。营销活动本身也是一种经济活动，因此处于不同国家的企业，其营销活动必然会表现出相应的特点。例如，一个国家的产业结构以高新技术为主导，则企业的营销手段和形式通常会较为前卫。

（二）微观经济环境

1. 消费者收入水平

消费者收入是指消费者个人从各种途径所获得的货币收入，通常包括工资、奖金、津贴、利息、红利和馈赠等。消费者收入是社会购买力的重要组成部分，收入的多少不仅能决定消费者市场购买力水平的高低，而且会影响消费者的支出行为模式。

在研究收入对消费需求的影响时，常使用以下指标：

（1）国内生产总值（GDP）。

国内生产总值是衡量一个国家经济实力与购买力的重要指标。从国内生产总值可以了解一个国家的经济发展水平和市场规模的大致情况，进而对营销活动的总体环境有一个大概的认识。

（2）人均国民收入。

人均国民收入是国民收入总量与总人口的比值。这个指标大体反映了一个国家人民生活水平的高低，也在一定程度上决定了商品需求的构成。

（3）个人收入。

个人收入是指城乡居民从各种途径得到的收入。各地区居民收入总额可用以衡量当地

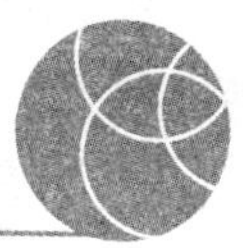

消费市场的容量，人均收入的多少反映了购买力水平的高低。

（4）个人可支配收入。

个人可支配收入是指从个人总收入中扣除各项应缴税款和非税支出后的实际收入，即能够用来消费或储蓄的数额。个人可支配收入构成实际购买力。

（5）个人可任意支配收入。

即在个人可支配收入中减去用于维持个人与家庭生活所必需的支出和其他固定支出（如用于租房、水电、食物、燃料、服装等的费用）后的余额，这是影响消费需求变化的最活跃的因素。个人可任意支配收入的数额越大，人们的消费水平越高，企业的营销机会也就越多。

（6）家庭收入。

家庭收入的高低会影响很多产品的市场需求。一般来讲，家庭收入高，对消费品需求大，购买力也大；反之，对消费品需求小，购买力也小。

此外，在分析收入水平的影响时，还要区别货币收入和实际收入，因为只有实际收入才会影响购买力。

2. 消费者支出模式与消费结构

消费者收入的变化不仅影响其购买力，而且对消费者支出模式和消费结构也有直接影响，并使其发生具有一定规律性的变化。

德国统计学家恩斯特·恩格尔（Ernst Engel）在对不同家庭收入调查的基础上，发现了家庭收入变化与各方面支出变化之间比例关系的规律性，即著名的“恩格尔定律”。其要点是：随着家庭收入的增加，用于购买食物的支出占总支出的比重下降；用于住房及家庭日常支出的费用比重基本不变；用于服装、娱乐、保健和教育等其他方面及储蓄的支出比重会上升。人们将恩格尔提出的食物支出与家庭消费支出总额之比，称为“恩格尔系数”。恩格尔系数越小，表明生活越富裕；恩格尔系数越大，则生活水平越低。恩格尔系数是衡量一个国家、地区、城市、家庭生活水平高低的重要参数。

3. 消费者储蓄与信贷

（1）储蓄。

储蓄是指城乡居民将可任意支配收入的一部分储存待用。储蓄的形式可以是银行存款，也可以是购买债券或手持现金。较高的储蓄率会推迟现实的消费支出，加大潜在的购买力。企业营销人员应当全面了解消费者的储蓄情况，尤其要了解消费者储蓄目的的差异。消费者储蓄目的不同，往往会影响潜在需求量、消费模式、消费内容及消费发展方向等。这就要求企业营销人员在调查、了解消费者储蓄动机与目的的基础上，制定不同的营销策略，为消费者提供有效的产品或服务。

（2）信贷。

信贷是指金融或商业机构向有一定支付能力的消费者融通资金的行为，其主要形式有短期赊销、分期付款、消费贷款等。信贷对现代消费方式产生了重要影响。就企业而言，信贷的出现对企业营销活动有着重要意义。比如消费信贷的规模与期限在一定程度上影响着某一时期内消费者现实购买力的大小，也影响着提供信贷商品的销售量。特别是对于住房等一些价值很大的商品来说，信贷是常见的消费方式。

三、自然环境

企业营销的自然环境，主要是指营销者所需要或受营销活动所影响的自然资源，如企业生产需要的物质资料、生产过程中对自然环境的影响等。自然环境的发展变化会给企业造成一些环境威胁和市场机会，所以企业营销活动不可忽视自然环境的影响作用。对自然环境的分析主要包括以下 2 个方面。

（一）自然资源的拥有及开发利用

地球上的自然资源有三大类：第一类是“取之不尽，用之不竭”的资源，如阳光、空气等；第二类是“有限但可更新的资源”，如森林、粮食等；第三类是“有限又不能更新的资源”，如石油、煤、铀、锡、锌等矿产资源。目前，第一类资源面临被污染的问题；第二类资源由于生产的有限性和生产周期长，再加上各种人为因素的影响，导致其正常供给受阻，有的国家需大量进口；第三类资源都是初级产品，且政府对其价格、产量、使用状况控制较严。对企业来说，面临两种选择：一是科学开采，综合利用，减少浪费；二是开发新的替代资源，如太阳能、核能等。

（二）环境污染与生态平衡

科学技术的进步，促使现代工业迅速发展，为人类的生活提供了丰富的物质条件，然而许多工业生产活动都不可避免地污染和破坏了自然环境。工业污染日益成为全球性的严重问题，要求控制污染的呼声越来越高。一方面，这对那些污染控制不力的企业是一种压力，迫使其采取有效措施控制污染；另一方面，又给某些企业或行业创造了新的机会，如研究开发不污染环境的包装、妥善处理污染物的技术等。因此，企业营销活动必须考虑生态平衡要求，以此来确定自己的营销方向及营销策略。

四、科学技术环境

科学技术是人类在长期实践活动中所积累的经验、知识、技能的总和。科学技术是第一生产力，是社会生产力最新和最活跃的因素，它一旦与生产密切结合，就会对国民经济各部门产生重大影响，成为推动社会生产力发展的主导力量。随之而来的是新产业的出现，传统产业的改造，落后产业的淘汰，从而使企业的市场营销面临新的挑战和机遇。

当代科学技术迅猛发展，科学技术进步给市场营销带来的影响表现在 6 个方面：第一，大部分产品的生命周期有明显缩短的趋势；第二，电子商务、技术贸易和服务贸易的比重增大；第三，劳动密集型产业面临的压力加大，产业结构、产品结构调整的步伐加快；第四，发展中国家劳动力费用低廉的优势减弱；第五，交易、流通方式更加现代化，网络营销方式迅速发展；第六，对企业的管理机构及人员素质提出更高的要求和全新的观念。

企业应当从上述诸方面把握科学技术的发展对营销活动的影响，尤其要密切关注所在领域和相关领域的科学技术环境的发展变化，相应调整营销方案，并以技术进步为契机，不断开发出新的产品，满足新的需求，使企业长期立于不败之地。

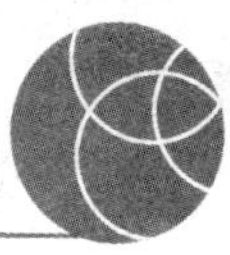

五、政治与法律环境

政治与法律环境经常扮演着游戏规则制定者和维护者的角色，对于企业和其他组织的运行具有很大的规范作用，同时也是保障企业正常生产经营活动的基本条件，因为只有在一个稳定的政治与法律环境中，企业才能够获得长远发展。政治因素像一只有形之手，调节着企业营销活动的方向，法律则为企业规定商贸活动行为准则。政治与法律相互联系，共同对企业的市场营销活动发挥作用。

（一）政治环境

政治环境是指企业市场营销活动的外部政治形势和状况，以及国家方针、政策的变化给企业市场营销活动带来的或可能带来的影响。

安定团结的政治局面为企业经营活动提供了良好的环境氛围，同时也影响着消费者的心理预期，导致市场需求的变化。国家的方针、政策对国民经济的发展方向和速度提出要求，也直接关系到社会购买力的提高和市场消费需求的增长变化。也正是基于政府对市场的干预加强，菲利普·科特勒提出了著名的6P理论，即在原有4P组合的基础上加入了“权力”（power）和“公共关系”（public relation）两个变量。其主旨就在于强调要利用这两个新加入的变量打破国际或国内市场上的贸易壁垒，如政府机构可以通过采取进口限制、外汇控制等措施约束外来企业及其产品。

（二）法律环境

法律环境是指国家或地方政府所颁布的各项法规、法令和条例等，它是企业营销活动的准则，企业只有依法进行各种营销活动，才能受到国家法律的保护。与企业市场营销活动关系最为密切的是经济类法规，其内容十分广泛，既包含保护企业间的公平竞争、保护消费者权益方面的内容，也包括保护社会利益等方面的内容，如《合同法》、《消费者权益保护法》、《反不正当竞争法》等。每一项新的法规的颁布，或者原有法令、法规的修改，都可能会影响企业的营销活动。因此，企业必须掌握国家的法律和法规，在法律允许的范围内做好企业的营销活动。

六、社会与文化环境

社会文化主要是指一个国家或地区的教育水平、语言文字、宗教信仰、价值观念、风俗习惯、审美观念等的总和。它影响和制约着人们的消费动机、消费行为，以及对商品价值的理解和对企业营销活动的反应。这就要求企业在进行市场营销活动时，必须重视对其目标市场消费者所处的社会文化环境的研究，并针对不同的文化环境制定不同的营销策略。

（一）教育水平

教育水平主要指消费者受教育的程度。教育水平不仅影响消费者的收入水平，而且影响消费者对商品的鉴别力，影响消费者心理、购买的理性程度和消费结构，从而影响企业营销策略的制定和实施。一般来说，教育水平高的地区，消费者对商品的品质要求较高，且容易接受广告宣传，购买商品时理性程度较高；在教育水平比较低的地区，应尽量少用报纸、杂志等书面文字做广告，而用电视、广播和当场示范等方式进行宣传。企业在进行营销活动时，应考虑当地的教育水平，使产品的复杂程度、宣传方式等与之相适应。

（二）语言文字

语言文字是人类交流的重要工具，不同的国家和民族往往有自己独特的语言文字；即便是同一国家，也可能有多种不同的语言文字。语言文字的差异对企业的市场营销活动有很大的影响。比如我国生产的“白象”电池在国内非常畅销，可是出口到国外却无人问津，这是因为“白象”翻译成英语为“white elephant”，该词组在英语中是用来形容那些价格昂贵、弃之不忍、留之不堪、成为人们沉重负担的东西的。

因此，企业要想让自己的产品进入某个市场就必须了解该市场所在地区的语言文字习惯，尤其是进行国际市场营销时，要充分了解目标市场所在国家的文化背景，掌握其语言文字的差异，这样才能使营销活动顺利进行。

（三）宗教信仰

宗教是影响人们消费行为的重要因素之一。不同的宗教信仰有不同的文化倾向和戒律，从而影响着人们的价值观念、行为准则及消费需求。如伊斯兰教的教徒禁食猪肉、禁止饮酒，所以生产猪肉和酒的厂商选择目标市场时不应选择信奉伊斯兰教的国家或地区。企业应充分了解不同地区、不同民族、不同消费者的宗教信仰，销售适合其要求的产品，制定适合其特点的营销策略。

（四）价值观念

价值观念是指人们对社会生活中各种事物的态度、评价和看法。在不同的文化背景下，人们的价值观念差异很大，这影响着人们的消费需求和购买行为。对于不同价值观念的消费者，企业市场营销人员必须采取不同的策略。对于那些乐于变革、富有冒险精神的消费者，企业应将重点放在产品的新颖性和独特性上；而对于那些注重传统、喜欢沿袭传统消费方式的消费者，企业在制定销售策略时应把产品与目标市场的文化传统结合起来，方能达到较好的效果。

（五）风俗习惯

风俗习惯是人们根据自己的生活内容、生活方式和自然环境，在一定的社会物质生产条件下长期形成并世代相袭的一种风俗，以及由于重复练习而巩固下来并变成需要的行动方式的总称。不同的国家、地区和民族有不同的风俗习惯，这对消费者的消费需求、消费结构和消费行为等都有重要影响。因此，企业在进行市场营销尤其是国际营销时，应充分了解目标市场消费者的风俗习惯，做到入乡随俗，这样才能“知彼知己，百战不殆”。

阅读参考：文化差异中的商机

日本精工公司曾经推出一种当时在全球独一无二的“穆斯林”手表，这种手表除具有普通手表的功能之外，还能把世界上 114 个城市的当地时间自动转换成圣地“麦加”的时间，并且每天定时鸣响五次，提醒教徒按时祈祷。这种手表充分满足了穆斯林这一细分市场的需求，因此在阿拉伯国家一经推出便极受欢迎。

资料来源：http://www.cnii.com.cn/20020808/ca95722.htm，经编者整理、分析而成。

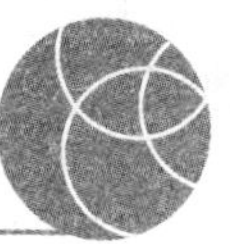

（六）审美观念

审美观念是指人们对事物的好坏、美丑、善恶的评价。不同时代、不同文化和不同社会集团的人具有不同的审美观念。例如，在欧美，女士结婚时喜欢穿白色的礼服，因为她们认为白色象征着纯洁、美丽；而在我国，女士结婚时喜欢穿红色的礼服，因为根据我国的传统文化，红色象征着吉祥如意、幸福美满。因此，企业营销人员应针对不同的审美观念所引起的不同消费需求，开展恰当的营销活动，而且要把握不同文化背景下消费者的审美观念及其变化趋势，制定良好的市场营销策略以适应市场需求的变化。

第四节 市场营销环境分析方法

市场营销环境分析的目的在于寻求营销机会，避免环境威胁。企业与其营销环境可以看作是一个大系统，企业内部与外部环境是这个大系统中的两个子系统，两者必须相互配合，才能产生系统效应。

一、营销环境的机会与威胁

任何企业都面临着许多营销机会和环境威胁，这些机会和威胁不断影响、制约着企业的市场营销活动。但并非所有的环境威胁对企业的影响程度都相同，也不是所有的市场机会都有同样的吸引力。在具体的营销活动中，企业可以对这些机会和威胁进行系统的分析和评价，并以此为依据制定相应的营销策略。

（一）营销环境机会分析

环境机会是指对企业营销活动富有吸引力的领域，并且企业在这个领域内拥有竞争优势。洞悉环境机会并及时做出适当的反应，可以让企业的市场营销活动事半功倍。企业只有密切关注营销环境变化带来的市场机会并对其进行系统分析，才能最终在把握机会的过程中获利。

营销环境机会可以从 2 个方面来分析：一是机会给企业带来的潜在的吸引力（盈利能力）；二是成功的可能性。营销环境机会分析矩阵如图 5—4 所示。

潜在的吸引力 \ 成功的可能性	大	小
大	Ⅰ	Ⅱ
小	Ⅲ	Ⅳ

图 5—4 营销环境机会分析矩阵

在图 5—4 中，横坐标代表成功的可能性，纵坐标代表潜在的吸引力，即潜在的盈利能力。

第Ⅰ象限内，潜在的吸引力和成功的可能性都很大，表明环境对企业发展有利，企业也有能力利用机会。因此，企业应采取积极的态度，把握机会。

第Ⅱ象限内，潜在的吸引力很大，但成功的可能性很小，表明企业暂时还不具备利用这些机会的条件。因此，企业应观察其变化趋势，积极改善自身条件，以准备随时利用这些机会。

第Ⅲ象限内，潜在的吸引力很小，但成功的可能性大，表明企业虽然拥有利用机会的优势，但这种机会能够给企业带来的收益有限。这时，企业应该观察机会的变化趋势，而不是盲目地加以利用。

第Ⅳ象限内，潜在的吸引力很小，成功的可能性也小，表明企业既没有能力也没有必要利用这一机会，应当主动放弃。

（二）营销环境威胁分析

环境威胁是指环境中不利于企业营销的因素及其发展趋势，它们对企业形成挑战，对企业的市场地位构成威胁。企业应善于分析环境发展趋势，识别所面临的或潜在的环境威胁，并正确认识和评估威胁的可能性与严重性，以采取相应的措施。

对环境威胁的分析应从以下两方面来进行：一是环境威胁对企业的影响程度，即威胁出现后给企业带来利益损失的大小；二是环境威胁出现的概率。营销环境威胁分析矩阵如图 5—5 所示。

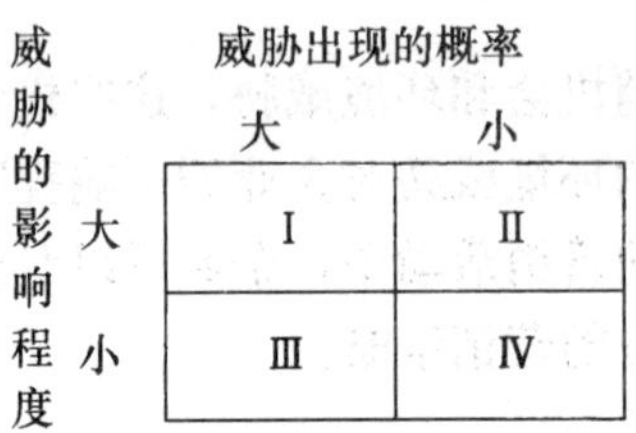

图 5—5　营销环境威胁分析矩阵

在图 5—5 中，横坐标表示威胁出现的概率；纵坐标表示威胁的影响程度。

第Ⅰ象限内，环境威胁的影响程度大，出现的概率也大，这表明企业面临严重的环境危机。企业应处于高度戒备状态，积极采取相应措施，避免环境威胁给企业造成重大损失。

第Ⅱ象限内，环境威胁的影响程度大，但出现的概率低，这表明企业不可掉以轻心，必须密切注意其发展方向，还应制定相应措施以应对可能的威胁，力争避免威胁可能造成的损失。

第Ⅲ象限内，环境威胁的影响程度小，但出现的概率大，企业也必须充分重视。

第Ⅳ象限内，环境威胁的影响程度小，而且出现的概率也小，企业不必担心，但应该注意其发展趋势。

（三）机会—威胁综合分析

在现实生活中，营销环境中的机会和威胁往往是同时存在的，而且在一定条件下，两者可相互转化，从而增加了营销环境分析的复杂性。企业可以运用机会—威胁分析矩阵（见图 5—6）加以综合分析和评价，以便能够更清晰地认识企业所面临的营销环境，并制定适合企业发展的营销策略。

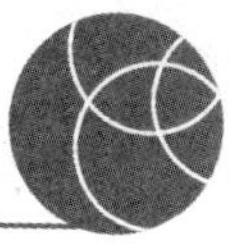

		威胁水平 低	威胁水平 高
机会水平	高	Ⅰ理想环境	Ⅱ冒险环境
机会水平	低	Ⅲ成熟环境	Ⅳ困难环境

图 5—6 机会—威胁分析矩阵

在图 5—6 中，横坐标表示威胁水平的高低程度，纵坐标表示机会水平的高低程度。

第Ⅰ象限为理想环境。理想环境机会水平高，而且威胁水平低，这表明企业有非常好的发展前景。企业必须抓住机遇、开拓市场，以创造营销佳绩。

第Ⅱ象限为冒险环境。冒险环境机会水平高，威胁水平也高，机会与威胁同在，利益和风险并存。面对这种环境，企业应审时度势，在对客观环境和企业自身条件进行全面分析之后慎重决策，以降低风险，争取最大利益。

第Ⅲ象限为成熟环境。成熟环境机会水平低，威胁水平也低，这表明企业处于一种平稳的环境中，可以获得平均利润，但自身发展潜力很小。这类环境可作为企业的常规经营环境，利用它来维持企业的正常运转，并为进入理想环境和冒险环境提供资金。

第Ⅳ象限为困难环境。困难环境机会水平低，威胁水平高。企业面对困难环境，必须想方设法扭转不利局面，努力避开环境带来的威胁，争取走出困境，或放弃原有业务，另谋新的发展。

二、企业的优势与劣势

企业的优势与劣势分析主要着眼于企业自身的实力和竞争对手的情况。当两个企业处在同一市场或者它们都有能力向同一顾客群体提供产品或服务时，如果其中一个企业有更高的盈利率或盈利潜力，说明这个企业比另外一个企业更具有竞争优势。

（一）企业优势

企业优势是指企业自身特有的、有利于成长与发展或竞争制胜的因素，包括企业内部存在的有利于促进企业生产经营发展的优势资源、技术、产品及其他方面的特殊能力。充足的资金来源、良好的企业形象、高明的经营技巧、先进的工艺设备、较低的生产成本、与供应商长期稳定的关系、良好的雇员关系等，都可以形成企业优势。

（二）企业劣势

企业劣势是企业在生产经营过程中所形成的、对自身生产经营活动具有不利影响的因素。一个企业的劣势主要表现在以下方面：缺乏明确的战略导向、缺乏专业的企业管理知识、缺乏某些关键技能或能力、企业形象较差、缺乏专业人才、与供应商关系不稳定、生产成本过高等。

三、SWOT 分析法

SWOT 分析法是一种综合考虑企业内部条件和外部环境的各种因素而选择最佳营销

策略的方法。其中，S（strength）是指企业内部的优势，W（weakness）是指企业内部的劣势，O（opportunities）是指企业外部环境的机会，T（threats）是指企业外部环境的威胁。企业的营销环境机会与威胁分析、优势与劣势分析，是SWOT分析的基础工作，而SWOT分析的关键是将机会、威胁、优势和劣势4个变量汇总在一起进行综合分析，最终得出企业所应选择的营销策略。以某制造企业为例进行的SWOT分析和相应的对策见表5—2。

表5—2　　以某制造企业为例进行的SWOT分析和相应的对策

内部环境 营销对策 外部环境	优势（S） 1. 企业具有规模经济。 2. 现代管理模式打造了良好的企业运营机制。 3. 产品质量过硬，企业品牌具有一定的知名度。 4. 利润率高于行业平均水平。 5. 人员素质较高。	劣势（W） 1. 营销体系不健全，市场信息掌握不准确。 2. 产品研发能力不强。 3. 产品生产成本较高。 4. 企业资金短缺。 5. 培训工作力度不够，资金投入少。 6. 企业物流能力较差。
机会（O） 1. 行业发展趋势好，市场空间较大。 2. 有国家政策的支持。 3. 产品需求差异化增加。 4. 市场尚未出现真正的领导品牌。	S+O：利用优势，抓住机会 1. 扩大产品市场占有率。 2. 扩大企业的规模。 3. 创建世界性品牌。 4. 管理创新。	W+O：克服劣势，抓住机会 1. 完善企业营销管理体系，准确掌握市场信息。 2. 加强对员工的培训。 3. 加大研发投入，开发新产品线。 4. 加强物流建设。
威胁（T） 1. 国外品牌携雄厚资金逐步进入，抢占市场份额。 2. 国内各大小品牌也开始逐步走向正轨，加紧瓜分市场。 3. 消费者价格敏感性增加，可能引发价格战。 4. 消费者对新产品的需求逐步增加。	S+T：利用优势，避免威胁 1. 制定富有竞争力的价格。 2. 缩短新产品研发周期。 3. 提供差异化的产品。	W+T：克服劣势，避免威胁 1. 加强应收账款的管理，回收资金。 2. 加强成本控制。 3. 加强客户关系管理。

本章小结

市场营销环境是指与企业营销活动有潜在关系的所有外部力量和相关因素的集合，它是影响企业生存和发展的各种条件，其基本特征有客观性、差异性、相关性、动态性。在今天的市场中，企业营销活动与其所处环境的关系已经由单向的适应转变为双向的互动，即营销既要适应环境又要设法改变环境。

市场营销环境既可以分为宏观环境与微观环境，也可以分为可控因素与不可控因素。其中，可控因素主要是指企业营销管理职能范围内的职能与活动；不可控因素主要是指那些与企业的营销活动有着密切联系的外部行动者以及较大的社会力量。

微观营销环境是指对企业营销能力构成直接影响的各种力量，主要由企业外部的供应商、竞争者、社会公众、营销中介、顾客及企业自身所组成。宏观营销环境是指那些

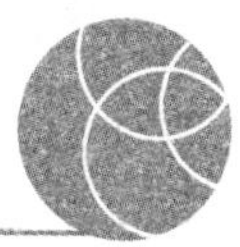

给企业带来市场机会和威胁的主要社会力量，包括人口环境、经济环境、自然环境、科学技术环境、政治与法律环境、社会与文化环境等。另外，微观环境中的所有因素都要受宏观环境中各种力量的影响，因此两者之间并非并列关系，而是主从关系。

营销环境的变化可能会给企业带来市场机会，也可能造成威胁，因此企业需要对营销环境进行分析以把握机遇和规避威胁。分析营销环境的主要方法是SWOT分析法，即通过对企业外部环境与内部条件的分析，明确企业可利用的机会和可能面临的威胁，并将这些机会和威胁与企业的优势和劣势结合起来，形成企业不同的战略措施。

思考题

1. 市场营销环境的概念和特征是什么？
2. 简述市场营销与环境的关系。
3. 市场营销环境的构成是什么？
4. 市场营销微观环境包括哪些内容？
5. 市场营销宏观环境包括哪些内容？
6. 试用SWOT分析法分析一个你所熟悉的企业。

第六章　市场竞争战略

学习目标

1. 认识企业的主要市场竞争者；
2. 了解分析竞争者的步骤和内容；
3. 掌握市场竞争的基本战略；
4. 掌握市场竞争战略的主要内容。

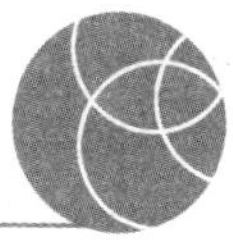

导学案例

长城汽车的“聚焦”战略

成立于1984年的长城汽车公司，在短短30年的时间内就成长为国内规模最大的皮卡、SUV专业厂商、跨国公司。对于这样的表现，长城汽车人将其归于多年来实施的“聚焦战略”。

长城汽车董事长魏建军曾对媒体表示，聚焦的作用，就在于把有限的资源用在集中的领域。其实，魏建军执掌的长城汽车从一开始就确立了集中精力做好细分市场的战略。经过深入的市场调查和研究分析，魏建军决定从皮卡介入汽车市场，一心一意专注在这个最容易令人忽略的细分市场。这种专注让长城皮卡到1999年就开始稳坐国内皮卡市场的第一把交椅，而且市场地位一直保持至今。

同样是靠着做皮卡的专注精神，长城汽车进入了SUV市场和轿车市场，并最终成为SUV领导者品牌和家轿领域的后起之秀。魏建军解释说：“对企业经营者来说，最重要的就是找准定位。长城汽车的经营战略就是聚焦、聚焦、再聚焦!”这就是长城汽车成功的诀窍。

市场竞争所形成的优胜劣汰，会迫使企业提高运营效率和管理水平，获得最佳效益，同样也可能使其在大浪淘沙中一蹶不振。“适者生存”不仅是自然界的演化规律，也是市场竞争的必然法则。正确的市场竞争战略，是企业成功实现其营销目标的关键。面对变幻莫测的市场竞争，能否制定有效的竞争战略成为决定企业成败的重要因素。

资料来源：http://auto.sina.com.cn/news/2012－03－16/1035936695.shtml，经编者整理、分析而成。

第一节 竞争者识别与选择

对于企业而言，市场竞争无时不在，若想制定有效的竞争战略，首先要对所处的行业和竞争者有明确的认识并选择合适的竞争对手。

一、影响竞争的5种力量

哈佛大学的迈克尔·波特教授提出了著名的5种竞争力模型，用以识别企业的竞争者。他认为，任何行业，无论是国内还是国际，无论是提供产品还是提供服务，其竞争规律都可以通过5种力量表现出来，它们共同决定了行业的吸引力和盈利能力。具体而言，这5种力量分别是现有企业间的竞争、潜在进入者的威胁、替代产品的威胁、购买者的讨价还价能力及供应商的讨价还价能力。通过对这5种竞争力量的分析可以更加明确企业的优势和劣势，确定企业的市场地位。波特的5种竞争力模型如图6—1所示。

（一）现有企业间的竞争

处于同一市场的企业，其利益分配难免存在客观冲突，这种冲突的结果就是企业之间

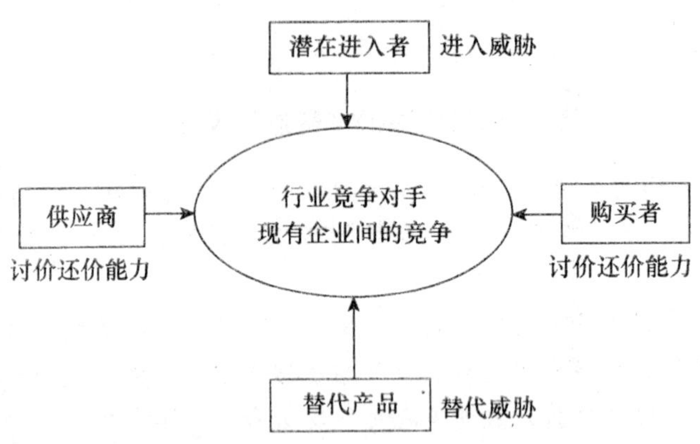

图 6—1 波特的 5 种竞争力模型

的竞争。一个市场在多大程度上对企业有吸引力，最终取决于企业在这个市场上的相对优势及这种优势能给企业带来的盈利。于是，市场规模及企业间的竞争强度自然会对这一市场的吸引力产生重要影响。其中，市场竞争的强度是多种结构因素相互作用的结果，这些因素主要包括以下几方面。

1. 众多势均力敌的竞争对手

当一个行业高度集中或受控于一个或几个企业时，居主导地位的企业会通过价格领导制等方式，在行业中建立秩序，起到某种协调作用，此时竞争就不会过于激烈。然而，当行业中存在众多企业且势均力敌时，为了争夺市场地位和市场份额，各企业必然会在价格、质量、服务等方面展开激烈的竞争，这将导致行业的不稳定。

2. 行业增长缓慢

一个行业在不同的生命周期阶段，发展的速度往往不同。当行业的发展处于成长阶段时，其发展速度比较快，由于市场的不断扩大和企业生存空间的加大，每个企业都可较容易地在市场上找到自己的位置，因此企业考虑更多的是如何集中精力更好更快地发展壮大自己，而不会过多考虑竞争对手的情况，从而使企业间的竞争相对缓和。然而，当行业处于成熟期，其发展速度放缓，寻求增长的企业就不得不从竞争对手那里争夺顾客以扩大其市场份额，从而导致市场竞争激烈。

3. 高额的固定成本或库存成本

固定成本高的行业迫使企业要尽量充分利用其生产能力，以降低单位产品成本，当生产能力利用不足时，企业通常宁愿降价以扩大销量也不愿使生产能力闲置，比如家电行业、汽车制造行业等。另外，有些企业生产的产品不容易储存（比如易腐食品）或库存成本较高，其价值随时间推移而迅速降低，当库存增加时，企业就会使用降价策略以迅速出售产品。

4. 缺少差异或转换成本低

一个行业的产品或服务缺少差异而趋于同质化时，顾客的转换成本较低，竞争对手较容易通过降低价格或增加服务来吸引顾客，这将导致竞争加剧。能够开发出具有差异化产品的企业，往往容易赚取更高利润，iPhone 手机就是典型的例子。

5. 退出障碍高

退出障碍是指企业在退出某个行业时需要克服的障碍和付出的代价。与退出障碍相关的因素有：(1) 高度专门化资产的清算价值低或转换成本高；(2) 退出费用高，如高额的劳动合同违约费、员工安置费等；(3) 已建立某种战略协同关系，如果企业退出，就会破坏这种协同关系，进而对企业的形象或经济利益产生不利影响；(4) 情感障碍，如经营者由于担心自己的前途等原因，不愿采取调整措施；(5) 政府和社会约束，如政府担心失业人数增加、影响区域经济发展等，有时会出面劝阻或反对企业退出该行业。较高的退出障碍难免导致过剩的产能得不到释放，甚至在有些情况下竞争失败的企业仍然不能退出该市场，只能等待行业复苏，结果就会导致整个行业的利润率徘徊在较低水平。

(二) 潜在进入者的威胁

潜在进入者可以是新创办的企业，也可以是由于实行多元化经营而进入本行业的企业。新进入者往往带来新的生产能力和物质资源，并对已有市场份额的格局提出重新分配的要求，从而对行业内现有企业的生存和发展形成威胁。特别是那些进行多种经营的企业从其他行业进入后，常常运用已有的资源优势对其进入的行业产生强有力的冲击，使得行业的获利能力降低。

潜在进入者能否进入某行业，并对该行业造成威胁取决于进入障碍和现有企业的反击强度。如果进入障碍较高，或现有企业会实施强烈的报复措施，则进入威胁较小，即使新对手能够进入也会处于不利的地位。可以构成行业进入障碍的主要因素有：规模经济、产品差异化、商标专有、分销渠道、绝对成本优势、政府政策等。

(三) 替代产品的威胁

替代产品是指与本企业产品具有相同或相似功能的其他产品。如液晶电视代替电子管彩电，移动电话代替固定电话等。当一个企业的产品或服务存在替代产品时，替代产品便对该企业形成严峻的威胁。

替代产品往往在某些方面具有超过原有产品的竞争优势。比如价格低、质量高、性能好等，因此它有实力与原有产品争夺市场、分割利润，并使原有企业处于极其不利的地位。不过，当某些替代产品的出现代表着时代潮流，具有很强的市场吸引力时，企业采取引进、吸纳新技术的态度会带来积极影响。

(四) 购买者的讨价还价能力

对于企业而言，购买者是一个不可忽视的竞争力量。购买者所采取的手段主要是要求压低价格、要求更好的产品质量或寻求更多的服务项目，甚至迫使作为供应者的企业相互竞争。所有这些方式都会降低企业的获利能力。

购买者的力量取决于市场的供求形势。在以下情况下，购买者具有更强的讨价还价实力：(1) 相对于卖方的销售量而言，购买是大批量和集中进行的；(2) 买方购买的产品占卖方成本或销售数额相当大的部分；(3) 从该行业购买的产品属于标准化或同质化产品；(4) 买方转换成本很低；(5) 买方的利润很低；(6) 买方对销售商后向一体化的现实威胁；(7) 产品对买方产品的质量及服务无关紧要；(8) 购买者掌握充分的信息。

(五) 供应商的讨价还价能力

供应商是企业从事生产经营活动所需的各种资源、配件等的供应单位。供应商往往通过提高价格或降低质量及服务的手段，向产业链的下游企业施加压力，以此来获得尽可能多的行业利润。

供应商的讨价还价能力越强，现有产业的盈利空间越小，反之亦然。在以下条件下，供方将具有更强的讨价还价实力：(1) 供方产业由少数几个大企业支配，其产业集中度比买方产业高；(2) 没有较好的替代品供应；(3) 买方并非供方的主要客户；(4) 供方产品是买方行业的主要投入品；(5) 供方产品已经差异化或已建立较高的转移成本；(6) 供方的前向一体化构成现实威胁。

上述5种力量共同决定了行业竞争的强度和获利能力。但是，各种力量的作用是不同的，常常是最强的某个力量或某几个力量处于支配地位，起决定性作用。例如，一个企业在某行业中处于极为有利的市场地位时，潜在进入者一般不会对其构成较大威胁。有时，即使没有替代产品和大批的潜在进入者，现有竞争者之间的激烈抗衡也会限制企业的潜在收益。因此，企业在制定经营战略时，应分析每个竞争力量的来源。

二、竞争者识别的观念

(一) 行业竞争观念

行业是一组提供一种或一类密切替代产品的相互竞争的企业群，如汽车行业、医药行业等。经济学家认为，行业动态首先取决于需求与供应的基本状况，供求会影响行业结构，行业结构又会影响行业的行为，如产品开发、定价和广告等。决定行业结构的主要因素包括以下几个方面。

1. 销售商数量及产品差异程度

根据销售商数量及产品差异程度可以划分出5种行业结构类型，如图6—2所示。

	一个销售商	少数销售商	许多销售商
无差别产品	完全垄断	完全寡头垄断	完全竞争
有差别产品		不完全寡头垄断	垄断竞争

图6—2 行业结构的5种类型

(1) 完全垄断：指在一定地理范围内，某一行业只有一家企业供应产品或服务。完全垄断可能由规章法令、专利权、许可证、规模经济等因素造成。

(2) 完全寡头垄断：也称为无差别寡头垄断，指某一行业内少数几家大企业提供的产品或服务占据绝大部分市场，并且顾客认为各企业的产品没有差别，对不同品牌无特殊偏好。在完全寡头垄断条件下，寡头垄断企业调整商品价格会引起竞争者的强烈反应，导致每一企业只能按照行业的现行价格水平定价，竞争的主要手段是改进管理、降低成本、增加服务等。

(3) 不完全寡头垄断：也称为差别寡头垄断，指某一行业内少数几家大企业提供的产品或服务占据绝大部分市场，并且顾客认为各企业的产品在质量、性能、款式或服务等方面存在差异，对某些品牌形成特殊偏好，其他品牌不能替代，顾客愿意以高于同类产品的价格购买自己所钟爱的品牌。不完全寡头垄断企业可以制定较高的价格以增加盈利，竞争的焦点在于产品差异化。完全寡头垄断和不完全寡头垄断合称寡头垄断。

(4) 垄断竞争：指某一行业内有许多企业且其产品在质量、性能、款式和服务等方面

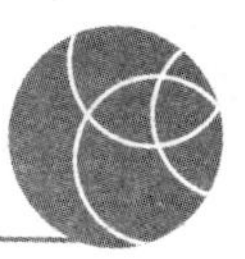

有差别，顾客对某些品牌有特殊偏好，不同的企业以产品的差异性吸引顾客，开展竞争。企业竞争的焦点是扩大本企业品牌与竞争品牌的差异，突出特色，更好地满足目标市场需求以获得溢价。

(5) 完全竞争：指某一行业内有许多企业且其产品没有差别。从经济学角度来讲，纯粹的完全竞争是不存在的。但对于某些同质产品市场，如食盐、农产品、水泥等，可以参照完全竞争来进行分析。即买卖双方都只能按照供求关系确定的现行市场价格进行产品交易，都是价格的“接受者”而非“决定者”。企业竞争的焦点是降低成本、增加服务并争取通过产品开发扩大与竞争品牌的差别，或通过广告塑造产品形象，造成顾客的心理差别。

2. 进入与流动障碍

进入障碍是指新企业进入某一行业时，相对于行业内原有企业较为不利的因素。主要包括：缺乏足够的资本；未实现规模经济；无专利和许可证；缺少场地、原料或分销商；产品的市场信誉不易建立等。即使企业进入了某一行业，在向更有吸引力的细分市场流动时，也会遇到流动障碍。行业的进入与流动障碍越高，先期进入的企业获取的高于正常水平的利润就越多；行业的进入与流动障碍越低，先期进入的企业获取的高于正常水平的利润就越少。

3. 退出与收缩障碍

退出障碍是指企业在退出某一行业时所遇到的阻碍。主要包括：对顾客、债权人、雇员的法律和道义上的义务；政府限制和社会压力集团的影响；过分专业化或设备、技术陈旧引起的资产利用价值低；高度的纵向一体化；未发现更有利的市场机会；感情障碍等。即使企业不完全退出该行业，仅仅是缩小经营规模，也会遇到收缩障碍。由于存在退出与收缩障碍，许多企业在已经无利可图的时候，只要能够收回可变成本和部分固定成本，就会在一个行业内维持经营。这些企业的存在降低了行业的平均利润率，计划在该行业内继续经营的企业出于自身利益考虑，应设法减少这些企业的退出障碍。

4. 成本结构

在每个行业里从事业务经营所需的成本及成本结构不同。比如钢铁制造行业所需成本大而化妆品行业所需成本小，钢铁制造行业需要高昂的生产和原材料成本，而化妆品行业则需要较高的分销和促销成本。企业应把注意力放在最大成本上，并从战略上来减少这些成本。

5. 纵向一体化程度

纵向一体化即企业采取的前向或后向一体化策略的总称。在某些行业中，这种策略有利于取得竞争优势。例如，在石油行业，石油生产者进行石油勘探、石油钻井、石油提炼，并把化工生产作为其经营业务的一部分。实现纵向一体化的企业可以控制增值流，还能在各个细分市场中控制价格和成本，使无法实现纵向一体化的企业处于劣势。但这样做的代价是牺牲了企业在价值链中某些环节的灵活性，进而带来潜在的风险。

6. 全球化程度

有些行业局限于地方经营，如美发、浴室、影院等；有些行业则适宜发展全球经营，如计算机、电视机、冰箱、空调等，可称为全球性行业。在全球性行业从事业务经营，常常需要开展以全球为基础的竞争，以实现规模经济并赶上最先进的技术。

（二）市场竞争观念

从市场竞争观念来看，竞争者是那些满足相同市场需求或服务于同一目标市场的企业。例如，从行业竞争观念来看，某打字机制造商以其他同行业的企业为竞争者；但从市场竞争观念来看，顾客需要的是“书写能力”，这种需要也可以通过铅笔、钢笔来满足，因而打字机制造商可把生产这些产品的企业均视为竞争者。以市场竞争观念来分析竞争者，可使企业拓宽眼界，更广泛地看清自己的现实竞争者和潜在竞争者，从而有利于企业制定长期的战略规划。

识别竞争者的最佳方法是绘制产品—市场竞争形势图，把行业和市场分析结合起来。表 6—1 根据产品和顾客类型，反映了假设的饮料市场的产品—市场竞争形势。从表中可以看出，品牌 A、B、C 在饮料市场上占领了大部分细分市场，而品牌 E 和 F 在所选择的细分市场中十分强大。如果一个企业想要进入一个细分市场，就需要估计细分市场的规模，竞争者的市场份额、能力、目标、战略及进入障碍等。

表 6—1　　饮料市场的产品—市场竞争形势

产品细分	顾客细分		
	儿童	青年人	老年人
茶饮料	品牌 A	品牌 A	品牌 A
	品牌 B	品牌 B	品牌 B
	品牌 C	品牌 C	品牌 C
乳品饮料	品牌 A	品牌 A	
	品牌 B	品牌 B	品牌 B
果蔬饮料		品牌 C	品牌 C
	品牌 D	品牌 D	品牌 C
碳酸饮料	品牌 E	品牌 E	
	品牌 F	品牌 F	品牌 F

三、竞争者分析与选择

在识别竞争者之后，企业还要进一步研究竞争者的战略、目标、优势和劣势、反应，并最终决定与谁展开竞争。

（一）识别竞争者的战略

各企业采取的战略越相似，彼此间的竞争越激烈。在多数行业中，根据所采取的主要战略的不同，竞争者可划分为不同的战略群体。战略群体是指在某特定行业内推行相同战略的一组企业。企业最直接的竞争者是那些处于同一行业同一战略群体的其他企业。

企业要想进入某一战略群体，必须注意以下 2 点：一是进入各个战略群体的难易程度不同。一般来说，小型企业适于进入投资和声誉都较低的群体，因为这类群体的竞争性较弱；而实力雄厚的大型企业则可考虑进入竞争性强的群体。二是当企业决定进入某一战略群体时，首先要明确谁是主要的竞争对手，然后决定自己的竞争战略。

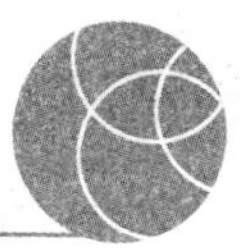

除了在同一战略群体内存在激烈竞争外，在不同的战略群体之间也存在竞争。这是因为：（1）不同战略群体可能具有相同的目标顾客；（2）顾客可能无法区分不同战略群体产品的差别，如分不清高档货和中档货的差别；（3）属于某个战略群体的企业可能改变战略，进入另一个战略群体，如提供高档住宅的房地产企业可能转向开发普通住宅。

因此，企业必须不断地监测竞争者的战略，并根据竞争者战略的调整而修订自己的竞争战略。

（二）确定竞争者的目标

竞争者的最终目标是实现利润，但是每个企业对长期利润和短期利润的重视程度不同，对利润满意水平的看法也不同。有的企业追求利润“最大化”目标，不达最大决不罢休；有的企业追求利润“满足”目标，达到预期水平就不会再付出更多努力。

企业的利润目标是由一系列具体目标共同构成的，如目前的盈利状况、市场占有率、现金流量、技术领先和服务领先等。对于这些目标，竞争者各有侧重。因此，企业需要了解竞争者对这些方面的重视程度。通过了解这些方面，企业可以判断竞争者是否对其目前的财务状况感到满意、对各种类型的竞争性攻击会做出何种反应以及反应的时间和强度等。例如，一个以“低成本领先”为主要目标的竞争者，对其他企业在降低成本方面的技术创新的反应，要比对增加广告预算的反应强烈得多。另外，企业必须跟踪了解竞争者进入新的产品细分市场的目标。若发现竞争者开拓了一个新的细分市场，这对企业来说可能是一个发展机遇；若企业发现竞争者开始进入本企业经营的细分市场，这意味着企业将面临新的竞争与挑战。对于这些市场竞争动态，企业若了如指掌，便可争取主动、有备无患。

竞争者目标的差异会影响其经营模式。例如，由于其当期业绩是由股东评价的，美国企业一般以追求短期利润最大化模式来经营，如果短期利润下降，股东就可能失去信心、抛售股票，导致企业资金成本上升。而日本企业需要在一个资源贫乏的国家为1亿多人提供就业机会，因而对利润的要求相对较低，所以一般按市场占有率最大化模式经营，大部分资金来源于寻求平稳利息收入而不是高额风险收益的银行。日本企业的资金成本要远远低于美国企业，所以，日本企业能够把价格定得较低，并在市场渗透方面显示出更大的耐心。

（三）评估竞争者的优势和劣势

竞争者能否实施它们的战略并实现其目标，与每个竞争者的资源和能力紧密相关。因此，企业需要分析每个竞争者的优势与劣势。

阿瑟·D·利特尔咨询公司把企业在目标市场的竞争地位分为以下6种：

（1）主宰型（dominant）。这类企业控制着其他竞争者的行为，有广泛的战略选择余地。

（2）强壮型（strong）。这类企业可以采取不会危及其长期地位的独立行动，竞争者的行为难以撼动其长期地位。

（3）优势型（favorablc）。这类企业在特定战略中有较多力量可供利用，有较多机会改善其战略地位。

（4）防守型（tenable）。这类企业的经营状况令人满意，但其在主宰型企业的控制下生存，改善地位的机会很少。

（5）虚弱型（weak）。这类企业的经营状况不能令人满意，但仍然有改善的机会，不改变就会被迫退出市场。

(6) 难以生存型 (nonviable)。这类企业经营状况很差且没有改善的机会。

企业对其竞争者优势与劣势的分析可以分为2个步骤。

1. 收集信息

竞争者优势与劣势最为直观的表现是其销售额、市场份额、边际利润、投资收益、现金流量、新投资及设备能力利用情况等近期业务数据。同时，企业也可从顾客、供应商和交易商等企业的相关方获取一些其他方面的信息，如竞争者的市场份额、心理份额、情感份额等，以扩大对竞争者的了解。其中，市场份额是指竞争者在目标市场的销售份额。心理份额则反映了某种产品的各类品牌在顾客潜意识中的知名程度。在市场调查中常用“举出这个行业中你首先想到的公司”之类的问题，来确定提名竞争者的顾客在全部顾客中所占的百分比。情感份额是与心理份额类似的一个概念，它反映了顾客对不同品牌的倾向程度。通过让顾客回答“举出你喜欢购买其产品的公司”之类的问题，就可以大体了解该顾客对某种产品对应不同品牌的情感倾向程度。对于竞争者的业务数据，需要通过查找二手资料和向顾客、供应商及中间商调研得到一手资料这两种途径去获取。

2. 分析评价

在收集竞争者的相关资料后，要根据所得资料综合分析竞争者的优势与劣势。例如，企业要求顾客在5个属性上对3家主要竞争者做出评价，评价结果如表6—2所示。从表中可以看出：竞争者A的产品知名度和质量都是最好的，但是在技术服务和企业形象方面逊色一些，导致情感份额下降；竞争者B的产品知名度和质量都不及A，但是在技术服务和企业形象方面优于A，使情感份额达到最大。故企业在技术服务和企业形象方面可以攻击品牌A，在许多方面都可以进攻品牌C，竞争者B的劣势不明显。

表6—2　　竞争者优势与劣势分析

竞争者	产品知名度	产品质量	情感份额	技术服务	企业形象
A	优秀	优秀	良好	较差	中等
B	良好	良好	优秀	优秀	优秀
C	较差	中等	较差	差	较差

(四) 估计竞争者的反应

评估竞争者在遇到攻击时可能采取什么行动或做出何种反应，有助于企业正确地做出应对。竞争者的反应可能受到经营哲学、企业文化、心理状态等因素的影响。从心理状态角度看，竞争中常见的反应类型有以下几种。

1. 从容型竞争者

这类竞争者反应不强烈，行动迟缓，原因可能是其认为顾客忠实于自己的产品；也可能是其重视不够，没有发现对手的新措施；还可能是缺乏资金，没有做出反应的能力。企业应调查清楚导致竞争者从容不迫的原因。

2. 选择型竞争者

这类竞争者只对某些攻击反应强烈，对其余竞争行动则不做回应。如对降价竞销总是强烈反击，但对其他方面（如增加广告预算、加强促销活动等）却不予理会。了解竞争者会在哪些方面做出反应，有利于企业选择最为可行的攻击方案。

3. 强劲型竞争者

这类竞争者对任何方面的进攻都会做出迅速、强烈的反应。如美国的宝洁公司就是一个强劲的竞争者，一旦受到挑战就会立即发起猛烈的全面反击，因此同行业企业都避免与其正面交锋。

4. 随机型竞争者

这类竞争者的反应令人难以捉摸，其在某种特定条件下可能做出回应，也可能不会反击，并且无法预料其下一步行动。例如，伊利对蒙牛的大多数竞争行为不做强烈回应，但在争取2008年北京奥运会赞助商时，伊利却迅速出手并如愿以偿，使蒙牛与奥运会赞助商失之交臂。

阅读参考：万家乐与神州之战

万家乐和神州之间的广告战曾一度僵持不下，其结果是推动了双方品牌知名度的提升及市场份额的增长。最初，神州燃气热水器的广告词是“神州热水器，安全又省气”。万家乐从广东本地媒体上看到这则广告后，针对神州的广告词，设计了一则“万家乐岂止是安全又省气”的广告予以反击。后来，广告宣传战不断升级，一直打到了中央电视台。万家乐请香港明星汪明荃作为形象代言人，大肆宣传其产品，而神州也不甘示弱，借调整产品线之机，从意大利引进新产品生产线，同时请香港明星沈殿霞代言。再后来，神州又出新招，设计了“款款神州，万家追求”这一富有竞争性的广告词。万家乐得知这一消息后，同样制作了很有寓意的广告语反唇相讥：“万家乐崛起神州，挑战海外”。

资料来源：http://www.docin.com/p－510988523.html。

（五）竞争者选择

企业在明确谁是主要竞争者并分析竞争者的优势、劣势和反应之后，就要对将要进攻的竞争者进行选择。企业可根据以下几种情况做出决定。

1. 竞争者的强弱

攻击弱竞争者在提高市场占有率方面所耗费的资金和时间较少，但能力提高和利润增加也较少；攻击强竞争者可以提高企业的生产、管理和促销能力，更大幅度地扩大市场占有率并且获利较大，但是有一定的难度和风险。

2. 竞争者与本企业的相似程度

多数企业主张与近似的竞争者展开竞争，但同时又认为应避免摧毁那些近似的竞争者，因为这样很可能引来更难对付的强大竞争者。例如，美国博士伦眼镜公司20世纪70年代末在与其他生产隐形眼镜的公司的竞争中大获全胜，导致竞争者完全失败而竞相将企业卖给了竞争力更强的大公司，结果使博士伦公司面对更强大的竞争者，处境更困难。

3. 竞争者表现的好坏

波特认为，每个行业都有良性竞争者和恶性竞争者。企业应理智地支持良性竞争者，攻击恶性竞争者。良性竞争者的特点是：遵守行业规则和市场秩序；对行业增长潜力所提出的设想切合实际；按照与成本的关系合理定价；喜爱健全的行业；把自己限制在行业的某一部分或细分市场里；推动他人降低成本，提高差异化；接受为他们的市场份额和利润规定的大致界限。“恶性”竞争者的特点是：违反行业规则，破坏市场秩序；企图靠花钱购买而不是靠努力去扩大市场份额；敢于冒大风险；生产能力过剩仍然继续投资。总之，恶性竞争者会打破行业平衡，给全行业带来麻烦。

企业应该在顾客导向和竞争者导向之间寻求平衡。以竞争者为导向的企业是指其行动基本上由竞争者的行动与反应所支配，会花大量的时间在各个市场上逐个跟踪竞争者的行动及市场份额，并根据竞争者的行动来确定自己的行动方向。以顾客为导向的企业更多地关注目标市场上顾客的需求及其变化，因而能够更好地识别有利可图的市场机会，并设计具有长远意义的战略方案。相比之下，奉行顾客导向的企业往往能够做得更好。

显而易见，处在一个行业之中的企业，既要密切注意竞争者的举动，更要关注目标市场上顾客的需求及其变化。

第二节　基本竞争战略

制定竞争战略的实质就是将一个企业与其所处环境建立联系。环境中的关键部分主要由企业所在的相关行业、行业结构及行业竞争状态构成。就市场竞争的普遍规律而言，企业增强竞争能力、争取竞争优势的基本竞争战略有 3 种：成本领先战略、差异化战略和集中化战略，如图 6—3 所示。

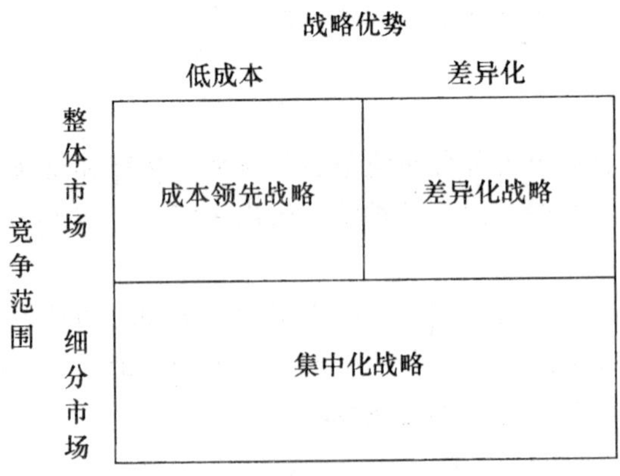

图 6—3　基本竞争战略

一、成本领先战略

成本领先战略是指企业主要依靠追求规模经济、专有技术和优惠的原材料等因素，以低于竞争对手或行业平均水平的成本提供产品或服务，来获得较高利润和较大市场份额。企业凭借其成本优势，可以在激烈的市场竞争中获得较为有利的竞争优势。

（一）成本领先战略的优势和风险

1. 优势

企业采用成本领先战略可以有效应对行业中的5种竞争力量，具体而言，其优势在于：首先，当企业与行业内的竞争对手进行价格战时，由于企业的成本较低，可能会在竞争对手毫无利润的水平上依然保持盈利和领先的竞争地位。其次，低成本可以使企业在面对供应商和购买者时拥有较高的讨价还价能力，还为企业的潜在进入者设置了较高的进入障碍，削弱了新进入者的竞争力。最后，低成本使得企业可以采取降低价格的办法保持现有的顾客，提高顾客使用替代品的转换成本，降低或缓解替代品的威胁，使企业处于有利地位。

2. 风险

保持成本领先地位要求企业花费高昂价格购买现代化的设备，这使得企业面临初期亏损。这一战略的风险可以归纳为以下2个方面：一方面，如果竞争者掌握了更先进的技术，则会使企业成本方面的优势不复存在，前期高额投资的收益率急剧下降，使得原有的优势变为劣势。另一方面，有些低成本企业将注意力过多放在成本上，忽视了顾客的需求，如果企业的产品不被顾客接受或者顾客转变其需求，都会削弱企业的竞争力，甚至会被激烈的市场竞争淘汰出局。

（二）成本领先战略的适用条件

并不是所有企业都适合采用成本领先战略，成本领先战略有以下3个适用条件：(1) 企业所处行业的产品或服务基本上是标准化或者同质化的，且实现差异化战略的途径很少；(2) 产品的市场需求具有较高的价格弹性，即顾客对产品价格比较敏感；(3) 顾客的转换成本较低。

（三）成本领先战略的实现途径

1. 实现规模经济

根据经济学原理，在超过一定规模之前，产量越大，单位平均成本越低。因而，实现成本领先，通常应选择那些同质化程度高、技术成熟、标准化的产品进行规模化生产。

2. 做好供应商营销

供应商营销是指与上游供应商（如原材料、能源、零配件等厂家）建立起良好的协作关系，以便获得廉价、稳定的上游资源，并在一定程度上影响和控制供应商，对竞争者建立起资源型壁垒。企业在获取供应成本优势的同时，还应注重与供应商建立平等、互利的长期战略合作伙伴关系。

3. 塑造企业成本文化

一般来说，追求成本领先的企业应着力塑造一种注意细节、精打细算、讲究节俭、严格管理、以成本为中心的企业文化。企业在关注外部成本的同时，也要注重内部成本；不仅应把握好战略性成本，也要控制好作业成本，更要兼顾短期成本和长期成本。

4. 生产技术创新

生产技术创新是降低成本最有效的办法。一场技术革新和革命会大幅度降低成本，生产组织效率的提高也会带来成本的降低。

按照波特的思想，成本领先战略应该体现为相对于对手而言的低价格，但这并不意味着仅仅获得短期成本优势或仅仅是削减成本，而是一个“可控制成本领先”的概念。此战略成功的关键是在满足顾客认为最重要的产品特征与服务的前提下，实现相对于竞争对手的可持续性成本优势。换言之，实施低成本战略的企业必须找出成本优势的持续性来源，能够形成防止竞争对手模仿优势的障碍，这种低成本优势才长久。

二、差异化战略

差异化战略是企业通过提供与众不同的产品或服务，以满足顾客的特殊需求，形成竞争优势的战略。企业往往因其产品独特性而获得溢价。实现差异化可以有许多方式，如产品特色、产品风格、产品设计、品牌形象等。企业采取这种战略主要是依靠产品或服务的特色，而不是成本，但这并不是说企业可以忽略成本，只是强调此时的战略重心不是成本问题。

（一）差异化战略的优势和风险

1. 优势

企业实施差异化战略有以下优势：首先，差异化同样形成了进入障碍，潜在的进入者要与该企业竞争，需要克服这种产品的独特性。其次，由于差异化，顾客对该产品或服务有某种程度的偏爱和忠诚，大大降低了顾客对产品价格的敏感性，并增强了企业对顾客的讨价还价能力。再次，差异化给企业带来较高的边际收益，降低了企业的总成本，增强了企业对供应商的讨价还价能力。最后，差异化赢得了顾客的偏爱和忠诚，企业在面对替代品威胁时，可以处于较为有利的地位。

2. 风险

差异化战略也并非万无一失，企业在实施差异化战略时，通常面临以下几种风险：首先，实现产品差异化有时会与争取占领更大的市场份额相矛盾，它往往要求企业对于这一战略的排他性有思想准备。其次，形成产品差异化的成本较高，导致有些购买者难以承受产品价格，企业也就难以实现盈利。最后，竞争对手可能推出更有差异化的产品，使得企业的原有购买者转向竞争对手，这样就会降低企业的竞争优势。

（二）差异化战略的适用条件

差异化战略有以下适用条件：（1）企业可以通过多种途径创造出本企业产品的差异，并且对于顾客而言，这种差异是有价值的；（2）某一市场的顾客需求本身呈现出较大的差别，从而使这一市场的竞争强度相对较小；（3）采用类似差异化途径的竞争对手很少，即真正能够保证企业产品是差异化的；（4）技术变革很快，市场上的竞争主要集中在不断地推出新的产品特色；（5）企业具有足够的研发能力来支持其差异化。

（三）差异化战略的实现途径

企业实施差异化战略主要包括以下几种途径。

1. 产品差异化

产品差异化是指企业生产的产品在外观、质量、设计或性能上明显优于同类产品，从而形成竞争优势。对同行业的竞争对手来说，产品的核心价值是基本相同的，不同的是产品外观、质量、设计或性能。在满足顾客基本需求的情况下，通过不断地创新，为顾客提

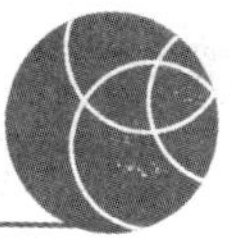

供独特的产品是差异化竞争战略追求的目标。

2. 服务差异化

服务差异化是指在某一行业，特别是服务型行业，企业针对不同顾客提供特殊性、个性化、情感性等特色服务。创造差别化服务对顾客的偏好具有特殊意义，是企业赢得顾客、扩大市场份额、在激烈的市场竞争中站稳脚跟的重要策略。

3. 人员差异化

雇用并培训优秀的员工可使企业获得明显的竞争优势。优秀员工通常具备胜任、礼貌、可信、可靠、反应敏捷、善于交流等特征。

4. 渠道差异化

企业的分销渠道也可以实现差异化，尤其是在覆盖面、专业化和绩效等方面。如戴尔电脑通过高质量的直销渠道实现差异化，取得了巨大的成功，顾客与企业的联系只要通过电话或者互联网即可实现，非常方便快捷。

5. 形象差异化

形象差异化是指企业通过实施品牌战略和形象战略而产生的差异。企业通过强烈的品牌意识、成功的形象战略，借助媒体的宣传，可以在顾客心目中树立起良好的形象，从而培养顾客认可、购买某品牌的习惯，把企业的品牌和形象根植于顾客的心中。

阅读参考："海底捞"火锅的服务差异化

一般的餐馆在顾客吃完饭后只会送上一个果盘，但在"海底捞"，若顾客向服务员提出再给一个果盘的要求，服务员会面带笑容地说没问题，并立即把果盘送给顾客。服务员有时候还会给顾客送一两袋豆子或几片口香糖。虽然这些小恩惠不值多少钱，但却使顾客感到满意、欣喜和感动，在顾客心里种下"下次还来"和"告诉朋友"的种子。诸如此类的个性服务细节在"海底捞"还有很多，"海底捞"通过这些服务树立了其服务差异化的品牌，顾客回头率很高。

资料来源：http://www.docin.com/p—531988414.html，经编者整理、分析而成。

三、集中化战略

集中化战略是指把营销活动的重点集中在一个或少数几个性质相似的特定目标市场上，为特定的地区或特定的购买者集团提供特殊的产品或服务的一种战略。集中化战略有两种形式：一种是企业寻求目标市场上的成本领先优势，称为成本集中战略；另一种是企业寻求目标市场上的差异化优势，称为差异化集中战略。从具体的战略目的来讲，成本领先战略与差异化战略都着眼于在全行业范围或整体市场上谋求竞争优势，集中化战略则以前两者为基础在特定的目标市场上谋求竞争优势。

（一）集中化战略的优势和风险

1. 优势

同成本领先战略和差异化战略一样，采用集中化战略也可以使企业获得高于行业平均水平的利润。集中化战略的优势主要表现在：首先，企业可以集中使用自身资源和力量，更好地服务于某一特定市场。其次，企业可以避开行业中的各种竞争力量，针对竞争对手最薄弱的环节采取行动，如根据消费者不断变化的需求形成产品的差异化优势，或者在为该目标市场的专门服务过程中降低成本，形成成本优势，或者兼而有之。最后，集中化战略目标集中、明确，经济成果易于评价，战略管理过程易于控制，从而带来管理上的便利。

2. 风险

企业在实施集中化战略时，也面临着风险，主要表现在以下几方面：首先，由于企业将全部力量和资源都投入一种产品、服务或一个特定的市场，当顾客偏好发生变化、技术出现创新或有新的替代品出现，进而导致这部分市场对产品或服务的需求下降时，企业就会受到很大冲击。其次，以较宽的市场为目标的竞争者采用同样的集中化战略，或者竞争者从企业的目标市场中找到了可以再细分的市场，并以此为目标实施集中化战略，就会影响企业的竞争优势。最后，产品销量减少，产品要求不断更新，造成生产费用增加，会导致采用集中化战略的企业成本优势被削弱。

（二）集中化战略的适用条件

企业实施集中化战略需要以下几个适用条件：（1）企业进入的目标市场中有独特的顾客群，这些顾客群有独特需求；（2）在同一目标市场中，竞争对手不打算实行或尚未采用集中化战略；（3）行业中各细分部门在规模、成长率、获利能力方面存在很大差异，致使某些细分部门比其他部门更具有吸引力；（4）企业的资源不允许其追求广泛的细分市场；（5）行业内部存在许多不同的细分市场，因而允许实施集中战略的企业选择诱人的细分市场，以充分发挥自己的优势。

（三）集中化战略的实现途径

集中化战略有效实施的核心在于选择好的领域。目标领域的选择关键在于 2 个环节：一是根据选定的标准对市场进行细分；二是在市场细分的基础上，分析其他企业的力量分布和自身竞争优势。在确定目标领域时，可以从 2 个方面加以考虑：第一，市场细分确定的目标领域能容纳企业的生产能力，并且有逐步发展的潜力，以形成适应企业生存发展的市场推动力；第二，目标领域能避开竞争或能发挥本企业的竞争优势。

目标领域的确定，最为理想的状态是能完全避开竞争对手。但通常情况下这种状态很难达到，这时目标领域的确定就需要通过对竞争对手和自身优势的合理评估来进行。尽管通常情况下企业无法建立全方位的竞争优势，但都能或多或少集中资源在特定的市场区域、生产区间、顾客群体中建立某一方面的竞争优势。企业应该选择适于自己优势发挥的目标领域，集中资源使自己形成与竞争对手不同的特征，以吸引特定的顾客。

第三节　市场竞争战略

市场竞争战略是指企业依据自己在行业中所处的地位，为实现竞争优势或适应竞争形势而采用的各种具体的行动方式。菲利普·科特勒根据企业的竞争地位，将竞争者分为 4

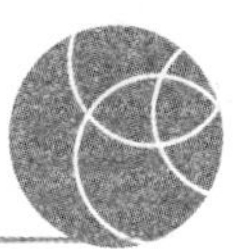

类：市场领导者、市场挑战者、市场跟随者和市场补缺者。各类竞争者的地位可以通过其所占市场份额来判断，表 6—3 中的假设数据是一个直观的例子。

表 6—3　　假设的市场份额结构

市场领导者	市场挑战者	市场跟随者	市场补缺者
40%	30%	20%	10%

一、市场领导者战略

市场领导者是指在相关产品的市场上占有最大的份额，在价格变化、新产品开发、分销渠道建设和促销战略等方面对本行业其他企业起着领导作用的企业。如世界著名的微软公司、宝洁公司、可口可乐公司等都可以视为各自行业的领导者。

尽管市场领导者的地位给企业带来很多好处，但同时也让企业承受更大的压力。因为其他企业会不断地发起挑战，或者企图攻击其弱点，使其失去优势。市场领导者要保持竞争优势，应对其他对手的进攻，有以下几种战略可供选择。

（一）扩大市场总需求

市场领导者占有的市场份额最大，在市场总需求扩大时受益也最多。企业可通过以下几种途径扩大市场需求量。

1. 开发新用户

每种产品都有吸引新用户、增加用户数量的潜力，这是因为某种产品可能有些顾客还不甚了解、产品定价不合理或者产品性能还有缺陷等。企业开发新用户可以考虑 3 种途径：（1）转变未使用者，即说服那些尚未使用本企业产品的顾客使用，把潜在顾客转变为现实顾客，比如香水制造商可以说服不使用香水的女性开始使用香水；（2）进入新的细分市场，企业在原细分市场的需求饱和后可设法进入新的细分市场，扩大原有产品的适用范围，说服新细分市场的顾客使用本企业产品，如香水制造商可以说服男士使用香水；（3）地理扩展，即寻找尚未使用本企业产品的地区，开发新的地理市场。

阅读参考：强生公司向成年人推销婴儿洗发精

强生公司是著名的婴儿日用品生产商，由于美国 20 世纪 60 年代以后，出生率下降，婴儿用品市场逐步萎缩。为摆脱困境，强生公司决定针对成年人发动一场广告攻势，向成年人推销婴儿用品。在周密的营销策划及强大的广告攻势下，婴儿洗发精在成年人市场上的销量不断上升。不久，该品牌的婴儿洗发精就成为整个洗发精市场的领导者。

资料来源：http://knowledge.cnexp.net/yingxiao－lilun/13_46_03_636.html，经编者整理、分析而成。

2. 开辟新用途

开辟新用途是指设法找出产品的新用法以增加销售量。比如，食品生产者常常在包装上标明多种食用或烹制方法，有冷食、热食、浸泡、炸炒、干食等。另外，有些产品的新用途往往是顾客在使用中发现的，企业应及时了解和推广这些新发现。例如，凡士林刚开始上市时，被作为机器设备的润滑剂，但数年之后，使用者逐渐发现该产品有多种用途，如可作为皮肤软膏、伤口复原剂等。

市场领导者的任务在于注意顾客对产品的使用方式，此种做法对工业品和消费品同样适用。相关研究发现，很多工业产品的构想都是由顾客提出的。因此，系统收集顾客的需求与意见是很重要的，它有助于新产品的开发，也有助于市场领导者扩大整个市场。

3. 增加使用量

促使用户增加使用量是扩大需求的一种重要手段。企业可以采取以下几种手段增加使用量：提高使用频率；增加每次使用量；增加使用场合。例如，法国的一家轮胎公司曾通过宣传法国南部的旅游资源，并出版了有详细地图的旅游指南，引导人们更多地开车去南部旅游，以增加轮胎的消耗量。又如，宝洁公司声称在使用海飞丝香波洗发时，每次将使用量增加一倍效果更佳。

（二）保护现有市场份额

占据市场领导地位的企业在努力扩大总需求的同时，还必须时刻警惕，保护自己已取得的市场份额不被竞争者抢占。企业可采取以下策略保护现有市场份额。

1. 阵地防御

阵地防御是指围绕企业目前的主要产品和业务建立牢固的防线，根据竞争者在产品、价格、渠道和促销方面可能采取的进攻战略制定自己的预防性营销战略，并在竞争者发起进攻时坚守原有的产品和业务阵地。这是一种静态的防御，是防御的基本形式，在许多情况下是有效的、必要的。但是，单纯依靠这种防御则容易陷入产品导向的思维。企业更重要的任务是技术创新、新产品开发和扩展业务领域。

2. 侧翼防御

侧翼防御是指市场领导者除保卫自己的阵地外，还应建立某些辅助性的基地作为防御阵地，并在必要时作为反攻基地。评估任何潜在的威胁是进行侧翼防御必不可少的。

3. 以攻为守

以攻为守是一种先发制人的防御，即在竞争者尚未构成严重威胁或在其向本企业采取进攻行动前主动做出战略进攻，以削弱或挫败竞争者。这种战略主张“预防”胜于“治疗”，以达到事半功倍的效果。具体做法是，当竞争者的市场占有率达到某一危险的高度时，就对其发起攻势；或者对市场上的所有竞争者进行全面出击。当然，企业如果对自己的技术或品牌声誉有充分的信心，自信能承受某些攻击，也可以沉着应战，不轻易主动进攻。

4. 反击防御

反击防御是指当企业的市场主导地位遭到对手发动降价、促销攻势或改进产品、占领市场阵地等进攻时，不是仅仅被动应战，而是主动反攻入侵者的主要市场阵地。企业可实行正面反击、侧翼反攻，或发动钳形攻势以切断进攻者的后路。当市场领导者在其本土遭到攻击时，一种很有效的方法是进攻攻击者的主要领地，以迫使其撤回部分力量守卫本土。

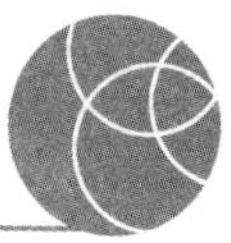

5. 机动防御

机动防御是指市场领导者不仅要固守现有的产品和业务，还要扩展到一些有潜力的新领域，以作为将来防御和进攻的中心。市场扩展可通过两种方式实现：(1) 市场扩大化，即企业将注意力从目前的产品上转到有关该产品的基本需要上，并全面研究与开发有关该项需要的科学技术；(2) 市场多元化，即向其他无关的市场扩展，实行多元化经营。

6. 收缩防御

收缩防御是指企业主动从实力较弱的领域撤出，将力量集中于实力较强的领域。当企业无法坚守所有的市场领域，并且由于力量过于分散而降低了资源效益的时候，可采取这种战略。

(三) 扩大市场份额

一般而言，当单位产品的价格不降低且经营成本不增加时，企业利润会随着市场份额的扩大而提高。但是这并不表示提高市场份额就会自动增加利润，企业还应考虑以下 3 个因素。

1. 经营成本

研究表明，当市场份额持续增加且未超出某一限度的时候，企业利润会随着市场份额的提高而提高；当市场份额超过某一限度仍然继续增加时，经营成本的增加速度就大于收益的增加速度，企业利润就会随着市场份额的提高而降低，主要原因是用于提高市场份额的费用增加。因此，为了获得最大利润，企业的市场份额应保持在一定限度之内。

2. 营销组合

企业在争取较高市场份额时，可能奉行了错误的营销组合策略，如过分降价，过多支出广告费、销售员奖励费，承诺过多的服务项目导致服务费大量增加等。在这种情况下，市场份额的提高反而会造成利润降低。

3. 反垄断法

为了保护自由竞争，防止出现市场垄断，许多国家的法律规定，当某一企业的市场份额超出一定限度时，就要强行将其分解为若干个相互竞争的企业。因此，企业要在自己的市场份额接近临界点时主动加以控制。

总之，市场领导者必须善于扩大市场总需求，保护自己的市场阵地，防御挑战者的进攻，并在确保收益增加的前提下，提高市场占有率。只有这样，才能持久地保持市场领导地位。

二、市场挑战者战略

市场挑战者是指那些在市场上处于次要地位（第二、第三甚至更低地位）的企业。这些竞争者可以采用两种战略：一是争取市场领先地位，向比自己强大的竞争者发起挑战；二是安于次要地位，在共处的状态下求得尽可能多的收益。每个处于市场次要地位的企业，都要根据自己的实力和环境提供的机会与风险，决定自己的竞争战略是挑战还是跟随。

（一）确定战略目标和挑战对象

战略目标同挑战对象密切相关，对不同的挑战对象有不同的目标和战略。一般来说，挑战者有以下 3 种情况可供选择。

1. 攻击市场领导者

攻击市场领导者风险很大，但吸引力也很大。特别是当市场领导者在其目标市场的服务效果较差而令顾客不满或对某个较大的细分市场未给予足够重视时，采用这一进攻方式带来的利益更为显著。此外，市场挑战者还可以开发出超越市场领导者产品的新产品，以更好的产品来夺取市场的领先地位。

2. 攻击与自己实力相当者

挑战者对那些与自己势均力敌的企业，可选择其中经营不善而发生亏损者作为进攻对象，设法夺取其市场阵地。特别是当一个同等规模的企业出现经营不善、财力短缺时，是挑战者扩大市场份额的最佳时机。

3. 攻击地方性小企业

大企业对那些经营状况欠佳的地方性中小企业，可以进行收购、兼并，以壮大自身的实力和市场占有率。例如，青岛啤酒集团公司就是靠兼并地方啤酒企业成长到现在规模的。

总之，战略目标可以因挑战对象不同而有所不同。如果以市场领导者为挑战对象，则目标为夺取一定的市场份额；如果挑战对象为地方性小企业，则目标可能是将其逐出市场。

（二）选择进攻战略

在确定了战略目标和挑战对象之后，挑战者还需要考虑采取什么进攻战略。挑战者在向目标市场出击时应遵循“密集原则”，即把优势资源集中在关键的时刻和地点，以达到最佳效果。这里有 5 种战略可供选择。

1. 正面进攻

正面进攻就是集中全力向竞争对手的主要市场阵地发起进攻，即进攻对手的强项而不是弱点。在这种情况下，可以采用两种措施：一种是进攻者在产品、广告、价格等主要方面大大超越对手，正面进攻的胜负取决于双方力量的对比；另一种是投入大量的研究与开发经费，使产品成本降低，从而以降低价格的手段向对手发动进攻。

2. 侧翼进攻

侧翼进攻就是集中优势力量攻击对手的弱点。有时可采取声东击西战略，佯攻正面，实际攻击侧面或背面。侧翼进攻可细分为以下两种策略：(1) 地理性的侧翼攻击，即对经济力量薄弱的地区发起进攻；(2) 细分性侧翼进攻，即寻找领先企业尚未为之服务的细分市场，针对被忽略的消费者需求，推出竞争对手所没有的差异性产品。侧翼进攻是一种最有效、最经济的战略，比正面进攻有更多的成功机会。

3. 包围进攻

包围进攻是一种全方位、大规模的进攻战略，即在多个领域同时发动进攻以夺取对手的市场。挑战者拥有优于对手的资源，并确信包围计划的完成足以打垮对手时，可采用这种战略。包围进攻可细分为以下两种策略类型：(1) 产品围攻，即进攻者推出大量品质、

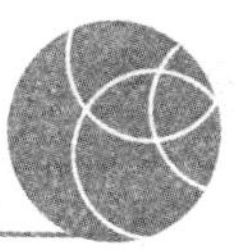

款式、功能、特性各异的产品，加深产品线来压倒竞争对手；（2）市场围攻，即进攻者努力扩大销售区域来攻击竞争对手。

4. 迂回进攻

迂回进攻是一种间接的进攻战略，即完全避开对手的现有阵地。具体方法有以下 3 种：（1）开发无关的产品，实行产品多元化；（2）以现有产品进入新地区的市场，实行市场多元化；（3）发展新技术、新产品，以取代现有产品。

5. 游击进攻

游击进攻即向对手的有关领域发动小规模的、断断续续的进攻，逐渐削弱对手，使自己牢固地占领市场。此种战略适用于规模较小、力量较弱的企业，主要方法是在某一局部市场上有选择地降价、密集促销等。游击进攻不可能彻底地战胜竞争对手，它必须以较强大的进攻为后盾。所以，市场挑战者往往会在准备发动较大的进攻前，先依靠游击进攻作为全面进攻的战略准备。

三、市场跟随者战略

市场跟随者是指那些在产品、技术、价格、渠道和促销等大多数营销战略上模仿或跟随市场领导者的企业。在很多情况下，市场跟随者可让市场领导者和挑战者承担新产品开发、信息收集和市场开发所需的大量经费，从而能分享已有的市场资源、减少支出和风险并避免向市场领导者挑战可能带来的重大损失。方太集团董事长茅理翔就曾说：“能长久当老二，也是一个成功者、胜利者。”正是这样理性的选择，使得方太厨具抵挡住了降价竞争、多元化发展和争夺行业老大的诱惑，坚守企业的战略定位和行业定位并获得了较好的发展。市场跟随者有以下 3 种战略可供选择。

（一）紧密跟随

紧密跟随指在各个细分市场和产品、价格、广告等营销组合战略方面尽可能效仿市场领导者。紧密跟随者有时好像是挑战者，但只要不从根本上侵犯领导者的地位，就不会发生直接冲突，有些紧密跟随者甚至被看成是靠拾取市场领导者的残余市场谋生的寄生者。

（二）距离跟随

距离跟随指在目标市场、产品创新及分销渠道等主要方面模仿市场领导者，但在包装、广告、价格上又保持一定的差异。如果模仿者不对市场领导者发起挑战，市场领导者一般不会介意。距离跟随战略在钢铁、化工等行业中较为常见，这是因为产品同质化、服务相近，企业不易实行差异化战略，这就导致顾客价格敏感性高，随时可能爆发价格战。

（三）选择跟随

选择跟随指在某些方面跟随市场领导者，但在另外一些方面又自行其是。也就是说，这种企业不是盲目跟随市场领导者，而是有选择地跟随，同时发挥自己的独创性，避免与市场领导者正面交锋。这类跟随者有可能发展成为挑战者。

虽然跟随战略的风险较小，但也存在明显缺陷。研究表明，市场份额处于第二、第三和以后位次的企业与市场领先者相比，在投资报酬率方面有较大的差距。总之，每个市场跟随者都必须懂得如何维护现有顾客，并争取一定数量的新顾客；必须设法给自己的目标市场带来某些特有的利益；必须尽力降低成本并保持较高的产品质量和服务质量。

四、市场补缺者战略

市场补缺者又称市场利基者，是指精心服务于被大企业忽略的某些细小市场，不与主要企业竞争，通过专业化经营来占据有利市场地位的企业。市场利基者的作用是拾遗补缺，虽然在整体市场上仅占很少的份额，但是比其他企业更充分地了解和满足某一细分市场的需求。当企业处于发展初期，比较弱小时，大多采用市场补缺者战略。

（一）补缺市场的特征

规模较小且大企业不感兴趣的细分市场称为补缺市场，也称利基市场。理想的补缺市场具备以下特征：

（1）具有一定的规模和购买力，能够盈利。

（2）具备发展潜力。

（3）强大的竞争者对这一市场不感兴趣。

（4）企业具备向这一市场提供优质产品或服务的能力和资源。

（5）企业在顾客中建立了良好的声誉，能够抵御竞争者入侵。

（二）市场补缺者的战略

市场补缺者发展的关键是实现专业化，下面是几种可供选择的专业化方案：

（1）最终用户专业化：即企业专门致力于为某类最终用户服务，如计算机行业中有些小企业专门针对某一类用户（如诊疗所、银行等）进行市场营销。

（2）垂直专业化：即企业专门致力于分销渠道中的某些层面。

（3）顾客规模专业化：即企业专门为某一种规模（大、中、小）的客户服务，如有些小企业专门为那些被大企业忽略的小客户服务。

（4）特定顾客专业化：即企业只为一个或几个主要客户服务。

（5）地理区域专业化：即企业专为国内外某一区域或地点服务。

（6）产品或产品线专业化：即企业只生产一大类产品，如美国的绿箭公司专门生产口香糖。

（7）产品特色专业化：即企业专门生产具有某种特色的产品。

（8）客户订单专业化：即企业按照客户订单生产特制产品，比如企业按照顾客要求进行房屋装修。

（9）质量和价格专业化：即企业专门生产、经营某种质量和价格的产品，如专门生产高质高价产品或低质低价产品。

（10）服务专业化：即企业专门提供某一种或几种其他企业没有的服务项目。

（11）分销渠道专业化：即企业专门服务于某一类分销渠道，如专门为航空公司的旅客提供食品。

（三）市场补缺者的任务

市场补缺者是弱小者，面临的主要风险是当竞争者入侵或目标市场的消费习惯发生变

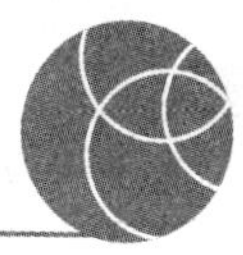

化时有可能陷入绝境。市场补缺者的任务主要有以下 3 项。

1. 创造补缺市场

市场补缺者要根据动态的市场环境，努力开发专业化程度更高的新产品，从而创造出更多需要这种专业化产品的市场需求者。例如，著名的运动鞋制造商耐克公司，不断开发出适合不同运动项目的特殊运动鞋，如登山鞋、旅游鞋、篮球鞋等，开辟了新的补缺市场。

2. 扩大补缺市场

市场补缺者在开发出特定的专业化产品、赢得在特定市场的竞争优势之后，还要进一步提高产品组合的深度，努力增加新的产品项目，以迎合更多具有特殊需要的市场购买者的偏好，提高市场忠诚度和市场占有率。

3. 保护补缺市场

市场补缺者还要密切关注竞争者的动向，如果有新的竞争者进入，仿制企业产品，争夺市场阵地，市场补缺者必须及时采取相应的策略，全力以赴保住市场的领先地位。

本章小结

企业若想制定有效的竞争战略，首先要对其所处的行业和竞争者有明确的认识并选择合适的竞争对手。5 种竞争力量共同决定了行业的吸引力和盈利能力。这 5 种力量分别是现有企业间的竞争、潜在进入者的威胁、替代产品的威胁、购买者的讨价还价能力及供应商的讨价还价能力。

在分析竞争者时，可以从行业竞争观念和市场竞争观念两个角度来对竞争者进行识别。就行业竞争观念而言，从经济学的角度出发，行业结构会影响行业内的竞争强度。决定行业结构的主要因素有：销售商数量及产品差异化程度；进入与流动障碍；退出与收缩障碍；成本结构；纵向一体化程度；全球化程度。从市场竞争观念来看，竞争者是那些满足相同市场需求或服务于同一目标市场的企业。以市场观念分析竞争者，可使企业拓宽眼界，更广泛地看清自己的现实竞争者和潜在竞争者，从而有利于企业制定长期的战略规划。

在识别竞争者之后，企业还要进一步研究竞争者的战略、目标、优势与劣势及反应，并最终确定自身的竞争对手。对竞争者进行分析与选择时，可以从 5 个方面考虑，即识别竞争者的战略、确定竞争者的目标、评估竞争者的优势和劣势、估计竞争者的反应、竞争者选择。企业的基本竞争战略有 3 种：成本领先战略、差异化战略和集中化战略。

市场竞争战略是指企业依据自己在行业中所处的地位，为实现竞争优势或适应竞争形势而采用的各种具体的行动方式。菲利普·科特勒根据企业的竞争地位，将竞争者分为 4 类：市场领导者、市场挑战者、市场跟随者和市场补缺者。企业在参与竞争的过程中，不同的竞争者都有各自可以选择的战略。

思考题

1. 简述迈克尔·波特的5种竞争力模型。
2. 如何对竞争者进行分析?
3. 基本竞争战略的主要内容有哪些?
4. 市场竞争战略有哪些?
5. 简述市场领导者的概念及可选择的战略。
6. 简述市场挑战者的概念及可选择的战略。
7. 简述市场跟随者的概念及可选择的战略。
8. 简述市场补缺者的概念及可选择的战略。

第四部分
购买行为与目标市场选择

第七章　市场与购买者行为

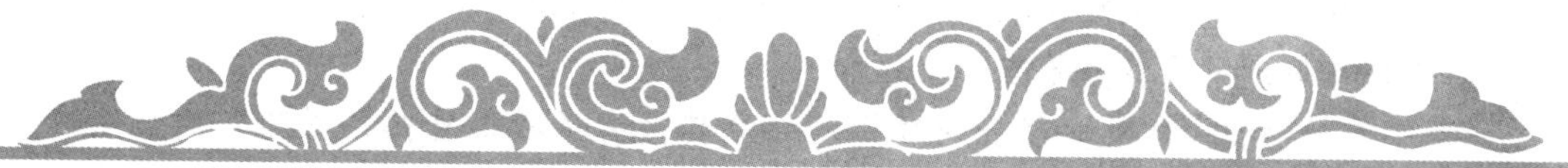

学习目标

1. 了解市场的构成与类型；
2. 掌握影响消费者购买行为与组织市场购买行为的相关因素；
3. 掌握消费者市场的购买决策流程，了解组织市场的购买决策流程。

导学案例

永远的“苹果”

30年前，苹果公司推出了Macintosh，承诺将科技的创造力赋予每个人，也鼓舞了众多创新人士不断改变世界。30年的时间轴铭记了其中一部分先驱者，以及他们带来的深远影响。iPhone手机、iPad触屏式平板电脑、Mac电脑、iPod随身听等，无论是拥有哪一项苹果公司生产的产品，这些“苹果”热爱者们如磐石般忠实于这个品牌。“果粉”一词的出现也许是对乔布斯的另外一种加冕，但在每个“果粉”的心目中，“苹果”不只是一个品牌，更是一种信仰。

如果说可口可乐是“资本主义的精髓”，那么“苹果”则是如今世界潮流文化的标志。而对于科技界，乔布斯的“苹果精神”则更体现在他对产品的态度上。乔布斯用一次又一次的技术革命告诉科技界，把产品做复杂很容易，但把产品做简单却很难。是什么使得“苹果”的购买者如此忠诚?“果粉”会简单地告诉你“苹果”产品做得更多更好，或者说它们更方便实用。所有用过“苹果”的人都会觉得，“苹果”的操作方式永远是最简单、最贴心的，它比你更懂你自己。苹果公司将理解消费者和明确其内心的真正需求置于首要地位。

“你在用‘苹果’产品的时候不知注意没有，它滚动条的滚动方式和一般计算机上那种鼠标滚轮滚动几下，屏幕就滚动几下不同，苹果的屏幕有一种惯性，这种惯性带来的是一种流畅的用户体验。把用户体验放在第一位，才是让‘苹果’成为一种生活习惯根植人心的根本原因。”

如果说iPhone是重新发明了手机，那么iPad则是重新发明了电脑。iPad取得了史无前例的成功，这块能够弹钢琴、玩游戏的玻璃，对人们操作电脑的方式带来了颠覆性的改变。一个由智能手机主导的移动互联网时代加上一个由App Store为代表的成熟的商业模式，乔布斯重新定义了整个通信产业。

“苹果”对消费者和他们需求的敏锐感知使其拥有了凝聚狂热“果粉”的核心成分。在美国的一次消费者满意度调查中，“苹果”得到了“领导市场消费者满意度”85分的高分——个人电脑行业有史以来的最高分。

苹果公司的案例说明了很多层面的因素都会影响消费者的购买行为。购买行为绝不简单，但理解它是营销者的一项基本任务。

资料来源：百度百科，经编者整理、分析而成。

第一节　市场构成与类型

一、市场的概念

企业的市场营销过程就是满足顾客需求的过程，要想满足顾客的需求，首先要能识别

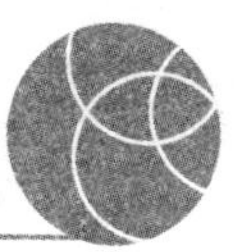

顾客的需求；而要想识别顾客的需求，就必须对顾客行为进行科学的分析。对于企业来说，市场是其最需要关注的部分，因为在市场导向的企业中，市场是其营销活动的出发点和归宿。能否正确地认识市场的特征和作用、了解市场购买者的行为，关系到企业能否制定正确的营销方案和企业的兴衰存亡。

在企业营销者看来，市场是对特定产品有欲望、有购买能力的特定的顾客群体。即市场营销学是从卖者的角度来认识和理解市场的含义的，在市场营销学里，卖者的集合构成行业，买者的集合构成市场。因此，市场是一切具有特定的欲望和需求，并且愿意和能够以交换来满足此欲望和需求的潜在的和现实的顾客。从这个意义上说，市场包括人口、购买力和购买欲望 3 个基本要素。

（一）人口

需求是人的本能，因此对物质生活资料及精神生活资料的需求是人类维持生命的基本条件。哪里有人，哪里就有需求，就会形成市场。因而，人口的多少决定了市场容量的大小，人口的状况影响着市场需求的结构和内容。构成市场的人口因素包括总人口、性别、年龄结构、地理分布、家庭户数和家庭人口数、职业和文化程度、民族与宗教信仰等多种具体因素。

（二）购买力

购买力是指人们支付货币购买商品或服务的能力。人们的消费需求是通过用手中的货币购买商品或服务来实现的，因此，在人口状况既定的条件下，购买力就成为决定市场容量的重要因素之一，市场的大小直接取决于购买力的高低。一般情况下，购买力受人均国民收入、消费结构、个人收入、社会集团购买力、平均消费水平等因素的影响。

（三）购买欲望

购买欲望是指消费者购买商品的愿望、要求和动机，它是把消费者的潜在购买力转变成现实购买力的重要条件。如果仅仅具备一定的人口和购买力，而消费者缺乏强烈的购买欲望，商品买卖仍然不能发生，市场也无法真实地存在。因此，购买欲望也是市场不可缺少的构成因素。

人口、购买力、购买欲望三者相互联系、相互制约，共同构成企业的微观市场。这种微观市场，是市场营销学关于市场研究的重点所在。

二、市场的构成

市场是由各种基本要素组成的一个有机体。正是这些要素之间的相关联系、相互作用，决定了市场的构成，推动着市场的现实运动。从宏观角度来看，市场主要包括以下要素。

（一）一定量的可交换的产品

这里的产品既包括有形的物质产品，也包括无形的服务，还包括各种商品化了的资源要素，如资金、技术、信息、土地、劳动力等。市场的主要活动是商品交换，所发生的经济联系也是通过商品的购买或售卖来实现的。因此，一定量的可交换的产品是市场的基本构成要素，也是市场存在的物质基础。如果没有可供交换的产品，市场也就不会存在。

(二) 为市场提供商品的卖方

商品不能自己到市场中去与其他商品进行交换，而必须由其所有者——出卖商品的当事人，即卖方带到市场上进行交换。在市场中，商品的所有者把他们的意志——自身的经济利益和经济需要，通过商品交换表现出来。因而，卖方或商品所有者就成为向市场提供一定量商品的代表，并作为市场供求中的供应方成为基本的市场构成要素之一。

(三) 商品需求及其人格化的代表者——买方

卖方向市场提供商品后，还需寻找既有需要又有支付能力的购买者。否则，商品交换是无法完成的，市场也就不复存在。因此，以买方为代表的市场需求是决定商品交换能否实现的基本要素。

商品、供给、需求作为宏观市场构成的基本要素，通过其代表者——买方和卖方的相互联系，推动着市场的总体运作。

从微观即企业角度考察，企业作为某种或某类商品的生产者和经营者，直接面对对该商品有购买需求的买方市场，深入了解企业所面临的市场状况，从中选择目标市场并确定进入目标市场的营销策略，从而进一步寻求潜在市场，是企业开展营销活动的前提。

三、市场的类型

从不同的角度，可以将市场划分为各种具体的类型。其中，按商品的属性，可以将市场划分为一般商品市场和特殊商品市场。一般商品市场指的是狭义的商品市场，又称货物市场；特殊商品市场是指为满足人们对资金及各种服务的需要而提供的市场，包括金融市场（或称资本市场）、劳动力市场、技术市场和信息市场等。

按照顾客购买的目的或用途不同，一般商品市场又可以分为消费者市场和组织市场两大类。

(一) 消费者市场

消费者市场又称消费品市场、最终消费品市场或生活资料市场，是指个人或家庭为满足生活需要而购买或租用商品的市场。它是市场体系的基础，是起决定作用的市场，也是现代市场营销理论研究的主要对象。

与组织市场相比，消费者市场具有以下主要特点：

(1) 从交易的商品看，商品的品种多样、生命周期较短；商品的专业技术性不强，具有较多的替代品，因而商品的价格需求弹性相对较大，即价格变动对需求量的影响较大。

(2) 从交易的规模和方式看，消费品市场分散、购买者众多、成交频繁，但交易数量零星。

(3) 从市场动态看，购买的流动性强。由于消费者的需求相对复杂多变，供求矛盾更易于发生；此外，城乡交往、地区间交往、国际交往的不断增加导致人口的流动性越来越大，购买的流动性也随之增强。

(4) 从购买行为看，消费者的购买行为具有很大程度的可诱导性，这是因为消费者在采取购买行为时，不像组织市场的购买决策那样，常常受到生产特征的限制及国家政策和计划的影响，消费者的购买行为具有自发性、感情冲动性；另外，消费者市场的购买者大

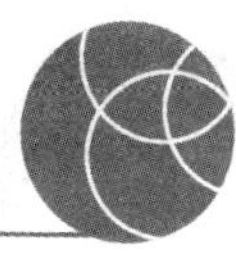

多缺少相应的商品知识和市场知识，其购买行为属于非专业性购买，他们对商品的选择受广告、营销宣传的影响较大。

（二）组织市场

组织市场由一切购买商品和服务并将其用于生产其他商品或服务以供销售、出租或供给他人的机构所组成，即以组织为购买和消费主体的市场。例如，制造商购买原材料和零部件是为了进一步加工成最终成品，而批发商和零售商购买产品则是为了转卖。一个国家内部除了最终消费者以外的所有购买者都属于组织购买者。组织市场又分为以下 4 种类型。

1. 生产者市场

这里的生产者包括商品的生产者和服务的生产者。生产者由一切购买商品和服务并将其用于生产其他商品或服务以供销售、出租或供应给他人的组织所构成。这个市场通常由以下行业组成：农林渔业、制造业、建筑业、交通运输业、邮政通信业、金融保险业、酒店餐饮业等。

2. 中间商市场

中间商市场由所有以营利为目的的从事转卖或租赁业务的个体和组织构成，包括批发商和零售商。批发商主要向零售商或者机构客户销售产品，零售商则向最终消费者出售产品。据统计，在美国大约有 150 万家零售商和 50 万家批发商在从事经营活动。

3. 机构市场

各类社会非营利性机构形成了这一细分市场，其追求的目标不是一般的利润、市场占有率或投资报酬率等企业目标。这些机构包括学校、医院、教会、工会、各类基金组织、各类协会和其他非企业组织。

4. 政府市场

政府市场包括从中央到地方的各级政府部门以及外国政府。政府通过税收、财政预算掌握了相当部分的国民收入，是市场上的重要客户。对任何一个组织来说，政府市场都是一个庞大的市场。

组织不同于个体，因此为组织购买与为自己或家庭购买是有很大区别的，理解组织购买行为的特点对于制定有效的营销方案以争取这类顾客具有极其重要的意义。组织市场与消费者市场相比较，主要有如下特点：

（1）购买者地理区域比较集中。这是由资源分布和竞争造成的。例如，我国有半数以上的产业购买者集中在全国的大中城市。购买者的这种地理区域集中有助于降低产品的销售成本。营销者需要注意的是，有些产业在进行地理位置的转移。

（2）购买者的数量少，但是购买规模大。一般来说，组织购买者的数量比消费品购买者少得多，但是，无论就单个组织购买者还是就组织市场整体而言，其购买的数量和金额都要比消费者市场大得多。如美国固特异轮胎公司在组织市场上的购买者主要是通用汽车公司、福特汽车公司和克莱斯勒汽车公司；在消费者市场上，它的购买者是 1 亿多汽车所有者。

（3）供求双方关系密切。由于组织市场的购买者少，大买主对供应商的影响不言而喻。于是，加强与组织市场的大客户的联系和沟通，就成为营销者的重要任务。近年来，供求双方的关系正在从对立走向合作。

（4）需求缺乏弹性。由于组织需求通常属于衍生需求，其对产品和服务的需求最终来源于消费者对消费品的需求，这导致许多组织的产品和服务需求缺乏弹性。因此，营销者要密切监视最终消费者的购买类型和影响他们购买的各种环境因素。

（5）决策过程复杂。组织购买中影响决策的人比消费品购买者中影响决策的人多得多，并且他们大都是某一方面的专家，有时组织的最高领导层也会参与决策。因此，营销者不得不雇用一些受过良好训练的销售代表，并经常用这支销售队伍与训练有素的采购人员打交道。

（6）需求波动大。在短期内，与消费者市场相比较，组织市场需求的波动幅度更大。消费者需求的一个小的上升或下降会使生产者对生产消费品所需要的设施和设备产生较大的需求。经济学家把这种现象称为加速原理。

（7）采购专业化。组织市场上的采购由受过专门训练的采购员或有经验的采购代理人来完成，他们通常拥有丰富的采购知识和经验，对所要购买的产品的性能、质量、规格和技术要求非常熟悉，对各个供应商也比较了解。

（8）直接采购。组织购买者往往直接从生产者那里订货而不经过中间商这一环节，尤其是那些技术复杂、风险较大的项目采购。

（9）互惠购买。组织购买者倾向于选择那些也从他们那里购买产品的供应商，即“假如你从我这里购买，我也将从你那里订货”。

（10）租赁购买。消费者通常是购买商品而不是租赁商品，但是许多组织购买者日益转向设备租赁而不是直接购买。租赁能够使组织减少资本的流出，得到供应商最新的产品和良好的服务，还可以获得税收上的优惠。

第二节　消费者购买行为

一、影响消费者购买行为的因素

现代市场营销理论认为，一个消费者在市场上为什么购买，购买什么商品，购买多少商品，何时、何地购买，以及怎样购买等是文化因素、个人因素、心理因素和社会因素等多方面因素综合作用的结果。

（一）文化因素

文化是决定人类欲望和行为的最基本的要素，对消费者的行为具有最广泛和最深远的影响。文化因素的影响包括购买者的文化、亚文化和社会阶层对购买行为所起的作用。

1. 文化

文化是在一定的物质、社会、历史传统基础上形成的特定的价值观念、信仰、思维方式、习俗的综合体，是人类欲望和行为最基本的决定因素。人们从小就生活在一定的文化中，在成长中学到了基本的价值、知觉、偏好和行为的整体观念。文化渗透在人们的观念、行为和思维方式中，进而影响人们的消费观念、消费内容和消费方式。不同的价值

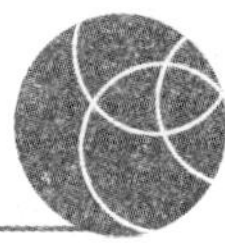

观、道德观、信仰和风俗习惯是影响人们消费行为的深层次原因。

2. 亚文化

每一种文化中都包含一定数目的亚文化群，它们是与特定的价值观和影响力相联系而形成的具有相同或相近生活格调和行为方式的群体。这种亚文化包括许多类型，其中对消费行为影响较大的有民族亚文化、宗教亚文化、地理亚文化、种族亚文化。

阅读参考：社会习俗

社会习俗作为文化的重要表现形式之一，对人们的消费行为也会产生较大的影响。社会习俗是对在长期的社会生活过程中形成的风俗习惯的总称。常见的社会习俗有以下几种：

(1) 喜庆性习俗。是指人们在某些特定的节日或良好的愿望得以实现时，为了表达高兴、欢庆和美好的祝愿等情感而产生的消费需求，如我国春节期间出现的购物高潮。

(2) 信仰性习俗。是指由于宗教信仰或者民间传说而形成的习俗，如端午节吃粽子、中秋节吃月饼等。

(3) 政治性习俗。是指由于某种政治性原因引起的消费习俗，如“五一”国际劳动节、“十一”国庆节等政治性节日带来的消费需求。

(4) 地域性习俗。是指由于人们生活地域不同而形成的消费习俗，如“南鲜、北咸、东甜、中辣、西酸”等不同的饮食习惯。

(5) 纪念性习俗。是指人们为了表达对历史事件、重要任务的纪念而形成的消费习俗，如清明节扫墓、纪念革命先烈等，由此也带来对鲜花、祭祀用品等的购买。

3. 社会阶层

人类社会存在社会阶层。在一个社会中，社会阶层是具有相对同质性和持久性的群体，其按等级排列，每一阶层的成员具有类似的价值观、爱好、兴趣和行为方式。社会阶层有如下几个特点：(1) 人们通过自己所处的社会阶层来判断各自在社会中占有地位的高低；(2) 同一社会阶层的人，其行为要比其他社会阶层的人的行为更相似；(3) 社会各阶层均受职业、财富、收入、教育和价值观等多种变量的影响和制约；(4) 社会阶层并不是固定的，一个人在其一生中可以改变自己所处的社会阶层。

(二) 个人因素

个人因素主要指消费者行为受其个人特征的影响，特别是受其年龄和家庭的生命周期阶段、职业、经济状况、生活方式、个性等因素的影响。

1. 年龄和家庭的生命周期阶段

不同年龄的消费者有不同的需求和偏好，他们购买和消费商品的种类和式样也有区别。例如，儿童是零食和玩具的主要消费者，青少年是文体用品的主要消费者，成年人是家具和住房的主要购买者和使用者，老年人则是保健用品的主要购买者和消费者。

家庭生命周期主要分为5个阶段：

第一个阶段是单身期，拥有独立收入的年轻人独自居住，他们是休闲旅游、汽车及日用电子产品的目标市场。

第二个阶段是新婚期，年轻的夫妇二人尚无子女，他们的偏好是家具、家庭用品及为对方购买的礼物。

第三个阶段是“满巢”期，夫妇二人及子女共同生活在一起。“满巢”期又可以进一步划分为：“满巢”一，最幼小的孩子年龄在0～6岁，尚未入学，这个阶段的年轻父母非常关注孩子们的需求，他们成为人身保险、各种儿童用品与家居用品的目标市场；“满巢”二，孩子处于求学期，开始步入中年期的夫妇是娱乐休闲产品和家居装饰品的重要市场；“满巢”三，年长的夫妇和已过求学期但尚未独立的孩子共同居住，事业步入发展顶峰的此类夫妇一般拥有大量的可任意支配收入，他们购买更高档的家具、名牌汽车及金融服务等。

第四个阶段是“空巢”期，孩子们已经全部独立，家中只余下年长的夫妇二人，又可以因仍在工作或已退休区分出“空巢”一和“空巢”二两种不同情况。

第五个阶段是“鳏寡”阶段，同样可以因仍在工作或已退休区分出“鳏寡”一和“鳏寡”二两个不同时期。

处于最后两个阶段的家庭，因夫妇已经步入老年时代，他们在药品、医疗服务、旅游及为年轻亲属准备礼物等方面有相当大的消费需求。每个家庭生命周期阶段都有其不同的消费方式和消费特点，需要营销者制定不同的营销方案。

2. 职业

职业不同的消费者由于生活、工作条件不同，消费构成和购买习惯也有区别。例如，普通职员与公司总经理的需求肯定不同；大学教授与幼儿园保育员的需求也会有很大差别。营销者应当找出哪种职业群体对自己的产品或服务感兴趣，有些企业甚至要专门为一些特定的职业定制其所需要的产品和服务。

3. 经济状况

经济状况直接影响消费者的消费水平和消费范围，进而影响其购买能力和消费模式。一个人的经济状况，是由他的储蓄和资产、可支配收入水平、借贷能力以及他对开支和储蓄的态度所决定的。营销人员必须研究消费者的个人收入、储蓄利率的变化以及他们对未来的形势、收入和商品价格变化的预期，从而推断出消费者个人可支配收入的变化情况。

4. 生活方式

生活方式是指人们根据自己的价值观念等安排的生活的方式，主要通过其活动、兴趣和意见等表现出来。生活方式是影响个人行为的心理、社会、文化、经济等各种因素的综合反映。来自相同的亚文化群、社会阶层，甚至相同职业的人们，其活动、兴趣和观念可能均不相同，这体现了他们不同的生活方式。因此，营销者有必要了解目标消费者的生活方式以及产品与消费者生活方式的关系，为消费者提供实现其各种不同生活方式的手段。因为消费者购买的不仅仅是产品，也是购买产品所代表的价值观和生活方式。

5. 个性

个性是指一个人所特有的心理特征，它导致一个人对其所处的环境产生相对一致或持续不断的反应。每个人独特的个性影响其购买行为。与个性有关的是一个人的自我概念（也称自我形象），自我概念的基本假设前提是人们占有的财产形成并反映了他们的身份，

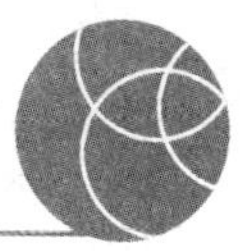

也就是说“我们就是我们所拥有的一切”。消费者一般倾向于选择能改善其自我形象的产品和服务，希望通过其购买行为实现从现实自我形象向理想自我形象的提升。

阅读参考：品牌也是具有个性的

品牌个性是指某个可以赋予特定品牌以人类性格特征的组合。消费者总是倾向于选择那些与其个性相匹配的品牌。大多数著名的品牌都与某个特定的特征紧密联系在一起，如万宝路与“粗犷”，MTV与“激动”，CNN与“能干”，坎贝尔与“真诚”。这些品牌将吸引那些与这些品牌个性相似的消费者。

（三）心理因素

心理因素也称为个别因素，它包括动机、认知、学习、信念和态度等方面。

1. 动机

按照心理学的一般观点，人的行为是由动机支配的，而动机是由未满足的需要引起的。所谓需要，就是客观刺激通过人体感官作用于人脑所引起的某种缺乏状态。每个人在任何时间都有许多种需要，一部分是生理需要（如饥饿、口渴或不适），另一部分是心理需要（来自于对认可、尊重或归属感的需要）。当一种尚未满足的需要达到迫切的程度时，便成为一种驱使人行动的动机。因此，营销者要想达到自己的目标，应该设法通过一定的刺激物来引发消费者的需要和动机，进而促进消费者采取购买行为。

2. 认知

认知是指人通过感觉器官，对客观刺激物和情境的反应。消费者对不同的刺激物或情境会产生不同的认知；就是对相同的刺激物或情境，也会产生不同的认知。出现这种现象的主要原因是认知过程的特殊性。心理学家认为，认知过程是一个有选择性的心理过程，这种“有选择性的心理过程”主要包括3个方面：（1）选择性注意，指人们总是会更多地注意那些与当前需要有关系的刺激物，或是他们期待的刺激物，或是有较大差别的刺激物；（2）选择性扭曲，就是人们将信息加以扭曲，使之符合自己见解的倾向；（3）选择性记忆，即人们只会记住那些支持其态度和信念的信息，只会关注那些需要记住且能够记住的信息。由于存在选择性注意、选择性扭曲和选择性记忆，营销人员必须为传递信息做出巨大努力。

3. 学习

学习是指由经验而引起的个人行为上的改变。人类的行为有些是与生俱来的、本能的，但是大多数行为（包括消费行为）是从后天经验中得到的，即通过学习、实践得来的。学习过程是驱策力、诱因、刺激物、反应和强化等因素相互影响和相互作用的过程。例如，对于一个欲购买数码相机的消费者来说，购买始于他想要摄影留念的驱策力，当驱策力被指向刺激物——数码相机时，驱策力就会成为一种动机，他对购买数码相机的反应受其周围各种诱因的制约，如听到一个特别的促销价格，在商店橱窗中看中了几个相机品牌，或者朋友买了一部相机的影响。如果他买了一部“佳能”牌相机，使用后感到非常满意，那么他将可能越来越频繁地使用它，他对相机的反应也随之加强。当再次购买相机、望远镜或类似产品时，他选择“佳能”的可能性将增大。可见，营销者可以设计具有不同驱策力的品牌，并提供强烈的暗示诱使消费者购买其品牌。

4. 信念和态度

消费者在购买和使用商品的过程中形成了信念和态度，这些信念和态度反过来又影响消费者的购买行为。信念是人们对事物所持有的认识。信念可能基于实践经验、观点和信仰，也可能包括情感因素。

人们对宗教、政治、服装、音乐、食物等几乎所有的东西都持有态度，这是其在长期的学习和社会交往中形成的。态度是人们长期保持的关于某种事物和观念的是非观、好恶观，不同的信念可导致不同的态度。态度一旦形成很难改变。通常情况下，企业应设法适应消费者的态度，而不要勉强去改变消费者的态度，因为改变产品设计和推销方法要比改变消费者的态度容易得多。

（四）社会因素

消费者的购买行为也受到社会因素的影响。社会因素包括家庭、相关群体和社会角色地位等。

1. 家庭

家庭由居住在一起的，彼此有血缘、婚姻或抚养关系的人群组成。家庭是社会的细胞，对人的影响最大，人们的审美观、价值观、爱好和习惯等大多数是在家庭的影响下形成的。在消费者决策的所有参与者中，消费者的家庭成员对其决策的影响最大。

2. 相关群体

相关群体是指能直接或间接影响消费者行为和价值观的群体。相关群体对消费者购买行为的影响主要有 3 个方面：一是影响消费者的生活方式，从而影响其购买行为；二是引起消费者的购买欲望，从而促成其购买行为；三是影响消费者对产品品牌及商标的选择和偏好。

但是，并不是所有的产品都受相关群体的影响，如肥皂、食品等消费品，一般很少受相关群体的影响；而服装、汽车、手表、相机、家用电器等产品，则受相关群体的影响较大。此外，在产品生命周期的不同阶段，相关群体的影响力也不同。

3. 社会角色地位

一个人在社会中往往属于许多群体——家庭、俱乐部和各类组织。个人在不同的群体中，担任着不同的角色，具有不同的社会地位，因而会产生不同的需要，购买不同的产品。不同社会地位的人们，在衣、食、住、行等方面都有不同需要，进而产生不同的消费行为。许多产品和品牌已经成为人们社会地位的象征。例如，奔驰汽车、劳力士手表等是事业有成者的标志和象征。

阅读参考：网络社区

网络社区是一个人们通过互联网交流信息和意见从而实现社会化的社群。网络社区媒介从博客到微信到整个虚拟世界，这种新形势对营销者有重大启示。人们在这里分享同一类型的东西，比如照片或视频。这些新兴网络科技对商业造成了无与伦比的影响：它

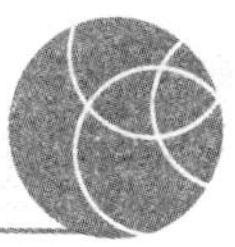

们引领潮流，掀起人们对某些产品的热情的巨浪；它们为广告商提供了数量巨大的目的性极强的受众；它们利用业余人士的忠诚边缘化旧媒体；它们不费吹灰之力为营销者提供了精细得有些夸张的数据。网络社区所提供的真实的、对等的交流渠道比任何广告要可信得多。

营销人员的工作就是利用这些网络社区的力量去推荐他们的商品，建设更为亲密的客户关系。他们希望能够利用网络社区与消费者互动并成为他们生活的一部分，而不是把单向的商业信息扔给对广告缺乏好感的消费者。

资料来源：百度百科，经编者整理、分析而成。

二、消费者购买的角色和类型

（一）消费者市场的购买角色

消费者在购买活动中，由于所处的条件不同，不同的人担当着不同的角色。常见的角色类型有以下几种：

（1）发起者：指首先提出购买某种产品或服务的人；

（2）影响者：指对购买过程提出看法或建议并对最终决策有一定影响的人；

（3）决策者：指对购买过程起完全或大部分决定作用的人，他可以决定是否买、为何买、如何买、在哪里买等方面的问题；

（4）购买者：指具体实施购买行为的人；

（5）使用者：指实际消费或使用产品和服务的人。

消费者在购买决策活动中的不同角色，对于企业设计产品、确定信息和安排促销预算等具有一定的关联意义。因此，企业必须认识这些角色，了解购买决策中主要的参与者及每个参与者的角色和作用，这对于营销人员较好地制订营销计划有着重要的意义。

（二）消费者购买行为类型

根据消费者在购买过程的介入程度和品牌间的差异程度，可以把消费者的购买类型分为 4 种。

1. 复杂的购买行为

当消费者所面对的产品是其不熟悉的，这种产品的单位价值较高并且重复购买率较低，而产品的品牌差异又很大时，消费者的购买行为最复杂。在这种情况下，消费者往往需要花费大量的时间收集信息，学习并了解关于这种产品的知识。复杂的购买行为对于消费者来说相当于是一个认识、学习的过程，即首先产生对产品的信念，然后逐步形成态度，进而对某类产品产生偏好，最终做出慎重的购买决策。

对于复杂的购买行为，营销人员需要就如何满足消费者对市场信息的收集要求、如何抵御市场风险等方面做出营销安排。同时，高度介入的广告是非常必要的，它使消费者在购买活动中可以得到尽可能多的相关信息。此外，还可以针对新产品开展长时间的产品介绍、试销或市场推广活动，从而使消费者了解有关产品的特点、性能等，帮助消费者做出较为明智的选择。

2. 减少不协调感的购买行为

当消费者高度介入某项产品的购买，但又看不出各品牌有何差异时，在购买产品后，消费者往往会产生一种不协调的感觉，即怀疑自己当初的决策是否正确，对产品总会感到某些方面不满意或不够称心。因此，在消费的过程中，消费者会了解、学习更多的东西，并寻找种种理由来减轻这种不协调感，对自己的选择做出有利的评价，通过这种方式证明自己的购买决策是正确的，这其实是消费者购买后的一种心理调适过程。

对于这种购买行为，营销人员应当通过有效的措施，帮助消费者减少不协调感，同时应当尽可能地与消费者进行沟通，增强其信念，坚定其对产品的信心，提高其对所购买产品的满意程度。

3. 习惯性的购买行为

消费者在购买某些品牌差异很小，对购买过程的介入程度又较低的产品时，往往很少仔细考虑，而会出于习惯持续购买某一个品牌，这种习惯性的购买行为并不是因为消费者特别偏爱这一品牌，仅仅是习惯而已。

由于消费者的这种购买行为不必经过建立信念、态度、决策等一系列过程，也无须对品牌信念、特点进行研究和评价，而常常是在看电视或报刊时被动地接受信息，品牌选择的主要依据是“熟悉”，且购后一般不对其进行评价。因此，营销人员针对这种购买行为可以采取价格优惠、营销推广、鼓励消费者试用、增加销售网点等措施来建立消费者对本企业产品的购买习惯。

4. 寻求多样化的购买行为

寻求多样化的购买行为是以消费者介入程度较低，但产品品牌差异很大为特征的。在这种情况下，消费者在购买产品时对品牌不加注意，喜欢经常性地更换品牌。这时消费者的更换品牌并不意味着对原有品牌不满意，而仅仅是想换一种口味而已。

针对这种购买行为，应采取多品牌策略，同时尽力增加企业产品的品种，以增加产品的营销机会，还可以采取廉价、赠券、优惠、试用等方式吸引消费者进行品种挑选，增加企业产品的销售量。

在现实生活中，消费者的购买行为受多种因素的影响，远比上述分类要复杂得多，同一类消费者对于不同的产品也会表现出不同的购买行为。因此，营销人员在研究消费者的购买行为时，要具体问题具体分析，针对实际情况制定相应的营销策略。

三、消费者市场的购买决策流程

消费者的购买行为是一种内在的心理活动过程，可以把它比喻为一个“黑箱”，如图7—1所示。

营销刺激和外部刺激（消费刺激）通过“黑箱”产生反应，最终影响消费者的购买行为，即影响了包括产品选择、品牌选择、经销商选择、购买时机、购买数量、支付方式在内的消费者决策。

消费者购买行为“黑箱”由2部分构成：第一部分是消费者的特征，正如前文所述，消费者的特征受到文化、社会、个人、心理等诸多因素的影响，进而影响消费者对刺激的

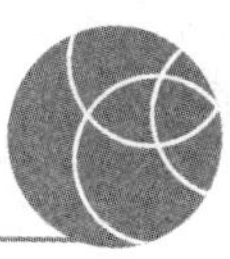

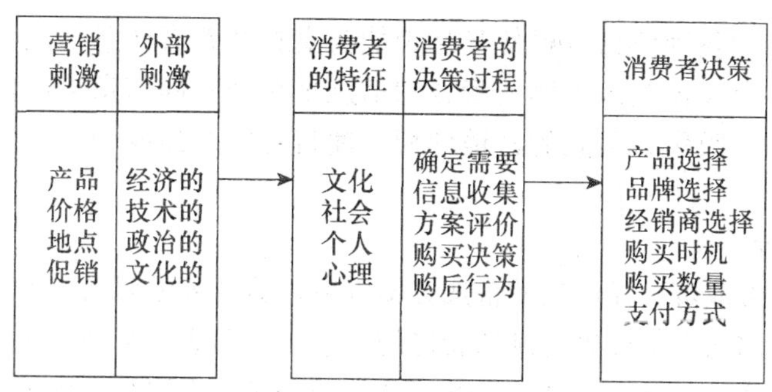

图 7—1 消费者购买行为"黑箱"

理解和反应；第二部分是消费者的决策过程，它直接影响最后的结果，这也是我们要着重研究的问题。

消费者市场的购买决策流程由图 7—2 所示的几个阶段构成。

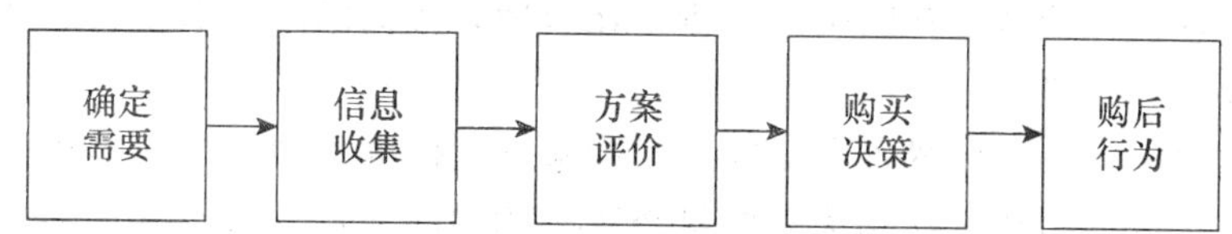

图 7—2 消费者市场的购买决策流程

（一）确定需要

确定需要又叫问题认识，是决策过程的起点。当消费者认识到一种需要并准备购买某种产品以满足这种需要时，购买决策过程就开始了。这种需要可能是由内在的生理活动引起的，也可能是受外界的某种刺激引起的，或者是内外两方面因素共同作用的结果。营销者在此阶段应注意的是不失时机地采取适当措施，唤起和强化消费者的需要。

（二）信息收集

消费者认识和确定了自己的需要之后，由于需要会使消费者产生注意力，因而，消费者便会开始收集有关信息，也就是关于能够满足自己需要的产品和服务的资料，以便做出购买决策。

消费者一般会从以下渠道收集有关信息：

（1）个人来源，即从朋友、家人、邻居、熟人等途径得到的信息，这种来源可信度最高但信息量较少；

（2）商业来源，即从推销员、经销商、商业广告、展会等处得到的信息，这种来源的信息量最大，但可信度最低；

（3）公共来源，即从报纸、杂志等大众媒体的客观报道和各种消费者团体的评论中得到的信息，这种来源得到的信息没有商业来源多，但比商业来源更可信；

（4）经验来源，即消费者自己在对产品进行检查、试验和使用的过程中得到的信息，从这种来源得到的信息可信度较高，但这种信息在复杂购买过程中不易获得。

通过收集信息，消费者对某种产品的品牌和特征有了一定的了解，从而逐步缩小了对将要购买的产品品牌的选择范围。企业营销人员在设计营销组合时，必须考虑如何正确传递消费者所需的各种信息，以使其品牌能为潜在消费者熟悉，从而进入消费者选择的对象组。同时，企业还应该了解消费者的信息来源和不同信息来源的重要程度，从而制定出竞争力更强、吸引力更大的营销计划，使自己的产品成为消费者最终决策的选择对象。

（三）方案评价

通过收集信息形成可选择产品的备选方案以后，消费者需要对各种方案进行评价。他们会使用记忆中存储的和从外界信息源获得的信息，并形成一系列的评价标准。可供消费者选择的标准有很多，包括对品牌的偏好、产品的价格、实用性、先前使用的经验等，这些评价标准都能够帮助消费者评价和比较各种备选方案。不同的消费者对同一种商品往往有不同的评价方法，常见的评价方法有以下几种。

1. 单因素评价法

单因素评价是指消费者根据自己需要的具体情况，按照自己认为最重要的某一个标准对方案做出评价。消费者在购买一些价格比较便宜的商品时一般采用这种评价方法。

2. 多因素综合评价法

多因素综合评价是指消费者不是仅仅根据某一个标准，而是综合考虑多个标准，对备选方案做出评价。消费者在购买一些价格较高的商品时，一般会采用多个评价标准对备选方案进行评价。比如购买家用轿车时，消费者往往不仅要考虑轿车的价格，还要对轿车的安全性、内饰、维修保养、耗油量等多个因素做出综合评价，因而存在多个标准。

3. 互补评价法

互补评价是指消费者不是根据某几个因素做出购买决策，也不是根据最低标准做出取舍，而是综合考虑商品各个方面的性能，取长补短，选择一个最满意的结果。

4. 排除式评价法

排除式评价是指消费者在对备选方案进行评价时，首先确定一个自己认为最重要、最起码的标准，接下来根据这一标准排除那些不符合要求的品牌以缩小选择范围，然后再对入选的商品确定一个最重要的标准，把那些不符合这个标准的商品筛选出去，以此类推，直到满意为止。

（四）购买决策

经过对备选方案的评价，消费者形成了对某种品牌的偏好和购买意图，就进入了购买决策和实施购买的阶段。但在购买意图和购买决策之间，有 2 种因素会对消费者产生作用，影响消费者的最终决策：（1）其他人的态度，如果与其关系很密切的人坚决反对购买，消费者就可能改变决定；（2）未预期到的意外情况或偶然因素，也有可能影响甚至改变消费者的购买决策。

决定实现购买意图的消费者还需要做出 5 种购买子决策：品牌决策，即最终决定购买哪个品牌；地点决策，即在哪家经销商处购买；数量决策，即购买的数量为多少；时间决策，即什么时间去购买；支付方式决策，即采用何种支付方式。

（五）购后行为

消费者购买了产品并不意味着购买行为过程的结束，消费者在购买了产品之后会通过

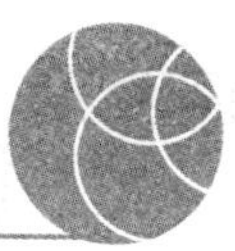

自己使用或者他人评价来检验自己的购买决策。消费者会把其所觉察的产品实际性能与购买前对产品的期望进行比较，如果发现产品性能与期望大体相同，就会感觉基本满意；如果发现产品性能超出期望，就会感到非常满意；如果发现产品性能达不到期望，不能给其带来预期的满足，就会感到失望和不满。消费者是否满意，会直接影响其日后的购买行为。如果消费者通过购买产品使自己的需要得到了满足，并感到满意，则不仅能使消费者与企业建立起良好的信任关系，而且还能使消费者积极地向他人宣传和推荐，为企业的产品做广告，帮助企业吸引更多的消费者；如果企业的产品不能带给消费者预期的满足，使其感到失望或不满意，消费者就会改变对产品的态度，不仅自己今后不会再次购买，而且会向自己的亲戚、朋友、同事进行负面宣传，从而影响其他人的购买行为；如果消费者的不满意程度很高，可能还会要求企业退货、向消费者协会和新闻媒体投诉，甚至通过法律手段解决，这都会对企业的声誉造成很大的负面影响。

因此，企业必须重视消费者购买后的感觉和行动，并且通过各种有效措施提高其对产品的满意程度，如向消费者征求改进产品的意见、加强售后服务、提供产品使用咨询等。

总之，消费者的购买决策是一个复杂的过程，企业必须重视消费者决策过程中各个阶段的不同要求和特征，有针对性地开展市场营销活动。

第三节 组织市场购买行为

市场上的组织不仅出售产品和服务以满足广大的个人消费者的需求，而且也在大量地购进原材料、零部件、机器设备、办公用品和各类服务，以满足其进行再生产的需要。虽然人们看到的大多是消费者市场，但是组织市场实际上比消费者市场的销售量大得多。为此，营销者必须熟悉组织购买者的需要、决策和购买过程，以便成功地进入这个十分诱人且前途光明的市场。

一、影响组织市场购买行为的因素

美国的韦伯斯特（Webster）和温德（Wind）将组织购买定义为：组织购买是各种正规组织为了确定购买产品和服务的需求，在可供选择的品牌和供应者之间进行识别、评价和挑选的决策过程。

同消费者购买行为一样，组织购买决策也受到多种因素的影响，有的来自于组织外部，有的则与组织内部结构和人员有关。除了与产品相关的影响因素（如采购价格、质量、安装、运作和维护成本等）外，组织还必须要考虑更广泛的宏观环境因素、组织因素、人际关系和个人因素的影响。组织市场购买者并不都像人们想象中那般冷酷、爱算计，他们既带有个人性也带有社会性，他们的反应会受到情感和理智的影响。表 7—1 列出了各种对组织市场购买者产生影响的因素，包括环境因素、组织因素、人际因素和个人因素。

表 7—1　　组织购买决策的影响因素

环境因素	组织因素	人际因素	个人因素
经济环境	目标	利益	动机
利率	政策	职权	直觉
技术发展	程序	地位	偏好
政治法律制度	结构	神态	年龄
竞争发展	文化	说服力	收入
需求水平	采购体系		受教育程度
社会责任关注			性格
			风险意识
			责任意识

（一）环境因素

在影响组织购买行为的诸多因素中，影响最深刻的是当前经济环境和预期经济环境。当经济不景气或前景不佳时，像消费者一样，组织购买者也会节省预算和开支，减少对新厂房的投资，推迟新设备的购买，并设法减少原材料的库存，尽可能在每一项购买中追求最大价值。营销者在这种经济形势下是无法扩大销售的，只能在增加或维持组织市场份额上做出努力。

（二）组织因素

每个组织都有自己的目标、政策、程序、结构、文化和采购体系，营销者必须很好地理解这些因素。具体而言，营销者应了解并掌握组织内部的采购部门在组织里处于什么地位，是一般的参谋部门还是专业职能部门；它们的购买决策是集中决定还是分散决定；是否与供应商签订长期采购合同；是否对采购经理进行采购业绩评价和买方专业化的发展；在决定购买的过程中，哪些人参与最后的决策，他们的评估标准是什么；等等。只有对这些问题心中有数，才能使自己的营销措施有的放矢。

（三）人际因素

人际因素是组织内部人事关系的因素。组织市场的购买决策，是由组织内部各个部门和各个不同层次的人员组成的“采购中心”做出的。采购中心通常包括一些不同利益、职权、地位、神态和说服力的参与者，他们都有可能影响组织的购买决策，因此，组织必须要花费大量的时间和精力来获得其内部成员的支持和批准。在此过程中，如果购买决策者善于运用职权，有较高的权威和较大的影响力，则最终做出的购买决策就比较容易实现。营销者此时应该了解一个组织内部谁将会影响对自己产品的采购决策，了解他们每个人优先考虑的事情，以便采取有效的营销措施，获得用户的认可。

（四）个人因素

组织购买虽然是理性行为，但是也要由具体的人来做出购买决策并付诸实际行动。因此，参与决策的各个参与者的个人特征，也是组织购买的影响因素。这些个人特征包括：决策者的动机、直觉与偏好，决策者的年龄、收入、受教育程度，决策者的性格、风险意

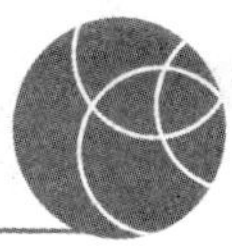

识、责任意识。这些个人因素会影响各个参与者对所要采购的产业用品及其供应商的感觉和看法，从而影响购买决策和行为。

二、组织市场购买角色与类型

（一）组织市场购买角色

各企业的采购组织往往不尽相同。除了专职的采购人员外，还有一些其他人员也参与购买决策过程。所有参与购买决策过程的人员构成采购组织的决策单位，韦伯斯特和温德将其称为采购中心，并定义为：所有参与购买决策过程的个人和集体，具有某种共同的目标并一起承担由决策所引发的各种风险。

组织的采购中心通常包括以下几种角色。

1. 发起者

发起者是首先发现组织需要进行购买的人，通常他们会建议购买新的产品以改善组织的工作绩效。由于发起者在组织中的地位、购买类型不同，有时他们可能会无法影响组织实际的购买决策。

2. 使用者

使用者指的是组织中具体使用某种产业用品的人员。在许多情况下，使用者首先提出购买需要，并协助确定产品规格。例如，办公设备的采购就常常受到秘书的影响。

3. 控制者

控制者即在组织内部和外部能控制市场信息流到决定者、使用者那里的人员。他们有权阻止销售人员与采购中心人员接触，或者指定销售人员与采购中心的某位成员交谈来进行控制。

4. 影响者

影响者即在组织内部和外部直接或间接影响购买决策的人员。他们通过提供建议和分享专业知识、帮助确定产品规格、提供评价供应商时所需的信息，从而影响采购决策。影响者通常是技术人员，如工程师、质量控制专家和研发人员等。

5. 决定者

决定者是指有权决定产品要求或供应商的人。决定者对所要购买的产品或服务做出最后的选择，在采购中心拥有最大的权力。

6. 购买者

购买者是指有权选择供应商并安排购买条件的人。购买者的主要任务是选择供应商并与之进行交易谈判。在常规购买中，采购人员充当着购买者的角色；在较复杂的购买过程中，组织的高层管理人员也作为购买者一起参加交易谈判。

（二）组织市场的购买类型

组织购买者不是只做单一的购买决策，而是要做一系列的购买决策，决策的数量以及购买决策结构的复杂性取决于组织购买类型。美国学者罗宾逊（Robinson）等人将组织购买情况分为 3 类：直接再购买、修正再购买和新任务购买，见表 7—2。

表 7—2　　组织购买类型

特点	购买类型		
	直接再购买	修正再购买	新任务购买
所需时间	短	中等	长
影响因素	少	中等	多
决策过程	简单	稍复杂	复杂
所需信息	较少	多	详细

1. 直接再购买

直接再购买即组织的采购部门根据过去和许多供应商打交道的经验，从供应商名单中选择供货企业，并直接重新订购过去采购的同类产业用品。这是采购情况中最简单的一种，此时的组织购买行为是惯例化的。当买方对产品及销售条款满意时，就会出现这种组织购买类型。在这种情况下，列入供应商名单内的供应商将尽力保持产品质量和服务质量，以维持自己的地位；名单外的供应商则试图提供新产品或开展某种更好的服务，以吸引购买者考虑从他们那里订货，他们一般会设法先取得一部分订货份额，以后逐步争取更多的订货份额。

2. 修正再购买

修正再购买是指购买者为了更好地完成采购工作任务，希望修改产品规格、价格、其他条件或供应商的情况。这种行为类型较为复杂。在这一过程中，购买者需要对各种选择进行重新评估。供应商服务较差、交货不及时、产品质量下降、价格不再具有竞争力等都会导致直接再购买情况恶化，修正再购买就成为购买者的选择。虽然这是名单内的供应商和购买者都不希望发生的，但是对于名单外的供应商却是一次极好的机会，他们或许能够因此而得到一些新的市场和业务。

3. 新任务购买

新任务购买即组织第一次采购某种产业用品。由于购买者对新购产品不是十分了解，做不到心中有数，往往要求获得大量的信息，而决策的风险或成本越大，决策参与者就越多，决策的时间也就越长。在直接再购买条件下，组织购买者所做的决策数量最少；而在新任务购买情况下，他们所做的决策数量最多。新任务购买往往需要购买者仔细考察不同的购买方案和供应商，必须决定产品规格、价格限度、交货方式、交货时间、支付方式、购买数量、服务条件、可接受的供应商及可供选择的供应商等。这是组织购买中最复杂的一种情况，将耗费决策者很多精力和时间。供货企业要派出特殊的推销小组，向购买者提供市场信息，帮助购买者解决疑难问题。

新任务购买是营销者的最佳机会与挑战。营销者将设法主动接近主要的采购影响者，向其提供本企业产品或服务的信息以及有选择的产品目录样本，以说服对方选择本企业的产品或服务。

三、组织市场的购买决策流程

组织购买和消费者购买一样，也有决策过程，但是没有一个统一的模式支配所有组织

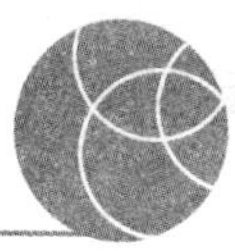

购买者的实际购买过程。一般认为，组织市场的购买决策流程可以分为 8 个阶段，如表 7—3 所示。

表 7—3　组织市场的购买决策流程

购买阶段	购买类型		
	新任务购买	修正再购买	直接再购买
问题识别	是	可能	否
总需求说明	是	可能	否
确定产品规格	是	是	是
寻找合格的供应商	是	可能	否
征求供应建议书	是	可能	否
评价和选择供应商	是	可能	否
履行订购手续	是	可能	否
绩效评估	是	是	是

（一）问题识别

问题识别是组织市场购买决策流程的起点，当组织中有人认识到某个问题或某种需要可以通过采购某一产品或服务就能解决时，购买过程就开始了。问题识别是由内外两种刺激因素所引起的：一是内在因素，比如组织决定扩大生产规模，因而需要建设新厂房、购买新设备；采购的原材料不合格，导致产品质量下降，组织需要寻找新的供应商；机器设备已到了使用年限，组织需要采购新的机器设备。二是外在因素，如组织采购人员参加展销会、浏览广告或接到某一能提供价廉物美产品的销售员的电话等。营销者可以通过直接邮递、电话访问等手段来激发对问题的认识。

（二）总需求说明

发现问题之后，采购人员应会同其他部门的人员，如工程师、使用者等，来确定所需产品的总特征，包括产品的可靠性、耐用性、价格、数量及其他属性。供应商此时应设法让购买者描述其对所需产品的要求，以便更好地满足其要求。

（三）确定产品规格

组织购买的下一步工作就是对所需产品的规格型号等做详细的技术说明，并形成书面材料，作为采购人员的购买依据。一般来说，组织会派遣产品价值分析工程组参与产品规格的确定。产品价值分析是降低成本的一种方法，通过价值分析，对产品各部件仔细加以研究，以便确定能否对其进行重新设计或实行标准化，并运用更便宜的生产方法将其生产出来。对于营销者来说，较早地得知并影响购买者的产品规格，会帮助其在购买者选择阶段得到更多的关注。

阅读参考：施乐的供应商资格认证制度

施乐（Xerox）的供应商必须通过 ISO 9000 质量标准认证。为了赢得施乐公司的最高授权——施乐供应商证书，首先，供应商要通过“施乐跨国供应商质量调查”。这个调查要求供应商提交一个质量保证手册，内容包括不断改进原则和对有效改进系统的论证。其次，当供应商被审查合格后必须参加“施乐供应商连续参与”过程，两家公司一起工作以创立对质量、成本、交货时间和处理能力的标准。最后，供应商必须进行严格的质量培训，并通过与美国马尔科姆·鲍德里奇国家质量奖相同的标准。全世界只有176家供应商达到了获得施乐供应商证书95%的要求。

资料来源：http://www.longjk.com，经编者整理、分析而成。

（四）寻找合格的供应商

组织可以通过查找工商企业名录、在互联网上搜索、打电话让其他公司推荐、观看商品广告和参加贸易展览会等方法来寻找可能的供应商。之后，组织应该对这些供应商的生产稳定性、供货及时性、人员配备和信誉等进行初步判断，并从中筛选出合格的供应商。营销者需要注意的是：如今越来越多的组织通过互联网寻找供应商，而这意味着小供应商与大供应商将具有相同的商品目录优势，并且费用很低。

（五）征求供应建议书

采购经理在这一阶段将邀请合格的供应商提交供应建议书，对于复杂的或风险大的项目，还会要求每一个潜在的供应商提供详细的书面建议。因此，营销者必须善于调查研究、文案书写和提出建议。

阅读参考：戴尔的供应商选择

戴尔采购工作最主要的任务是寻找合适的供应商，并保证产品的产量、品质及价格等在满足订单时有利于戴尔公司。戴尔采购部门的主要工作是管理和整合零配件供应商，而不是把自己变成零配件的专家。戴尔有一部分采购人员在做预测，确保需求与供应的平衡。在所有的问题从前端完成之后，戴尔在工厂这一阶段很少有供应问题，只是按照订单计划生产高质量的产品就可以了。所以，戴尔通过完整的结构设置来实现高效率的采购，完成用低库存来满足供应的连续性。戴尔认为，低库存并不等于供应会有问题，但它确实意味着运作的效率必须提高。

精确预测是保持较低库存水平的关键，既要保证充分的供应，又不能使库存太多，这在戴尔内部被称为没有剩余的货底。在IT行业，技术日新月异，产品更新换代非常快，厂商最基本的要求是要保证精确的产品过渡，不能有剩余的货底留下来。戴尔要求采购部门做好精确预测。“戴尔公司可以给你提供精确的订货信息、正确的订货信息及稳定的订单。”一位戴尔客户经理说，“条件是，你必须改变观念，要按戴尔的需求送货；要按订货量决定你的库存量；要用批量小但频率高的方式送货；要能够做到随要随送，这样你和戴尔才有合作的基础。”事实上，在零部件供应方面，戴尔利用自己的强势地位，通过互联网与全球各地的优秀供应商保持着紧密联系。这种“虚拟整合”的关系使供应商们可以从网上获取戴尔对零部件的需求信息，戴尔也能实时了解合作伙伴的供货和报价信息，并对生产进行调整，从而最大限度地实

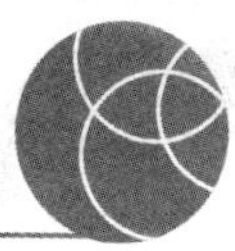

现供需平衡。

资料来源：百度百科，经编者整理、分析形成。

（六）评价和选择供应商

收到各个供应商的建议书之后，采购中心要通过仔细比较才能做出选择。

在选择供应商之前，采购中心将向有意愿的供应商规定某些属性并指出其重要性。采购中心会针对这些属性对供应商进行评分，找出最有吸引力的供应商。这些属性可能包括产品的价格、产品的可靠性、交货的及时性和稳定性、服务质量的高低、供应商的信誉等。

各个不同属性的相对重要性随购买产品类型的差异而有所不同。对于常规订购产品而言，供应商交货的可靠性、产品的价格和供应商的信誉是最为重要的；对程序问题产品（如复印机）来说，最重要的 3 项属性是技术的先进性、产品的可靠性及供应商的灵活性；对政策问题产品（如计算机系统）来说，最重要的属性是价格、供应商的信誉、产品的可靠性、服务和供应商的灵活性。

为了获得较好的价格和交易条件，采购中心在做出选择之前会设法同优先考虑的供应商进行谈判，而价格将是双方谈判的重点。

采购中心的另一项任务是确定供应商的数目。过去，许多组织偏好一家大供应商，以保证稳定的供货和获得价格折扣。组织一般每年把大多数的订单分给第一供应商，其余的给第二供应商及其他供应商。然而，目前组织正在逐渐减少它们的供应商数量。组织要求被选中的供应商负责建立更大的供应系统，提供连续的质量保证和持续的绩效改进，同时将供应价格降至最低。

（七）履行订购手续

在选择供应商之后，购买者和供应商将开始讨论最后的订单问题。内容包括产品技术说明书、采购数量、交货时间、交货方式、退货政策、价格折扣等。就保养、维修和经常项目而言，采购人员倾向于签订长期有效的采购合同，没有一个采购人员乐意签订较少的采购订单。长期有效合同将导致组织更多地向一个供应商采购，并从该供应商处购买更多的项目。

（八）绩效评估

组织购买流程的最后一个阶段是供应商的绩效评估。产品购进使用后，购买者要对供应商的表现进行评价并提供反馈，以确定今后是否还有必要和该供应商保持业务往来。有时这种评价会涉及对每一家供应商的产品质量、交货及时性、技术知识以及对购买者需求的反应进行正式评估；而有时则仅仅根据供应商是否降低了购买者的运营成本或者减轻了员工的工作压力来进行衡量。

通过绩效评估，购买者可能继续向该供应商订货，也可能修正或停止向该供应商订货。营销者的工作就是要监控购买者所关注的共同因素以确保实现顾客满意。

8 个阶段的购买决策流程描述了新任务购买状态下组织购买的概况，在修正再购买或者直接再购买状态下，其中的一些阶段将被压缩或者跳过。每个组织都以自己的方式进行采购，每个购买情景也都有特定的要求。

本章小结

市场营销学所指的市场是指一切具有特定的欲望和需求，并且愿意和能够以交换来满足此欲望和需求的潜在的和现实的顾客。卖者的集合构成行业，买者的集合构成市场，市场包括人口、购买力和购买欲望3个要素。

从宏观角度来看，市场的构成要素包括：一定量的可交换的产品、为市场提供商品的卖方、商品需求及其人格化的代表者——买方。

从不同的角度，可以将市场划分为各种不同的类型。按商品的属性，市场可分为一般商品市场和特殊商品市场。其中，一般商品市场又包括消费者市场和组织市场。

在消费者市场上，影响消费者购买行为的因素包括文化因素、个人因素、心理因素和社会因素。消费者在购买活动中，由于所处的条件不同，不同的人担当着不同的角色，常见的角色类型有发起者、影响者、决策者、购买者和使用者。根据消费者在购买过程的介入程度和品牌间的差异程度，可以把消费者的购买类型分为：复杂的购买行为、减少不协调感的购买行为、习惯性的购买行为、寻求多样化的购买行为。消费者市场的购买决策流程有以下5个阶段：确定需要、信息收集、方案评价、购买决策和购后行为。

组织市场由一切购买商品和服务并将其用于生产其他商品或服务以供销售、出租或供给他人的机构所组成，即以组织为购买和消费主体的市场。组织市场又可以细分为生产者市场、中间商市场、机构市场和政府市场。组织购买可以分为3种类型：直接再购买、修正再购买和新任务采购。组织的采购决策单位为采购中心，它由所有参与购买决策过程的个人和集体组成。其成员扮演着6种角色：发起者、使用者、影响者、决定者、控制者和购买者。影响组织购买的因素主要是环境因素、组织因素、人际因素和个人因素。组织购买过程可以分为8个阶段：问题识别、总需求说明、确定产品规格、寻找合格的供应商、征求供应建议书、评价和选择供应商、履行订购手续、绩效评估。

思考题

1. 解释市场的概念。
2. 对于企业来说，市场的概念包含哪些要素？
3. 从宏观角度说明市场的构成要素。
4. 影响消费者购买行为的因素有哪些？
5. 简述消费者购买行为类型。
6. 消费者市场的购买决策流程有哪些？
7. 组织购买的影响因素有哪些？
8. 组织市场的购买决策流程包括哪些？

第八章　目标市场分析与选择

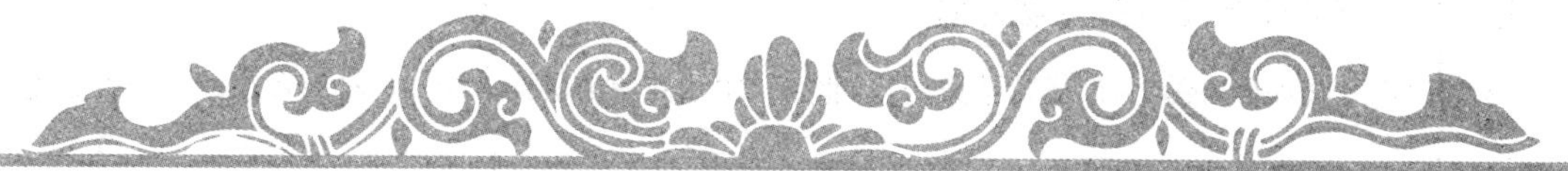

学习目标

1. 认识目标市场营销的 3 个环节；
2. 了解市场细分的概念和依据并熟悉其具体流程；
3. 掌握目标市场的选择策略和具体营销战略；
4. 把握市场定位的概念并了解其具体流程。

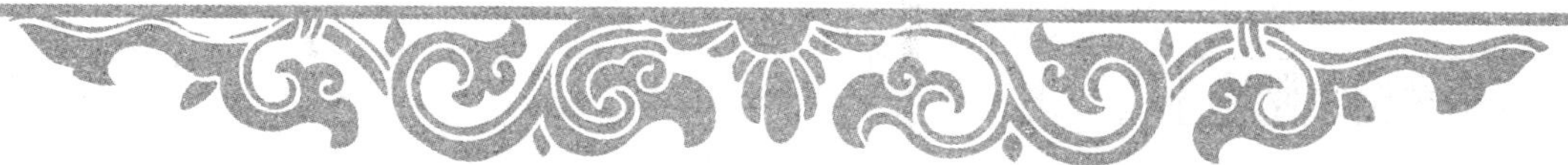

导学案例

"江崎"的市场之争

20世纪90年代中期，日本泡泡糖市场大部分为"劳特"所垄断，可谓江山唯"劳特"独坐，其他企业再想挤进泡泡糖市场极其不易。但江崎糖业公司对此并不畏惧，成立了市场开发班子，专门研究霸主"劳特"产品的不足和短处，寻找市场的缝隙。经过周密的市场调查，"江崎"终于发现了"劳特"的不足之处：

第一，成年人泡泡糖市场正在扩大，而"劳特"却仍旧把重点放在儿童泡泡糖市场上；

第二，"劳特"产品主要是果味型泡泡糖，而消费者的口味需求正趋向多样化；

第三，"劳特"多年来一直生产单调的条板状泡泡糖，缺乏新型式样；

第四，"劳特"的产品价格是110日元，买卖时往往因找零钱而颇感不便。

在此基础上，"江崎"推出了自己的四大功能性泡泡糖产品：一是司机用泡泡糖，使用了高浓度薄荷和天然牛黄，以强烈的刺激消除长时间驾车过程中的困倦；二是交际用泡泡糖，这种泡泡糖可清洁口腔、去除口臭；三是体育用泡泡糖，这种泡泡糖内含多种维生素，有益于运动者消除疲劳；四是轻松型泡泡糖，主要通过添加叶绿素来改变人的不良情绪。这四种产品都设计了精美的包装和别致的造型，同时还将价格定为50日元和100日元两种，避免了找零钱的麻烦。

功能性泡泡糖问世后，迅速席卷日本糖业市场，打破了原有的"劳特"一家独大的市场格局。

江崎糖业公司成功的市场切入，诚然有很多方面的因素，但从市场营销的角度来讲，首先要归功于其对市场需求差异的准确把握。这种发现并满足消费者不同需求的过程，正是企业目标市场营销战略的主要内容。

资料来源：杨如顺主编：《市场营销案例》，北京，中国商业出版社，2008，经编者整理、分析而成。

第一节　市场细分

企业开展目标市场营销主要包括市场细分（market segmentation）、目标市场选择（market targeting）和市场定位（market position）3个环节。其中，市场细分是企业选择目标市场和进行市场定位的基础。

一、市场细分概述

（一）市场细分的概念

市场细分就是把整体市场按照消费者的特性，划分为若干个由具有相同性质的消费者组成的较小的细分市场的过程。每一细分市场都是由需求倾向类似的消费者构成的群体；所有细分市场之和便是整体市场。从市场细分的概念可以看出，市场细分的实质是需求的细分。

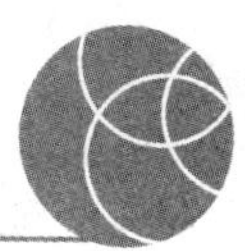

市场细分的概念是美国市场学家温德尔·史密斯（Wendell R. Smith）于1956年首次提出的。它是第二次世界大战结束后，美国众多产品市场由卖方市场转化为买方市场这一新的市场形势下企业营销思想和营销战略的新发展的结果，也是现代市场营销导向下的必然产物。

（二）市场细分的作用

1. 有利于企业发现市场机会

顾客需求总是呈现出多样化和个性化，同时需求的内容和形式也在与时俱进，因而从市场整体来看，总是存在未得到满足的需求。不论是其他企业尚未满足的市场需求，还是顾客需求的变化和更新，对于企业来说都是重要的市场机会。企业在进行市场细分的过程中，总是要从分析顾客需求的差异和变化开始，这显然促进了企业对市场机会的发掘。

2. 有利于制定市场营销组合策略

企业开展目标市场营销的目的在于分析顾客需求的差异性并提供能够满足这种需求的产品或服务，而对于顾客需求差异的分析正是市场细分的主要内容。因此准确地进行市场细分，是企业制定相应的营销组合策略进而满足目标市场需求的基础。

3. 有利于企业发挥竞争优势

相对于庞大的市场需求而言，任何企业都存在能力的短板，因此企业没有能力也没有必要期望能满足所有的市场需求，而应该分析市场需求的差异和自身能力的特点，并在此基础上扬长避短。因此，市场细分对于企业发挥自身竞争优势有重要意义。

二、市场细分的理论基础

企业进行市场细分的理论基础是顾客需求存在差异性，进而可以通过产品的各种属性去满足市场中的差异化需求。

不同顾客对产品各种属性的重视程度有所不同。在此基础上，会呈现出市场偏好的3种模式，如图8—1所示。

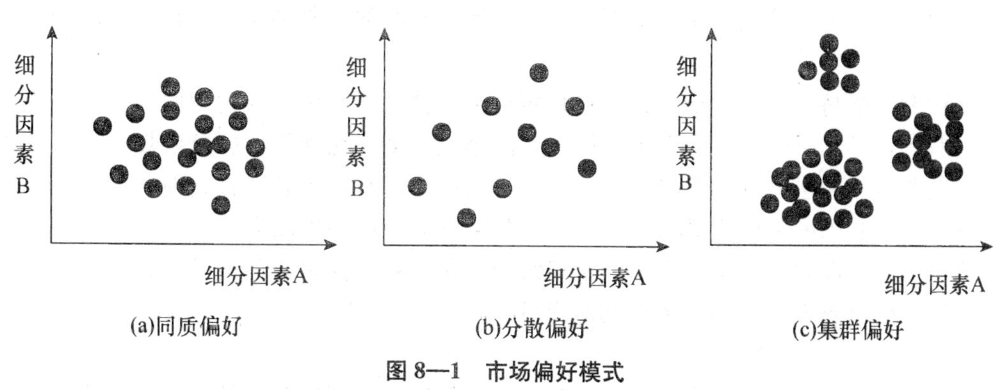

图8—1　市场偏好模式

（一）同质偏好

同质偏好是指所有消费者具备大致相同的偏好，见图8—1(a)。这种市场不存在自然形成的细分市场，消费者对产品不同属性的重视程度大致相同，现有产品品牌基本相似，且集中在偏好的中央。

（二）分散偏好

分散偏好是指市场中的消费者偏好差异极大，呈现出很大程度的分散模式，见图 8—1(b)。如果市场上同时存在几个品牌，则这些品牌可以定位于市场上各个空间，以各自的产品特色和差异来满足相应的顾客群体。

（三）集群偏好

集群偏好是指不同的群体有不同的消费偏好，但同一群体的消费偏好大致相同。在这种情况下，顾客群体的客观差异导致市场出现了自然细分，见图 8—1(c)。试图进入此类市场的企业可以有 3 种选择：一是进行无差异营销，即通过将产品定位于中央来尽量满足所有顾客的需求；二是进行集中营销，即通过将产品定位于最适合的细分市场来满足特定顾客群体的需求；三是进行差异化营销，即通过开发几种不同的产品来满足不同细分市场的需求。

三、市场细分的依据

一般按照购买主体的不同，可将企业面对的市场划分为消费者市场和组织市场。由于两类市场各有特点，其细分依据也有所差异。

（一）消费者市场的细分依据

消费者市场的细分变量主要有 4 类，即地理变量、人口变量、心理变量和行为变量，消费者市场细分的依据就是决定消费者需求差异的主要变量。

1. 地理变量

地理变量包括许多具体因素，如所处地区、城市规模、人口密度、气候条件等。受这些因素的影响，常常会导致不同地区的消费者对同一类产品的需求呈现出较大的差异，进而对企业营销策略的制定与实施也提出了不同的要求。现实中常见的现象，如四川和湖南的居民饮食偏辣，而上海、广东等一些南方地区的居民饮食则偏甜。再如气候干燥的地区，保湿类化妆品往往更易于被消费者接受。诸如此类的现象都是企业在制定营销策略的过程中应当考虑的因素。

地理变量的特点是易于识别，但这种划分常常会过于绝对，因为即使处于同一地理位置的消费者，其需求仍会存在差异。所以，简单地以某一地理特征区分市场，还不足以客观反映消费者的需求共性与差异。企业在选择目标市场时，还需结合其他细分变量予以综合考虑。如在我国的一些大城市，流动人口数量巨大，这些流动人口本身就可以构成一个很大的市场，其需求也与常住人口的市场需求有所区别，针对这种情况，企业在对市场进行地理划分的基础上，还需要考虑其他变量。

2. 人口变量

人口变量包括年龄、性别、家庭人口、家庭类型、家庭生命周期、收入、职业、教育程度、宗教信仰、国籍、种族等诸多因素。一方面，这些因素会使消费者对产品的需求、偏好和使用率呈现出不同程度的变化；另一方面，关于这些因素的测量和数据获取通常更易于操作，因此，人口变量一直被用作市场细分的重要变量。这里仅对其中的几个因素加以介绍：

（1）性别。

性别差异对消费者需求的影响主要表现为男性和女性需求内容与形式等诸多方面的差异，如在服饰、发型、生活必需品等多个领域，男性和女性的需求差异是显而易见的。另外，即便对同类产品而言，男性和女性也会呈现出不同的偏好。这种差异为企业开展营销活动提供了更多的机会，也相应要求企业的营销组合更为多样化。

（2）年龄。

不同年龄的消费者有不同的需求特点。如对于服饰的需求，青年人往往更注重时尚和个性，老年人则通常更注重端庄素雅。

（3）收入。

不同收入群体在产品选择、休闲时间的安排、社会交际等方面都会有所差异。如对于外出旅游而言，在交通工具及食宿地点的选择上，高收入者与低收入者会有很大的不同。由于收入与需求差异之间的这种内在关联，企业有必要在服装、化妆品、旅游服务等很多领域根据消费者的收入细分市场。

（4）职业与教育。

企业在进行市场细分时，消费者的职业及受教育程度也是常常需要考虑的因素。例如，在办理手机业务时，长途电话方面的优惠是经常出差的销售人员更看重的因素，而上网流量和市内通话方面的优惠则对在校学生更具吸引力；又如，受教育水平的差异会引起审美观方面很大的差异，常见的是不同消费者对室内装修用品的品种、颜色等会有不同的偏好。

（5）家庭生命周期。

在第七章中介绍过，家庭的生命周期可划分为5个阶段。在不同阶段，家庭购买力、家庭人员对商品的兴趣与偏好会有较大差别。

除了上述方面，经常用于市场细分的人口变量还有家庭规模、国籍、种族、宗教信仰等。实际上，大多数企业通常是采用两个或两个以上人口变量来细分市场。

3. 心理变量

心理变量是指消费者的社会阶层、生活方式和个性特征等方面的因素。即使消费者处于相同的人口细分市场，他们在心理变量方面也可能有极大差异。

（1）社会阶层。

社会阶层是指在某一社会中具有相对同质性和持久性的群体。不同阶层的成员在价值观、兴趣爱好和行为方式等方面存在较大的差异，这些差异会影响到消费者的思维习惯和需求内容。因此，企业在实施目标市场营销过程中，有必要根据不同社会阶层各自的特点进行市场细分。

（2）生活方式。

消费者的生活方式也是影响其需求的重要因素。人们追求的生活方式各不相同，有的追求时尚、潮流，有的追求自由、奔放，有的追求刺激、冒险，有的追求稳定、安逸。这些方面的不同表现在需求内容当中，就会形成消费者对各种产品的独特需求，如对于追求自由和奔放的人群而言，在服装风格方面就会更倾向于休闲运动系列。

阅读参考：从电视频道看细分市场

21世纪的今天，电视仍是人们生活中不可或缺的部分。但与电视刚刚在我国兴起的时代相比，如今老百姓可以选择的电视频道及电视节目都增多了，体育频道、新闻频道、娱乐频道、电影频道、教育频道、女性频道、政法频道、生活频道……小小荧屏随着社会的进步也越来越丰富多彩。这些变化说明，综合型电视频道已远远不能满足消费者的个性化需求，根据不同细分变量，电视也从大众媒体时代跨入了小众媒体时代，媒体越来越细分化。

资料来源：吕一林、岳俊芳主编：《市场营销学》（第二版），北京，科学出版社，2010，有改动。

（3）个性特征。

个性通常表现为自信、自主、支配、顺从、保守、适应等具体的性格特征。因此，可以按这些性格特征对个性进行分类，从而为企业进行市场细分提供依据。在西方国家，有些企业对化妆品、香烟、啤酒、保险之类的产品，以个性特征为基础进行市场细分并取得了成功。

4. 行为变量

行为变量是指消费者对某一产品的知识、态度、使用情况和反应等方面的特征，具体表现为购买时机、追求利益、使用程度、使用率、品牌忠诚程度、购买的准备阶段和态度等因素。

（1）购买时机。

根据消费者提出需求、购买和使用产品的时机，可以将他们划分成不同的群体。例如，城市公共汽车运输公司可根据上班高峰时期和非高峰时期乘客的需求特点划分不同的细分市场并制定不同的营销策略；生产果珍之类清凉解暑饮料的企业，可以根据消费者在一年四季对果珍饮料口味的不同选择，将果珍市场消费者划分为不同的子市场。

（2）追求利益。

消费者购买某种产品总是为了解决某类问题，满足某种需要。然而，产品提供的利益往往并不是单一的，而是多方面的。消费者对这些利益的追求各有侧重，如对于手机的购买，有人追求经济实惠，有人追求耐用可靠和使用方便，也有人更关注对个性和时尚的彰显。

（3）使用程度。

根据消费者是否使用和使用程度细分市场，通常可分为：经常购买者、首次购买者、潜在购买者、非购买者。大企业往往注重将潜在使用者变为实际使用者，小企业则注重于保持现有使用者，并设法吸引使用竞争企业产品的消费者转而使用本企业产品。

（4）使用率。

根据消费者对某种产品的使用率细分市场，通常可分为大量使用者、中度使用者和轻度使用者。大量使用者人数可能并不多，但他们的消费量在全部消费量中占很大的比重。

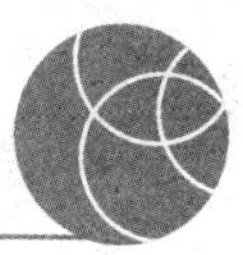

美国一家啤酒公司发现，美国啤酒的80%是被50%的顾客消费掉的，另外一半顾客的消费量只占消费总量的20%。因此，啤酒公司宁愿吸引重度饮用啤酒者，而放弃轻度饮用啤酒者，并把重度饮用啤酒者作为目标市场。该公司还进一步了解到大量喝啤酒的人多是工人，年龄在25～50岁，喜欢观看体育节目，每天看电视的时间为3～5小时。显然，根据这些信息，企业可以大大改进其在定价、广告传播等方面的策略。

(5) 品牌忠诚程度。

有些消费者经常变换品牌，另外一些消费者则在较长时期内专注于某一个或少数几个品牌。因此，企业可根据消费者对产品的忠诚程度细分市场。另外，了解消费者品牌忠诚情况、品牌忠诚者与品牌转换者的各种行为与心理特征，不仅可为企业细分市场提供一个基础，也有助于企业了解消费者忠诚于本企业产品的原因，从而为企业选择目标市场和有效满足目标市场需求提供可靠的依据。

(6) 购买的准备阶段。

消费者对各种产品的了解程度往往因人而异。有的消费者可能对某种产品确有需要，但并不知道该产品的存在；有的消费者虽已知道产品的存在，但对产品的价值、稳定性等还存在疑虑；另外一些消费者则可能正在考虑购买。针对处于不同购买阶段的消费群体，企业可以进行市场细分并采用不同的营销策略。

(7) 态度。

企业还可根据市场上消费者对产品的态度来细分市场。不同消费者对同一产品的态度可能有很大差异，如有的很喜欢并持肯定态度，有的持否定态度，还有的则是既不肯定也不否定的无所谓态度。企业应该对不同态度的消费者群体进行市场细分，在广告、促销等方面的安排上也应当有所不同。

(二) 组织市场的细分依据

不同的组织，由于其产品及市场定位的不同，细分市场的标准和方法也不同。但通常情况下，组织市场的细分可以按照宏观和微观分为两个大类。

在当前精细化营销、深度营销的潮流下，一方面，组织间营销通常遵循先对市场进行宏观细分，然后再在某一宏观细分市场的基础上进一步纵向或横向微观细分市场，从而达到对潜在目标消费者的精准覆盖；另一方面，宏观市场细分的细分变量与微观市场细分的细分变量，本身都可以叠加或组合，任意一种叠加或组合都构成对某一市场的一次横向或纵向的细分，进而对市场形成一种条块式的区划。

1. 宏观市场细分

常见的宏观细分变量包括组织所处的行业、规模，组织所在的区域、省市以及组织购买类型等。宏观细分变量的叠加或组合可以构成二维或三维的细分市场。

在宏观细分变量中，首先是行业（industry），它可能是进行组织市场细分最基本、最常用的一个细分变量，如在对产品进行市场定位的时候，就常常细分为政府、金融、教育、科研、电信等行业。其次是规模（size），如按照组织的成员数量或资本等将组织细分为大、中、小型等不同规模的组织。DELL在细分组织市场的时候，就将组织成员在500人以下的定义为小型企业，将组织成员在500～3 500人的定义为中型企业，而把组织成员在3 500人以上的定义为大型企业。再次是区域，如将中国市场按区域划分为华北、华东、华南等几大区域，然后再对某一区域以省或城市为单位确定子市场。最后按照组织购买类型的不同也可以对组织市场进行细分，如根据组织购买产品或服务所采用的决策不同，可以将组织市场细分为直接再购买、修正再购买和新任务购买。

2. 微观市场细分

组织常用的微观细分变量有关键的采购标准、采购战略、采购的重要性及组织的革新性等。在组织的营销实践中，宏观细分变量与微观细分变量的叠加或组合构成的区划所确定的子市场，往往能做到对组织目标顾客的全面覆盖。

（1）关键的采购标准。这是组织间营销常用的一种微观细分变量。营销人员可以以购买组织的采购中心最重要的采购标准为依据进行市场细分。通常情况下，组织的营销人员应该能够比较容易获得购买组织采购中心最关心的采购指标或标准。

（2）采购战略。这是另一种常用的微观细分变量。不同的组织购买者通常执行不同的采购战略，即便是同一个组织购买者，在组织的不同发展阶段也会执行不同的采购战略。通常情况下，组织的采购战略分为满意战略和最优化战略两类。所谓满意战略，就是指组织购买者向熟悉的或以前有来往的供应商询问情况，只要找到第一个能够满足其购买或服务要求的供应商，交易就达成。而最优化战略则不同，组织购买者会向所有能接触到的、熟悉的或不熟悉的供应商询问价格，衡量好坏，最后再选择最优者合作。

（3）采购的重要性。如果组织采购的产品在不同行业有不同的用途，那么采购的重要性就成了一个重要的微观细分变量。采购的重要性直接影响采购中心的组成和规模。风险越大，重要性越高，则采购中心的规模可能会增大，组成采购中心人员的地位和职责可能也会增加，整个采购中心的地位就会相应提高。

（4）组织的革新性。组织的革新性作为一个微观细分变量，涉及新产品推广的难易问题。组织购买者富有革新性则意味着他们比较愿意尝试接受新产品，而革新性较弱或较少则意味着这些组织倾向于保持原有的购买习惯。

四、市场细分的方法、流程与有效性

（一）市场细分的方法

细分变量从一般的角度为企业进行市场细分提供了基本的依据，但根据企业的各自特点和经营目标，不同的企业在选择的变量种类和数量等方面又会有所区别。以此为基础，企业进行市场细分的方法主要有 3 种，即单一变量因素法、多变量因素组合法和系列变量因素法。

1. 单一变量因素法

单一变量因素法也称单一标准法，即根据影响消费者需求的某一项重要因素进行市场细分。如按品种细分粮食市场，按用途细分钢材市场，按年龄细分玩具市场。

由于影响消费者需求的因素是多种多样的，一些因素又相互交错在一起，共同对某种需求产生影响，如性别与年龄、职业与收入、规模与对产品的要求等交织在一起，影响需求的增减变化，所以用单一变量法来细分市场，只能是一种概括性的细分，也就是所谓的“求大同，存小异”。

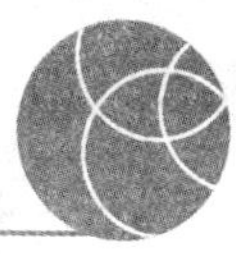

2. 多变量因素组合法

多变量因素组合法即根据影响消费者需求的两种或两种以上的因素，从多个角度进行市场细分。如化妆品制造商，主要根据性别、年龄和档次来细分整个市场。

3. 系列变量因素法

系列变量因素法即根据企业自身的资源与经营特点，对影响消费者需求的诸多因素由粗到细地进行选择，并以此为依据进行市场细分。这种方法可使目标市场更加明确而具体，有利于企业更好地制定相应的市场营销策略。

如图 8—2 所示，某服装生产商按地理位置（城市、农村）、性别（男、女）、年龄（老年、中年、青年、少年）和心理诉求（美观、廉价、实用、新潮）等变量因素进行市场细分，而选择了农村中追求新潮的青年女性市场。

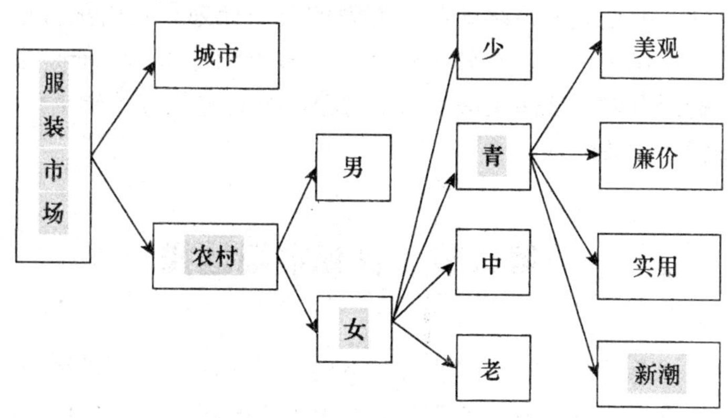

图 8—2　服装市场细分

（二）市场细分的流程与有效性

市场细分的流程有以下 3 个步骤：

第一步是确定细分依据，并将这些细分变量加以分层排列。细分依据主要通过市场调查来确定。通常情况下，为实现既定目的，市场调查应着重收集下列资料：(1) 产品的属性及其重要程度；(2) 品牌知名度及受欢迎程度；(3) 产品使用方式；(4) 调查对象对产品类别的态度；(5) 调查对象的人口统计、心理统计和媒体接触统计等。

第二步是进行具体细分。主要工作是利用因子分析法对第一步取得的调查资料进行分析，剔除相关性高的变量，再通过对不同群体的分析找出差异性最大的细分市场，同时根据消费者不同的态度、行为等其他变量，描绘出各个细分市场的轮廓。如房地产市场可以被划分为居住型高档房、投资型高档房、居住型中档房、投资型中档房、居住型低档房、投资型低档房 6 个细分市场。

第三步是评估细分结果。市场细分的目的是识别消费者需求上的差异，以实现营销上的最佳利益。所以，一个成功的市场细分，不仅应该可以对消费者进行分类，而且必须具备下列 5 个有效条件：

(1) 可盈利性。即细分市场的规模要大到使企业足够获利的程度，这样才能够吸引企业为之提供服务。细分市场应该是现实中最大的同质群体，让企业认为值得专门为其设计营销策划方案。例如，汽车制造商只为身高 2.2 米以上的人制造汽车，是不能获得足够多的利润的。

（2）可衡量性。即细分市场的规模、购买潜力和大致轮廓可以测量。这就要求企业在选择细分变量时注意变量相关数据获取的难易程度和现实性。

（3）可进入性。即企业能够进入所选定的细分市场，并为之提供有效服务。假设一家香水公司发现自己品牌的大量使用者是一些爱深夜外出购物的单身女性，那么除非她们在一定的地区居住或购物，并且受一定的传播媒体的影响，否则香水公司很难接近这一细分市场。

（4）可区别性。即细分市场之间在观念上是可以区别的，企业通过开展不同的营销组合方案，可获取不同的市场反应。如留胡子的男士和不留胡子的男士对木制家具的反应是一样的，他们就不能构成不同的细分市场。

（5）可行动性。即企业能系统地制定有效的营销计划来吸引细分市场，并为之服务。如一家乡镇企业虽然识别出包括海外市场在内的多个细分市场，但是由于企业规模太小、员工人数不足、资源有限，从而无法为每个细分市场制定相应的营销计划，那么，这其中的一些细分市场就是无效的。

第二节　目标市场选择

企业的营销活动总是要针对一定的目标市场，因此在进行市场细分之后，如何选择合适的目标市场，就成为企业管理者和营销者最为关心的问题之一。目标市场就是企业所选定的作为其主要服务对象的细分市场。在具体选择目标市场的过程中，主要包括2个方面的内容：一是评价细分市场，二是选择目标市场。

一、评价细分市场

企业进行市场细分的根本目的在于通过满足目标市场的需求去获取利润，因此对目标市场的评价要围绕这一中心而展开。具体来讲，可以从3个方面考虑，即细分市场的规模与发展前景、细分市场的结构吸引力、企业的目标与资源。

（一）细分市场的规模与发展前景

只有具备一定规模的细分市场，才能保证企业进入后获得预期利润。因此，企业评价细分市场的首要问题是考核细分市场是否具备足够的规模来实现企业的盈利需要。从市场营销的角度来看，市场最终是由人构成的，市场需求最终取决于消费者的数量和需求量。所以，考核细分市场的规模是否与企业能力相匹配，可主要从人口数量、购买能力与购买欲望3个方面进行。

细分市场的发展前景通常是企业的一种期望特征，是保证企业进入后可获得持续盈利与增长的基础。这就意味着企业不仅要考核细分市场的现有规模，还必须就细分市场的未来规模进行预测。与细分市场规模的考核相同，未来规模的预测也可从人口数量、购买能力与购买欲望3个主要方面展开。

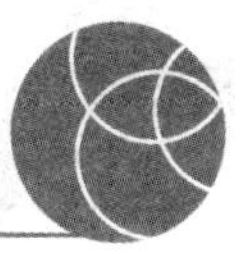

（二）细分市场的结构吸引力

这里所讲的结构吸引力，主要指的是细分市场的构成能否使企业有足够的获利空间。在具体分析的过程中，可以运用5种竞争力模型去评价一个细分市场的吸引力。一种常见的观点是，当一个细分市场中存在众多的竞争对手而企业又缺乏足够的竞争优势时，这个细分市场对企业就可视为缺乏吸引力。

（三）企业的目标与资源

企业在其追求盈利的过程中，总是需要一定的方向，进而会存在相应的具体目标。因此企业在对不同的细分市场进行评价时，还应该考虑一个备选细分市场是否与企业的发展目标和长远利益相吻合。如果该市场所需的产品及营销组合与企业的发展目标不符，企业在做出选择时就需要慎重考虑。比如，“耐克”是高档体育用品的代名词，如果发展低档产品，也可能会受市场欢迎并获取相应的利润，但这样做需要以牺牲其已经树立的品牌形象为代价，因此对于这种情况，企业应该从整体的角度综合权衡利弊，进而做出客观评价。

二、选择目标市场

企业在对各个细分市场进行评价之后，最终选择目标市场时通常有5种模式，如图8—3所示。

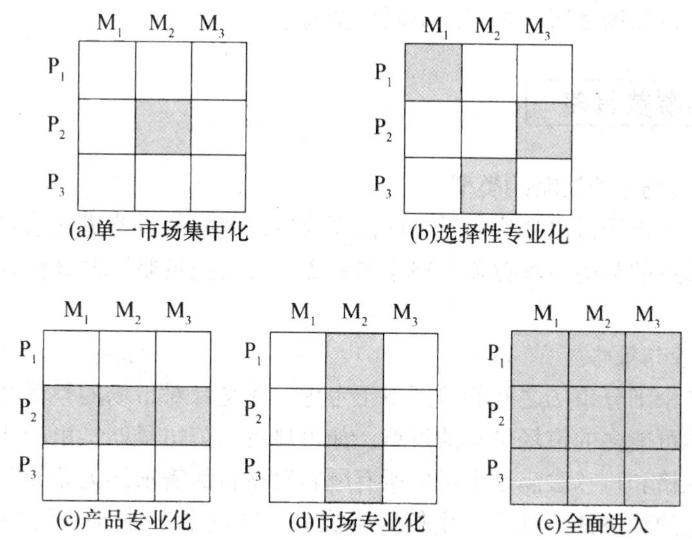

图8—3　目标市场的选择模式

（一）单一市场集中化

这是最简单的一种模式，即企业只选择一个细分市场并只通过单一产品去满足该市场中某一类顾客的特定需求。这种模式的优点在于企业可以更清楚地了解细分市场的需求，从而在细分市场上树立良好的信誉并巩固市场地位。同时，企业通过生产、销售和促销的专业化分工，也能实现其规模效益。但是，过分集中往往意味着较高的风险。

（二）选择性专业化

即企业有选择地进入几个不同细分市场的模式。这一模式的优点在于能够分散企业的风险，即便其中一个细分市场丧失了吸引力，企业在其他细分市场上还可以盈利。其不足之处则表现在所选择的细分市场分散性比较强，相互之间的关联性不够，因而企业难以共享自身的某些资源优势，甚至有可能造成资源和注意力的过于分散，加剧经营风险。

（三）产品专业化

即企业同时向几个细分市场销售同类产品的模式。如同一个品种的饮水器可以向机关、银行、学校、家庭等不同的细分市场出售。这一模式的优点在于企业很容易在特定产品领域树立企业的品牌信誉和市场地位。缺点是顾客需求出现偏转或出现其他品牌的替代品时，企业将面临巨大的效益危机。

（四）市场专业化

即企业向同一个细分市场销售多种产品的模式。如专为野外探险人士提供其所需要的各种配套产品。这一模式的优点在于，通过专门为某个顾客群体服务，可以在特定顾客群体中树立良好的品牌和企业形象，并可向这类顾客群体推销新产品，成为有效的新产品销售渠道。缺点是一旦选定的细分市场出现波动，企业经营也要随之波动。

（五）全面进入

即企业力求为所有顾客群体提供其需要的各种产品的模式。这种模式对企业的实力与管理能力等方面的要求很高，所以通常只适用于大企业。如快餐巨头麦当劳不断开发新产品来扩充市场，以期满足所有顾客的不同消费需求。

三、目标市场覆盖策略

（一）目标市场覆盖策略的类型

企业在对目标市场做出选择之后，就需要决定以怎样的策略进入该目标市场。在现实中，可供企业选择的目标市场覆盖策略主要有无差异营销策略、差异性营销策略和集中性营销策略 3 种。

1. 无差异营销策略

即企业对各个细分市场之间的差别不予考虑，而是针对市场的整体共性，力求通过单一产品去获取尽可能多的市场份额的策略。如可口可乐公司早期推出的瓶装饮料，就可以视为通过单一规格和口味去满足市场中所有顾客对饮料的需求。无差异营销策略的优点是可以获得成本上的经济性，进而产生低价格优势；缺点在于可能产生“多数谬误”，即多家竞争性企业同时采用无差异营销策略，从而导致最大的细分市场竞争激烈，而较小的细分市场需求则得不到满足。

2. 差异性营销策略

即企业同时在几个细分市场上经营业务，并分别为每一细分市场制定不同营销组合以满足其需求的策略。差异性营销通常会比无差异营销获得更高的销售额，但同时也意味着更高的经营成本，如产品改造成本、生产成本、管理成本、库存成本及促销成本等。由于差异性营销导致销售额与成本同时上升，所以在实施这种策略时企业需要结合自身实际综

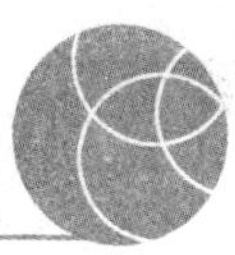

合分析其现实性。同时，企业还要防止对市场划分过细，在有些情况下，甚至需要进行“反细分”或扩大顾客的基数。

3. 集中性营销策略

即企业集中力量设计生产一种或一类产品，采用一种营销组合，为一个细分市场服务的策略。集中性营销策略的优点是，企业集中力量于一个细分市场，有利于深入了解消费者需求，便于制定正确的营销组合，提供最佳产品和服务，增强企业竞争力；同时，采用集中性营销策略也有助于实行专业化生产和销售，节省费用，降低成本，增加盈利。但采用这种策略的风险也较大，因为企业选定的目标市场范围较小，如果该目标市场突然发生变化或出现强大的竞争者，企业就可能陷入困境。因而，集中性营销策略主要适用于资源有限的小企业或大企业对新领域的探索性进入。图 8—4 直观地展示了上述 3 种策略的区别。

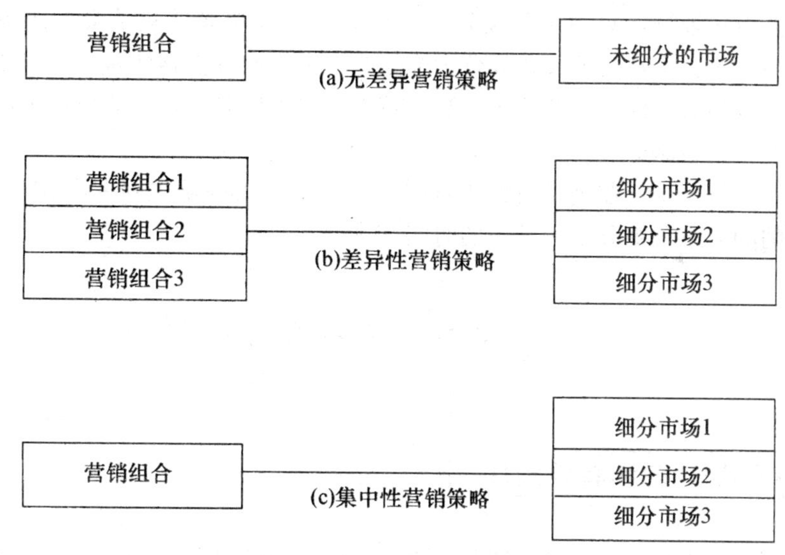

图 8—4　3 种目标市场覆盖策略

（二）选择目标市场覆盖策略应考虑的因素

上述各种目标市场覆盖策略各有利弊，企业究竟应选择哪种，可以从以下 5 个方面考虑。

1. 企业资源

那些实力雄厚，管理能力强，拥有充足人力、物力、财力及信息资源的大型企业，可根据其经营产品的不同特性采取无差异营销策略或差异性营销策略进入市场，也可根据需要采用集中性营销策略。而那些实力不强、资源不足、能力有限的中小型企业，无力把整个市场作为目标市场，采取集中性营销策略通常是最佳选择。

2. 产品的同质性

同质产品（如粮食和食盐等日常用品）由于在用途、特性等方面的差异较小而不易引起消费者需求差异，因而比较适合采用无差异营销策略，而那些满足消费者需求差异较大的产品，如家电、服装、食品、汽车等，则适合采用差异性营销策略或集中性营销策略。

3. 市场的同质性

市场的同质性即各子市场间需求与偏好的相似程度。当市场同质性高，购买者爱好相似，在一个时期的购买数量相近，对市场营销刺激的反应也相同时，企业可采用无差异营销策略；反之，企业则应选择差异性营销策略或集中性营销策略。

4. 产品所处的生命周期阶段

企业选择目标市场应随产品所处生命周期阶段的变化而变化。处于导入期的产品，由于消费者对其了解不足，可以考虑先通过集中性营销策略和无差异营销策略打开市场。当产品进入成长期和成熟期时，往往伴随着激烈的竞争，此时采用差异性营销策略就显得非常有必要。当产品进入衰退期时，为保持原有市场，延长产品的市场生命，全力应对竞争者，宜采取集中性营销策略。

5. 竞争对手的目标市场选择策略

当竞争对手进行市场细分，实施差异性营销策略或集中性营销策略时，企业应立即进行更为有效的市场细分，寻找新的良机与突破口，采取差异性营销策略或集中性营销策略。相反，当竞争对手都实行无差异营销策略时，企业推行差异性营销策略或集中性营销策略必将大获其利。另外，当竞争对手数目较少、实力较弱时，企业也可采用无差异营销策略或集中性营销策略。

除上述因素外，企业在进入目标市场时还有一些相关因素也需要考虑，如营销道德、细分市场之间的关系及细分市场进入的时间安排等。

第三节　市场定位

一、市场定位的概念和有效条件

企业确定目标市场之后，还要进行市场定位。市场定位是目标市场营销中的关键环节，也是制定营销战略的重要依据。

（一）市场定位的概念

市场定位是指企业设计出自己的产品和形象，从而在目标消费者心中确立其与众不同的有价值的地位。理解这一概念，应注意以下要点。

1. 市场定位的对象

市场定位是消费者对企业及其产品、服务的主观认识，因此，市场定位应该从消费者而不是企业方面来入手。换言之，市场定位改变的不是产品本身而是企业与消费者的沟通要素，其主要手段是通过改变与产品相关的各种营销要素使消费者从心理上感觉到与众不同，其目的在于引导潜在消费者认同企业所提供的产品的独特性与价值性。

2. 市场定位与产品差异化的关系

市场定位是企业通过为自己的产品创立鲜明的个性，塑造出独特的市场形象来实现的。一项产品是多个因素的综合反映，包括性能、构造、成分、包装、形状、质量等，市场定位就是要强化或凸显某些因素，从而形成与众不同的独特形象。但是，产品差异化是实现市场定位的手段，却并不是市场定位的全部内容。市场定位不仅强调产品差异，而且

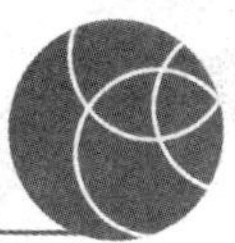

要通过产品差异建立独特的市场形象，赢得消费者的认同。

3. 市场定位是一个相对概念

市场定位的主旨在于使企业的产品区别于竞争对手，因此企业在进行市场定位的过程中不仅要分析目标消费者的消费心理，还要将自身产品与竞争对手的进行比较，从而明确自身的特点。

4. 市场定位的本质

市场定位的本质是向消费者传递一个清晰的形象，从而给消费者提供一个购买企业产品的明确理由。同时，由于不同消费者在购买及使用同类产品与服务时，常常会侧重产品的不同方面，一个特殊产品在一个消费者心目中的定位可能与其在另一个消费者心目中的定位并不一样。所以，了解企业及其产品在所有相关细分市场中的消费者心目中的定位十分重要。

（二）市场定位的有效条件

市场定位的目的是树立企业的差异化优势，要想实现这一目的，市场定位必须符合以下 4 个有效条件。

1. 必须对所选定的目标市场有一个清晰认识

市场定位是面向目标市场的，因此只有对目标市场有一个清晰认识，才可能使市场定位有的放矢。

2. 作为定位基础的利益必须为目标消费者所重视

如前所述，市场定位的本质是为消费者提供一个购买的理由。只有这个理由具备足够的说服力，才可能引起消费者的共鸣，使企业定位与消费者的认知相契合，实现市场定位的初衷。

3. 定位必须有营销组合的支撑

市场定位的实现不仅要找准潜在消费者的利益追求点，还必须比竞争者能更好地满足消费者的这种利益。同时，企业产品最终是通过营销组合的形式向消费者传递的。因此，企业的定位必须有相应的营销组合支持，而市场定位也能驱动营销组合的制定。两者之间的关系如图 8—5 所示。

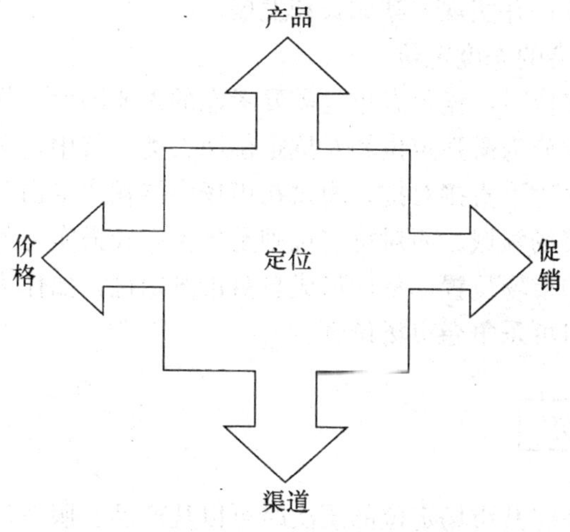

图 8—5 市场定位与营销组合的关系

4. 定位需要实现与消费者的沟通

市场定位是消费者对企业及其产品的主观认知，虽然企业会尽力从消费者的角度去考虑自身定位的相关因素，但与之相应的行动终究是企业实施的，企业能否实现其定位的初衷最终还要取决于消费者。为此，企业需要在营销活动中实现与消费者的沟通，并且让营销活动本身成为企业与消费者沟通的途径。

二、市场定位的策略

市场定位的最终目的是让消费者对企业产品形成一种独特的感知，而消费者对企业的感知往往是多种因素共同作用的结果。因此企业可以从多个方面提供消费者所需要的利益，从而实现消费者对产品的认可。在市场定位时，企业可以从不同的角度确定其市场定位的策略。

（一）根据产品特色定位

产品包含质量、功能、成分等多种属性，企业在进行市场定位时，可以通过分析自身产品的各种属性去确定其特色所在，进而进行市场定位。如现在市场上出现的低糖和脱脂牛奶等食品就很好地迎合了消费者对某些特定营养成分的期望。

（二）根据产品用途定位

消费者对企业产品所带来的利益的理解，还取决于产品的用途，因此企业可以根据产品用途对其进行定位，有时还可以通过为老产品发现新用途来对其进行重新定位。如小苏打曾一度被广泛用作烘焙的辅料，后来又被定位于冰箱除臭剂。

（三）根据使用者定位

根据产品的使用者不同，可以对其进行不同的市场定位，从而使某一消费者群体形成独特的认知。如万宝路香烟刚进入市场时，是以女性为目标市场的，然而由于当时女性消费者对香烟的消费数量有限而导致其初期销量平平。后来，万宝路在重新定位时通过将其与最具男子汉气概的西部牛仔形象联系起来，树立了自由、野性与冒险的形象，从而争取了众多男性消费者的支持并实现了其成长和发展。

（四）根据对竞争者的态度定位

企业在进行市场定位时，竞争者也是需要考虑的重要因素。根据企业对竞争者所持的态度，可以将市场定位分为避强定位和对抗定位两大类。其中，避强定位是指企业回避与目标市场上的强势竞争对手直接对抗，通过在市场中寻找“空白”来开发独具特色的某种产品，从而开拓新的市场领域。而对抗定位则是指拥有较强实力的企业与强势的竞争对手正面较量并争夺有利的市场位置，从而形成自身市场定位，如作为后起之秀的百事可乐就曾采用这种方式与可口可乐争夺市场份额。

三、市场定位的层次

对企业来说，在确定其市场定位的层次时可以从产品、服务、人员、渠道、形象 5 个方面去考虑，见表 8—1。

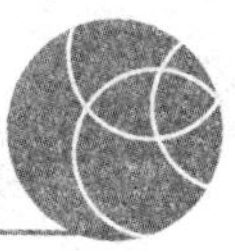

表 8—1　市场定位的差别化变量

产品	服务	人员	渠道	形象
形式	订货方便	能力与资格	覆盖面	企业标志
特色	交货	谦恭	专长	媒体
性能	安装	诚实	绩效	气氛
一致性	客户培训	可靠		事件
耐用性	客户咨询	负责		
可靠性	维修保养	沟通		
可维修性	多种服务			
风格				
设计				

（一）产品定位

包括形式、特色、性能、一致性、耐用性、可靠性、可维修性、风格和设计。产品形式包括产品的尺寸、形状或实体结构。产品是企业进行市场定位的基础，也是消费者认识企业的开端，向消费者提供卓越的产品是企业成功进行市场定位的首要任务。

（二）服务定位

包括订货方便、交货、安装、客户培训、客户咨询、维修保养、多种服务。在产品同质化日益普遍的市场竞争中，为消费者提供周到服务的企业常常会获得更多消费者的认可。

（三）人员定位

即通过培养和训练人员来获得强大的竞争优势。经过严格训练的人员常常也会成为企业形象的重要组成部分，使消费者对企业产生特定偏好并形成心理认可。

（四）渠道定位

即企业可通过设计分销渠道的覆盖面、专长和绩效，使消费者对企业形成独特的印象，从而获取竞争优势。

（五）形象定位

形象定位是企业市场定位的最终目的，即让消费者能从企业或品牌形象方面得到一种与众不同的感觉。企业可以通过企业标志、媒体、气氛和事件来传递其独特的形象。

四、市场定位的流程

（一）分析目标市场的竞争格局

目标市场的竞争可以像“百事可乐”与“可口可乐”一样体现在产品形式方面，也可以像茶饮料中的“绿茶”与“红茶”那样体现在产品种类方面，还可以是类别竞争，如啤酒、牛奶、茶、咖啡之间的竞争等。分析目标市场的竞争格局可以从企业的角度发现具有相同或类似功能的替代品，也可以通过直接调查顾客购买时所考虑的替代品来确定。其根本目的就在于确定目标市场中有哪些产品是企业产品的替代品。

（二）识别顾客对各种替代品的选择依据

竞争格局一经确定，下一步骤就是确定顾客对各种替代品的选择依据。通过这一步骤可以有效明确什么样的产品利益对顾客来说是最重要的，从而为企业树立自身产品特色奠定基础。一种常见的现象是顾客对不同产品的选择依据可能取决于使用环境或场合。比如，当顾客为其他人买一支钢笔作为礼物时，相较于为自己用而购买，某些因素就可能显得更为重要。为了获得此类信息，企业应该综合运用定性方法（如集体讨论）与定量方法（如市场调查）。

（三）评估顾客追求的利益的相对重要性

顾客对同一产品追求的利益往往是多维的，如价格、质量、款式、服务等，但是，这些利益特征却并非同等重要。本步骤的目的在于对顾客追求的利益进行排序，以便企业选择自身市场定位的“卖点”。这一步骤最好使用定量研究，按照重要性等级对顾客追求的利益特征进行排序或区分等级。

（四）确定竞争产品在重要属性方面的地位

这一步骤主要是根据上一步骤确定的顾客追求的利益特征的排序，来考察竞争产品的相对位次，从而为企业的市场定位寻求具有竞争优势的“位置”。

（五）选择竞争优势

假设企业根据上述分析，确定顾客追求的利益特征按相对重要性排序是技术、成本、质量和服务，且企业有一个主要竞争对手，两者在利益特征方面的地位及能力等情况如表8—2所示。

表 8—2　　竞争优势选择的方法

顾客追求的利益特征	企业地位（1～10）	竞争者地位（1～10）	提高市场地位的重要性	本企业的能力和速度	竞争者的能力和速度	建议方案
技术	8	8	低	低	中	维持现状
成本	6	8	高	中	中	观望态度
质量	8	6	低	低	高	观望态度
服务	4	3	高	高	低	加大投资

从表8—2中可以看出，两家企业在技术方面的得分都是8分，意味着它们都拥有先进的技术，因此，该企业进一步提高技术的收益不大，尤其是当成本固定时。而竞争对手在成本方面拥有优势（得分是8分），这样，一旦市场对价格更为敏感时，企业的利益就会受到损害。同时，企业的产品质量优于竞争对手（得分是8分），但两家企业的服务水平都很低，因而企业应提高自己的服务水平。

（六）显示竞争优势

这一步骤的主要任务是通过一系列的宣传促销活动，使企业独特的竞争优势准确地传播给潜在顾客，在顾客心目中留下深刻印象。为此，首先，企业应使目标顾客了解、熟悉、喜欢和认同本企业的市场定位，在顾客心目中建立与该定位相一致的形象。其次，企业通过保持对目标顾客的了解、稳定目标顾客的态度和加深目标顾客的感情等努力来巩固与市场相一致的形象。最后，企业应注意目标顾客对其市场定位理解出现的偏差或由于企业市

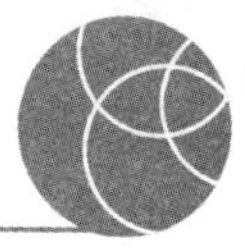

场定位宣传失误而造成目标顾客的模糊、混乱和误会，及时纠正与市场定位不一致的形象。

本章小结

企业开展目标市场营销主要包括市场细分（market segmentation）、目标市场选择（market targeting）和市场定位（market position）3 个环节。

市场细分就是把整体市场按照消费者的特性，划分为由若干个具有相同性质的消费者组成的较小的细分市场的过程。企业进行市场细分的理论基础是消费者需求存在差异性，进而可以通过产品的各种属性去满足市场中的差异化需求。在进行市场细分时，依据购买主体的不同，可以为消费者市场和组织市场确定不同的细分变量。在具体进行市场细分时，主要方法有单一变量因素法、多变量因素组合法和系列变量因素法 3 种，细分的流程可以分为确定细分依据、进行具体细分和评估细分结果 3 个步骤。同时，在市场细分时还应该注意其有效性。

在进行市场细分之后，企业就要考虑如何选择合适的目标市场。在选择目标市场时，企业首先要从细分市场的规模与发展前景、结构吸引力、企业的目标与资源 3 个方面对各个细分市场进行评价。在选择目标市场的具体过程中，主要策略有单一市场集中化、选择性专业化、产品专业化、市场专业化和全面进入。进入目标市场时有无差异营销策略、差异性营销策略和集中性营销策略 3 种策略。

企业确定目标市场之后，还要进行市场定位。市场定位是指企业设计出自己的产品和形象，从而在目标消费者心中确立其与众不同的有价值的地位。企业在确定市场定位的策略时，可以从产品特色、产品用途、使用者以及企业对竞争者所持的态度等多个角度入手。同时，市场定位是有层次之分的，企业在确定其市场定位时可以从产品、服务、人员、渠道、形象 5 个方面去考虑。具体的定位流程主要包括 6 个环节，即分析目标市场的竞争格局、识别顾客对各种替代品的选择依据、评估顾客追求的利益的相对重要性、确定竞争产品在重要属性方面的地位、选择竞争优势、显示竞争优势。

思考题

1. 什么是市场细分？
2. 简述市场偏好的模式。
3. 试述市场细分的有效性。
4. 简述目标市场的选择策略。
5. 市场定位的策略有哪些？

第五部分
市场营销组合策略

第九章　产品策略

学习目标

1. 掌握产品的概念和分类，了解产品组合的 4 个维度；
2. 认识产品组合并掌握产品线决策；
3. 理解产品生命周期并了解新产品开发流程；
4. 掌握品牌的概念，了解品牌策略；
5. 掌握服务的概念和性质，了解服务营销策略。

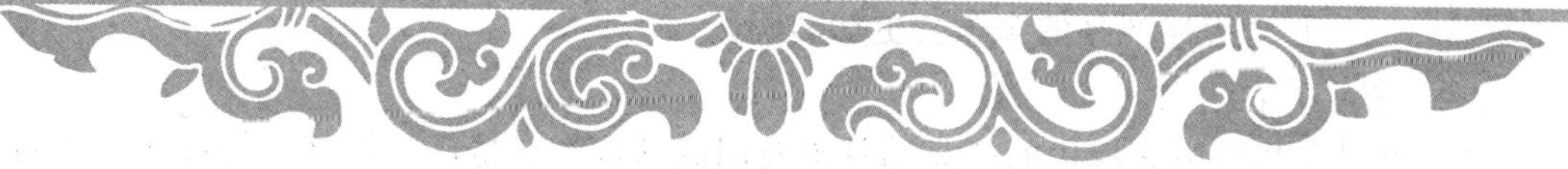

导学案例

天山公司的产品之道

天山公司是一家生产小型家电的公司，目前经营着600多种产品。该公司的目标是每年销售额的25%要从前三年研制的产品中获得。为此，天山公司每年都要开发20多种新产品。公司努力为员工创造一个有助于产品革新的环境。一方面，它把年销售额的7%用于新产品的开发和研究；另一方面，鼓励每一个员工参与新产品的开发。天山公司执行“10%规则”，即允许每个研发人员用10%的时间来“干私活”，从事个人感兴趣的工作，不论这些工作是否与公司利益有关。当一个新构想产生时，公司会组织一个由该构想的开发者以及来自生产、销售和法律部门的志愿者组成的创新团队来完善该构想，为其提供非常优越、宽松的工作环境。每年，公司都会把“进步奖”颁给创新团队，奖金额度为新产品销售额的20%。

在执着追求新产品的过程中，天山公司始终与其顾客保持紧密联系。在新产品开发的每一时期，都对顾客偏好进行重新评估。营销人员和研发人员在开发新产品的过程中也紧密合作，共同参与新产品营销战略的制定和决策过程。由于天山公司坚持倡导注重创新、精诚团结的精神，产品销量在同行中一直遥遥领先，获得了极大的成功。

企业对顾客需求的满足最终要通过产品来实现。产品不仅是企业满足顾客需求的载体，也是营销组合的重要变量。在市场营销活动中，产品策略是企业价值创造过程中的重要影响因素。在现代市场经济条件下，企业必须随着产品生命周期的发展变化，灵活调整营销方案，同时要重视开发新产品，及时用新产品代替老产品，这样才能在求生存的基础上获得更大发展。

资料来源：http://wenku.baidu.com/view/6331c329cfc789eb172dc830.html，经编者整理、分析而成。

第一节　产品概述

一、产品的概念与层次

产品是能够提供给市场以满足其需求和欲望的任何东西。具体地说，就是提供给市场以满足顾客需求和欲望的任何有形和无形的物品。菲利普·科特勒等学者认为，用5个层次（见图9—1）来表述产品的概念会更加准确。

（一）核心产品

核心产品是指向顾客提供的产品的基本效用或利益。它是产品最基本的层次，也就是顾客真正要购买的利益和服务。顾客对任何产品的购买，都是基于某些方面的需求而非产品本身。因此，企业营销活动中向顾客销售的产品，都必须以反映顾客核心需求的基本效用或利益为基础。

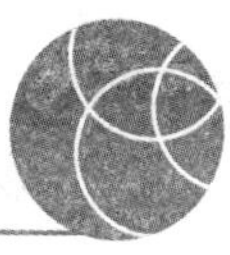

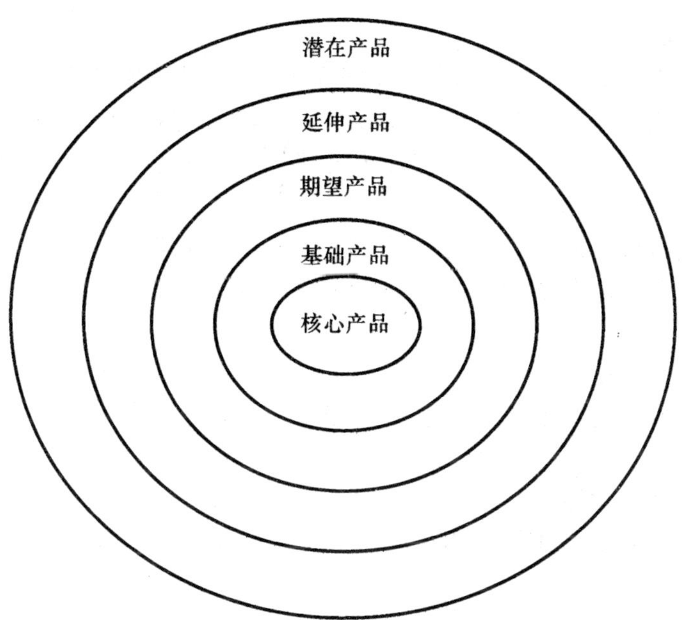

图 9—1 产品的 5 个层次

（二）基础产品

基础产品是指核心产品借以实现的形式。它是产品的一种外在形式，通常表现为品质、式样、特征、商标、包装等能够被顾客识别的形象。营销活动所传递的产品要在满足顾客核心利益的基础上，不断完善其外在形式。

（三）期望产品

期望产品是指顾客购买产品时期望的一整套属性和条件。如购买电冰箱时，期望该机器在保持食物新鲜的情况下，尽量省电及安全可靠等。

（四）延伸产品

延伸产品是指顾客购买基础产品和期望产品时，附带获得的各种利益的总和。主要包括运送、安装、调试、维修、产品保证、零配件供应、技术人员培训等。

（五）潜在产品

潜在产品是指现有产品包括所有附加产品在内的、可能发展成为未来最终产品的潜在状态的产品，预示着该产品最终可能产生的所有利益的增加和改变。

产品的 5 个层次清晰地描述了顾客需求的轮廓，因而成为企业制定具体产品策略的重要依据。

二、产品的分类

产品分类有助于进一步掌握产品的概念，营销人员以产品的各种特征为基础将产品分成不同的类型。在具体的划分过程中，可以从 3 个角度考虑。

（一）产品的耐用性和有形性

按照耐用性和有形性，产品可以分为 3 类。

1. 非耐用品

非耐用品是有形实物产品，其主要特征在于使用期限较短甚至是一次性的，如巧克力、口香糖等。由于这类产品消费快，购买频率高，应大量设置方便的零售点，同时需要大量的广告宣传予以支持，以吸引消费者积极尝试。通常情况下，非耐用品的利润较低。

2. 耐用品

耐用品也是有形实物产品，但其使用期限或寿命相对较长，可以重复使用，如手机、电脑等。该类产品的销售常常需要企业提供较多的售前和售后服务。

3. 服务

服务是为出售而提供的活动、利益或满足感，如美容与理发。服务具有无形性、不可分离性、可变性和易消失性等多个特征。一般而言，服务对质量控制、供应者信誉和实用性的要求更高。

(二) 消费者购买习惯

从消费者购买习惯的角度考虑，可将产品区分为便利品、选购品、特殊品和非渴求品4种类型。

1. 便利品

便利品是指消费者经常购买或即刻购买，并且很少花较多的时间用于比较不同品牌或研究相关资料的产品，如牙膏、面巾纸等。

2. 选购品

选购品是指消费者在其购买过程中，要对产品的适用性、质量、价格、式样等基本方面做有针对性比较的产品。相对于便利品而言，选购品通常价格较高，如服装、家具和家用电器等。选购品又可以进一步划分为同质选购品（质量相似，但价格却明显不同，所以选择是必要的）和异质选购品（特色和服务上的区别比价格更重要）。

3. 特殊品

特殊品是指具备独有特征或品牌标志的产品。通常情况下，消费者在购买该类产品时，由于对其有独特偏好而愿意付出特殊的购买努力，如品牌电脑、名贵字画和高档轿车等。使用特殊品的人对产品知识有相当的了解，有习惯性的购买倾向，所以往往不需花过多的时间进行选择。

4. 非渴求品

非渴求品是指消费者不知道或平时不会考虑购买的产品，如丧葬用品及一些刚刚上市的新产品等。此类产品的销售往往需要大量的广告宣传和人员投入。

(三) 工业品分类

工业品的使用目的在于生产或制造另一种产品，而并非直接用于消费。其分类一般包括：材料和部件、资本项目、供应品和服务。

1. 材料和部件

材料和部件指完全转化为制造商产成品的那些产品，具体包括：原材料、半制成品和零部件。

2. 资本项目

资本项目是指能够服务于最终产品生产和管理的持久性产品，包括装备和附属设备

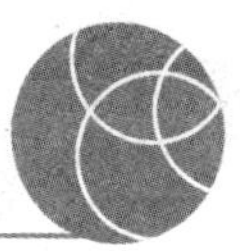

两个部分。装备主要指建筑物与固定设备，其使用寿命较长且耗用资金较多，如办公室、厂房和发电机等。附属设备则通常指那些寿命较短且造价较低的轻型工具和办公设备等。

3. 供应品和服务

供应品和服务是寿命较短的商品和服务项目，它们促进最终产品的开发和管理，但不构成最终产品，如润滑油、煤等。供应品常常消费者众多、区域分散且价格较低，一般通过中间商来销售。由于供应品的标准化，消费者通常不会有强烈的品牌偏好，因而价格和服务等因素成为此类商品销售的主要因素。商业服务包括维修服务和商业咨询服务，维修服务通常以订立合同的形式提供。

三、产品组合

面对复杂多变的竞争形势，企业在其能力范围内通常会提供尽可能多的产品种类，以迎合消费者的多样化需求，这样就会涉及产品组合的问题。

（一）产品组合的相关概念

1. 产品组合

产品组合是指一个特定销售者售给购买者的一组产品，即企业提供给市场的全部产品线和产品项目的组合。

2. 产品线

产品线又叫产品大类，是指密切相关的能够满足同类需求的一组产品。产品线是许多产品项目的集合，这些产品项目具有功能相似、用户相同、分销渠道相同、消费方式相似等特点。

3. 产品项目

产品项目是指产品大类中各种不同品种、规格、质量的特定产品，它们因性能、商标、款式等不同而区别于企业其他产品，也就是在企业产品目录上列出的每一个产品。

如康师傅的方便面和饮品就代表2条不同的产品线，每条产品线中的不同食品或饮料则代表了不同的产品项目，其所有产品线和产品项目汇总在一起就构成了产品组合。

（二）产品组合的维度

产品组合的维度主要有4个，即一般评估产品组合的四要素：宽度、长度、深度及黏性。

1. 产品组合的宽度

产品组合的宽度是指该企业有多少条不同的产品线。在图9—2中，以宝洁公司的部分产品为例，产品组合的宽度是5条产品线，即清洁剂、牙膏、条状香皂、纸尿布和纸巾。

2. 产品组合的长度

产品组合的长度是指产品组合中产品项目的总数。图9—2中所列的产品组合的长度是26，即26种产品项目。

3. 产品组合的深度

产品组合的深度是指一条产品线中所含有产品项目的数量。在图9—2中，宝洁公司

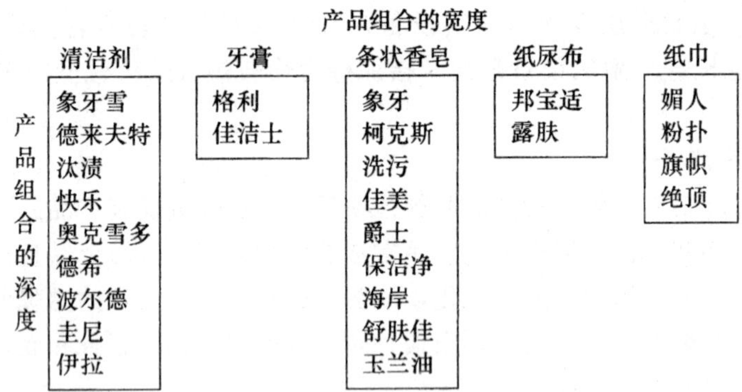

图 9—2 宝洁公司的产品组合

牙膏生产线的深度为 2，即在牙膏生产线中有两个产品项目。

4. *产品组合的黏性*

产品组合的黏性是指各条产品线在最终用途、生产条件、分销渠道或其他方面相互关联的程度。如宝洁公司的产品都是通过同样的分销渠道进行销售的，该公司的产品线就具有较强的黏性。

产品组合的宽度、长度、深度和黏性对企业产品策略的制定具有重要意义，进而会影响企业的经营绩效。一般情况下，拓展产品组合的宽度，有利于企业扩大经营领域，实施多元化经营，更好地发挥潜在的技术、资源优势并提升经营绩效，也有利于分散企业的经营风险；扩大产品组合的长度和深度，有利于占领同类产品的更多细分市场，满足更广泛的市场需求，增强企业的竞争能力；加强产品组合的黏性，则可以使企业在特定市场领域内增强竞争能力和树立良好形象。基于上述 4 个方面，企业在开展营销活动的过程中有必要合理安排其产品组合的结构，力求恰到好处。

四、产品线决策

企业的产品线并非一成不变的，只有始终从顾客需求出发并结合自身实际情况对其做出实时的调整，才能满足企业长远发展的需要。企业产品线调整的决策主要包括以下 5 个方面。

（一）产品线延伸决策

当某个企业想在现有产品以外增加新产品时，有 3 种不同的产品线延伸策略可供考虑。

1. *产品线向下延伸*

产品线向下延伸是指企业在原有产品的基础上向下发展低档产品。当企业的高档主产品遇到强烈竞争而增长缓慢，或者想填补市场空隙时可以考虑采用这种策略。但是这种做法有可能会损害企业已经树立的产品形象，引起竞争者的反击或经销商的抵制。

2. *产品线向上延伸*

产品线向上延伸是指企业在原有的低档产品的基础上增加高档产品。这一策略有可能会使企业获得较快的销售增长和较高的利润率，若企业能击败对手，就可成为生产经营种类齐全的企业。但是也存在引起竞争者向低档产品市场发起反击的可能性，消费者可能对此类产品没有偏好，代理商和经销商在经营高档产品时也会存在一些困难。

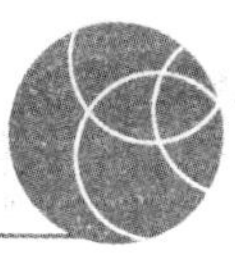

3. 产品线的双向延伸

产品线的双向延伸是指企业同时向上及向下发展高品质及低品质的产品。成功的双向延伸可使企业成为某类产品市场的领导力量。索尼公司的随身听就是先以中级品进入市场，而后分别发展高级品和低级品。

（二）产品线填补决策

产品线填补决策是指在现有产品线的范围内增加一些产品项目，以强化现有产品线。驱使企业填补产品线的动机主要包括：获取更多利润；满足那些经常抱怨由于产品线不足而使销售额下降的经销商；充分利用过剩的生产能力；争取成为领先的产品线完整的企业；设法填补市场空隙；防止竞争者的侵入。

在应用这一决策时，应避免企业新旧产品之间的过度竞争，合理调配企业的各种内外部资源。同时，应该使顾客能明显感觉到其产品线内各个产品之间的差异，所以企业在考虑发展某种产品项目时，要重视产品项目之间的相对差异。而且，必须从满足市场需求的角度出发，而不是只为了满足企业内部定位上的需求。

（三）产品线现代化决策

这一决策强调对新兴技术的应用。在某些情况下，虽然产品组合的宽度、长度都非常合适，但是产品线的生产形式却可能已经过时，这样就必须对产品线实施现代化改造。如果一家企业的机床是20世纪90年代的老产品，就可能会在竞争中败于产品线较为新式的对手。

同时，当企业决定对现有产品线进行改造时，还应考虑是逐步实现现代化，还是以最快的速度、用全新设备更换原有的产品线。逐步实现现代化可使企业减少资金消耗，但也使竞争者有机会发现这种变化，并且有充足的时间采取措施与之竞争；而快速现代化策略虽然会在短期内耗费大量的资金，但是可以在短期内摆脱许多竞争者。

（四）产品线特色化决策

即企业在产品线中有选择地对一个或几个产品项目进行特色化。如罗尔斯—罗伊斯公司曾宣布推出定价仅4.9万美元的经济型轿车，而该公司的高级轿车定价却是10.8万美元。其目的就是吸引消费者到它的汽车展销店去，一旦消费者进入展销店，销售人员就会努力说服消费者购买比较高级的轿车。

（五）产品线削减决策

当客观因素导致企业现有产品组合盈利状况欠佳时，可以在分析现有产品组合构成的基础上，对盈利状况欠佳的产品线进行淘汰，这样可以使企业将优势资源集中在更具获利潜力的产品线上，从而保持产品线的活力。

第二节　产品生命周期与新产品开发策略

一、产品生命周期的概念与特征

产品生命周期是指产品从投入市场到退出市场所经历的全部过程。产品生命周期可分为导入期、成长期、成熟期和衰退期4个阶段，这一过程可用曲线来表示，称为产品生命周期曲线（见图9—3）。

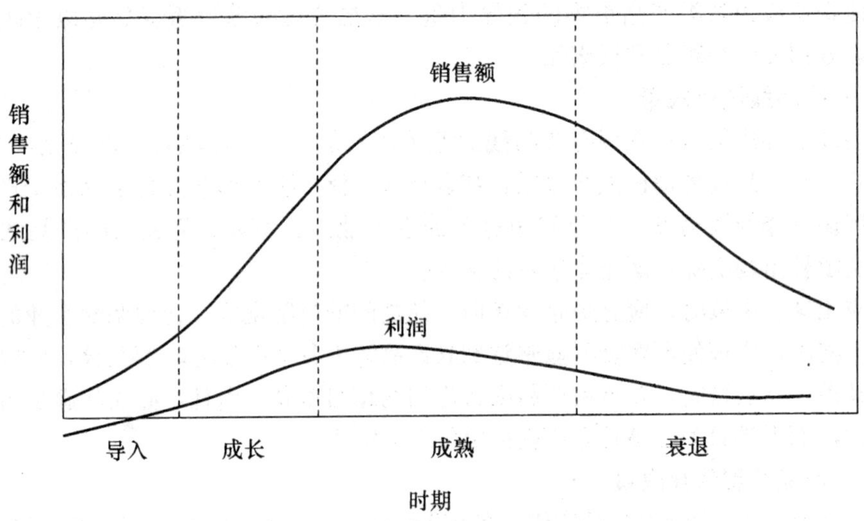

图9—3 产品生命周期曲线

在导入期，由于新产品是首次进入市场，因此销售成长趋向于缓慢发展。企业的投入较大，生产规模有限，单位产品成本较高，企业通常在该产品上处于无利甚至亏损状态。

在成长期，消费者对产品已较为熟悉，分销渠道顺畅，产品销售量迅速增长，几乎呈直线上升趋势；产品已定型，生产工艺基本成熟，大批量生产能力形成，因而生产成本降低，利润大幅增加，由此吸引了大批竞争者加入，市场竞争加剧。

在成熟期，竞争激烈，销售增长率和销售的绝对水平都开始下降，消费者也开始被其他产品和替代品所吸引。

在衰退期，要深入分析产品进入衰退期的原因，其中包括技术进步、消费者需求的改变、国内外竞争的加剧等。所有这些都会导致生产力过剩、竞争加剧和企业利润的减少。

二、产品生命周期的营销策略

（一）导入期的营销策略

在产品的导入期，当只考虑价格和促销费用两个因素时，企业有4种营销策略可供选择，见表9—1。

表9—1 导入期可供选择的市场策略

价格水平	促销水平	
	高	低
高	快速撇脂策略	缓慢撇脂策略
低	快速渗透策略	缓慢渗透策略

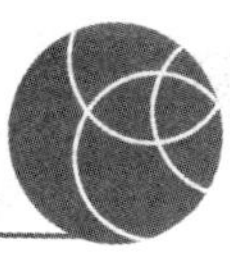

1. 快速撇脂策略

快速撇脂策略也叫双高策略，即企业以高价和高促销费用的方式推出新产品。采取这种策略有利于消费者尽快熟悉企业的新产品，快速打开销路，获取较大的市场占有率，同时还能保持较高的获利能力。快速撇脂策略适用于以下条件：潜在市场的大部分消费者还缺乏对该产品的认识；了解产品的人具有较强的购买欲望并愿意接受其较高的价格；企业面临潜在竞争的威胁，所以希望迅速建立品牌偏好。同时，这一策略要求产品在质量和性能上优于同类产品或者在某些方面有独特之处。

2. 缓慢撇脂策略

缓慢撇脂策略是指企业以高价格和低促销费用的方式推出新产品，使企业获得更多利润。这种策略的适用情况为：市场规模有限，高促销费用并不能刺激销量的大幅增长，或多数消费者已经熟悉该产品因而没有必要投入大量的促销费用；购买者愿意接受产品的高价且潜在竞争的威胁较小。如德国拜尔药厂生产的阿司匹林自投入市场以后，价格虽然高，但因药效好，一直很畅销。

3. 快速渗透策略

快速渗透策略是指企业以低价格和高促销费用的方式推出新产品。该策略通常能使企业迅速实现市场渗透，获取较高的市场份额。采用这一策略的前提条件是：市场是大的；目标市场对该产品不知晓；绝大多数的购买者对价格比较敏感；潜在的竞争威胁大；随着生产规模的扩大和制造经验的积累，产品的单位成本会下降。

4. 缓慢渗透策略

缓慢渗透策略也叫双低策略，即企业以低价格和低促销水平推出新产品。“低价”通常能促使市场较快地接受该产品；“低促销”则能支持在低价条件下获得相对多的利润。实施这一策略的假设条件是：市场是大的；市场上此产品具有较高的知名度；市场对价格敏感，非低价难以打开市场；存在潜在的竞争。

（二）成长期的营销策略

在成长期，为了保持较高的市场增长率，进一步获取市场份额和销售利润，企业可以针对外部环境和自身能力的新特点，从不同方面做出相应的完善。具体可供选择的策略有如下 4 种。

1. 产品策略

即改进产品质量或增加新产品的特色和式样，从而增加产品对消费者的吸引力。海尔集团从产品投入市场起就以“高质量”为基础，建立了完整的质量保证体系，在每一道工序、每一个环节上都树立了“下一道工序是消费者”的观念，扎扎实实推行自检、互检、专检的严格检查制度，并在经济责任制考核中实行质量否决权。也正是因为这样严格的质量管理，使海尔集团发展成为国际知名的企业。

2. 渠道策略

即增设销售机构和销售网点，进入新的细分市场，适应和满足广大消费者的需求，以保持在市场上的优势地位。

3. 促销策略

即企业的广告从产品知名度转移到产品偏好上，针对本产品的特点和消费者关心的问题，通过与同类产品的对比，显示本产品的优势，同时加强售后服务，以吸引消费者购买。

4. 价格策略

即结合生产成本和市场价格的变动趋势，分析竞争者的价格策略，在适当的时候降低价格，以吸引对价格比较敏感的消费者。一般来说，如果企业的产品具有垄断性，可以采用高价销售；而一般竞争性产品则可以采取低价吸引消费者。

（三）成熟期的营销策略

企业要在成熟期实现新的市场复兴或者获取更多的竞争利益，可以从市场、产品和营销组合 3 个方面去努力。

1. 市场改进

市场改进是针对市场而非产品本身的，即通过一定的营销手段刺激市场需求，扩大产品销量。改进的方面主要包括使用者数量和使用率。

增加使用者数量的方法有 3 种：第一，把非使用者转变为使用者；第二，进入新的细分市场；第三，争取竞争对手的用户。增加使用率的方法也有 3 种：其一，努力使使用者更频繁地使用该产品；其二，努力使使用者增加每次的用量；其三，开发产品的新用途。

2. 产品改进

产品改进也称“产品再推出”，即企业通过改进产品的特性来吸引新顾客、留住老顾客，并加强市场改进的有效性。其主要形式有：

（1）质量改进。即从工艺设计和产品材质等方面对产品进行改进以优化产品质量。

（2）特点改进。重点在于增加产品的新特点，尤其是扩大产品的高效性、安全性或方便性。如某机械厂将动力系统引入割草机，提高了割草的速度，而后又进行操作方面的改进，使之方便操作。

（3）式样改进。即对款式和外观进行改变，其目标在于满足消费者对产品的美学诉求。

（4）服务改进。对于许多耐用消费品和产业用品来说，良好的服务（如为用户提供运输、开展技术咨询、上门维修等）会大大促进消费者的购买。

产品改进主要有 3 个方面的优点：第一，有益于建立和巩固企业的领先形象；第二，能赢得某些细分市场的忠诚度；第三，能给企业带来免费的大众化宣传。其主要缺点是容易被竞争对手模仿，有时甚至难以收回相应的成本增量。

3. 营销组合改进

营销组合改进是产品成熟阶段刺激销售的有效方法，是指通过改变定价、销售渠道及促销方式来延长产品的市场成熟期。一般通过改变一个因素或几个因素的配套关系来刺激或扩大消费者购买。例如，产品的品质不变，降价可以从竞争者那里吸引一部分消费者。扩大销售渠道、增加销售网点、调整广告媒体等多种措施，也都可以达到同样的目的。但这种改进一般很容易为竞争者模仿。

（四）衰退期的营销策略

在衰退期，企业首先要做的是判断产品的市场需求是否已经疲软，然后选择衰退期的基本策略，也就是对去留问题做出抉择。企业在决定退出时，要考虑企业的退出障碍以及是否有更好的出路。在衰退期可供采取的营销策略有：

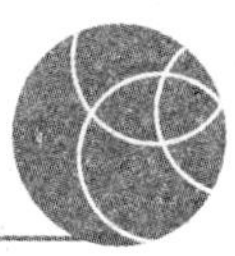

第一，在行业的前景未明确前，保持原有的投资水平；

第二，有选择地减少投资，即识别各细分市场的获利潜力并对缺乏潜力的市场减少投资；

第三，在减少某些细分市场投资的同时，将抽出的资金投入仍然有较高获利潜力的市场以进一步挖掘需求；

第四，迅速放弃该业务并以有利方式处理相关资产。

三、新产品的概念与类型

（一）新产品的概念

新产品是指在某个市场上首次出现或者是企业首次向某市场提供的，能满足某种消费需求的整体产品。

（二）新产品的类型

整体产品中任何一部分的创新、变革和改良，都可视为新产品。具体来说，新产品包括以下 6 种类型。

1. 新问世产品

新问世产品是指利用新材料、新技术等生产的前所未有的产品。新问世产品一般是由于科技进步或为满足市场上出现的新的需求而发明的产品，具有明显的新特征和新性能，甚至能改变消费者的生产方式或消费方式。但新问世产品的开发难度大、开发时间长，需要大量的开发资金，成功率偏低且需要较长的时间才能被消费者接受。

2. 新产品线

新产品线是指企业首次进入已建立市场的新产品。由于立足于原有市场，已具备一定的消费者基础，因此新产品的推广相对比较容易。企业对原有市场的消费者需求较为了解，其新产品也更容易得到消费者的认可。

3. 现行产品线的增补品

现行产品线的增补品是指企业在已建立的产品线上增补的新产品，包括尺寸、型号等属性方面的增加。其主要优势在于，对技术和理念方面的更新要求相对较低且无须投入太多的成本。

4. 现行产品的改进更新

现行产品的改进更新是指改进现行产品的性能或对现行产品注入较多的新价值并替代现行产品，如苹果手机推出升级版本。这种产品属于对企业原有产品的完善，实施起来相对容易。

5. 市场重定位

市场重定位是指以新的细分市场为目标的现行产品。这种新产品虽然没有对产品本身做出改进或更新，但其新的市场定位常常能为企业带来新的消费者。

6. 成本减少

成本减少是以较低成本提供同样性能的新产品。推出此类新产品是企业应对替代品竞争的常用策略。

四、新产品开发流程

企业可以通过收购或产品开发两种途径获取新产品。收购主要有 3 种形式，即收购另一家企业、从其他企业购买专利权、购买特许经营权。产品开发可以采取 2 种方式，即企业在自己的实验室开发新产品或委托研究机构、新产品开发公司为企业开发特定的新产品。新产品开发过程包括 8 个阶段：创意产生、创意筛选、产品概念的发展和测试、营销战略发展、商业分析、产品开发、市场测试、商品化，如图 9—4 所示。

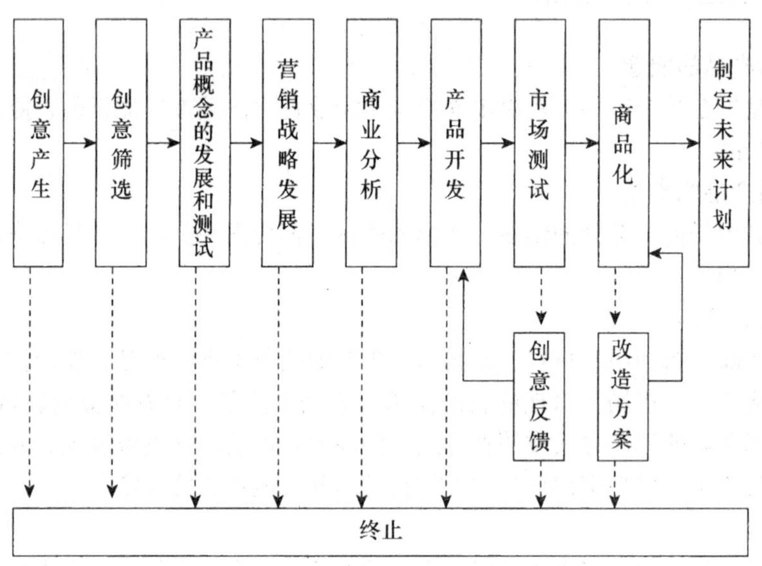

图 9—4　新产品开发过程

（一）创意产生

这里的创意是指为满足某种新需求而产生的新设想。在新产品开发的构思阶段，营销部门的主要责任为：(1) 寻找，积极地在不同的环境中寻找好的产品构思；(2) 激励，积极地鼓励企业内外人员发展产品构思；(3) 提交，将所汇集的产品构思转送企业。

新产品的创意可以通过许多不同的方式获取，既可以来源于企业的管理者、员工等内部途径，也可以从顾客、供应商、中间商、咨询机构、高等院校和媒体等企业外部途径获得。另外，竞争对手也是企业外部创意来源的重要构成因素。

（二）创意筛选

创意筛选是指企业根据自身资源和长期发展目标，在不同的新产品创意中做出抉择。并非所有的创意都可以或适合被企业采用，因此有必要结合企业自身发展实际和资源状况去分析各种创意的可行性，进而对不符合企业发展目标或现有能力的创意进行排除。创意筛选时一般应考虑如下因素：

(1) 市场条件。包括产品的潜在市场增长率、竞争程度及前景、企业能否获得较高的利润。

(2) 企业内部条件。主要衡量企业的人、财、物等，企业的技术条件及管理水平是否适合生产新产品。

（3）销售条件。即企业现有的销售结构是否适用于销售新产品。

（4）收益条件。即是否符合企业的营销目标，其盈利水平及新产品对企业原有产品销售的影响。

（三）产品概念的发展和测试

产品概念是指已经成型的产品创意，即用文字、模型、图像等对产品创意予以清晰阐述。产品创意通常可以转化为几种不同的产品概念，因此在产品概念初步形成之后，企业还有必要对其进行测试，从而了解顾客的可能反应并在此基础上确定最具竞争力的产品概念。在具体进行测试的过程中，企业可以从多个方面入手，比如顾客认为产品的概念描述是否清楚、顾客对产品是否喜欢及原因、本产品的特点是否便于顾客了解、顾客对本产品的特性是否有改进的意见等。一种常用的测试方法是问卷调查。

速溶咖啡滞销的原因

速溶咖啡刚面世时，销量一直不理想，尽管厂商极力强调其味道并不差，但仍未能取得很好的效果。后来经过市场调查终于发现，原来人们不喜欢速溶咖啡并不是由于口味的原因，甚至在被调查者不知情的情况下，很多人认为速溶咖啡的味道要更好。进一步调查发现，速溶咖啡的购买者常常被描述为懒惰的、没有生活品位的人。据此，厂商在后期的宣传中重点强调速溶咖啡代表“效率和时尚的生活方式”，最后滞销现象得到了改善。

在很多情况下，产品概念甚至与产品本身同样重要。在新产品推广之前，对其概念进行慎重定义和测试常常使推广过程事半功倍。

资料来源：涂平编著：《市场营销研究方法与应用》，北京，北京大学出版社，2013。

（四）营销战略发展

企业在新产品概念形成和通过测试之后，就要开始制定能够把产品引入市场的初步营销战略，并在经营过程中不断对其进行完善。初步营销战略包括 3 个部分：第一，目标市场的规模和结构、消费者的购买行为特征描述；预计的产品定位和销售量；市场份额和预期的利润率等。第二，产品的预期价格、分销渠道和初期营销预算。第三，描述企业较长时期内的销售额和利润目标，以及不同时期的市场营销组合策略。

（五）商业分析

商业分析的实质是进一步分析新产品的销售量、利润及成本等，以明确新产品能否符合企业目标，对于不符合企业目标的新产品则应放弃。具体分析过程包括两个步骤，即预测销售额、估计成本与利润。其中，预测销售额可参照市场上同类产品的销售情况，并考虑各种竞争因素，分析新产品的市场地位、市场占有率等。

（六）产品开发

产品开发是指把产品概念转化为产品实体。这是新产品开发的重要步骤，只有通过产品试制，投入资金、设备和劳力，才能使产品概念转化为产品实体，发现不足与问题，改进设计，进而证明新产品的可行性。具有可行性的新产品应满足以下条件：

(1) 消费者感觉它是产品概念说明中关键属性的具体体现。

(2) 在正常使用和正常条件下，能够安全地执行其功能。

(3) 转化的产品实体不超过预算的制造成本。

(七) 市场测试

市场测试的目的是了解消费者和分销商对处理、使用和再购买的实际反应，从而决定对产品加以改进还是大规模生产。市场测试也称市场试销，其主要工作是先在小范围内进行产品推广。当产品的成本很低、企业对新产品非常有信心，或者由比较简单的产品线扩展或模仿竞争者的产品时，可以不进行或进行少量试销。但是，对于投资很大的产品或当企业对产品、营销方案的信心并非很足时，就必须进行为时较长的测试。

在市场测试的过程中，企业应该对销售的主要决定因素（试用、首次购买和再购买、采用和购买频率等）进行评估。在很多情况下，企业会发现某些消费者试用过该产品，但并不重复购买，这说明消费者对产品并不满意；也许还会发现首次购买量很高，但以后急速下降；也可能发现某些产品有很高的持久采用率，但购买频率很低。

(八) 商品化

新产品试销成功以后，就可以正式批量生产，全面推向市场。同时，新产品也将面临到目前为止最大的成本。商品化的几个关键问题如下。

1. 新产品投入市场的时机

企业必须分析何时是新产品推出的最佳时机，如选择节假日还是工作日。如果新产品是用来替代本企业的其他产品，那么应在原有产品库存较少的情况下投放市场；如果新产品具有较强的季节性，则应在消费旺季到来之前投放市场；如果新产品尚需改进，则应该等到新产品进一步完善之后再投放市场。

2. 新产品投入地点的选择

企业需要决定在何地投放新产品。通常情况下，应集中在某一地区市场开展广告和促销活动，拥有一定市场份额后，再向各地市场扩展。

3. 目标市场的选择

选择目标市场的依据是新产品试销或新产品开发以来所收集的数据。理想的目标市场是最有潜力的顾客群，一般具有以下特征：最早采用新产品的市场；大量购买新产品的市场；该市场的购买者具有一定的传播影响力；该市场的购买者对价格比较敏感。

4. 营销组合策略

企业在将新产品投入市场前一定要制定完善的营销组合策略，根据新产品的营销预算安排营销组合的各项活动。

五、新产品的采用过程

消费者对新产品的采用过程，客观上存在一定的规律性。美国市场营销学者罗吉斯调查了数百人接受新产品的实例，总结出人们接受新产品的过程和一般规律，认为新产品采用过程有以下5个阶段，见表9—2。

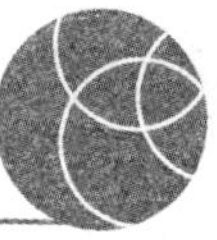

表 9—2 新产品的采用过程

阶段	内容
知晓	消费者对新产品有所觉察，但缺少关于它的信息
兴趣	消费者受激发，寻找该新产品的信息
评价	消费者考虑试用期内该新产品是否明智
试用	消费者小规模使用了该新产品，以改进对其价值的评价
采用	消费者决定经常和全面采用该新产品

（一）知晓

知晓是消费者获得新产品信息的初始阶段。消费者对新产品信息的了解主要来源于广告，或者是通过间接的渠道获得，如技术资料、商品宣传单等。消费者在此阶段所获得的信息不够系统，只是一般性的了解。

（二）兴趣

兴趣是指消费者不仅了解产品，并且产生了兴趣。在此阶段，消费者会积极地收集信息并进行对比，研究分析新产品的具体性能、用途等，假如满意，将会产生初步的购买动机。

（三）评价

评价阶段的消费者主要权衡采用新产品的边际价值。例如，对新产品为其带来的各方面利益和由此导致的某些方面的损失进行比较，从而对新产品的吸引力做出判断。

（四）试用

消费者开始小规模地试用该新产品，以进一步了解新产品各方面的属性并做出一定的主观评价。

（五）采用

当消费者在进行新产品试用之后，若发现新产品符合其利益需求和心理期望，便会决定全面和经常使用该新产品，进而开始正式购买和重复购买。

第三节 产品品牌策略

一、品牌的概念与作用

（一）品牌的概念

“品牌”一词源于古挪威文字“brandr”，本意为打上烙印，那时的西方游牧部落用马背上的烙印来区分不同部落之间的财产。到了 19 世纪 20 年代，“brandr”逐步演化为“brand”，其含义也早已不能再用“打上烙印”来简单概括。经过近 200 年的发展，品牌的内涵被不断丰富。

美国营销学会对品牌的定义是：品牌是一种名称、术语、标记、符号或设计，或是它们的组合运用，其目的是借以辨认某个销售者或某群销售者的产品和服务，使之与竞争对手的产品和服务区别开来。

品牌代表着销售者（卖方）对交付给购买者（买方）的产品特征、利益和服务的一贯性承诺，长久以来，它在区别不同产品和服务方面一直扮演着重要角色。对于品牌的概念，可以从 6 个方面加以理解。

1. 属性

品牌首先使消费者联想到某种属性，这是品牌最基本的含义。如奔驰汽车总是在第一时间让消费者想到其艺术品般的精湛工艺。

2. 利益

属性最终是为满足消费者利益而存在的，因此品牌不仅代表了产品的属性，更是消费者利益的象征。正如精湛的工艺这一属性可以向消费者传递“多年内无须更换”的利益信息。

3. 价值

品牌还意味着产品在某些方面的价值。如手表品牌中的百达翡丽象征着奢华、高贵及不凡的品位。品牌的价值属性意味着企业必须分辨出对这些价值感兴趣的消费者群体。

4. 文化

品牌体现了一定的文化。如宝马汽车给消费者带来的诸多利益都可以作为“强组织性、高绩效、高品质”特征的德国文化的体现。

5. 个性

品牌代表了一定的个性，不同的品牌会使人们产生不同的品牌个性联想。如“金利来”的“男人的世界”传达了一种阳刚、气度不凡的个性；“娃哈哈”象征着健康、幸福和希望。

6. 使用者

品牌还常常与特定的消费群体或使用者联系在一起。正如服装品牌中的 ZARA 所蕴含的“精准时尚”理念，使人自然将其与时尚青年联系起来。

从上述内容来看，一个品牌不仅仅是一种名称、术语、标记、符号或设计，或是它们的组合运用。品牌最持久的含义应当是它的价值、文化和个性，它们确定了这个品牌赖以存在的基础，也决定了相应的营销战略。

（二）品牌的作用

品牌的作用可从多个方面来透视，下面就品牌对企业与消费者的不同作用来加以阐述。

从企业的角度来讲，品牌的作用表现在：

（1）品牌的资产作用。品牌代表着巨大的、能影响消费者行为的、有价值的、具有法律效力的资产，品牌可以被交易，并且给其拥有者提供未来收入的稳定支持。

（2）品牌的形象作用。一个信誉良好的品牌有利于企业建立和维持其在消费者心目中的形象，进而提升企业的竞争优势。另外，当企业借助其品牌形象推出新产品时，往往更易于被消费者接受。

从消费者的角度来讲，品牌的作用主要体现在以下方面：

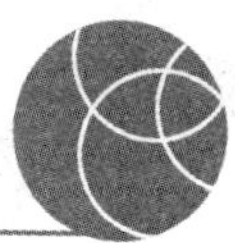

(1) 品牌的识别作用。品牌便于消费者辨认、识别其所需要的产品。当今市场中同类产品不断涌现，消费者产生一种需求时常常会面临众多选择，这时品牌往往成为消费者区别同类产品的重要依据。

(2) 品牌的保护作用。品牌有利于保护消费者的利益。企业为了确立与维护自己品牌的形象和信誉，一定会恪守给予消费者的利益。因此，消费者可以在企业维护自身品牌形象的同时获得稳定的购买利益。

(3) 品牌的担保作用。品牌有利于促进产品改良，品牌实质上代表着企业对交付给购买者的产品特征和利益的承诺、担保。企业为了适应不断变化的市场竞争，一定会持续地更新产品，以变更、增加承诺。

二、品牌资产

20 世纪 80 年代以来，发生了大规模的兼并和收购案例，有时收购价格甚至能达到被收购企业净资产的数倍。显然，在收购过程中，企业考虑的因素不仅仅是有形资产，还包括对无形资产的吸收。正是在这种背景下，“品牌资产”的概念开始在西方营销界引起普遍关注。将品牌视为一种资产，比单纯的品牌更能说明其在企业营销活动中的重要意义。

(一) 品牌资产的概念

菲利普·科特勒认为，品牌资产是附加在产品和服务上的价值，这种价值可能反映为消费者如何思考、感受某一品牌并做出购买行动，以及该品牌对企业的价值、市场份额和盈利能力的影响。

从菲利普·科特勒对品牌资产的定义来看，品牌资产对企业和消费者的价值是不同的。从财务角度、市场角度和消费者角度对品牌资产进行界定（如图 9—5 所示），对于正确把握品牌资产的内容更有实际意义。

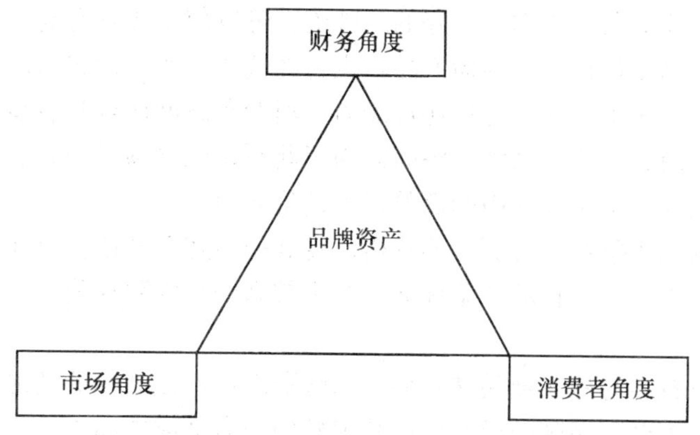

图 9—5　定义品牌资产的 3 个角度

1. 财务角度

从财务角度界定品牌资产，目的是提供一个财务指标，使品牌具有可衡量性。每一个品牌都该被赋予货币价值，这样企业股东才能准确知道企业的总价值。从财务角度界定品牌资产的主要意义在于：第一，能准确说明企业的业绩；第二，便于企业募集资金；第三，为企业制定并购决策提供依据。

2. 市场角度

从市场角度来界定品牌资产，其着眼点在于品牌未来的成长和发展，如品牌延伸能力。

3. 消费者角度

目前，越来越多的学者开始从消费者的角度来界定品牌资产。从消费者角度认知品牌资产，其核心是如何为消费者建立品牌，以反映消费者根据自身需求对某一品牌的偏爱、态度和忠诚程度，并赋予一个品牌超越其产品功能价值之外的附加利益。

以戴维·阿克为代表的学者基于品牌和消费者的关系，从品牌资产结构的角度去关注构成品牌资产的消费者心理要素及其相互关系，认为品牌资产应该包括品牌忠诚度、品牌知名度、品牌认知度、品牌联想和品牌其他资产，如图 9—6 所示。

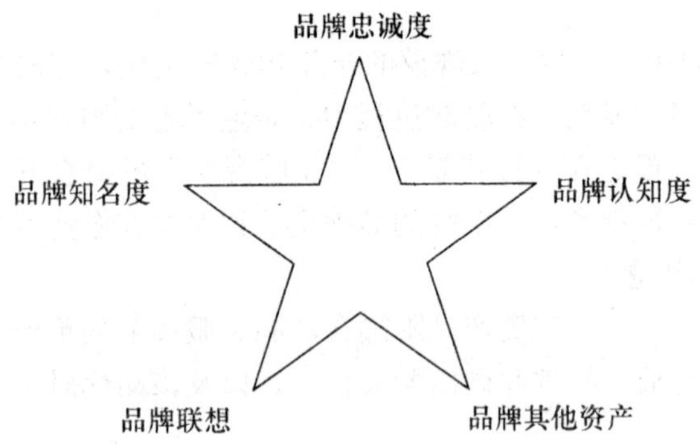

图 9—6 定义品牌资产的 5 个角度

（二）品牌资产的竞争优势

品牌资产的竞争优势主要体现在以下 5 个方面：

（1）降低了企业的营销成本。良好的品牌资产可以使企业具有高水平的消费者品牌知晓度和忠诚度，有利于依托品牌传播产品，大大降低企业的营销成本。

（2）加强了企业对中间商的讨价还价能力。消费者高度认可具有良好品牌资产的企业的产品，希望中间商经营这些品牌，中间商为了获利，就要满足消费者的需求，主动向企业求购，这也间接加强了企业对中间商的讨价还价能力。

（3）企业可以比竞争对手卖更高的价格。良好的品牌资产使得企业品牌具有更高的认知品质，能给企业带来差异化的竞争优势，产生较高的品牌附加值，企业便可以比竞争对手卖更高的价格。

（4）企业可以较容易地开展品牌延伸。品牌资产可以提高企业的品牌延伸能力。对于企业而言，引入一个全新品牌的成本要比品牌延伸的启动成本高得多，而失败的概率也要高。因此，品牌延伸已为众多具有良好品牌资产的企业所采用。

（5）品牌给企业提供某些保护作用。品牌资产的获利能力明显高出其他形态的资产，其价值也远高于其他资产的价值，这可以大大增强企业抵御风险和竞争的能力。可口可乐公司关于其烧毁后也可以快速重建的论断正是建立在其庞大的品牌资产的基础上的。因此，品牌资产可以规避风险，给企业提供某些保护作用。

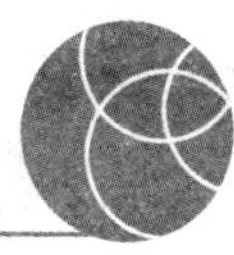

三、品牌策略

品牌策略涉及一系列具体的策略，主要类型如图 9—7 所示。

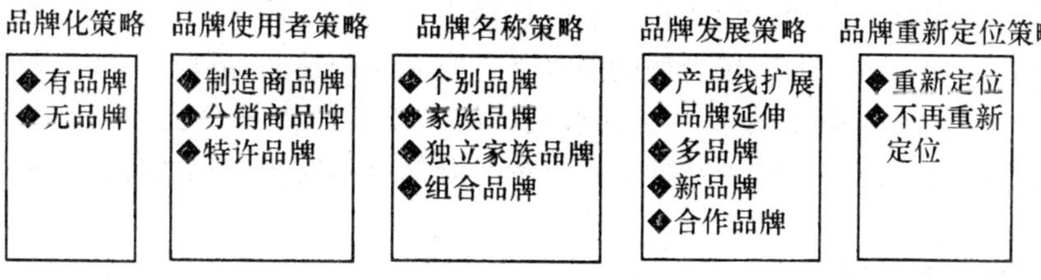

图 9—7 品牌策略的类型

（一）品牌化策略

企业在制定品牌策略时，首先要考虑的就是是否建立一个属于自己的品牌。尽管如今品牌的商业作用已日渐突出，品牌化迅猛发展，没有品牌的企业日渐稀少，甚至像大豆、水果、大米等过去从不使用品牌的商品，现在也常常会被配以精致的包装和相应的品牌出售，但也并非所有企业都会选择建立自己的品牌。是否建立品牌主要应从企业的实际和品牌对营销活动的具体影响来确定。

一般来讲，品牌化具有如下好处：有利于订单处理和对产品的跟踪；保护产品的某些独特特征，以免被竞争者模仿；为吸引忠诚消费者提供了机会；有助于市场细分；有利于树立产品和企业形象。此外，企业产品的品牌化对分销商和消费者同样有利。分销商把品牌作为方便产品经营、识别供应商、把握产品质量标准和增强消费者偏好的手段。消费者则可以通过品牌来识别和判断同类产品的质量差别，以便进行更高效的选购。

但需要注意的是，品牌化的优势并非绝对的，因为企业在树立品牌的过程中往往需要投入相应的成本。因此，很多同质程度很高的产品一般无须建立品牌，如煤炭、木材等。

（二）品牌使用者策略

若企业决定为其经营的产品建立品牌，就涉及如何抉择品牌归属的问题，即品牌归谁所有，由谁管理和负责。从这一角度来讲，企业有 3 种可供选择的策略，即制造商品牌、分销商品牌、特许品牌（某些大企业将自己的品牌出租给其他企业使用）。例如，IBM 计算机使用自己的品牌，即制造商的品牌；美国两大百货零售商西尔斯及杰西潘尼都是向制造商直接订货，然后冠以自己企业的私有品牌，即分销商品牌；柯达公司曾将其品牌名称租给其他公司使用，赚取品牌出租费用，即特许品牌。

历史上，制造商的品牌一直在商业舞台上占支配地位，因为这样可以使产品的设计、质量、特色等都由制造商决定。然而近些年来分销商的品牌也日益普遍。分销商使用自己的品牌可以带来以下好处：

(1) 可以保证和控制货源。分销商可以寻找到能提供质量稳定的产品的供应商并对其加以控制（分销商可以用更换供应商来威胁制造商）。

(2) 可以控制进货价格，进而以较低的售价提高产品竞争力，获得较高的利润。在重利的吸引下，分销商纷纷建立自己的品牌与制造商品牌展开竞争，由于更接近市场，分销商往往在竞争中占据有利地位。

(3) 分销商常常具有零售店的货架空间等天然优势，可以把货架上的优越位置留给自己的品牌。

企业究竟是使用制造商品牌还是分销商品牌，要综合权衡利弊并分析得失，其中最关键的问题是应考虑制造商和分销商在产品分销链上的相对地位。一般来说，在制造商具有良好市场声誉、拥有较大的市场份额的条件下，宜采用制造商品牌。相反，则适合采用分销商品牌。对于新进入市场的中小企业来说，由于没有能力用自己的品牌将产品推向市场，而分销商在这一市场领域中却拥有良好的品牌信誉和完善的销售体系，故使用分销商的品牌往往利大于弊。

(三) 品牌名称策略

若企业认为树立品牌对自身产品有必要且确定了品牌归属，下一步还要决定品牌的具体名称。企业既可以对其各类产品分别使用不同品牌，也可以对其全部产品统一命名。具体来讲，品牌名称策略主要有以下 4 种。

1. 个别品牌策略

个别品牌策略是指企业对各种不同的产品分别使用不同的品牌。如卡夫食品公司就对其饼干使用了“奥利奥”、“趣多多”等不同品牌，同时还生产“麦斯威尔”咖啡。

该策略的优点主要体现在：(1) 企业的整体声誉不会由于个别产品的失败而受到牵连，也不会波及企业的其他产品；(2) 企业可以通过不同的品牌来对其不同质量和档次的产品加以区分，方便消费者识别；(3) 有利于企业产品争取不同类型的消费者，向更多细分市场渗透。

该策略的主要缺陷在于各类不同的品牌需要投入更多的宣传、促销等费用，分散了企业的促销资源。

2. 家族品牌策略

家族品牌策略也称统一品牌策略，即企业对其所有的产品都使用同一个品牌。经营同类产品的企业常常会选择这一策略，如佳能公司对生产的照相机、复印机等不同产品就统一使用“佳能”的品牌名称。

该策略的优点主要有：(1) 企业可以运用多种媒体来宣传同一个品牌，降低新产品的宣传费用；(2) 可以在企业的品牌已赢得良好市场信誉的情况下实现顺利推出新产品的愿望；(3) 有助于显示企业实力，塑造企业形象。

采用此策略的风险是：(1) 某种产品的问题（如质量事故）所产生的影响可能会影响企业的整体形象并殃及企业的其他产品；(2) 对所有产品使用共同的家族品牌也存在易相互混淆、难以区分产品档次等问题，给消费者购物带来不便。

3. 独立家族品牌策略

独立家族品牌也称分类品牌，即企业在对所有产品分类的基础上，为各类产品赋予不同的品牌名称和品牌标志。这种策略的实质是对前两种策略的折中。对于经营产品的范围跨度较大或品类繁杂的企业来说，这种策略是不错的选择，一个典型案例是美国的西尔斯百货公司。

4. 组合品牌策略

组合品牌策略是指企业在对其各种不同的产品分别使用不同品牌的同时，还在各种产

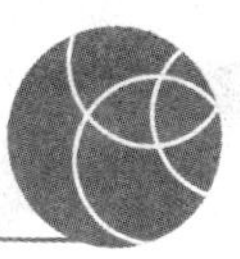

品的品牌前冠以企业名称。如通用汽车公司的“通用—雪佛兰”等品牌就是这种策略的一个代表。采用此策略的出发点是企图兼收个别品牌和统一品牌两种策略的优点，既可以使新产品享受企业的声誉，节省广告费用，又可以使各品牌保持自己的特点和相对独立性。

（四）品牌发展策略

企业品牌发展的具体策略主要有5种，即产品线扩展策略、品牌延伸策略、多品牌策略、新品牌策略、合作品牌策略。

1. 产品线扩展策略

产品线扩展策略是指企业现有的产品线使用同一品牌，当增加该产品线的产品时，仍沿用原有的品牌。新产品往往是对现有产品在口味、形式、颜色、成分、包装规格等方面的局部改进。通过产品线扩展策略，企业可以使新产品更易于被消费者接受，同时也使现有产品线更加完善。

2. 品牌延伸策略

品牌延伸策略是指企业利用已具有市场影响力的成功品牌来推出改良产品或新产品。例如，海尔集团在成功地推出了海尔冰箱之后，利用这个品牌成功地推出了洗衣机、电视机、空调等新产品，使这些新产品很快进入市场。

品牌延伸策略的优点是：一个受人注意的好品牌能使新产品立刻被市场认识和相对较容易地接受，若品牌延伸策略获得成功，还可以进一步扩大原品牌的影响和企业声誉。但是，品牌延伸策略也存在风险：第一，如果将著名品牌扩展使用到与其质量、形象、特征不相吻合的产品领域，则可能有损原品牌的声誉；第二，若原有产品与品牌扩展的产品之间在资源、技术等方面没有相关性或互补性，那么推出的新产品可能难以被消费者接受；第三，若将高质量产品品牌扩展到的某些价值不大、制造容易的产品上，会使消费者产生反感。如美国的IBM、邦迪等都在品牌延伸中有过失败的教训。总而言之，品牌延伸策略有利也有弊，并且存在较大的风险，企业要具体问题具体分析。

3. 多品牌策略

多品牌策略是指企业同时为一种产品设计两种或两种以上互相竞争的品牌。宝洁公司的“飘柔”、“海飞丝”、“潘婷”、“沙宣”等几个品牌就是这种策略的一个运用实例。多品牌策略能使企业占领更多的分销商货架，进而压缩或挤占竞争者产品的货架面积，为获取较高的市场占有率奠定了坚实的基础。而且，多品牌还可以为不同的买主提供不同的性能或满足其不同的诉求，进一步提高市场占有率。

采用多品牌策略的主要风险就是品牌数量过多，使企业的促销费用升高并且存在自身竞争的风险。所以，在采用多品牌策略时，要注意各品牌市场份额的大小及变化趋势，在适当的时候撤销冗余的品牌，以免造成自身品牌间的过度竞争。

4. 新品牌策略

新品牌策略是指为新产品设计新品牌的策略。当企业在新产品类别中推出一种产品时，可能发现原有品牌名称并不适合，或者有更好的可供选择的名称，这时企业就可以考虑重新设计品牌。

5. 合作品牌策略

合作品牌也称为双重品牌，即两个或更多的品牌通过一种产品联合起来。品牌的持有人常常期望另一个其他品牌能强化本品牌的消费者偏好或购买意愿，因而经常会出现不同品牌之间的合作，其目的往往是通过合作接触新的受众。合作品牌有 4 种形式：第一种形式是中间产品合作品牌，如微软的操作系统与各大电脑厂商的合作；第二种形式是企业内部不同品牌的合作；第三种形式是合资合作品牌，如消费者熟知的上海通用、一汽大众等品牌；第四种形式是多持有人合作品牌，如托利金德是苹果公司、IBM 公司和摩托罗拉公司技术联盟下的品牌。

（五）品牌重新定位策略

品牌重新定位策略也称再定位策略，是指全部或部分调整或者改良品牌原有的市场定位。消费者的需求是动态变化的，而且任何品牌设计都是与特定市场环境相对应的，为保持品牌活力，企业需要在营销实践中及时做好品牌重新定位。

企业在品牌重新定位时，要综合考虑两方面的因素：(1) 重新定位的成本，即将企业的品牌从一个市场定位点转移到另一个市场定位点所要支付的费用，包括改变产品品质的费用、包装费用和广告费用等。重新定位的距离越远，再定位成本就越高。(2) 重新定位的收入，即企业品牌定在新的位置上所能增加的收入。

第四节　产品的包装策略与服务策略

一、产品的包装策略

在市场交易模式发展的历史中，人们曾一度不知包装为何物。早年间的街头商贩直接以编织袋、木箱等简易工具为容器带着自己的产品走街串巷，并没有影响其销售活动的正常进行，这种情况甚至在今天仍能见到。但在现代营销活动中，包装的作用受到越来越多企业的重视，包装也已成为产品的一个构成部分。

（一）包装的概念和种类

包装一般是指按一定技术、方法而采用的容器、材料及辅助物等。从市场营销的角度认识包装，主要包括以下 3 个部分：

(1) 首要包装，即用来盛放产品的各种容器，如牙膏皮、酒瓶。

(2) 次要包装，是保护首要包装的包装物，又称销售包装，如酒瓶常常被放置于专用的纸盒中。

(3) 运输包装，是为了储存和运输的需要而形成的大包装，如纸箱、集装箱等。

（二）包装的作用

企业最初使用包装往往只是出于保护产品的目的，然而在营销实践日益完善的过程中，包装不断被赋予新的含义，甚至在今天的市场活动中，包装已成为营销策略中的重要因素。具体来讲，包装主要有 5 个方面的作用：

(1) 保护商品。保护商品是包装的重要作用之一。商品在流通过程中，可能受到各种外界因素的影响，引起商品破损、污染、渗漏或变质，使商品降低或失去使用价值。科学

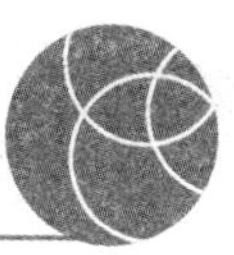

合理的包装，能使商品抵抗各种外界因素的破坏，从而保护商品的性能，保证商品质量和数量的完好。

(2) 便于储运。有的商品外形不固定，或者是液态、气态，或者是粉状，如果不对其进行包装，就无法运输和储存。

(3) 方便消费。销售包装因商品的不同，形式多种多样。包装大小适宜，便于消费者携带、保存和使用。包装上的绘图、商标和文字说明等，既方便消费者辨认，又介绍了商品的成分、性质、用途、使用和保管方法，起着方便与指导消费的作用。

(4) 促进销售。商品包装特别是销售包装，是无声的推销员，在商品和消费者之间起媒介作用。商品包装可以美化商品和宣传商品，使商品具有吸引消费者的魅力，引起消费者对商品的购买欲望，从而促进销售。

(5) 提高价值。随着收入水平和生活水平的提高，消费者一般愿意为良好的包装带来的方便、美感、可靠性和声望多付钱，所以，良好的包装不仅可以促进销售，而且可以提高商品附加值，为企业增加利润。

(三) 包装策略

由于包装对现代营销活动的重要意义，企业经常要制定具体的包装策略。常见的产品包装策略主要有以下几种：

(1) 类似包装策略。即企业对其生产经营的各种产品，在包装上采用相同或类似的图案、颜色，相同的包装材料和相同的造型，体现共同的特征。其优点在于能够节约设计和印刷成本；便于消费者识别出本企业产品，对于忠实于本企业的消费者，类似包装具有积极的促销作用。类似包装策略一般适用于质量相同的产品，而品种差异大、质量水平悬殊的产品则不宜采用。但是，使用类似包装策略有时会因为个别产品质量下降而影响到其他产品的销路。

(2) 差异包装策略。即企业的各种产品都进行不同的包装，在设计上采用各异的风格、色调和材料。这种策略能够增加企业产品的特色，但也相应地增加了包装成本。

(3) 连带式包装策略。即将具有消费关联的产品包装在一起，其目的在于给消费者以便利感和整体感，如化妆品、家用工具的成套包装。

(4) 复用式包装策略或多用途包装策略。即为了节约包装材料或刺激消费者需求，采用可重复使用或转做他用的包装。其目的是通过给消费者提供额外利益而扩大产品销量，如瓷制的花瓶状酒瓶，运输包装的集装箱、周转箱等。该策略的主要优点是可以降低包装费用，节省开支，加速和促进商品的周转，减少环境污染等。

(5) 等级式包装策略。即为了区别不同产品的不同质量，按其质量等级采用相应的包装。其目的在于区分产品档次，满足不同需求层次消费者的需要。

(6) 赠品式包装策略。即在包装物内装有赠品或奖券。这种包装有较强的促销作用，其目的在于给消费者一种实惠感、机会感。

(7) 改变包装策略。即当某种产品销路不畅或随着包装技术、包装材料的不断更新，企业可以改变包装设计、包装材料，使用新的包装。其目的是使消费者产生新鲜感，扩大产品销售量。需要注意的是，企业在改变包装时必须做好宣传工作，以免消费者对产品质量或其他方面产生误解。

(8) 开窗式包装策略。即在包装物上留出可供观察产品的“窗口”，便于消费者观察产品。其目的在于让消费者在购买时对产品有比较直观的了解，如鹿茸的包装。

（9）分量式包装策略。即对某些产品，依据消费者在不同时间、地点购买和购买量不同而采用不同规格的包装。实行小包装能够使消费者感到便利、便宜、精致，也有一些新产品是为让消费者试用而采用小包装。

（10）礼品式包装策略。这种包装策略是指包装华丽，富有喜庆色彩，包装物上常冠以“福”、“喜”等吉祥字样及问候语。其目的在于增添节日里欢乐的气氛，满足人们交往、礼仪之需要，借物寓情，以情达意。

二、服务策略

（一）服务的概念和性质

美国市场营销学会认为，服务是用于出售或同产品一起出售的活动、利益或满足感。服务可能与某种有形产品联系在一起，也可能作为独立的交易对象。

服务主要具有 4 个特性，即无形性、不可分离性、变化性和时效性。

（1）无形性。即服务是看不见、摸不着的，这一点与有形产品是完全不同的。

（2）不可分离性。即服务的生产和消费是同时进行的，服务的生产过程也是消费者的消费过程，而有形产品一般要经过生产、储存、转移、销售，最后才到达消费者手中。

（3）变化性。随提供者以及提供服务的时间、地点不同，服务会发生很大的变化，而且由于服务最终是由人来提供的，因此很难统一标准。

（4）时效性。即服务常常是与特定时间相对应的。比如，公交车公司在每天早晚交通拥挤时所需车辆多于全天的平均水平，而由于服务的易消失性，非早晚时段的公交服务并不能储存下来分给早晚时段来用，公交车公司只能更多地准备运输设备。

（二）服务的类型

按照市场供应中服务所占比重的多少，可将服务分成以下 4 种类型：

（1）有形商品伴随服务，是指此种商品中附带旨在提高对消费者吸引力的一种或多种服务。

（2）有形商品与服务的结合，是指此种市场提供物中商品和服务的比重相当。

（3）主要服务伴随小物品或小服务，是指此类市场提供物主要由一项主要服务和某些附加服务或辅助品构成。

（4）纯粹服务，是指此类服务中没有任何有形商品。

（三）服务营销策略

企业服务策略的制定和实施旨在提升服务质量，争取顾客的认可，进而保持企业的竞争优势。按照企业服务与顾客接触所处的阶段，可将服务营销策略分为接触前服务营销策略、接触中服务营销策略和接触后服务营销策略。

1. 接触前服务营销策略

传统的 4P 营销策略主要适用于有形产品，对于服务来说，还要增加一些要素。布莱恩和彼特纳认为服务营销还要增加 3 个 P，即人员（people）、有形展示（physical evidence）和过程（process）。在企业的服务与顾客接触前，企业对人员要素可以通过采用内部营销策略，对有形展示和过程可以采用服务差异化策略。

（1）内部营销策略。

内部营销（internal marketing）是指企业对员工进行培养和激励，以使其更好地为顾客服务。与之相区别的是外部营销（external marketing），是指企业为顾客准备的服务、定价、分销和促销等常规工作。

好的服务企业都认为积极的员工态度可以促进顾客忠诚。因此，对于内部员工的营销策略主要有3个方面：一是企业应该尽可能吸引和招聘优秀的员工；二是应该定期检查员工对工作的满意度；三是针对员工的满意度情况进行内部激励和管理调整。

（2）服务差异化策略。

服务差异化策略主要有有形展示差异化、过程差异化和形象差异化。其中，有形展示差异化是指在服务的实体供应上增加一些创新特色。顾客期望的是在基本服务组合上增加一些次要的服务特色。比如在航空运输业，有些企业已经引入了一些次要服务特色，包括机舱电影、预订座位、销售商品、空对地电话业务等。但是，有形展示差异化很容易被竞争者模仿，企业只有通过不断的服务创新和开发才能保持住差异化的连续优势。

过程差异化是指企业对服务的提供过程或交付系统所进行的差异化。过程差异化的优势有3个：一是可靠性，如供应商比其竞争者提供更可靠的准时投递、订单完成及订购循环业务；二是灵活性，如有些供应商更善于处理紧急情况、退回产品和回复问询；三是创新性，如有些供应商提供更好的信息系统，引进条形码和其他手段更好地为顾客服务。

形象差异化是指企业通过符号、象征和品牌标志等来创造服务的差别化形象。

2. 接触中服务营销策略

按照服务提供过程中是否有企业服务人员参与，可以将接触中的服务策略分为“真实的瞬间”策略和自助服务策略。

（1）“真实的瞬间”策略。

“真实的瞬间”策略是指在特定的时间和地点，服务提供方抓住机会以特定的方式向顾客展示其服务质量。一项服务往往是在顾客与服务提供人员的直接接触中发生的交往行为的结果，在这一交往行为发生时，顾客与服务提供人员直接面对，这一时刻被称为“真实的瞬间”。一个服务供应方提供的服务往往是由一系列“真实的瞬间”构成的，因此企业可以从每一个“真实的瞬间”入手去提升服务质量。比如，一位旅客入住旅馆，从走进旅馆大厅到接触服务员，从办理入住手续到走进订好的房间，直到最后离开旅馆，期间旅客与旅馆之间不知要发生多少个“真实的瞬间”，每个“真实的瞬间”都会影响旅客对服务质量的感知。

（2）自助服务策略。

自助服务策略是指企业依靠自助服务技术和设备向顾客提供服务。比如通过自动售货机、自动取款机、加油站的自动加油器、旅店的自动核对系统、互联网上的自动售票器等提供服务。

3. 接触后服务营销策略

（1）售后服务策略。

售后服务策略主要是指在企业向顾客提供产品或服务之后，针对售出产品或服务提供的维修、部件更换、使用人员培训、顾客问题解答等服务。

为了提供更高质量的售后服务，企业应该做到以下 4 点：一是提高服务提供部门的售后服务意识和服务质量；二是设立专门的售后服务部门，帮助顾客解决产品或服务使用过程中的问题；三是提高分销商的售后服务能力和水平；四是与专门的售后服务企业合作开展对本企业顾客的售后服务。

(2) 服务再现策略。

服务再现策略主要是指处理顾客抱怨和投诉的策略。当出现服务质量问题时，企业对问题事件进行解决和服务补救的过程被称作服务再现。

在所有服务再现的事件中，企业处理投诉和解决问题的能力如何，将决定企业是保留还是丧失投诉顾客的一个重要因素。当投诉得到满意的解决时，顾客保持品牌忠诚、继续购买同种商品和服务的可能性就更大了。有研究表明，对投诉解决结果表示完全满意的投诉者有再次购买同种商品意图的占 69%～80%，而认为不满意的投诉者对再次购买同种商品感兴趣的只有 17%～32%，因此，解决投诉问题的结果是否令顾客满意是服务再现的关键。

企业有效处理顾客投诉问题的做法主要有以下几个：对顾客投诉做出快速响应；承认错误但不要太多辩解；表明从每一个顾客的观点出发认识问题；不同顾客争论；认同顾客的感觉；给顾客怀疑的权利；阐明解决问题需要的步骤；让顾客了解进度；考虑给顾客补偿；坚持不懈地重获顾客的友善。

本章小结

企业对消费者需求的满足最终要通过产品来实现。产品是能够提供给市场以满足其需求和欲望的任何东西，具体包括核心产品、基础产品、期望产品、延伸产品、潜在产品 5 个层次。从不同角度考虑，产品可以被分为不同类别。

企业在其能力范围内通常会提供尽可能多的产品种类，这样就会涉及产品组合的问题。产品组合是指企业提供给市场的全部产品线和产品项目的组合，包括宽度、长度、深度、黏性 4 个维度。产品线又叫产品大类，是指密切相关的能够满足同类需求的一组产品。产品项目则是指产品大类中各种不同品种、规格、质量的特定产品。产品线决策包括产品线延伸决策、产品线填补决策、产品线现代化决策、产品线特色化决策、产品线削减决策 5 种类型。

产品的生命周期是指产品从投入市场到退出市场所经历的全部过程，具体包括导入期、成长期、成熟期、衰退期 4 个阶段，每个阶段都需要制定相应的营销策略。新产品是指在某个市场上首次出现或者是企业首次向某市场提供的，能满足某种消费需求的整体产品。新产品的开发过程包括创意产生、创意筛选、产品概念的发展和测试、营销战略发展、商业分析、产品开发、市场测试、商品化 8 个环节。顾客对新产品的接受包括知晓、兴趣、评价、试用、采用 5 个阶段。

品牌是一种名称、术语、标记、符号或设计，或是它们的组合运用，其目的是借以辨认某个销售者或某群销售者的产品和服务，使之与竞争对手的产品和服务区别开来。将

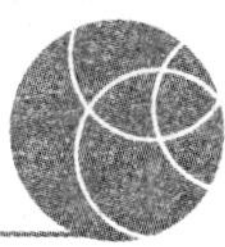

品牌视为一种资产，比单纯的品牌更能说明其在企业营销活动中的重要意义。品牌资产是附加在产品和服务上的价值，这种价值可能反映在消费者如何思考、感受某一品牌并做出购买行动，以及该品牌对企业的价值、市场份额和盈利能力的影响。品牌策略涉及一系列具体的策略，主要有品牌化策略、品牌使用者策略、品牌名称策略、品牌发展策略、品牌重新定位策略 5 大类别。

包装也是企业产品的重要构成部分，它一般是指按一定技术、方法而采用的容器、材料及辅助物等。常用的包装策略有类似包装策略、差异包装策略、连带式包装策略、复用式包装策略、等级式包装策略、赠品式包装策略、改变包装策略、开窗式包装策略、分量式包装策略、礼品式包装策略等。服务是指用于出售或同产品一起出售的活动、利益或满足感，它具有无形性、不可分离性、变化性和时效性的特点。常用的服务营销策略分为接触前服务营销策略、接触中服务营销策略和接触后服务营销策略 3 大类。

思考题

1. 简述产品的整体概念。
2. 什么是产品组合？产品组合的 4 个维度是什么？
3. 产品生命周期包括哪几个阶段？简述各阶段相应的营销策略。
4. 新产品的采用过程主要有哪几个阶段？
5. 简述品牌策略的主要类型。
6. 简述服务的特性。

第十章　价格策略

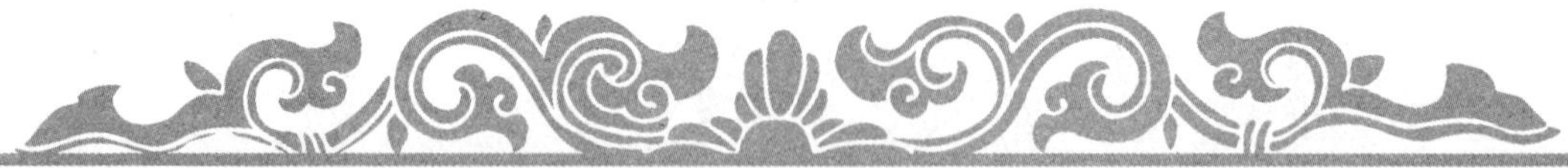

学习目标

1. 了解定价的概念及流程；
2. 掌握定价的方法；
3. 熟悉定价策略。

导学案例

“自定价”餐厅

2009年3月，法国东南部城市里昂的一家餐饮店为吸引更多食客，推出了自定价套餐，即客人们可以在用餐后根据自己的感觉和评价支付自认为“最合理”的价格。这家餐饮店每天中午和晚上都会推出一款自定价套餐，包括一份头盘、一份主菜和一份餐后甜点。出乎意料的是，顾客对于自定价套餐的平均出价达到了午间套餐16.5欧元和晚间套餐22欧元，均高于原来的午间套餐14.5欧元和晚间套餐21.5欧元的定价。

无独有偶，2012年，我国东莞也出现了第一家“自定价”餐厅。“饭菜无定价，顾客随意付。”老板考虑到风险，仅仅在午餐试行自定价。他将餐厅经营的各种菜肴、点心、饮料等分成五六种套餐，每种套餐分别制定了高低不等的五档价格，由顾客自己在用餐结束后任选其中一种价格付账。

据老板介绍，绝大部分顾客都是支付一、二等价格的，因为来餐厅就餐的顾客认为自定价格偏低有失体面。只有当顾客对餐厅的菜肴感到不合口味，或遇到质量不好、服务不周时，才赌气只付三等价格。这种情况十分少见。

这家自定价餐厅的经营者认为，让顾客自定价格，一方面可以吸引顾客，另一方面可以根据顾客付款情况来反馈自己的服务质量，以便改进经营，提高菜肴制作水平。

资料来源：http://www.qzwb.com/gb/content/2009－03/09/content_3022036.htm，经编者整理、分析而成。

第一节　定价流程

一、定价的概念

当企业研发出一种新产品或将原有产品引入新的分销渠道时，都需要为产品制定价格。价格是商品价值的货币表现，是顾客购买商品所愿意支付的经济成本。价格不仅影响着市场需求的水平，还决定着企业的盈利水平。通过对世界500强企业的分析发现，相较于企业所追求的销量而言，价格对于企业盈利水平的杠杆作用明显更高。

同时，价格也是营销组合中最容易调整且唯一表现为收入的要素。价格还是产品质量的指示器，向市场传递着企业对其产品的价值定位。制定合理的价格并非易事，需要营销者全面了解企业、消费者、竞争和营销环境等要素，并且要与企业的营销战略、目标市场定位和品牌定位保持一致，因此定价策略对企业具有重要的战略意义。

二、影响定价的因素

价格的制定受到诸多因素的影响，主要可分为内部因素和外部因素2个方面。

(一) 内部因素

1. 营销目标

当企业面对不同的市场营销目标时，其采取的定价策略也不尽相同。当企业的营销目标为抵御新的竞争者加入时，就可能将价格制定得较低，以吓退潜在竞争者；当企业为了树立行业领导品牌的地位时，则可能将价格制定得较高。

2. 其他营销组合要素

市场营销组合中的其他 3 个要素都会对定价产生影响。比如，产品的独特性为较高的定价提供了基础；销售渠道的设计将影响消费者购买产品的最终价格；企业投入的促销费用也会在价格上体现出来。

3. 成本

通常来讲，成本是定价的基础，它决定了产品价格的下限。在极端情况下，价格只要能够补偿变动成本即可。

(二) 外部因素

1. 市场需求

市场需求是企业制定价格的上限，也表明了购买方愿意付出的最高成本。

2. 竞争者

企业为产品定价时不能仅考虑内部因素，还应考察市场竞争状况。企业所处的竞争环境不同，可能对价格的控制程度也不同。

3. 政府政策

政府对价格制定的影响主要体现在各种法律法规上，如禁止价格垄断、维护消费者权益等。

通过图 10—1 可见，产品的成本，特别是直接变动成本决定了价格水平的下限，需求为价格水平设立了上限，两者构成的区间即为企业初始定价的空间。在此区间内，企业为产品制定的最终价格还要受到市场竞争状况及企业定价目标的影响。

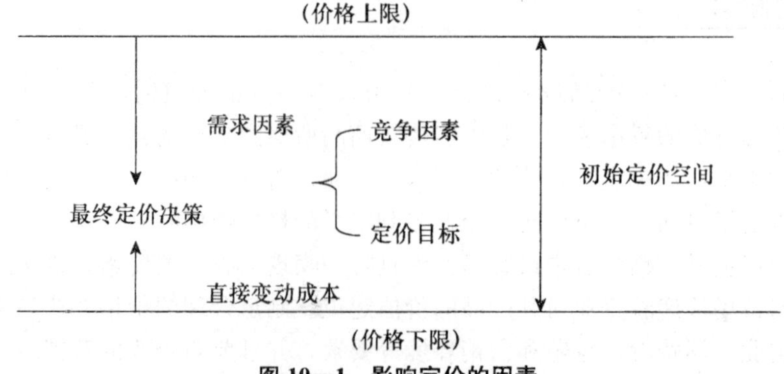

图 10—1 影响定价的因素

三、定价的流程

企业在制定价格时，通常要经过 6 个步骤：选择定价目标、分析需求、估计成本、分

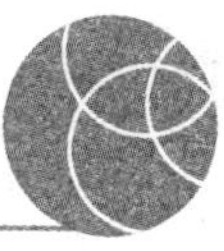

析竞争者、选择定价方法、确定最终价格，如图 10—2 所示。

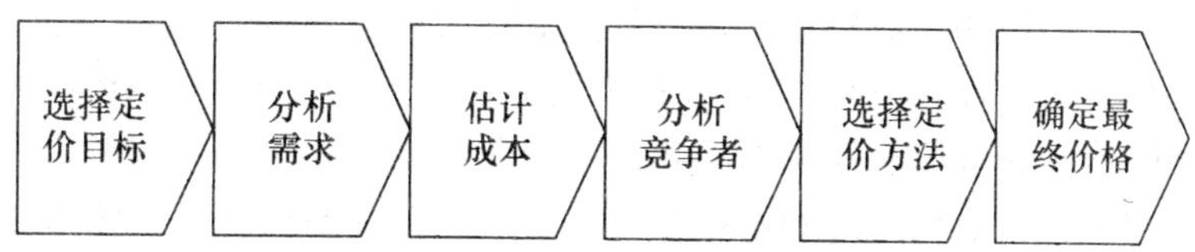

图 10—2 定价的流程

(一) 选择定价目标

企业在确定价格前，应对自身所经营的产品或服务进行明确的市场定位，从而使制定出的价格更有针对性。企业在不同的定价目标下所选择的定价不同，目标越明确越容易制定出合理的价格。企业可选择的定价目标有以下几种。

1. 维持基本生存

当企业面临产能过剩、激烈的市场竞争或者消费者需求变化等状况时，生存就成为企业追求的短期目标。这时企业首先考虑的是如何维持当前状态，或能够使大量的库存产品尽快脱手。此时，生存比利润更加重要。当企业选择采用这一定价目标时，就要制定一个尽量低的销售价格，即价格能够弥补可变成本或抵偿小部分固定成本。在最极端的情况下，价格可以不考虑固定成本的抵偿，只要能补偿变动成本即可。

2. 当期利润最大化

许多企业会评估不同价格水平下的需求与成本的变化，选择当前能产生最大利润、现金流量或投资回报率的价格。这个定价目标的前提是假设企业了解其所经营的产品或服务的需求与成本函数，而事实上这是较难估计的。在这个定价目标下，企业追求的是当前的利益，可能会置长远利益于不顾。企业在选择这种价格水平时，基本不考虑其他营销组合因素、竞争对手的反应及法规对价格的限制等。实际上，在营销环境复杂多变的市场上，这很难做到。

3. 市场份额最大化

有些企业将市场份额最大化作为定价目标，即通过合理定价达到更高的销售增长指标，从而扩大市场占有率，使自己产品的市场份额尽量超过其他竞争对手。在采用这一定价目标时，企业倾向于将价格水平定得尽量偏低。所谓"尽量偏低"，是指企业的产品价格比绝大多数竞争对手的产品价格低。市场份额最大化定价目标适用于以下条件：(1) 市场是价格敏感型的，因而低价能有效刺激销售增长；(2) 企业具备大批量的生产能力，在经验曲线作用下，生产和分销成本得以降低；(3) 低价可有效阻止现有及潜在的竞争对手。

4. 市场撇脂最大化

所谓"撇脂"，是指在产品或服务进入市场的初期制定尽可能高的价格，以"撇取"市场上最高支付能力可以出得起的价格，使单位产品的获利最大，之后随时间推移逐渐降低价格。例如，每一款新研制出来的手机刚进入市场的价格就采用这种定价目标。市场撇脂最大化定价目标适用的条件是：(1) 消费者的人数足以构成当前的需要；(2) 小批量生产的单位成本没有高到无法从交易中获得好处的程度；(3) 初始的高价未能吸引更多的竞争者入场；(4) 高价有助于树立优质产品的形象。

5. 产品—质量领先

有些企业会希望成为市场中的产品—质量领导品牌，即被认为具有高而稳定的质量、品位和定位，但价格又没有完全超出消费者的购买能力，如松下、维多利亚的秘密、宝马、绝对伏特加等品牌都通过高品质在各自的行业内既获得了溢价收益，又实现了较高的市场忠诚度。实现这一定价目标的前提条件是：(1) 企业要树立良好的形象，有优质的产品；(2) 市场上存在数量较多的关心产品质量胜于价格的消费者。

6. 其他目标

不同类型的组织还可能会有其他的定价目标。对于非营利性组织和公共机构来讲，其目标可能仅仅为收回全部或部分成本。不论组织的定价目标是什么，相较于只以成本或市场决定价格的企业，将价格作为战略工具的企业能够获得更多利润。此外，相同类型的企业在不同的市场环境中采用相同的定价目标可能会收到完全不同的效果。

(二) 分析需求

需求是在一定时期、一定价格条件下，消费者对产品的有货币支付能力的需要。同一种商品，假如不存在影响需求的其他因素，那么通常价格越低，需求量越大。需求曲线（见图 10—3）标示了价格和需求量之间的相关关系。

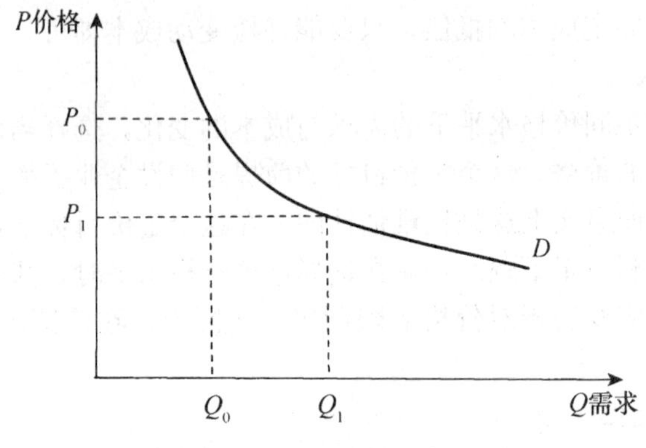

图 10—3 需求曲线

1. 价格敏感度

需求曲线反映了不同价格水平下，市场可能的需求量。这是将具有不同价格敏感度的个体消费者汇总的结果。在普通需求曲线下，消费者如果对于价格敏感，价格对于需求量的影响就很大；如果对于价格不太敏感，价格变动对于需求量造成的影响就不是很大。在“威望产品”的需求曲线下，甚至表示消费者对于质量的关心超过了对于价格的关心。因此，估计需求量的第一步要明确影响价格敏感度的因素。

通常来讲，消费者对价格低的或不经常购买的产品的价格较不敏感。消费者在替代品较少或认为提价是可以理解的情况下，都会表示出对价格的不敏感。影响价格敏感性的因素还包括产品提供的独特价值、替代品的可获得性与可对比性、产品支出占总支出的比重等。

2. 需求的价格弹性

不同的价格水平会引发不同的需求量，而需求量对价格变动的反应程度就是需求价格

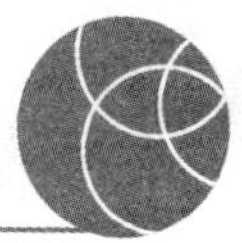

弹性。需求的价格弹性的计算公式如下：

$$需求的价格弹性=\frac{需求量变化的百分比}{价格变化的百分比}$$

假设 Q 为某个商品的需求，P 为该商品的价格，则计算需求的价格弹性 E_d 为：

$$E_d=\frac{\Delta Q/Q}{\Delta P/P}=-\frac{\Delta Q}{\Delta P}\cdot\frac{P}{Q}$$

其中，E_d 代表需求价格弹性系数，Q 表示需求量，ΔQ 是需求量的变化量，P 表示价格，ΔP 是价格的变化量。

E_d 的特点在于：(1) E_d 的数值可为正或负，取决于有关变量是同方向变化（正数）还是反方向变化（负数），即 E_d 表示两个变量变化方向的关系，而 $|E_d|$ 则表示变动程度的大小。(2) $|E_d|$ 不仅随产品的不同而异，而且在一条给定的需求曲线上每一点的 $|E_d|$ 值都不同。

$|E_d|$ 值的大小，表示需求价格弹性的 5 种类型：

(1) $|E_d|=1$，单位弹性，表示价格每提高或降低 1%，需求量相应减少或增加 1%。

(2) $|E_d|>1$，需求富有弹性，表示价格每变动 1%，需求量的变动大于 1%。

(3) $|E_d|<1$，需求缺乏弹性，表示价格每变动 1%，需求量的变动小于 1%。

(4) $|E_d|=\infty$，需求完全富有弹性，表示在既定的价格下，需求量可以任意变动，此时需求曲线为平行于横坐标轴的一条直线。

(5) $|E_d|=0$，需求完全缺乏弹性，表示价格如何变动，需求量都没有变化，需求曲线为垂直于横坐标轴的一条直线。

决定需求价格弹性大小的因素如下：

(1) 产品的用途。一种产品的用途越多，其需求弹性越大。

(2) 替代品的数目及替代的相近程度。一种产品，其替代品越多，替代的相近程度越高，则该产品的需求价格弹性越大；反之，则越小。

(3) 消费者在一种商品上消费支出占总消费支出的比重。这一比重越大，则该产品的需求价格弹性越大；反之，则越小。

(4) 消费者改变购买和消费习惯的难易程度。改变购买和消费习惯越容易，则产品的需求价格弹性越大；反之，则越小。

(5) 文化价值的取向。越是符合或接近消费者核心价值观的产品，需求价格弹性越小；反之，则越大。

对于企业定价来说，需求富有弹性和需求缺乏弹性是起影响作用的两大因素。在需求富有弹性时，价格有很小的改变，就会引起需求量很大的变化；在需求缺乏弹性时，价格有很大的改变，才会引起需求量很小的变化。

分析需求价格弹性，对定价有如下启示：

(1) 对于需求富有弹性的产品的定价，低价比高价更为有利；调整价格时，降价比提价更有利或有效。低价或降价所减少的收入会因为销售量的大幅度提高而得到补偿并有余。

（2）对于需求缺乏弹性的产品的定价，高价比低价更为有利；调整价格时，提价比降价更为有利或有效。高价或提价减少的销售量会因为单位产品毛利的提高而得到补偿并有余。

（三）估计成本

市场需求为产品或服务的定价设置了上限，而成本就是企业定价的下限。通常情况下，企业制定的价格应能够弥补生产、分配和销售成本，并且能够获得一定的收益。成本是制定价格的最低界限，否则企业将无法生存与发展，因此企业需要对各种成本进行预估。

1. 固定成本、变动成本与总成本

固定成本是指在一定业务量范围和时间范围内，其总额不随业务量的变化而变化的成本，如图 10—4（a）所示。固定成本的特征为在一定时间范围和业务量范围内其总额维持不变，但是，相对于单位业务量而言，单位业务量所分摊（负担）的固定成本却是随业务量总数变化而变化的。固定成本可以进一步分为约束性固定成本和酌量性固定成本两类。约束性固定成本是指为维持企业提供产品或服务的经营能力而必须开支的成本，如厂房、机器的折旧，租金，管理人员的工资等；酌量性固定成本是指根据经营、财力等情况而确定的计划期间的预算额而形成的固定成本，如广告费、职工培训支出等。

变动成本是指随产量或业务量变化而变化的成本，即边际成本的总和，如图 10—4（b）所示。直接人工、材料等都是典型的变动成本，在一定期间内，它们的发生总额随业务量的增减而呈现出比例变动，但单位产品的耗费则保持不变。

总成本指的是在一定产量或业务量下固定成本与变动成本之和。

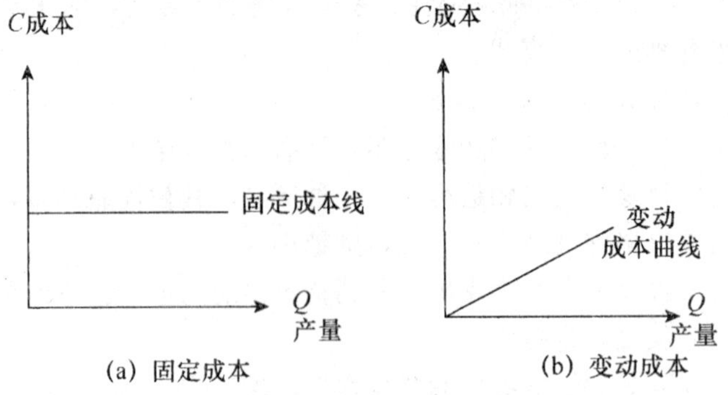

图 10—4 固定成本和变动成本

从静态成本分析来看，企业的定价应该至少要能抵偿变动成本并有一定的剩余，才能抵偿固定成本。只有当固定成本被抵偿完后，企业才有可能获得盈利。所以，变动成本被认为是定价的最低界限。

2. 经验曲线

经验曲线是用来总括成本变动的曲线。在定价的成本分析中，经验曲线对价格的确定点及市场格局的稳定等市场趋势分析具有指导意义。

经验曲线又称作经验学习曲线、改善曲线，是一种表示生产单位成本与连续生产单位之间的关系曲线，表示平均成本随着生产经验的累积而降低的情况。1960 年，波士顿咨

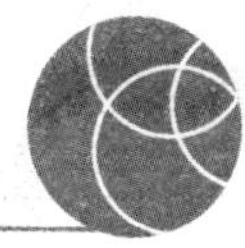

询公司的布鲁斯·亨德森（Bruce D. Henderson）首先提出了经验曲线效应（experience curve effect）。亨德森发现生产成本和总累计产量之间存有一致相关性。简而言之，就是如果一项生产任务被多次反复执行，它的生产成本将会随之降低。每一次当产量倍增的时候，代价值（包括管理、营销、分销和制造费用等）将以一个恒定的、可测的比率下降，如图10—5所示。此后，研究人员对各个行业的经验曲线效应进行了研究，发现下降的比率在10%～30%。

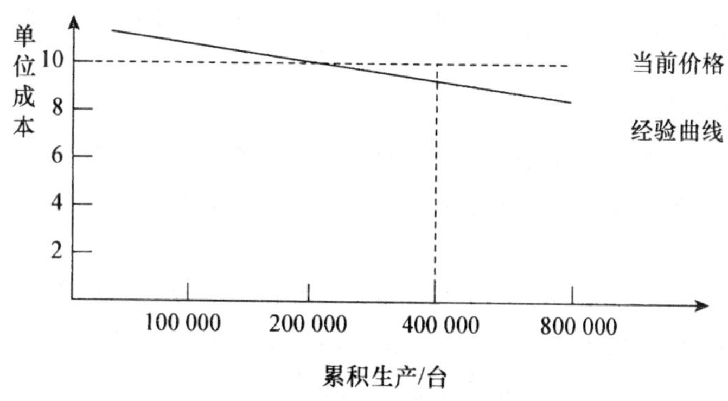

图10—5 经验曲线

由图10—5可知，向下倾斜的经验曲线对企业的定价指导意义很大。经验曲线是成本领先战略的主要动力，如果企业能够在新市场上迅速获取较大的市场份额，它将具有成本优势，因为它能够提供较竞争者更为便宜的产品。如果节约的生产成本以产品售价削减的形式传递给消费者（而非留作企业利润），那么企业在这一市场上的竞争优势就具有持续性。如果企业通过增加其市场份额，不断扩大生产，加速提升经验曲线效应，就有可能在行业内创造无可抗争的成本优势。因而，许多企业在进入一个新市场的时候，总是大举投资，为其产品、服务制定侵略性价格，以此达到迅速扩大市场份额的目的。一旦企业成为市场领袖，企业投资即可收回。

运用经验曲线分析成本进行的定价存在某些重大风险：首先，这种攻击性定价方法，容易使人对企业产品产生“便宜无好货”的感觉。其次，这种策略是以竞争者软弱和不愿意与该企业的降价行为相抗衡为前提的。事实上，大多数竞争者并非如此，企业的低价策略往往会遭到强烈的反击。最后，当企业靠某项技术提高产量时，某个竞争者可能会找到成本更低的技术，使其能比仍在按旧经验曲线经营的市场领导者制定更低的价格。

（四）分析竞争者

在成本和市场需求决定的定价上下限区间内，企业还必须考虑竞争者的成本、价格以及可能引发的价格反应。企业必须了解竞争对手的产品质量和价格策略，然后根据掌握的竞争者的信息来比质比价。如果本企业与竞争对手的同种产品品质基本趋同，企业就应与竞争对手保持相同的价格水平；如果与竞争对手相比，本企业同种产品的质量较低，价格水平就应低于竞争对手；如果本企业同种产品的质量高于竞争对手，那么价格水平就可以高于竞争对手。在产品定价时，还应该关注竞争对手可能做出的反应。

企业在预估竞争者的反应时应考察对手当前的财务状况、顾客忠诚度、战略目标、市场定位等。但对竞争对手的反应预估是一个复杂的问题，因为竞争对手对于低价或降价的理解可能不同，因而还应基于以往对竞争对手的了解进行估计。

（五）选择定价方法

在充分了解市场需求水平、成本函数和竞争者的价格水平后，企业就可以选择合适的定价方法为产品或服务制定价格了。

在具体制定价格的过程中，企业可以选择的方法主要包括：成本导向定价法、需求导向定价法和竞争导向定价法。3 种不同导向的定价法恰恰是不同市场营销导向的体现，具体内容将在下一节中详述。

（六）确定最终价格

经过前面 5 个步骤，企业已经能够确定产品的基本价格。然而，产品最终价格的确定还需要考虑其他方面的要求并采取相关的定价策略，从而使最终价格更加科学合理。

确定最终价格，一方面，必须考虑所制定的价格是否合法。价格的形成和变化涉及国家、企业和消费者多方利益，关系到市场秩序的稳定，因此国家有一系列规范价格的政策法令，企业在确定最终的产品价格时必须了解并执行，使产品的最终价格合理合法。另一方面，制定并运用相关的定价策略。市场营销环境复杂多变，消费者需求呈现出多样化和差异化的特性。企业应根据市场的现状和变化趋势，制定相应的定价策略，与基本价格结合，形成最终的价格，使最终价格体现出产品消费的地区性、时间性、心理性、行为性等特征。

第二节　定价方法

一、成本导向定价法

（一）成本加成定价法

成本加成定价法是指在产品单位成本的基础上，加上一定比例的预期利润来制定产品的销售价格的定价方法。具体包括完全成本加成法、变动成本加成法、标准成本加成法。由于利润的多少是按一定的比例确定的，习惯上称为“几成”，加成幅度通常用百分比来表示。

计算公式为：

单位产品价格＝单位产品成本×(1＋加成率)

其中，加成率为预期利润占产品成本的百分比。

例如：某家具厂生产某种衣柜的单位成本是 4 000 元，加成率是 20%，则该衣柜的销售价格为 4 000×(1＋20%)＝4 800（元）。

如何确定附加于成本基础上的加成百分比，是成本加成定价法的核心问题。不同的产品应根据其不同的性质、特点、行业情况、流通环节和市场环境等制定不同的加

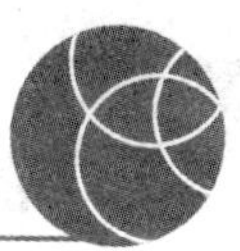

成比例，并且所确定的加成数除了能提供所需的利润外，均还需包含一部分成本项目。

成本加成定价法是传统而久远的定价方法，在机器大工业时代之前就已开始应用，目前仍为许多小企业和零售行业采用。其主要优点是：(1) 简单易行、灵活可控；(2) 对补偿企业成本有直接的效果；(3) 缓和价格竞争，如果同行业普遍采用，并倾向于采用相同的加成率，可以有效地减少价格竞争或发生价格战；(4) 买卖双方都感觉比较公平。但是，这种方法也有其不足之处：第一，卖方导向定价，企业以自己的产品成本为定价的主要依据，以卖方利益为出发点，忽视了市场需求；第二，没有考虑市场竞争因素，不能对竞争做出灵敏的反应；第三，加成率是个估计值，缺乏科学性。

（二）目标收益定价法

目标收益定价法又称投资收益率定价法，它是在企业投资总额的基础上，按照目标收益率计算价格的定价方法。在目标收益定价思想的指导下，企业试图确定出一个能为其带来所追求的投资收益率的价格。基本定价步骤如下。

1. 确定目标收益率

目标收益率的计算公式为：

目标收益率＝(1/投资回收期)×100%

如果把投资收益率（ROI）作为目标收益率指标，则投资收益率为利润和投资额的比值，计算公式为：

投资收益率＝利润/投资额

2. 确定单位产品目标利润额

单位产品目标利润额的计算公式为：

单位产品目标利润额＝(投资总额×目标收益率)/预期销售量

3. 计算单位产品价格

单位产品价格的计算公式为：

单位产品价格＝单位产品成本＋单位产品目标利润

[**例 10—1**] 投资建设某医疗设备厂，总投资额为 2 000 万元，投资回收期为 4 年，固定成本为 1 000 万元，每台仪器的变动成本为 3 000 元。当企业销售量达到 1 000 台时，按目标收益率定价法计算每台仪器的售价。

分析：

目标收益率＝(1/4)×100%＝25%

每台仪器的目标利润额＝(20 000 000×25%)/1 000 ＝5 000(元)

每台仪器价格＝10 000 000/1 000＋3 000＋5 000 ＝18 000(元)

计算结果说明，该企业每台仪器售价为 18 000 元时，才能获得 25%的收益率。

企业在运用目标收益定价法时，对销量的估计和对预期利润的确定非常关键，应考虑多方面的影响因素，也常需借助盈亏平衡分析工具，掌握不同水平上成本和利润的变化情况，力求准确。如果对销售量估计不准，又忽视了市场需求和市场竞争因素，就无法保证销售量的实现，那么投资回收期和目标收益将无法实现。

目标收益定价法适用于需求稳定、供不应求、需求价格弹性较小的产品以及一些公用事业、劳务工程项目等。在科学预测的基础上，这是一种比较有效的定价方法。

二、需求导向定价法

（一）感知价值定价法

感知价值定价法是指企业根据购买者对产品或服务的感知价值来制定价格。感知价值包括顾客对产品性能的印象、交付渠道、质量担保、客户支持、供应商声誉等诸多软属性与特征。这种定价法是伴随现代营销观念而产生的一种新型定价方法。有关研究表明，随着时代的发展，顾客对产品价值的感知已经成为购买决策中的关键因素。在选购产品时，顾客将感知价值作为一种权衡标准，它涉及产品或服务的感知利益和感知品质，以及获得和使用产品的感知成本或付出。现在，越来越多的企业在制定价格时考虑顾客对产品或服务的感知价值，它们已经明白定价的关键不是卖方的成本而是买方对价值的感知。一些优秀的企业致力于向顾客提供尽可能高的价值。

运用感知价值定价法一般应经过如下步骤：

（1）判断顾客的感知价值。准确地把握顾客对产品价值的感知是定价的关键和难点。如果过高地估计顾客的感知价值，将价格定得过高，就会影响销量；如果过低地估计顾客对产品的感知价值，定价可能低于应有的水平，会使企业收入减少。因此，企业必须通过广泛的市场调研和分析，获得顾客对有关产品价值感知的准确资料。

（2）对顾客价值定位并概念化。根据对顾客的感知价值的了解，营销者应将产品或服务的属性和特性进行有针对性的定位并概念化，转化为顾客能够感知到的利益。

（3）把顾客的感知价值量化。即计算感知价值，通过对顾客进行价值细分、分析和测算，估计出不同细分市场所提供的经济价值。

（4）进行有效的促销，将顾客的感知价值传达给目标市场。

（5）把已经量化的感知价值结合其他因素，制定出产品的市场价格。

感知价值定价法的关键在于要提供比竞争对手更独特的产品价值并向潜在顾客证明这一点，因此企业也需要充分了解顾客的购买决策制定过程以及其中可能产生重要影响的因素。

（二）价值定价法

价值定价法是指企业通过制定低价但仍提供高质量的产品或服务以赢得顾客忠诚。这种方法的实质是所提供的产品的价值高于价格，它并不是简单地制定低价，而是要求企业重新安排经营活动以降低成本，但又不牺牲产品质量，从而吸引大量的注重产品价值的顾客。具体的做法是：在市场上出售的产品，其质量要高于市场同类产品的平均质量标准；价格要低于市场平均水平。宜家家居、西南航空和沃尔玛都是价值定价法的最佳实践者。

价值定价法的一种应用就是天天低价法。采用这种定价方法的零售商往往制定一个固

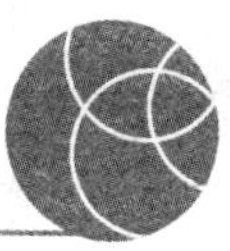

定的低价，但很少进行价格促销或产品特卖。还有一种方法叫作高—低定价法，即把日常价格定得很高，但经常以较低的价格进行促销。这两种形式都会影响消费者的价格判断。

近年来，高—低定价法在许多领域被天天低价取代，将这一定价方法运用得最好的是沃尔玛。除了每月的一些特惠商品外，沃尔玛还承诺对一些大品牌实行天天低价，甚至是天天平价。零售商采取天天平价的重要原因是促销活动成本很高，损害了消费者对货架上产品日常价格的信心，而且消费者也没有时间和耐心经常去关注超市的特惠活动。

（三）需求差异定价法

需求差异定价法是指根据消费者不同的购买力水平、不同的需求欲望、不同的审美偏好、对同种产品或服务的不同需求强度等，制定不同的价格和收费方法。价格间的差异以消费者需求差异为基础，其主要形式有：消费者差别定价法、产品式样差别定价法、地理位置差别定价法、时间差别定价法等。

按需求差异定价法制定的价格，并不与产品成本和质量的差异程度成比例，而是以消费者需求的差异为标准。一般应具有以下条件：（1）市场能够根据需求强度的不同加以细分，而且需求差异较为明显；（2）细分后的市场之间无法相互流通，即低价市场的消费者不可能向高价市场的消费者转手倒卖产品或服务；（3）在高价市场中用低价竞争的可能性不大，企业能够垄断所经营的产品或服务；（4）市场细分后所增加的管理费用应小于实行需求差异定价所得到的额外收入；（5）不会因价格差异而引起消费者的反感。

三、竞争导向定价法

（一）随行就市定价法

随行就市定价法又称通行价格定价法，是指企业参照主要竞争者的价格（或本行业的平均价格水平）来定价。在某些垄断性较强的行业内，所有的企业都倾向于收取相同的价格。随行就市定价法应用非常普遍，当难以估计成本或竞争者的反应不明确时，这是维持市价的好方法，也是行业集体长期博弈与合作的结果。

随行就市定价法简便易行，不需要对成本和需求进行详细的分析，还能避免行业内的价格战。它反映了行业的公平报酬水平，易于被买方接受。它的缺点是容易形成行业中的垄断行为，而且当市场领导者率先发动价格变动时，使用此种方法的中小企业很难应对。

（二）拍卖定价法

拍卖定价法应用十分普遍，其中比较常见的有英国式拍卖和荷兰式拍卖。

1. 英国式拍卖

英国式拍卖是最普通的一种拍卖方式，其形式是：在拍卖过程中，拍卖标的物的竞价按照竞价阶梯由低至高依次递增，当到达拍卖截止时间时，出价最高者成为竞买的赢家（即由竞买人变成买受人）。拍卖前，卖家可设定保留价，当最高竞价低于保留价时，卖家有权不出售此拍卖品。当然，卖家亦可设定无保留价，当到达拍卖截止时间时，最高竞价者成为买受人。

2. 荷兰式拍卖

荷兰式拍卖是一种特殊的拍卖形式，亦称“减价拍卖”，是指拍卖标的物的竞价由高到低依次递减，直到第一个竞买人应价达到或超过底价时击槌成交的一种拍卖。

荷兰式拍卖皆为卖方叫价拍卖，又叫无声拍卖，可分为两种类型：

（1）人工式无声拍卖：这是早期的传统减价拍卖形式，先由拍卖师当众报出最高价格，然后由投买人据此逐一应价。凡遇无人应价的价位，拍卖师由此递减报出新的价位，逐次降价，一直持续到有人购买为止；凡遇两个以上应价的价位，拍卖师应由此递增报出新价，即立即转入增价拍卖形式，竞相加价过程一直持续到无人再加为止。

（2）表盘式无声拍卖：这也是荷兰人发明的，是现代化的减价拍卖形式。先由拍卖师当众报出最高价格，用电子拍卖钟上的相应刻度显示出来，然后再由投买人按动电钮逐一应价。凡无人应价时，则拍卖钟指针逆时旋转，表示递减降价，直到有人按动电钮使其停转表示购买为止；凡遇两个以上应价时，则拍卖钟指针顺时旋转，表示递增加价，直到剩下最后一人按钮使其停止。在此，电子拍卖钟取代木制拍卖槌作为成交工具。

荷兰式拍卖有两个显著特点：一是价格随着一定的时间间隔，按照事先确定的降价阶梯由高到低递减；二是所有买受人（即买到物品的人）都以最后的竞价（即所有买受人中的最低出价）成交。最后一位加价的竞买人购买成功。实际上，大多情况下，荷兰式拍卖是增价和减价拍卖混合进行的，所以也称为“混合拍卖”。对于那些品质可能变化、容易腐烂的，或者品质良莠不齐的物品，如水果、蔬菜、鱼类、鲜花、烟草等，采用这种方式特别合适。

（三）密封投标定价法

密封投标定价法是指买方通过引导卖方之间的竞争以取得同类产品的最低价格的定价方法。每个供应商只能报出一个价格，而且不能知道其他人的报价。它普遍应用于政府和公用事业的大宗采购，建筑工程项目、大型工业设备的招标采购。招投标过程一般是买主公开招标，公布所要购买的标的物及相关要求，并密封递价（也称标的），卖方则投标竞争。

在参加投标时，企业往往面对一种颇为矛盾的选择：如果报价低，容易中标得到合同，但所得利润很少；如果报价高，预期利润高，但得到合同的概率又很小。因此，投标竞价的关键是估计中标的可能性。这不仅需要精确测算企业的成本费用，又要考虑企业的需要，还要预测竞争者可能的报价。

第三节　定价策略

企业制定价格除了可以采取前述几类定价方法外，在确定最终价格时还有诸多可以应用的定价策略，可使得最终价格设置得更为合理、更有竞争性。主要的定价策略包括以下几类。

一、心理定价策略

心理定价就是根据消费者的购买心理来制定价格，主要应用于零售业。每一件产品都

能满足消费者某一方面的需求，其价值与消费者的心理感受有着很大的关系。这就为心理定价策略的运用提供了基础，使得企业在定价时可以利用消费者的心理因素，有意识地将产品价格定得高一些或低一些，以满足消费者生理的和心理的、物质的和精神的等多方面需求，通过消费者对企业产品的偏爱或忠诚，扩大市场销售，获得最大效益。

（一）尾数定价

尾数定价也称零头定价或缺额定价，即给产品定一个以零头数结尾的非整数价格。大多数消费者在购买产品时，尤其是购买一般的日用消费品时，乐于接受尾数价格，如0.99元、9.98元等。消费者会认为这种价格经过精确计算，购买不会吃亏，从而产生信任感。另外，通过尾数标价，使价格保留在较低一级档次上，会给消费者便宜的感觉。这种策略通常适用于基本生活用品，对于价格需求弹性较大的产品，此策略往往能带来需求量的大幅度增加。

（二）整数定价

整数定价与尾数定价正好相反，企业有意将产品价格定为整数，以显示产品具有一定的质量。整数定价多用于价格较贵的耐用品或礼品，以及消费者不太了解的产品。对于价格较贵的高档产品，消费者对质量较为重视，往往把价格高低作为衡量产品质量的标准之一，容易产生“一分价钱一分货”的感觉，从而有利于销售。

（三）声望定价

声望定价即针对消费者“便宜无好货、价高质必优”的心理，对在消费者心目中享有一定声望、具有较高信誉的产品制定高价。不少高级名牌产品和稀缺产品，如豪华轿车、高档手表、名牌时装、名人字画、珠宝古董等，在消费者心目中享有极高的声望价值。购买这些产品的人，往往不在乎产品价格，而最关心的是产品能否显示其身份和地位，价格越高，其心理满足程度也就越大。

阅读参考：别致的咖啡店

一杯咖啡5 000日元，有这样的店吗？在东京松町的一家咖啡屋就有5 000日元一杯的咖啡。它不仅引起了人们的关注和好奇心，迅速提高了知名度，而且也由此使宾客纷至沓来，生意十分兴隆。千万不要认为，咖啡店的老板获得了暴利。其实就5 000日元一杯的咖啡而言，老板无利可图。因为盛咖啡的是一只特制的名贵杯子，其本身的价值就值4 000日元。当顾客享用完咖啡后，服务员就将杯子包装好，送给顾客做纪念。而且咖啡都是由名师当场精制而成的，味道可口而特别。咖啡屋内部的装潢豪华如宫殿，女侍者穿古代皇宫服装，把顾客当成帝王般伺候，这一切都需要很大的成本。但这家咖啡屋也出售100日元左右一杯的咖啡、果汁及汽水等，这是真正赚钱的饮料。店老板的聪明之处是，推出5 000日元一杯的咖啡，其目的是提高咖啡屋的知名度，引发人们的好奇心，然后用高价带动廉价商品的销售。

资料来源：http://www.795.com.cn/wz/66965.html，经编者整理、分析而成。

（四）习惯定价

有些产品在长期的市场交换过程中已经形成了为消费者所适应的价格，称为习惯价格。企业对这类产品定价时要充分考虑消费者的习惯倾向，采用“习惯成自然”的定价策略。对消费者已经习惯了的价格，不宜轻易变动。降低价格会使消费者怀疑产品质量是否有问题；提高价格会使消费者产生不满情绪，导致购买的转移。因此，这类产品的价格应力求稳定，在不得不提价时，应采取改换包装或品牌等措施，以减少消费者的抵触心理，并引导消费者逐步形成新的习惯价格。

（五）招徕定价

招徕定价又称牺牲品定价，是指将产品价格调整到低于价目表的价格，甚至低于成本费用，以招徕顾客促进其他产品的消费。如有的超级市场大幅度地降低少数几种商品的价格以招徕顾客。顾客多了，不仅卖出了低价商品，更重要的是带动和扩大了一般商品和高价商品的销售。

二、地理定价策略

产品要运往不同的市场区域进行销售，其中发生的运输费用对产品的价格会产生显著的影响。在产品交易的各方之间，无论是谁来支付运费，都将影响产品的售价，特别是当运费在产品成本中所占比例较大时。企业的地理定价策略，就是考虑商品交易时的地理差异进行定价。

（一）FOB 原产地定价

FOB（free on board）是一种国际贸易条件，也被称为离岸价格，是指卖方需负责将产品（货物）运到产地的某种运输工具（如卡车、火车、船舶、飞机等）上交货；交货后，产品的所有权就传递给了买方，相应地，买方将承担随后发生的一切费用和风险。这个价格水平是按照厂价加上国内运杂费和报关出口手续费后形成的。

（二）统一交货定价

所谓统一交货定价，就是企业对于卖给不同地区的消费者的某种产品，不论远近，都实行一个价格水平。这个价格水平是按照相同的厂价加上等额的运费形成的。实际上，是近距离的买主在运费上补贴了远距离的买主。当运输成本相对较低而且卖主希望对所有销售区域执行同一价格时，通常采用这种定价策略。

（三）分区定价

分区定价是指企业把全国（或某个地区）的市场划分为若干个价格区，对于不同的价格区制定不同水平的价格。距企业远的价格区，价格定得较高；距企业较近的价格区，价格定得较低，在各个价格区范围内实行一个价格水平。这种策略容易出现的问题是，在两个相邻价格区接壤处的买主，能够利用明显的价格差别套利，最终将导致“窜货”。另外，在同一价格区域内，距离相对较近的买主会对因补贴他人运费而感到吃亏。

（四）基点定价

有的企业会选定某些城市作为基点，然后按一定的厂价加上基点城市到买主所在地的运费来定价，而不管货物实际是从哪个城市起运的。有的企业为了提高灵活性而选择多个基点城市，按照买主最近的基点计算运费。

（五）运费免收定价

即由卖方承担全部（有时为部分）运费，买主只需支付不含运费的产品价款。企业为

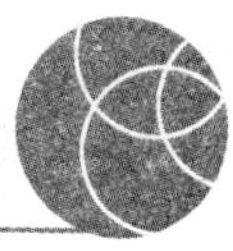

了进入一个新市场时常会采用这种策略，以加强市场渗透。

三、差别定价策略

企业经常会调整产品或服务价格以适应顾客、产品、地区等差异。当企业以两种或两种以上但不反映成本差别的价格销售一种产品或提供一种服务时，就称为差别定价策略。

（一）顾客细分定价

即对不同的顾客群体制定不同的价格，尽管提供的产品或服务是相同的。如旅游景点对学生实行5折票价，对60岁以上的老人免费，对一般的游客收全价。这种定价策略可为企业争取到一个较大的但支付能力较差的顾客群，使产品能进入一个新的或特殊的细分市场，有时也对企业起到公关宣传的作用。

（二）产品规格与形象差别定价

即企业对不同型号、不同样式、不同形象的产品分别制定不同的价格，而这一价差相对于成本费用的差额而言是不成比例的。例如，同样一本畅销书，平装的价格可能是16.2元，而精装的价格可能是36元；商场里某品牌的靴子，棕色的价格是899元，而黑色的价格则可能为949元。

（三）位置差别定价

即企业对于处在不同位置的产品或服务分别制定不同的价格。如飞机、轮船等对不同的舱位收取不同的价格。

（四）时间差别定价

即企业对于不同时间销售的产品或服务制定不同的价格。如每天晚上10点以后打长途电话优惠；过季服装折扣可达应季时全价的3～5折。

阅读参考：“无积压商品”的蒙玛公司

蒙玛公司在意大利以“无积压商品”而闻名，其秘诀之一就是对时装多段定价。它规定新时装上市，以3天为一轮，每隔一轮在原价的基础上削减10%，以此类推，那么到10轮（一个月）之后，蒙玛公司的时装价格就削到了只剩35%左右的成本价。这时候，蒙玛公司就以成本价售出。因为时装上市还仅一个月，价格已跌到1/3，谁还不来买？所以一卖即空。蒙玛公司最后结算，赚钱比其他时装公司多，又没有积货的损失。

资料来源：http://www.doc88.com/p－182436502392.html，经编者整理、分析而成。

（五）渠道差别定价

即同样的商品在不同渠道出售时制定不同的价格。如同样一瓶饮料在便利店、自动售货机、高级餐厅的售价都不一样。

实行差别定价策略要具备以下条件：（1）市场能够根据需求强度的不同进行细分；（2）细分后的市场在一定时期内相对独立、互不干扰；（3）对细分市场的控制费用不能超过差别定价所获取的额外收入；（4）价格差别适度，不会引起消费者的不满或反感；

（5）差别定价策略要合法。

四、产品生命周期定价策略

即企业根据产品所处生命周期阶段的特征，结合商品本身的特点和性能所采取的定价策略，主要分为导入期、成长期、成熟期和衰退期4个时期的定价策略。

（一）导入期的定价策略

新产品小批量生产后进入导入期，这时的新产品具有生产数量少、试制成本高、与其他产品的可比性不足等特点，其定价策略主要有以下3种：

（1）高价策略。对某些生命周期较短、花色式样翻新较快的时尚商品，投入市场后如果销路较好，可以以较高的价格出售。

（2）低价策略。对某些市场上有替代品的中、高档消费品，企业在生产初期直接采用低价策略。

（3）中价策略。对于一般日常生活必需品和重要的生产资料可以根据成本和销售情况，将价格定在高价和低价之间，使生产者、经营者和消费者都感到满意。

（二）成长期的定价策略

在产品的成长阶段，销售量开始迅速上升，促销的平均费用已比导入阶段低，此时应该以市场渗透为主。企业可以以较低的价格阻止竞争者的进入，迅速扩大产品的市场份额，占领市场的主导地位。在这一阶段，产品的工业化主流原型也可能还没有确定，竞争非常激烈，获得利润以维持产品的开发工作显得尤为重要，应该极力避免过度的价格战。因此，企业在价格方面也可以维持较高的水平，通过提高消费者的感知价值来实现市场占有率的提高。

（三）成熟期的定价策略

产品成熟期的主要工作是降低价格。在产品的成熟期，企业可以通过降价这种方式争取在市场上的支配地位，而企业降低价格又主要依靠于降低产品成本。企业或者从其成本低于竞争对手时开始降价，或者直接降价以扩大市场份额，进而依靠较大的销量降低成本。

（四）衰退期的定价策略

在产品生命周期的衰退期，产品市场逐步萎缩，企业产品的定价应在对企业规模、产品性质、消费者心理等方面进行分析的基础上选择相应的策略：

（1）维持原价。由于企业在长期的发展中积累了一部分忠实顾客，这部分顾客较稳定，企业在营销费用上没有必要做过高的投入，这样企业也可保证一定的利润。

（2）降价。如果企业的产品在市场中处于领先地位，可以通过降价把一部分小规模的企业排挤出局，从而在市场萎缩的情况下维持较大的市场份额。

（3）追随其他企业的价格。该策略主要是为了维持企业产品的相对市场份额不变。

五、促销定价策略

企业可以运用多种定价策略刺激消费者的购买意愿，因此价格常被用作促进产品销售

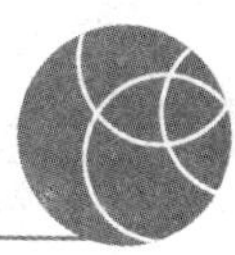

的工具。常用的促销定价策略包括以下几种。

（一）特别事件定价策略

在某些突发性、临时性的事件和活动中，将某些与之有一定联系的产品定价降低或提高，以此达到大量促销或获取超额利润的目的。如在奥运会期间，将有关的纪念品价格提高；“非典”期间，相关的中药材价格提高；“圣诞”和春节期间实行促销价；“店庆日”对店中商品实行优惠价。

（二）现金回扣定价策略

制造商直接将一定数量的现金返回给购买其产品的顾客。这样，制造商可以在不调整价格的基础上，将产品的价格降低，以加速产品的销售。这在销售困难的时候是比较常用的一项策略。

（三）低息贷款

企业向顾客提供低息贷款，如汽车生产商用无息贷款来吸引更多的顾客。

（四）担保和服务合同

企业提供更长的免费或低价保修服务以及服务合同，以此来增加销量。这种定价策略已被广泛应用于家电类产品的销售中。

六、折扣定价与补贴策略

（一）现金折扣

现金折扣是对能在规定的时间内提前或按时付清账款的购买者实行的一种价格折扣。一般规定购买后付清账款的时间期限，以此为据，如果提前付清，可以得到相应的价格优惠。如规定30天内需要付清全款，如果10天就付清了，给予2%的折扣。现金折扣可以加速企业的资金周转，减少收账费用、坏账与呆账。

（二）数量折扣

卖方因为买方购买数量大而给予的一种价格折扣。可以分为一次性折扣和累积性（多次）折扣。一次性折扣只计算一次购买的数量，顾客的购买量达到这个数量就给予优惠性的折扣。如规定每单位的货物按100元出售，如果购买量在100个单位以上，可以打9折，即给予10%的折扣。数量折扣的目的是增加顾客的购买数量，鼓励顾客多购买产品。销售数量的增加，可以减少企业的营销费用，减少成品资金占用，也有利于企业培养忠诚的顾客。

（三）功能折扣

功能折扣也称贸易折扣，是制造商给渠道成员的一种额外折扣，促使其愿意执行某种市场营销职能（如推销、储存、商品再包装、服务等）。如规定零售商如果在当地市场做产品的广告，广告的质量符合某种主要规定，就对其进货价格给予多少折扣；如果经销商承担了顾客服务，可以在进货价格上给予一定的折扣。

（四）季节折扣

即卖方给那些过季商品或服务的一种减价。如滑雪橇制造商在春夏季给零售商以季节折扣；商场在夏季以折扣价销售羽绒服。季节折扣可以使企业对季节性消费产品能常年维持生产，或均衡淡、旺季的生产和供应；也可以在非消费季节将过多的存货尽快售出。

（五）补贴

补贴是指为了吸引经销商参与到某些项目中而提供的额外补贴，如以旧换新是用旧商品换新商品时的补贴。另外，我国之前推行的家电下乡补贴也属于此类价格策略。

七、新产品定价策略

新产品定价是企业定价策略中的一个重要内容，它关系到新产品能否顺利进入市场，并为占领市场打下良好的基础。根据新产品的特点和市场环境，企业有两种新产品的定价策略可以选择。

（一）市场撇脂定价策略

市场撇脂定价策略是指在产品初上市时，把价格定得很高，以攫取最大利润，犹如从鲜奶中撇取奶油一样。这种定价策略瞄准市场上有较高支付能力的消费阶层，将现有市场上可获取的高额利润拿到手。美国杜邦公司推出的每种新开发的化工产品，均先用高价销售，直到竞争对手也提供相同的产品后，才将价格降低。

撇脂定价策略的优点是：利用高支付能力消费者的求新求异心理，以较高的价格刺激消费，可以提高产品身份，创造优质名牌的形象；可以在短期内获得较大的利润，回收资金较快。其不足是高价不利于市场开拓，不利于占领和稳定市场，容易导致新产品开发的失败；高价容易引来竞争者的涌入，加速市场的行业竞争，仿制品、替代品迅速出现，迫使价格下跌；价格远远高于价值，在某种程度上损害了消费者的利益，容易招致公众的反对和消费者的抵制，诱发公共关系问题。

采用市场撇脂定价策略，需要具备以下的条件：（1）市场有足够的购买者，他们的需求缺乏弹性，即使把价格定得很高，市场需求也不会大量减少；（2）小批量生产使单位成本增加，但不至于抵消高价所带来的收益；（3）在高定价的情况下，仍然独家经营，尚未吸引竞争者；（4）高价应与优质产品的形象相适应，即产品在上市前应该体现高档优质产品的形象。

（二）市场渗透定价策略

这是与撇脂定价策略相反的一种定价策略，为低价策略。即在新产品上市之初，企业将产品价格定得相对较低，以吸引顾客，提高市场占有率。

这种定价策略有 2 点好处：第一，低价可以使新产品尽快为市场所接受，并借助大量销售来降低成本，获得长期稳定的市场地位；第二，微利可以阻止竞争对手的进入，有利于控制市场。值得注意的是，采用此种定价策略，企业的投资回收期较长，见效慢，风险大，一旦渗透失利，企业有可能一败涂地。

采用渗透定价策略，应具备如下的条件：（1）产品的市场规模较大，存在潜在的竞争者；（2）产品的需求价格弹性较大，顾客对此类产品的价格敏感度较高；（3）具有较陡峭的行业经验曲线，大批量生产能显著降低成本；（4）低价能够有效地阻止或延缓竞争对手过早加入竞争。

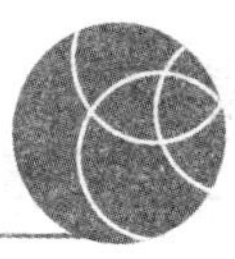

八、产品组合定价策略

产品组合定价策略就是从企业的整体利益出发，根据产品组合的特点，为每种产品制定价格。当某种产品成为产品组合中的一部分时，定价时就不能仅孤立地考虑该产品，必须与产品的组合联系起来考虑。由于产品组合中各种产品在需求和成本之间内在的相互关系，企业要寻找一组在整个产品组合方面能获得最大利润的价格。

（一）产品线定价策略

对产品线定价，需要考虑舍弃产品线中不同产品项目的细小差别而将不同产品的档次凸显出来。在产品线中选取一个基本的产品项目作为定价点，其他产品项目与此项目进行比较定价。一般将产品线中的不同项目区别为不同等级的产品项目，只要区别出来的等级差异中包含的成本差异小于等级定价的差异，就可使企业的总体盈利水平提高，而不是个别产品项目的盈利提高。

（二）互补产品定价策略

互补产品也可称连带产品，是指必须与主要产品一同使用的配套产品，如照相机和胶卷、喷墨打印机和墨盒、激光打印机和硒鼓等。对于这类互补的产品，企业可以有意识地降低购买频率低、需求弹性大的产品价格，同时提高与之相配套的购买频率高而需求弹性小的产品价格，这样会取得各种产品销售量同时增加的良好效果。如各品牌的喷墨打印机价格定得很低，甚至会作为购买品牌电脑时的赠品，而其互补产品墨盒却价格不菲。

（三）副产品定价策略

在许多行业中，在生产主产品的过程中常常有副产品。如果这些副产品对某些客户群具有价值，则可以通过销售副产品获利。如果副产品的收入较多，将使企业更易于为其主要产品制定较低价格，以便在市场上增加竞争力。因此，制造商需寻找一个需要这些副产品的市场，并接受任何足以抵补储存和运输副产品成本的价格。

（四）替代产品定价策略

替代产品是指买主在购买和使用过程中能够互相代替的产品，如洗衣粉和肥皂。一般来说，对于互替产品，企业应当适当地提高畅销品的价格，降低滞销品的价格，以使两者销售相得益彰，增加企业的总盈利。

（五）捆绑定价策略

捆绑定价策略是指将数种产品组合在一起以低于分别销售时支付总额的价格销售。如麦当劳的套餐系列即属于此种定价策略。实施捆绑定价策略时应充分考虑消费者的需求偏好和企业的销售目标，合理地将不同产品捆绑销售。

九、价格变更策略

企业为产品或服务定价后，价格并非长时间一成不变，而是需要根据实际的市场竞争状况做出调整和变更。企业在某个市场环境中需要主动降价，而在有些情况下需要提价。当竞争者价格发生变化时还必须做出反应。

(一)降价策略

有些情况下，企业需要降低价格以应对市场变化。如企业产能过剩、库存过多，需要通过降低价格促进销售。有时企业降价是为了通过较低的价格来扩大市场份额，占据主导地位。处于衰退行业的企业或进入衰退期的产品，都可能需要降价应对。企业常用的降价策略有以下几种。

1. 让利降价

企业通过削减自己的预期利润来调低产品价格。许多企业采用通告的形式公布让利幅度，意在通知竞争者，这种做法并没有什么甜头，同时使消费者也能知道，企业向市场提供的产品在质量和功能等方面没有任何改变，防止消费者的认知价值降低。

2. 加大折扣比例或放宽折扣条件

如原来购买100件产品给予5%的折扣，现在给予10%的折扣；或者，原来需要购买100件才能享受折扣，现在购买50件就可以享受折扣。

3. 心理性降价

企业对于新推出的产品，先用很高的价格上市，但并没有指望能在这个价位上卖出多少产品，经过一段时间，当消费者对产品或价格习惯后，再降低到市场可以接受的价格水平，使产品很快打开销路。计算机行业的许多产品多采用这种策略。

4. 增加延期支付的时间

如原来规定10天内付清全部货款，现在规定30天内付清即可。对于那些资金周转比较困难的消费者，此法有较大的吸引力。

5. 按变动成本定价

这意味着企业连边际成本利润也不索取，是最低定价，目的是能快速处理存货或者摆脱经营困难。

在技术更新和发展比较快的行业，降价是较常采用的做法，目的是使已经落后的技术所生产的产品能尽快脱手。而在技术比较成熟又没有较大突破的行业，一般极少采用降价的措施。企业在决定降价时，要把握好降价时机和降价幅度，注意防止消费者的认知价值降低，否则企业很难达到预期的降价目的。

对企业来说，降价很可能导致一场价格战，尤其是在市场上竞争对手的力量对比比较均衡时。价格战的结果，往往是两败俱伤。因此，企业需要对引起价格战的后果做慎重考虑。

(二)提价策略

企业提价的原因很多，如成本提高、产品供不应求、应对市场领先者发动的提价等。常用的提价策略包括以下几种。

1. 使用价格自动调整条款提价

在与买方签订的贸易合同中，对价格条款做出附加规定：交货时，买卖双方同意按某一市场价格上升指数（如成本上升指数、通货膨胀指数等）调整价格，并要求买方补交因这些调整指数增加而相应增加的货款。

2. 挂牌提价

企业通过直接更换价格标签的形式，将价格一次提高。在商业零售企业，通常采用这种做法。

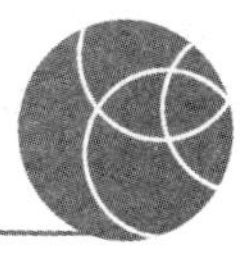

3. 变相提价策略

企业不改变某种产品的现有市场价格水平，而是通过某种形式使该产品价格隐蔽提高。具体形式有：(1) 取消原来某些不收费的服务项目或产品；(2) 减少价格折扣的数量；(3) 适当降低产品的质量，减少或改变产品的功能；(4) 压缩产品的分量；(5) 缩小产品的尺寸、规格，改变型号等。虽然名义上价格没有变化，但企业通过上述形式已经变相提价了。

但这种变相提价的策略极易使企业面临丢失信誉的风险。一般来说，在以下情况不宜采用：目标市场的消费者对价格的敏感度很强，反对提价；政府对价格有控制要求；竞争的需要等。

面对竞争者的价格变动，企业必须迅速做出反应，实施有效的应对措施，才能保证市场竞争的主动性。为此，应建立应对市场价格变动的反应机制，通过企业市场营销信息系统对市场价格变化情况进行监控和分析，及时形成应对措施。

本章小结

价格决策是市场营销组合的重要组成部分，作为4P中唯一表现为收入的要素，价格对于企业利润的杠杆作用显著。制定合理的价格需要营销者全面了解企业、消费者、竞争和营销环境等要素，并且与企业的营销战略、目标市场定位和品牌定位保持一致，因此定价策略对企业而言具有重要的战略意义。

产品价格的制定受多种因素影响，主要包括内部因素和外部因素。其中，内部因素主要有营销目标、其他营销组合要素、成本3个方面；外部因素则包括市场需求、竞争者、政府政策3个方面。企业的定价流程通常包含6个步骤：选择定价目标、分析需求、估计成本、分析竞争者、选择定价方法、确定最终价格。

定价方法主要有成本导向、需求导向和竞争导向3大类，而定价策略包括心理定价策略、地理定价策略、差别定价策略、产品生命周期定价策略、促销定价策略、折扣定价与补贴策略、新产品定价策略、产品组合定价策略及价格变更策略。处在不断变化的营销环境中的企业，为了生存和发展，其价格决策必须不断适应市场环境的变化，同时对竞争对手的价格变动做出快速反应。

思考题

1. 如何理解定价的重要性？
2. 企业定价的步骤是什么？
3. 企业定价的目标有哪些？
4. 影响企业定价的因素有哪些？
5. 常用的定价方法有哪些？

第十一章　渠道策略

学习目标

1. 理解分销渠道的概念，了解分销渠道的功能与类型；

2. 掌握分销渠道设计的影响因素和设计步骤，熟悉分销渠道成员的管理与分销渠道冲突管理；

3. 明确市场物流的内涵与作用，准确把握订单程序决策、仓储决策、存货决策和运输决策的方法；

4. 理解电子商务营销的基本程序以及电子商务营销在实践中的重要性。

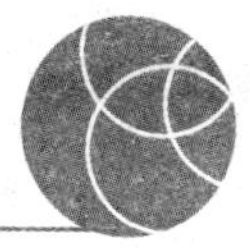

导学案例

分销渠道的华丽转身

专业IT卖场的强势崛起、电商风潮的此起彼伏、制造厂家渠道扁平化的加速将所有IT代理商笼罩在阴影之下，但AAA公司却依靠分销渠道的华丽转身突破重围。AAA公司是一家计算机、服务器、打印机及其他各类电子科技产品的IT代理商，2010年起通过优势渠道的销售结构调整，快速扭亏为盈，一举推动企业发展。

首先，压缩亏损项目——门店零售渠道。公司将各地不盈利的门店全部撤掉，最后留下6家盈利门店；其次，强化批发业务——分销代理渠道，将企业的发展重心放在分销渠道的建设和维护上，通过延长货款账期、增加产品优惠政策等手段，提升渠道销售比重；最后，成立大客户部——尝试工程渠道。作为"政府采购定点单位"，AAA公司将此渠道提升到一个战略层面去推进，并依靠雄厚的经济实力、丰富的品牌运营经验和阵容强大的技术力量，不断发展行业用户。就这样，公司打造出了优势导向型的销售模式，即如何进一步发挥现有优势，而不是去弥补已有的短板。与此同时，为了进一步提升在渠道上的优势导向，让更多的分销商依附在公司的平台上，AAA公司通过与银行联合推出公司专用信用贷款等方式有效帮助分销商解决资金周转的难题。

AAA公司对其渠道策略的探索，以及优势导向型销售模式的打造，提高了公司经营发展的效率。尤其是以信用贷款的方式与分销商形成资本纽带关系，摆脱了以往分销商那种简单的产品买卖关系的松散模式，形成较为紧密的命运共同体。目前，IT行业的渠道演变迅速，从厂家的角度出发，IT产品传统销售渠道正在加速萎缩，单一的渠道模式逐渐退出历史的舞台，传统IT渠道独有的庞大渠道体系随着连锁卖场的深入以及电子商务的普及而受到严峻的挑战，而覆盖面广的新兴销售渠道如电子商务等逐渐成为新势力。

资料来源：文启蔚：《打造优势导向型销售模式》，见中国营销传播网，经编者整理、分析而成。

第一节　分销渠道设计

生产者如何把生产出来的产品销售给消费者，是摆在每一个生产者面前的难题。而谁能在最短的时间内，以最恰当的方式将产品呈现在消费者愿意去购买的地点，谁就能在激烈的竞争中处于主导地位。本节将主要介绍分销渠道的内容。

一、分销渠道的概念、功能与流程

（一）分销渠道的概念

分销渠道是指产品从制造商（生产者）向最终用户转移过程中取得产品所有权或帮助转移所有权的所有组织和个人。这些组织和个人，既包括取得商品所有权后再将其出售的买卖中间商（如批发商、零售商），也包括不取得商品所有权的代理商（如经纪人、销售代理人）和辅助机构（如运输商、仓储商、银行、广告代理商）。由此可见，这是一种广义的分销渠道。它具有以下特征：第一，以生产者为起点，消费者为终点，并通过各种类型的营销中介将其联系起来；第二，以所有权更迭的买卖过程为基础；第三，不仅是反映商品经济形态变化的经济过程，而且是反映商品实体运动的空间路线。

（二）分销渠道的功能与流程

1. 中间商的经济效果

中间商是分销渠道里的中间环节，在关系视角下，分销渠道是一系列中间商组成的营销关系。正是因为中间商的存在，制造商的分销渠道才能建立起来，并带来共赢的经济效果。首先，通过中间商为制造商销售和转移产品，会大大减少市场交易的次数，降低市场交易成本，提高经济效率；其次，通过中间商销售产品，会保存企业财力资源，降低机会成本，获得较高的投资收益率，使企业具有更大的获利空间；最后，通过中间商的沟通作用，可以调节市场供给，满足市场需求，达到供需平衡，提高市场效率。

如图 11—1 所示，假设市场中有 3 个制造商和 3 个消费者。如果不使用中间商，3 个制造商将各自直接与 3 个消费者展开交易，那么市场中发生的交易总次数为 9 次；而使用中间商之后，制造商和消费者都与中间商展开交易，市场中的交易总次数减少为 6 次。由此可见，使用中间商降低了市场交易的复杂性，提高了市场的经济效率。

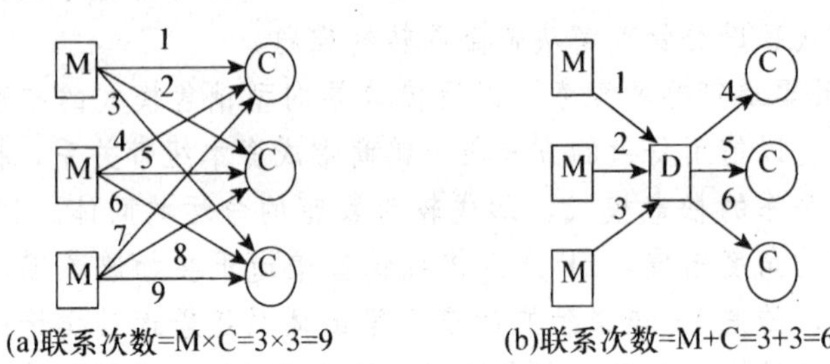

图 11—1　中间商的经济效果

2. 分销渠道的功能

需要说明的是，这里所说的“分销渠道的功能”，实际上是指“分销渠道成员的功能”。分销渠道的基本功能是解决如何把产品和服务从生产者转移到消费者手中的问题，以弥补产品和服务与消费者在时间、空间、所有权等方面的缺口。具体来说，分销渠道有以下 9 种功能：

（1）调研功能。通过收集和传递营销环境中潜在的和现有的消费者群体、竞争者及其他相关参与者的信息，及时对各自的营销策略进行调整，促成交易，在竞争中保持优势。

（2）促销功能。买卖中间商、代理商或辅助机构通过开展促销活动，传递有说服性的信息，激发购买欲望，使商品能够顺利地转移到下一级渠道成员或消费者手中。

（3）协议功能。分销渠道成员努力就产品价格和其他交易条件达成最终协议，以实现商品所有权或者持有权向下一级渠道成员的转移。

（4）订货功能。上游中间商要从制造商处获得订单，并就下级渠道成员的订货要求与制造商进行沟通。

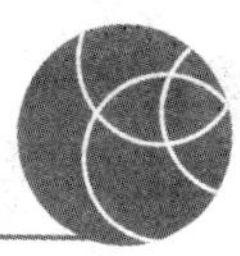

（5）实体分配功能。商品在分销渠道上转移时，分销渠道成员要完成对商品的分类、分级、装配、包装和分装等工作，同时负责商品的运输和仓储，保证正常供货。

（6）融资功能。在商品沿着分销渠道进行所有权转移的同时，买卖商品的资金也随之流动，渠道成员要不断地取得和支出资金，以使商品交易顺利进行。

（7）付款功能。渠道中的买方要通过分销渠道的辅助机构（如银行或其他金融机构），将商品的货款付给卖方。

（8）承担风险功能。在分销过程中，分销渠道成员要承担周转资金不足、商品毁损、商品供求变化、自然灾害、社会突发事件等风险。

（9）商品所有权转移功能。这是分销渠道承担的基本功能，就是将商品的所有权由一个组织或个人转移到其他组织和个人，并最终到达消费者手中。

3. 分销渠道的流程

分销渠道在执行多种功能的同时，也在完成商品转移所需的各种流程，而分销渠道正是这些“流”的载体。总体来看，按照功能的不同可以将分销渠道中的这些“流”分为3类：第一类是实体分配、所有权和促销等构成的从公司到消费者的正向流程；第二类是订货和付款等构成的从消费者到公司的反向流程；第三类是调研、协议、筹资和承担风险等构成的双向流程。然而从分销的实际活动来看，一方面，分销渠道成员的性质是多样的；另一方面，商品并不固定在相同性质的渠道成员之间转移或发生交易。因此，不同公司存在多种物质和非物质形式的“流”。下面以菲利普·科特勒展示的铲车营销的分销渠道流程为例，了解具体营销实务中的流程，如图11—2所示。

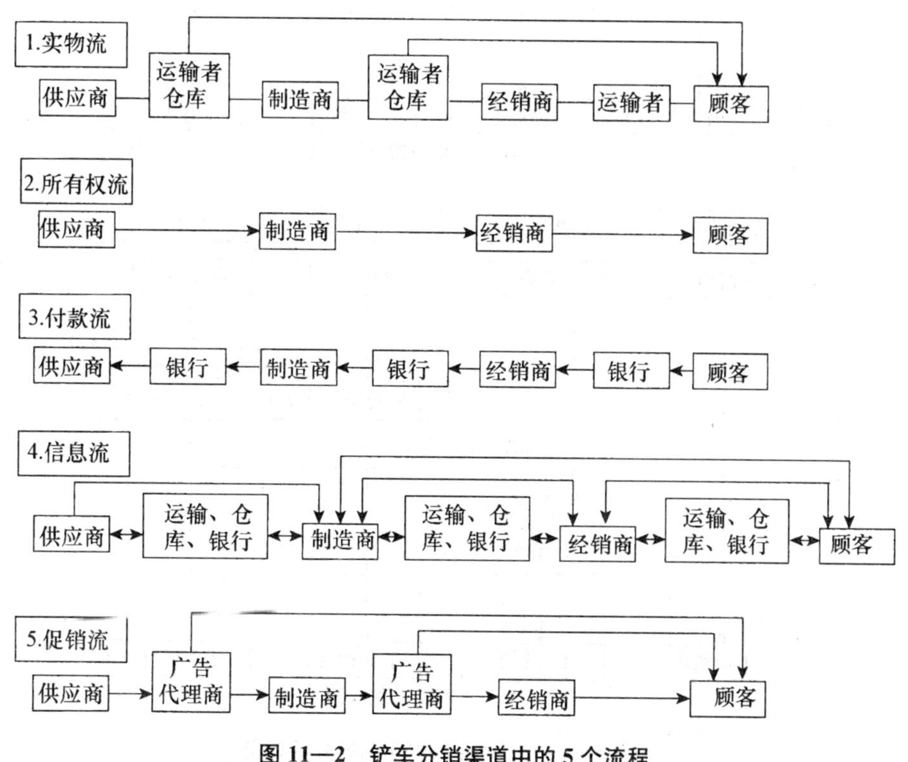

图11—2　铲车分销渠道中的5个流程

除图 11—2 中的 5 个流程外，某些公司的分销渠道流程还可能包括订货流、协商流、财务流、风险流等。一般而言，实物流、所有权流、促销流是正向流程；订货流和付款流是反向流程；协商流、财务流、风险流和信息流则是双向流程。

二、分销渠道的类型与系统

（一）分销渠道的类型

1. 按照中间机构的级数划分

按照中间机构级数的多少可以将分销渠道划分为：零级渠道、一级渠道、二级渠道、三级渠道和更高层次的分销渠道。由于消费者市场和工业市场具有不同的特征，因此其分销渠道的构成也存在一些区别，如图 11—3 所示。

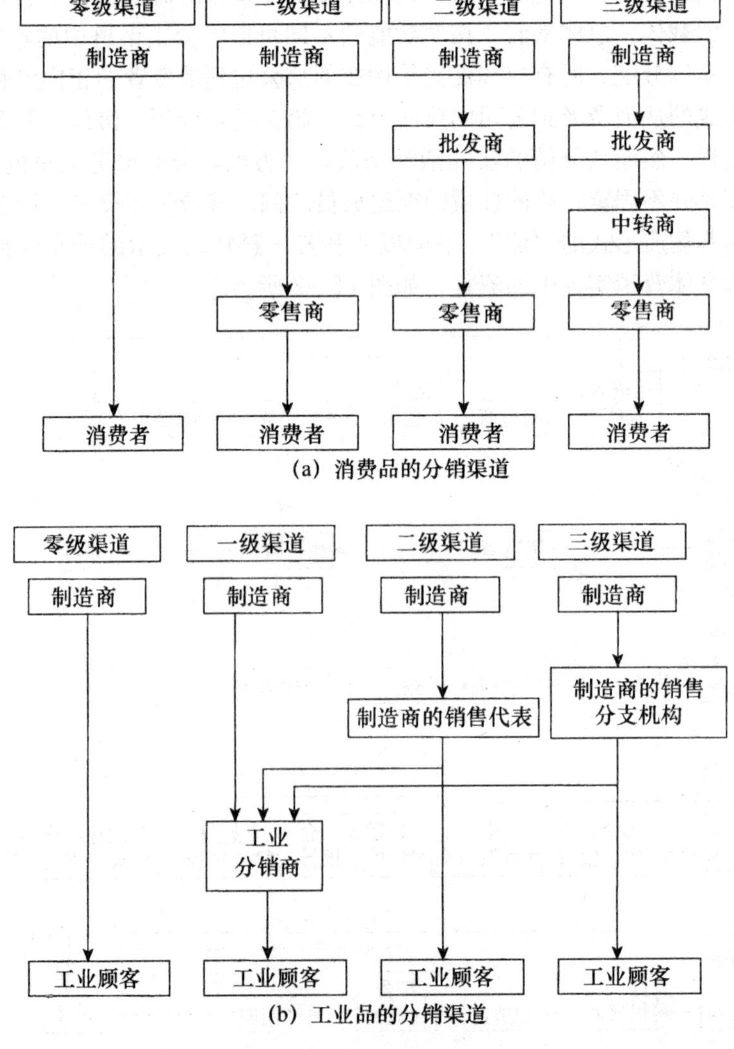

(a) 消费品的分销渠道

(b) 工业品的分销渠道

图 11—3 消费品和工业品的分销渠道

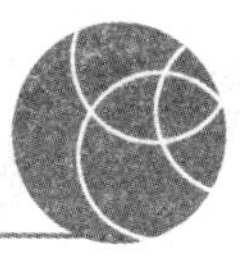

（1）零级渠道。零级渠道也叫直接分销渠道，是指产品直接从制造商流向最终用户的渠道，而凡是存在中间商的分销渠道都可称为间接分销渠道。零级渠道的主要营销方式是上门推销、家庭展示会、邮购、电话营销、互联网销售和制造商自设商店。这种分销渠道主要用于销售产业用品，在现代西方国家，某些消费品有时也通过直接分销渠道销售。

（2）一级渠道。这种分销渠道中只包括 1 个中间机构。在消费者市场，这个中间机构通常是零售商；在工业市场，则可能是工业分销商、制造商的销售代表或分支机构。

（3）二级渠道。这种分销渠道中包括 2 个中间机构。在消费者市场，通常是批发商和零售商；在工业市场，则可能是工业分销商、制造商的销售代表和分支机构中的 2 个。

（4）三级渠道。这种分销渠道中包括 3 个中间机构。在消费者市场上，专业批发商（中转商）从大批发商进货，再卖给无法直接从大批发商进货的小零售商；或是制造商通过代理商将产品批发给批发商、零售商。而在工业市场上，则可能是工业分销商、制造商的销售代表和分支机构并存。

（5）更高层次的分销渠道。这种分销渠道类型虽然存在，但很少见。从制造商的角度来看，随着渠道级数的增多，控制渠道所需解决的问题和需要付出的成本也会增加。

2. 按照分销渠道各层次同类中间商的数目划分

按照分销渠道各层次同类中间商数目的多少，可以将分销渠道划分为宽分销渠道与窄分销渠道。宽分销渠道是指制造商在各个层次上选择两个以上的同类中间商的渠道类型。窄分销渠道是指制造商在某一地区或某一产品分类中只选择一个中间商的渠道类型。这两种分销渠道各有优点，究竟采用何种分销渠道，取决于市场需求总量、中间商能力、产品特性、企业策略等因素。

3. 按照分销渠道的中间环节和层次的多少划分

按照分销渠道的中间环节和层次的多少，可以将分销渠道划分为短分销渠道和长分销渠道。产品从制造商向消费者转移过程中只通过一个中间环节的渠道称为短分销渠道；而通过两个或两个以上中间环节的渠道则称为长分销渠道。这种划分方法因不要求区分渠道中的级数，从而有利于制造商在设计分销渠道时着眼于确定分销渠道的长短，而不仅仅拘泥于分销渠道的级数。

（二）分销渠道的系统

分销渠道的系统是指突破传统的由一个或一组制造商、批发商、零售商和消费者组成的分销渠道，由多个中间商密切联系而形成的更具分销能力、拥有更多资源的系统。

1. 垂直分销系统

垂直分销系统是由制造商、批发商和零售商所组成的统一体。在这种分销系统中，某个渠道成员会作为渠道领袖领导其他成员，或者是形成一种特许经营的关系，或者其他成员愿意与该领袖合作。垂直分销系统的特点是专业化管理、集中计划，分销系统中的各成员为共同的利益目标，采用不同程度的一体化经营或联合经营。垂直分销系统主要有以下 3 种形式：

（1）公司式垂直分销系统。公司式垂直分销系统是指一家企业拥有所有权，并对相关的生产部门和分销部门进行统一管理。这种分销系统对渠道的控制水平较高。

(2) 管理式垂直分销系统。管理式垂直分销系统是指制造商和零售商共同协商和管理分销业务，或由一家规模大、实力强的企业出面组织生产和分销活动。管理式垂直分销系统的业务涉及销售、库存、定价、商品陈列、购销等活动。比如，宝洁公司与其零售商一同商定商品陈列、货架位置、促销和定价等。

(3) 合同式垂直分销系统。合同式垂直分销系统是指各自独立的、不同层次的制造商和经销商，以合同为基础，统一协调分销行动，以求使各方获得单独经营达不到的经济利益，进而形成“增值伙伴关系”。合同式垂直分销系统又分为以下 3 种形式：

1) 特许经营组织。特许经营是近年来发展最快和最吸引人的零售形式之一。传统的特许经营组织有两种形式：一种是由制造商倡办的零售特许经营或代理商特许经营，零售特许经营多见于消费品行业，代理商特许经营多见于生产资料行业；另一种是由制造商倡办的批发商特许经营系统，大多出现在饮食业，如可口可乐和百事可乐。还有一种新颖的系统是由服务公司倡办的零售商特许经营，这种特许经营系统多出现于快餐业，如麦当劳、汉堡王等。

2) 零售商合作组织。是指零售商牵头组织一个新的企业实体，由这个新的企业来负责生产和分销等活动。组织内部的渠道成员通过该零售商集中采购，联合进行广告宣传等活动，利润按成员购买量比例进行分配。

3) 批发商倡办的自愿连锁组织。是指由批发商组织各自独立的零售商成立自愿连锁组织，以便形成合力，与大型连锁竞争对手抗衡。

2. 水平式分销系统

水平式分销系统是指由两个或两个以上独立的公司联合起来共同开发一个新的营销机会的系统。这些公司往往或因资金、技术及生产和营销资源等要素缺乏而无法独自承担经营风险，或因想要寻求分销的协同效应进而横向联合组成水平式分销系统。这种合作与联合可能是暂时的，也可能是永久的，也可能由此成立一个合资公司。

3. 多渠道分销系统

多渠道分销系统是指生产者或制造商针对不同细分市场的需求，采用多种渠道销售产品。这种分销渠道系统一般分为两种形式：一种是生产者通过多种渠道销售同一品牌的产品，这种形式易引起不同渠道间激烈的竞争；另一种是生产者通过多种渠道销售不同品牌的产品。多渠道分销系统可以为企业带来三方面的益处：一是市场覆盖面扩大，细分市场的顾客需求会得到更好的满足；二是降低了渠道成本，公司一般会选择运营成本较低的新渠道；三是可以实行顾客定制化销售，公司可以增加更适合顾客需求的渠道。

三、分销渠道的设计

分销渠道的设计是指制造商通过分析多种影响因素，制定出有利于将其产品以最有效的方式传递给顾客的分销渠道计划和方案。

(一) 影响分销渠道设计的因素

制造商在选取和设计分销渠道方案的过程中，要综合考虑表 11—1 中的几种影响因素。

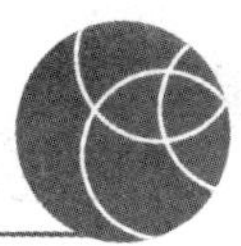

表 11—1　　影响分销渠道设计的因素

顾客因素	产品因素	制造商因素	中间商因素	竞争因素	环境因素
顾客需求 顾客分布	体积和重量 储藏性和保质性 品质 技术特性和服务要求 生命周期	企业规模、实力和声誉 资金水平 产品组合 渠道偏好 战略目标	资源和能力 经营范围 分销经验 信誉 财务状况	销售地点 渠道类型 分销渠道密度 销售性质 渠道成员及结构	经济环境 政策环境 法律环境

1. 顾客因素

(1) 顾客需求。根据顾客对不同产品的差异性需求，选择合适的分销渠道，是制定分销渠道策略所必须考虑的因素。例如，组织市场顾客偏好大批量购买，因而适合于选择直接分销渠道；消费品市场的顾客经常是小批量购买，采用较长的分销渠道则更为恰当；而有些顾客对商品的价格较敏感，为降低商品价格，制造商就应该采用较短的分销渠道供货，通过降低渠道运营成本来控制价格。

(2) 顾客分布。顾客的人数和地理分布对分销渠道策略的制定也有重要影响。如果顾客数量较大，并且地理分布范围较广，那么就适合长而宽的分销渠道，通过多层级中间环节和众多同级中间商来达到广泛分销和满足市场需求的目的；如果顾客集中在一定地理区域内，那么就应该采用短而宽的分销渠道；而如果顾客数量较少，需求固定，并且在地理上较为分散，那么采用直接分销渠道更为恰当。

2. 产品因素

产品本身具有的特性常常决定了仓储、运输和中间商的类型，因此产品因素对分销渠道的选择也具有较大的影响。

(1) 产品的体积和重量。一般来说，运输工具的运力是有限度的和固定的，产品的体积和重量与分销渠道的长度呈反方向变动关系。比如大型的工程机械通常采用直接分销渠道以节省物流费用；而体积小、重量轻的产品适用间接分销渠道。

(2) 产品的储藏性和保质性。比如那些在短时期内易腐、易碎、易失效、易变质的产品必须采用短分销渠道；而那些耐寒热、耐挤碰、易于储藏和保质期长的产品，则可以采用长分销渠道。

(3) 产品的品质。这种因素是指产品在营销中的品质定位、知名度和声誉等。比如，对于那些具有较高品牌知名度、质量好和收藏价值大的产品，其顾客群体较小且较为固定，为了保持产品在市场中的形象和知名度，应采用短而窄的分销渠道加以严格控制；而对于一般产品，则可以采用宽而长的分销渠道。

(4) 产品的技术特性和服务要求。产品专业技术越复杂，顾客对其安装调试和维修的要求越高，且需要特殊的服务支持，企业对采用短而窄的分销渠道的需求就越迫切，如飞机、精密仪器、大型通信交换设备等。

(5) 产品的生命周期。随着产品生命周期的演进，分销渠道常常会由短变长、由窄变宽，而对于一些生命周期较短的产品，应该在导入期和成长期选择短而宽的广泛分销渠道，以配合企业实现快速撇脂的营销战略。

3. 制造商因素

(1) 企业规模、实力和声誉。制造商企业的整体规模、实力和声誉决定了其市场占有量、客户的规模以及与渠道中间商合作或讨价还价的能力，从而决定了企业所应选择的分销渠道类型。一般而言，规模大、实力强、声誉好的企业更有条件采用短渠道营销。

(2) 资金水平。制造商的资金水平决定了对渠道成员的激励水平和力度，从而影响其选择哪些中间商组成分销渠道。

(3) 产品组合。制造商的产品组合宽度越大，与顾客直接交易的能力就越强；产品组合的深度越大，则采用独家销售和选择性代理商就越有利；产品组合的黏性越强，就越容易在同一条分销渠道上分销多个产品，从而节省企业的运营成本。

(4) 渠道偏好。由于心智模式的作用，制造商过去的营销经验往往会左右其对分销渠道的选择。比如，原本生产工业品的制造商在改产消费品之后，仍倾向于利用原有分销渠道或原有渠道思维进行新产品的分销。

(5) 战略目标。分销渠道策略归根结底是制造商企业整体营销战略的一部分，分销渠道设计要为实现企业营销战略的目标服务。比如，营销战略目标是扩大市场覆盖率，那么制造商就会选择长而宽的分销渠道来实现广泛分销。

4. 中间商因素

不同类型的中间商有不同的资源和能力，也有其各自的优势与劣势，在进行分销渠道的设计和选择时，要认真地考虑不同中间商的特征。中间商在执行运输、广告、储存、接洽顾客等功能，以及信用条件、退货权力、训练人员和送货频数等方面，有不同的倾向。除这些行为上的差异外，中间商的经营范围、分销经验、信誉和财务状况等的不同也会影响分销渠道策略的选择。

5. 竞争因素

分销渠道的设计不能忽略竞争者的渠道策略因素。对市场中竞争对手的销售地点、渠道类型、产品和服务的特点、市场规模，以及竞争对手分销渠道的密度、销售性质、渠道成员及结构等因素，都要进行细致的分析。

6. 环境因素

分销渠道的设计还要考虑到外部经济环境的因素。如果经济不景气，一般要求制造商以最经济的方法把产品分销出去，因而采取短分销渠道比较合适。另外，对政府的法规和政策也要及时透彻地了解，在开展分销时要避免与法规相冲突。

(二) 分销渠道设计的过程

分销渠道设计的过程包括以下几个方面。

1. 对消费者的服务需求水平进行分析

分销渠道设计的第一步就是要了解目标市场中消费者的需求，如他们要买什么、在哪里买、以什么方式购买以及购买时所期望的服务水平，从而为消费者带来最大的价值。一般来说，分销渠道可提供的服务产出水平主要有以下几种：

(1) 批量。批量是指在一次购买中分销渠道能够提供给消费者的产品的单位数量。不同的购买群体，其批量偏好是不同的。

(2) 等待时间。即消费者收到商品之前需要等待的平均时间。分销渠道的快捷性非常

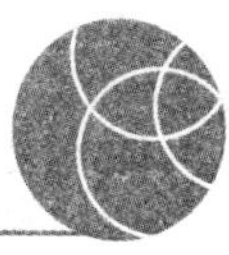

重要，绝大多数消费者都倾向于选择快捷的分销渠道。

(3) 空间便利性。空间便利性是指在空间上分销渠道能为消费者提供产品的方便程度。比如，可口可乐公司分销渠道的长度、宽度、密度都达到了非常高的水平，因此其便利性也较强，消费者会很方便地买到可口可乐的产品。

(4) 产品多样性。消费者选择产品的空间越大，越有利于消费者留在该分销渠道内进行购买活动。因此，分销渠道应提供尽可能多的产品花色与品种，即加大产品组合的长度或深度，以实现大规模销售。

(5) 支持性服务。这里的支持性服务是指分销渠道能够提供的配套服务或附加服务，如信贷、运输、安装、保修等服务。当然，分销渠道提供的服务支持越多，渠道需要完成的工作也越多。

2. 确定分销渠道的目标

分销渠道的目标是在企业营销目标的要求下，在一定的细分市场基础上选择分销渠道应达到的服务产出目标，它是分销渠道设计的基础。在竞争条件下，分销渠道的有效性取决于其在实现预定功能与服务的同时整个渠道的运营成本是否最小。因此，设定分销渠道目标时应考虑下列 3 点：分销渠道绩效、分销渠道控制程度、财务开支。分销渠道绩效包括销售量、市场占有率、目标利润率等；分销渠道控制程度取决于制造商在渠道协调中扮演的角色和对渠道控制的欲望；财务开支则依据制造商愿意提供多少财务资源来建立和控制渠道而定。

3. 识别主要的渠道选择方案

渠道选择方案由 3 个方面的要素确定：一是中间机构的类型；二是中间机构的数量；三是渠道成员的参与条件和责任。

(1) 中间机构的类型。中间机构的类型主要包括零售商、批发商和物流组织 3 种。企业可以根据自身条件、产品特性、目标市场及现有中间机构状况，参照同类企业现有经验，选择中间机构的类型。一般来说，很多传统类别的产品是通过约定俗成的分销渠道进行分销的。

(2) 中间机构的数量。分销渠道的每一个层次选择和使用中间机构的数量，决定了分销渠道的宽度。而分销渠道中不同层次所用中间机构数目的多少，受企业追求的市场展露程度的影响，即受营销密度的影响。根据营销密度的不同，可将分销渠道中间机构的数量按以下 3 种分销策略（如图 11—4 所示）选择。

1) 独家分销（也称排他性分销）。独家分销是指制造商在某一地区仅选择一家中间商推销其产品，通常双方协商签订独家经销合同，规定经销商不得经营竞争者的产品，以便控制经销商的业务经营，调动其经营积极性，占领市场。这种形式的分销渠道拥有较低的渠道运营成本，且往往会与中间商形成伙伴式的合作关系，是汽车和某些主要电器用具制造商经常采用的一种分销渠道形式。

2) 选择性分销。选择性分销是指在给定的地区内，选择少量符合要求的中间商来经销本企业某一种特定产品。一般来说，选购品、特殊品和工业用品通常采取选择性分销。比如，世界上最大的运动鞋制造商耐克，就是选择性分销的范例。选择性分销要求中间商具有较高水平的推销能力；而且相比于独家分销和密集性分销，选择性分销既有较广的市

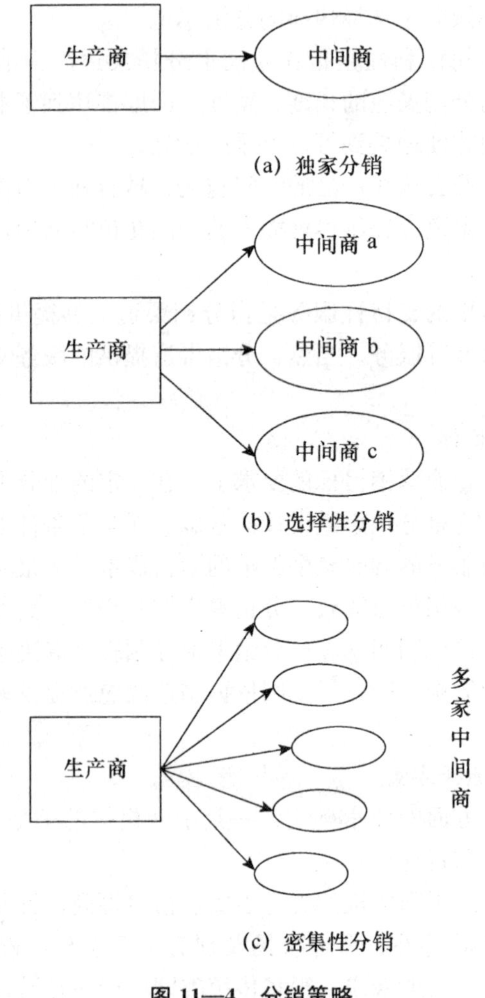

(a) 独家分销

(b) 选择性分销

(c) 密集性分销

图 11—4 分销策略

场覆盖面，又对渠道有较好的控制和较低的成本。

3）密集性分销（也称为广泛性分销）。密集性分销是指制造商在同一层次上使用较多的中间商。消费品中的便利品和工业品中的供应品，通常采取密集性分销。比如，香烟、口香糖、饮料等日常用品。一般来说，中间商不愿意销售小企业的新产品，因为小企业的新产品往往促销力度不够，产品知名度低，从而影响销售业绩。为了追求更广泛的市场覆盖率，制造商通常会从独家分销和选择性分销走向密集性分销。这对短期业绩有好处，但不利于长期业绩的发展。

（3）渠道成员的参与条件和责任。制造商通过协商明确渠道成员的参与条件和彼此的权利义务，从而形成稳定的交易关系。协商的内容主要包括价格政策、销售条款、分销商的地区权利、对于双方的服务和责任，具体内容在下一节做详细介绍。

4．对分销渠道的方案进行评估

对分销渠道的方案进行评估的标准有 3 个：经济性标准、可控性标准和适应性标准。

（1）经济性标准。分销渠道评估的经济性标准主要是指通过比较每个分销渠道方案可

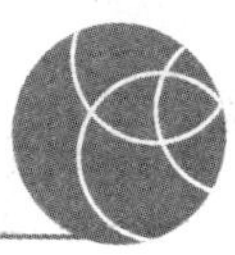

能达到的销售量及销售成本水平，确定在特定销售量水平上具有经济性的方案。

例如，某制造商对拟采用的公司推销队伍和销售代理商两种分销渠道的经济性进行评估。其一方面要考虑哪种方式会带来较高的销售量，另一方面要权衡每一种分销渠道的销售成本。如图 11—5 所示，公司推销队伍的曲线在原点上方与纵轴相交，且斜率较小；而销售代理商的曲线则经过原点，且斜率较大。这是因为，一般来说，使用销售代理商的成本一开始低于公司设立推销团队，但随着销售量的增加，其成本上升速度加快（代理商收取的佣金较公司推销员要高）。于是销售代理商的曲线和公司推销队伍的曲线必然会在 Q 点相交。当销售量小于 Q 时，制造商利用销售代理商较为有利；当销售量大于 Q 时，制造商利用自己的推销队伍比较有利。因此，较大的制造商会倾向于选择利用本企业的推销队伍，而较小的制造商因为销售量较低，选择销售代理商比较适合。

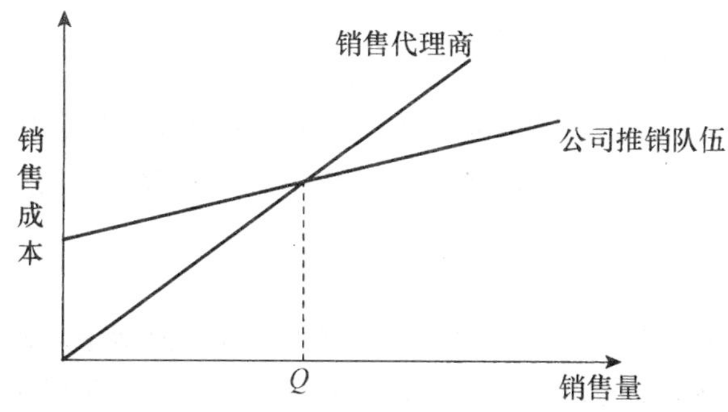

图 11—5　公司推销队伍与销售代理商的损益临界成本

（2）可控性标准。可控性是制造商对分销渠道的控制能力的评估。一般来说，中间商的数量越多，制造商对分销渠道的可控性越小。因此，制造商对直接分销渠道、短分销渠道和窄分销渠道的可控性较大，而对间接分销渠道、长分销渠道和宽分销渠道的可控性较小。企业必须进行全面比较、权衡，选择最优分销渠道方案。

（3）适应性标准。适应性是指各方案对环境变化的适应能力。一般应考察分销渠道成员承担义务与经营灵活性间的关系，防止在较长的合约期限内出现其他更有效的分销方法，制造商又不能随便解除合同，从而导致分销渠道失效问题。因此，在迅速变化和充满不确定性的市场上，制造商要力求建立起适应性更强的分销渠道结构。

第二节　分销渠道管理

分销渠道管理主要是对中间商及其与制造商关系的管理，主要包括 3 个方面：一是确定对渠道成员的条件和责任；二是分销渠道成员的管理；三是分销渠道冲突的管理。

一、确定渠道成员的条件和责任

制造商凭借自身的声誉和产品销路吸引不同的中间商，而不同的中间商有着不同的实力与优势。此时，制造商就需要保持清醒的认识，确定每一个渠道成员的条件和责任，对每一个渠道成员要进行有差别的对待，而且制造商要提供给渠道成员以足够的盈利机会。渠道成员的条件与责任主要包括如下几个方面。

(一) 价格政策

制造商要制定明确的价目表和折扣明细单，这种定价方案要保证中间商有利可图，并且能够将产品很快地转移到消费者手中。

(二) 销售条件

销售条件是指制造商对中间商制定的付款条件，以及制造商对产品市场价格水平变化的担保。一般来说，大多数制造商对于付款较快的中间商会给予现金折扣，如“半个月内付款享有3%折扣，一个月内则无折扣”，这种特殊条件在制造商的成本与经销商的激励方面扮演着重要角色；有的制造商还提供产品市场价格下跌时的担保条件，使得中间商可以放心地增加产品的购买量。

(三) 地区权利

制造商应该明确在特定地区正在使用哪些中间商，或者中间商们分销其产品的地区权限。中间商也要清楚自己所获得的分销地区权限，以及制造商给予其他中间商的特许条件。

(四) 服务和责任

对于制造商和中间商双方的服务和责任，也要十分谨慎地予以确定。尤其是在采用特许经营和独家代理等分销渠道形式的时候，这种因素要求双方对服务和相关责任有明确规定，并且在运营过程中严格按照服务标准、产品质量等认真执行。

二、分销渠道成员的管理

(一) 渠道成员的选择

制造商在招募中间商时，要对中间商进行评估后再加以确定，因为并不是所有中间商都适合销售某制造商的产品。制造商评估和分析中间商可以从以下几方面入手：经商的年数；经营的其他产品的状况；企业成长和盈利能力；财务状况；销售人员的数量和素质；合作态度及声誉。如果中间商是销售代理商，制造商还要评价其所销售的其他产品的数量和特征，以及其推销力量的规模和素质。如果中间商是独家经销的百货商店，制造商就要评价该百货商店的店址、成长的潜力和客户的类型。

由于渠道的长度与宽度的不同，企业选择的标准也有差异。但一般来说，较理想的中间商应具备以下条件：与制造商的目标顾客有较密切的关系；经营场所的地理位置较理想；市场渗透能力较强；有较强的支付能力和训练有素的销售队伍；在用户中有良好的声誉。

(二) 渠道成员的培训

制造商应将中间商视为合作伙伴，双方共同努力，满足顾客需求，实现共赢。为此，制造商要对渠道成员进行培训，改进中间商的销售业绩，提升企业内在价值。例如，有计划地定期对中间商进行系统的培训，让其掌握或精通产品的特殊功能、相关技术、目标顾客的信息、服务及维修知识、市场调研及相关的推销能力等。为达到事半功倍的效果，制

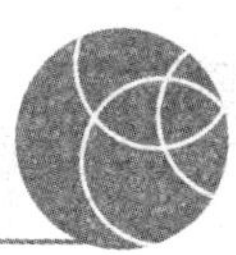

造商还应对培训的师资、方法、器材和地点进行精心安排。

（三）渠道成员的激励

要使中间商的分销工作达到最佳效果，就离不开对其进行激励，以此来调动中间商的销售积极性，并通过这种方式与中间商建立一种良好的关系。激励渠道成员的工作可以从以下几个方面展开。

1. 了解中间商的需求

要达到预期的激励效果，就必须了解各个中间商的以下几方面：中间商的心理状态与行为特征；中间商对顾客及制造商的看法和理念；中间商的兴趣和工作的程序；中间商对各种刺激的态度；中间商对制造商的产品、价格、促销计划等的评价；中间商的实力、问题和弱点等。

2. 选择激励方式

激励中间商的方法很多，针对不同的中间商应采取不同的方法，即使是对同一个中间商，当其身处不同地区或销售不同产品时，所采取的激励方法也可能不同。制造商可以采用正面的激励，如较高的毛利、特殊优惠、各种奖金、合作性广告补助、提供培训、陈列津贴及推销竞赛等；也可采取反面制裁，如降低毛利、放慢交货或者终止关系等。总之，制造商可以通过强制力量、报酬力量、法律力量、专业技术等方式对中间商进行激励。但在激励时，一定要掌握好方法与尺度，避免激励过度或激励不足所导致的低效率性。

3. 建立伙伴关系

制造商在处理与中间商关系时，常依据不同的情况采取 3 种方式：合作、合伙、分销计划。多数制造商与中间商建立合作关系，双方属于最普通的经济利益互惠者，仅将彼此看作劳务提供者与顾客。比较成熟的制造商也会有选择地与中间商结成长期的合伙关系，通过签订契约，明确彼此权责。这就超越了把中间商当作顾客看待的观念，有利于建立更高水平的合作关系。而一些先进的制造商更是发展了一种被称作“分销计划”的合作方式，即建立一个有计划的、专业管理的纵向分销系统，把制造商和中间商的需要结合起来。制造商在企业内部设立一个中间商关系计划，其任务是探求中间商的各种需要和制定推销方案，以帮助每个中间商尽可能达到经营的最佳水平；其目的是让中间商把自己看成制造商的工作伙伴而非顾客，以形成强大的战略伙伴关系。

（四）渠道成员的评价

制造商必须定期按一定标准衡量中间商的表现。衡量中间商工作业绩的标准主要有：销售指标的完成情况；营销的热情及态度；对用户的服务水平；平均存货水平及按时交货情况；对损坏和遗失商品的处理；促销活动情况；与其他成员的配合程度；用户满意度的高低。评价中间商的工作绩效可以通过两种方法：一是将每一个中间商的销售绩效与上期的绩效进行比较，并以整个群体的升降百分比为评价标准；二是将各个中间商的绩效与该地区的销售潜量分析所设定的配额相比较。如果某一个渠道成员的绩效低于既定标准太多，则必须找出主要原因，同时还应考虑可能的补救方法。而对于那些长期表现不佳的渠道成员，也要考虑终止预期的合作。

（五）渠道改进安排

为适应市场环境的变化、企业营销目标的改变、弥补渠道自身的缺陷，应定期根据每个中间商的具体表现对分销渠道进行调整与改进，即渠道改进安排。制造商调整分销渠道主要有以下几种方式。

1. 增减渠道成员

当中间商对推销不积极、经营管理不善或难以与之合作时，制造商应在必要时与其中断合作关系；而当制造商为了开拓某一新市场或者在原有市场上扩大销售规模时，往往需要在该市场上增加中间商的数量。

2. 增减某一种分销渠道

当某种分销渠道的销售业绩一直没有达到期望值，制造商应考虑撤销该分销渠道，新增一条分销渠道，或者用已有分销渠道扩展分销范围替代该分销渠道。

3. 调整整体分销渠道

随着时间的推移，分销渠道可能过时，以致现有的分销系统与满足目标顾客（和生产商）要求的理想系统之间出现较大的差距，此时制造商有必要对分销渠道进行全面的调整。由于不是对原有渠道的修补，而是全盘调整，所以可以全面根除现有弊端，但往往调整难度很大。

三、分销渠道冲突的管理

在销售制造商产品的过程中，中间商因利益结合起来。然而即使设计再精湛、管理再优秀的分销渠道，在各成员合作的过程中，仍会产生利益冲突和竞争。分销渠道冲突就是指各种分销渠道系统中渠道成员之间的不和谐。

（一）分销渠道冲突的类型

1. 垂直渠道冲突（vertical channel conflict）

垂直渠道冲突是同一分销渠道内不同层次的中间商之间的冲突。比如，零售商抱怨制造商产品品质不良，或者批发商不遵守制造商制定的价格政策等。

2. 水平渠道冲突（horizontal channel conflict）

水平渠道冲突是同一分销渠道内同一层次的各中间商之间的冲突。比如，某制造商的一些批发商可能指控同地区的另一些批发商随意降低价格，扰乱市场。

3. 多渠道冲突（multichannel conflict）

多渠道冲突是指一个制造商建立了两条或两条以上的分销渠道，而这些分销渠道在向同一市场销售其产品时产生的冲突。比如，某制造商决定通过大型综合商店出售其产品，这会招致该制造商原有的独立专卖店的不满。

阅读参考：C公司分销渠道冲突的烦恼

C公司图书流通采用的是二级渠道分销模式，即生产商—批发商—零售商—读者，在分销策略上采取的是选择性分销策略，在各地区选择2～3家批发商进行分销。由于C公司的这种做法，常常会出现同一地区的批发商之间的相互竞争，再加上C公司对这些批发商优厚的销售返点政策，使得这些批发商在互相竞争时有恃无恐地竞相压价，同级渠道成

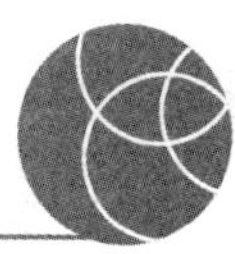

员恶性竞争相当严重，如C公司在山西市场上的两家批发商就曾发生由于价格差异引起窜货而相互争吵的现象。销售返点或奖励是生产商促进销售、迅速占领市场的常用手段，但其也有不良的一面，如分销商为了扩大销量，获得更多的返点，而以进价或低于进价的价格销售生产商的产品。

（二）分销渠道冲突的原因

在分销渠道系统中，制造商、批发商、零售商和消费者构成了一个复杂的互动整体。由于渠道成员的所有权差别，以及在社会再生产过程中的不同地位，使得渠道冲突的产生原因多种多样。

1. 目标差异

分销渠道冲突的一个主要原因是制造商与中间商之间的目标不一致。比如，制造商希望通过低价策略迅速发展，而中间商为了获取更高利润却希望实行高价政策。

2. 权责模糊

主要是指由于销售区域的划分、权责的界定、销售信贷等的不明确，而造成的制造商和经销商以及经销商内部之间的分销渠道冲突。

3. 预期差异

主要是指制造商与中间商对未来经济和产品的预期有差异。比如，制造商可能认为未来一段时间内的经济前景比较好，因而要求中间商多备货，而中间商却对经济前景并不看好。

4. 依赖性差异

这种差异是由制造商和中间商之间互相依赖的程度差别造成的。比如，采用独家分销的汽车经销商对汽车制造商的依赖性就比制造商对它的依赖性大很多，汽车经销商不得不受制造商产品设计和定价策略的影响。

（三）分销渠道冲突的解决

分销渠道冲突应该在分析冲突原因的基础上，找出合适的解决方法。然而，冲突是不可能完全消除的，关键在于如何管理冲突，使其成为推动发展的驱动力。

1. 激励手段

利用对渠道成员的激励可以在一定程度上解决渠道冲突。比如，对较懒散的渠道成员，可采用提高利润、补贴、组织销售竞赛、销售奖励等方法达到缓和与解决渠道冲突的目的。

2. 沟通协商

沟通协商是指分销渠道成员相互找出问题，共同协商和沟通意见，共同寻求普遍接受的冲突解决方案。渠道成员各方也可以通过建立“共同愿景”的方式，即找出双方的契合点，签订一个各方都接受的基本目标的协议。

3. 适当惩罚

在激励和协商不起作用的情况下，可利用团体规范，通过警告、减少服务、降低经营援助，甚至取消合作关系等方法，迫使冲突某一方放弃不合作行为。

4. 分享管理权

一种形式是通过建立合同式垂直分销渠道系统，使自主活动的制造商、批发商和零售商以契约的形式联合起来，减少成员内部的冲突；另一种形式是成立分销渠道的管理委员会，定期商议并决定分销渠道内部的管理事项，以增进相互理解和减少冲突。

5. 积极寻求合作

在解决分销渠道冲突时，制造商要主动争取与中间商的合作，可采用提供适销对路的产品、加强广告宣传、援助中间商的促销活动、协助中间商进行市场调查、延长付款期限等方法。同时，中间商也要认真搞好市场调查与预测，采取有效的促销方式，积极推销产品，及时将市场信息反馈给制造商。

第三节　市场物流决策

一、市场物流

（一）市场物流的概念

“物流”一词的英文为 physical distribution（实体分配），源于美国，20 世纪 60 年代中期传入日本，在我国曾一度被称为“商品储运”。传统的物流，也称实物分配或产品实体分销，是指把产品送到顾客手中的过程。这是一种生产者导向的观念，它着眼于选择一些成本低、耗时少的仓储商或运输商，把产品送到最终目的地。

随着经济全球化的发展和电子商务的广泛应用，传统物流已拓展为一个更宽的概念，即供应链管理。供应链管理的起点比实体分配的起点还靠前，即企业要采购正确的投入品并生产出最终产品，再将其分销到顾客手中。美国物流管理协会在 1998 年对物流的定义为：物流是供应链的一部分，是为了满足客户的需求而对产品、服务及相关信息从原产地到消费地的高效率、高效益的正向和反向流动及储存进行的计划、实施与控制的过程。

（二）市场物流的内容与功能

按照活动的发展顺序，市场物流一般包括以下内容：销量预测，这是制订生产计划、决定库存水平的基础；按照生产计划采购原材料并收货入库；将原材料加工为成品，并验收入库，产品库要将顾客订单与生产活动联系起来，及时掌握库存情况；将产品发往销货单位，运至顾客并提供售后服务。

目前，市场物流逐渐呈现出产业化、专业化、规范化、网络化、信息化和国际化的发展趋势。它不仅具有转移产品实体、创造地点效用的基本功能，而且具备以下优势：

（1）了解顾客价值取向，提升企业价值。通过对准时配送标准、保证订单准确性程度等问题的思考，企业会加深对顾客的了解，在满足顾客需求的同时提升企业绩效。

（2）帮助企业选择最佳的渠道设计和网络策略。以更好地为客户服务为出发点，促使企业选择正确的分销渠道、选择合适的仓储位置等。

（3）有助于企业在销售预测、仓储管理、运输管理、原料管理等方面做出正确的运营措施。

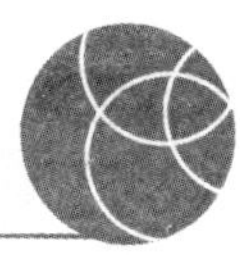

二、市场物流系统与目标

（一）市场物流系统

市场物流系统是指由两个或两个以上的物流功能单元构成，以完成物流服务为目的的有机集合体。市场物流系统的“输入”指采购、运输、储存、流通加工、装卸、搬运、包装、销售、物流信息处理等物流环节所需的劳务、设备、材料、资源等要素，由外部环境向系统提供的过程。因此，市场物流系统也被解释为在一定的时间和空间里，由所需输送的物料和包括有关设备、输送工具、仓储设备、人员及通信联系等若干相互制约的动态要素构成的具有特定功能的有机整体。

（二）市场物流目标

市场物流的基本目标是以最低的成本，将适当的产品在适当的时间运送到适当的地方，而其最终目标是满足顾客在效率和盈利上的要求。然而，由于市场物流成本的存在，几乎没有一个实体分销系统能够同时达到最佳顾客服务和最低分销成本的效果。市场物流的总成本公式如下：

$$M=T+FW+VW+S$$

式中：M——市场物流总成本；T——运输总成本；FW——仓储固定成本；VW——仓储变动成本；S——顾客流失成本。

如果允许市场物流的每个环节都各自降低成本，市场物流的总成本反而可能会更高，因为市场物流各环节的费用通常是相互影响的。比如，装运部门利用便宜的集装箱以降低成本，但是这可能导致商品损坏率的提高，从而降低顾客的满意度；存货经理为降低成本往往希望减少存货，但这却可能导致产品脱销和供货不及时，而且临时安排的快速送货成本会更高。

所以，选择最优市场物流系统的实质就是选择总成本 M 最小的那个。如果 S 的值难以测算，那么市场物流系统就应该以（$T+FW+VW$）的最小化为目标，即物流成本的最小化，这就涉及物流决策问题。

三、市场物流决策的内容

市场物流决策主要包括订单程序决策、仓储决策、存货决策和运输决策。

（一）订单程序决策

几乎所有企业都希望收到订单至收到货款之间的周期越短越好，这个周期就是订单程序周期，主要包括收到订单、销售员转交订单、订单输入和客户信息检查、存货和生产安排、交货、发票传递、收取货款等流程。

订单程序决策的关键是缩短订单程序所需时间和提高订单处理的准确性。要做到快速传递、快速处理、快速发货，以便快速收款。因此在订单处理周期中，计算机应该被广泛运用，充分发挥其在信息传递、查询、计算、输入与输出等方面的快捷性和准确性。

(二) 仓储决策

由于生产和销售往往很难同步，产品在等待销售的过程中，需要储存起来直到被销售出去，以缓解预测销售量与实际销售量在数量、时间和地点上的差异。

1. 仓库数量决策

仓库数量对市场物流总成本中的各项成本都有重要影响，主要表现在：

(1) 仓库数量越多，运输成本（T）越低。仓库数量增多，各地市场可以就近取货和补货，减少了长途运输次数，从而降低了运输成本。

(2) 仓库数量越多，顾客流失成本（S）越低。仓库数量增多使得企业能够及时和充分地满足顾客对产品和服务的需求，进而降低顾客流失的成本或丧失销售额的成本。

(3) 仓库数量越多，仓储固定成本（FW）越高。仓储固定成本是指仓库的建设和维护费用，仓库数量越多，这部分费用就会越高。

(4) 仓库数量越多，仓储变动成本或存货成本（VW）越高。新增仓库必然新增存货，进而会增加存货成本。

如图 11－6 所示，随着仓库数量 Q_w 的增加，T 曲线和 S 曲线逐渐向下倾斜，而 FW 曲线和 VW 曲线逐渐向上倾斜。这样，就使得市场物流总成本 M 的曲线先降后升。在 M 曲线的最低点，仓库的数量为 Q_w^*，此时运输成本（T）和顾客流失成本（S）的降低量抵消了仓储固定成本（FW）和存货成本（VW）的增长量。

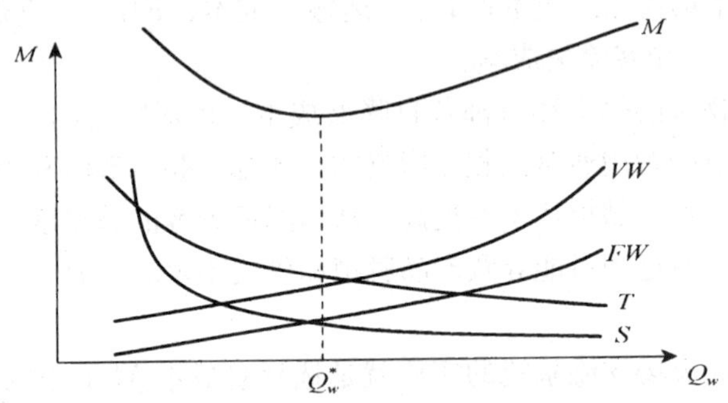

图 11—6 市场物流总成本与仓库数量的关系

一般来说，企业应该将仓库数量定在 Q_w^*，但是影响仓库数量决策的因素还有很多，如顾客需要的服务水平、运输服务的水平、计算机的应用程度和单个仓库的规模等。因此，仓库数量的决策还应根据企业的实际情况做出审慎的决定，以在顾客价值与企业价值之间求取平衡。

2. 仓库地点和类型决策

为便于销售，增强分销效率，大部分货物应该分存于各地市场。企业可以自行设置仓库，即“自用仓库”；也可以租用他人的仓库，即“公共仓库”。运用自用仓库，企业能有效地实施控制，但是占用资金多，更换仓库地点时缺乏弹性。企业使用公共仓库，只需按使用空间大小支付费用，且公共仓库常为企业提供其他额外服务，如货品检查、包装、代运、提供办公场所和电话等。

如果租用公共仓库，就需要对仓库地点和类型加以选择，而且要有专业性的仓库可用，如冷藏仓库、散装仓库等。目前，大多数企业使用的仓库有两种类型：一种为储备仓库，供产品储存较长时间之用；另一种为中转仓库，供各企业短期存放，作为收货、存放以及迅速对顾客交货的场地，利用中转仓库，企业可获得更大的便利。

（三）存货决策

企业为了保证生产经营过程的连续性，必须有计划地购入、耗用和销售存货。销售人员都希望企业存货充足，以便随时满足顾客的订货，但这并不符合成本效益原则。因此，企业应了解销售量及利润的增加是否足以抵消存货增加所带来的成本。

存货决策的内容主要有两方面：一是何时订货，即订货点决策；二是订多少货，即订货量决策。

1. 订货点决策

订货点是指库存产品减少到需要重新订货的点。比如订货点为10，就是指当存货减少到10个单位时，企业就要在仓库中增加存货。订货点应该是在由于脱销而造成的风险与存货过量所发生的费用之间进行权衡后的决定。

影响订货点决策的因素主要有：

（1）订货前置时间。即自订货单发出到接到货物所需要的平均时间。一般来说，订货前置时间越长，则订货点越高。

（2）顾客平均购买率。即在某一段时间内，顾客的平均购买数量。顾客平均购买率越高，则订货点应越高。

（3）存货直接出货率。即企业希望从存货中直接用来完成顾客订单的百分比。存货直接出货率越高，订货点应越高。

2. 订货量决策

订货量和订货次数之间呈反方向变动关系，即订货量越高，则订货的次数越少。存货决策在考虑订货数量时，主要在订货处理成本和存货维持成本之间进行权衡。

（1）订货处理成本。制造商和中间商的订货处理成本是有区别的。

1）制造商的订货处理成本包括制造商生产某一产品所需的装置成本和营运成本。若装置成本较低，制造商可以经常生产这种产品，平均每件的成本稳定，与营运成本大致相当；而当装置成本较高时，制造商就会一次性生产较多的产品以降低平均成本，这就会形成较多的存货。

2）中间商的订货处理成本是指每次从发出订单到收货、验货所发生的成本，如物品费用（邮票、订单表格、信封等项支出）及人工费用等。

（2）存货维持成本。需要维持的平均存货越多，则存货维持成本越高。存货维持成本包括仓储费用、存货所占用的资金成本、税收及保险费、资产折旧及产品过期损失等。

（3）最佳订货量。如图11—7所示，单位订货处理成本随着存货数量的增加而降低，而单位存货维持成本随着存货数量的增加而增加。将单位订货处理成本曲线与单位存货维持成本曲线垂直相加，就形成了单位订货总成本曲线。单位订货总成本曲线上位置最低的一点，就是最佳订货量 Q^*。

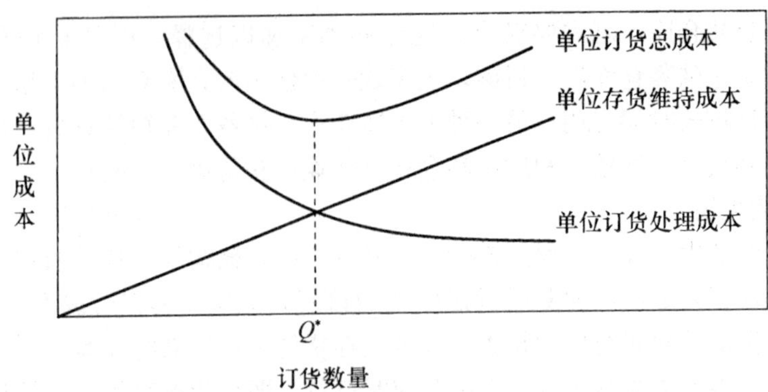

图 11—7　最佳订货量决策

此外，在获得相关数据的情况下，还可以利用最佳订货量公式计算出最佳订货量。

$$Q^{*}=\sqrt{\frac{2DL}{H}}$$

式中：Q^{*}——最佳订货量；D——年存货需求量或订货总量；L——每次订货费用；H——单位存货平均年度维持成本。

例如：假设某企业每年需要某种生产材料 400 个单位，每次的订货费用为 50 元/单位，这种材料的单位年度维持费用为 4 元/单位·年，试求该生产材料的最佳订货量。

将数据代入公式：

$$Q^{*}=\sqrt{\frac{2\times400\times50}{4}}=100(\text{单位})$$

即该企业的最佳订货量为 100 单位。

(四) 运输决策

运输决策主要是对如何运用低廉的费用得到高效率的运输工具进行决策。运输工具的选择将直接影响产品的价格、准时送货的执行和商品抵达时的损耗情况等，而这些又将影响顾客的满意程度。

1. 运输路线决策

在选择运输路线时，托运人要考虑运输路线的速度、频率、可靠性、运载能力、可用性和成本等因素。在现代社会中，主要有 5 种运输路线可供选择。

(1) 铁路。铁路运输是最重要的货运方式之一，具有运量大、成本低、速度较快等特点，适合用来整车装运大宗散装产品。

(2) 航空。航空运输的主要运输工具是飞机，是速度最快、运费最高的运输方式。适合运输价值大、体积小、易变质和时间性强的产品。虽然航空运输在运输业中所占的比重较小，但其重要性越来越明显。

(3) 公路。公路运输的主要工具是卡车，其在运输路线和时间安排上有很大的灵活性，速度较铁路快，但长距离公路运输成本较高，多用于中小批短途运输，或需抢时间的长途运输。

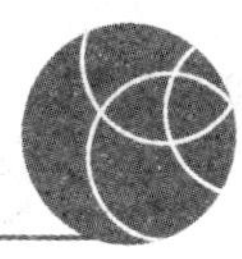

（4）水路。水路运输主要包括轮船运输及沿海驳船和内陆水路驳船运输。其主要特点是运量大、费用低，但耗时多、速度慢，还容易受到气候条件的影响。适合运输体积大、价值低、不易腐烂的产品。

（5）管道。对于气态、液态和某些粉末状的货物来说，采用管道运输可以减少损耗，提升安全性，但是管道的铺设成本较高，而且用途较为单一。

2. 联运方式决策

目前，托运人更多地将两种或两种以上的运输工具结合起来使用，这主要得益于集装箱运输的发展。集装箱运输将商品装于箱内或挂于车内，方便了两种运输工具的调换，促进了“联运”的发展。比如，“猪背联运”就是指火车和卡车的联合运输；“鱼背联运”是指船舶和卡车的联合运输。

3. 运输者决策

在选择运输者时，托运人可以在私人运输者、契约性运输者和公共运输者中挑选。私人运输者是指托运人拥有自己的运输工具，如卡车、飞机，这种运输者在运输货物时更为灵活，责任心更强；契约性运输者是指某个独立的组织，按照所订的契约，向另一个组织出售运输服务；公共运输者按照规定时间提供预定地点之间的运输服务，并向所有的托运人按标准价格收取运费。托运人可以根据产品特性、运输费用和财务状况等因素，选择合理的托运者。

第四节 电子商务营销实践

一、电子商务的内涵与类型

（一）电子商务的内涵

近年来，电子商务在中国发展迅速，已掀起一股产业、市场变革之风。电子商务是利用网站在线交易产品、提供服务以促成销售的过程。从营销的角度讲，网络上生产者和消费者一对一的沟通，将工业时代大规模生产和大规模营销改进为小群体甚至个体营销，极大地满足了消费者的个性需求，迎合了现代营销观念。

电子商务营销具有以下特点：第一，是一种跨越时空的交互式营销。全球的消费者可以随时在网上与销售人员对话、询价和购买，使企业有了更多的时间和空间进行营销。

第二，是一种个性化、顾客导向的营销。将传统同质化、规模化的营销转变为一对一的理性、非强迫营销模式。通过信息的提供与交谈，与消费者建立长久关系。第三，是一种技术性动态营销。电子商务营销以数据库为基础，供消费者查询，并通过网络调研动态调整数据库信息。

阅读参考：中国网络零售市场三足鼎立格局初定

截至2013年上半年，在中国B2C网络零售市场（包括开放平台式与自营销售式）上，排名第一的是天猫，占50.4%的份额；京东紧随其后名列第二，占据20.7%；位于第三位的是苏宁易购，其市场份额达到5.7%。

在交易量方面，“寡头”已现。监测数据显示，淘宝集市地位依旧稳固，占整个C2C市场的95.1%；拍拍网占4.7%；易趣网占0.2%。

另外，值得注意的是，手机端电子商务类应用迅速扩张。调查显示，网民使用手机进行网络购物的数量在不断增加。

（二）电子商务的类型

电子商务涵盖的范围较广，一般可分为：企业对企业（B2B）、企业对消费者（B2C）、个人对消费者（C2C）、企业对政府（B2G）、线上对线下（O2O）、商业机构对家庭消费（B2F）、供给方对需求方（P2D）、门店在线（O2P）。其中，B2B和B2C是最主要的两种类型。目前，消费者对企业（C2B）也日渐兴起。B2B网站使得买家不必花费大量时间就可以通过供应商网站、消费者社区等轻而易举地获得全球范围内供应商的信息；而企业也可以利用B2B拍卖网站、产品目录和其他网上资源来获得更好的价格。

在电子商务的新时代，也出现了两种公司新形式：一种是始于网站且无企业实体存在的纯电子商务公司，如当当网；另一种是实体店与电子商务结合的公司，如苏宁易购。这种实体店与电子商务结合的形式，实现了线上、线下销售的融合，在方便消费者体验、购买的同时，为企业带来了更大的盈利空间。

二、电子商务营销的基本程序

电子商务营销的核心是利用互联网开展销售工作，围绕这一核心，电子商务营销主要包括电子商务营销调研、电子商务营销策略制定、电子商务宣传、电子商务促销、电子商务风险管理等基本程序。

（一）电子商务营销调研

电子商务营销调研是实施电子商务营销的基础，指通过消费者的网上注册信息、网页浏览记录、电子问卷调查等信息技术手段对企业产品和服务的相关信息进行的调查分析。它在手段和对象上都有别于传统的调研。在调研方法上，可以使用更方便、快捷的网络技术手段收集信息或直接聘请电子商务调研公司。在调研对象上，以电子商务消费者（网民）为主，这一群体的知识层次较高，年轻人占多数，要求商家通过便捷化服务满足其需求，并提供全球范围内的最优价格。此外，还需要调查竞争对手的产品、质量、财务状况、日后发展战略等情况。电子商务营销调研一般分为以下步骤：

一是确定调研对象。电子商务营销调研的对象主要包括产品消费者和企业竞争对手两类：（1）产品消费者。消费者的网上购物主要通过企业网站，根据网页所提供的产品分类、目录或搜索工具来浏览产品的介绍、功能、价格、付款方式、配送、退货条件及售后服务方面的信息。所以调研人员可以通过互联网追踪消费者，了解他们对产品的要求、意见和消费喜好。（2）企业竞争对手。调研人员可以通过访问竞争对手的网站、查询竞争对手公布的信息资料等方式掌握竞争对手的动态，做到知己知彼。

二是选择合适的信息渠道。即要选择相应的站点进行信息查询，确定适用的信息服务。在选择时，要注意信息服务的及时性、准确性、经济性和安全性。

三是收集对象信息。在选择了适用的信息服务后，企业也可以结合向消费者发送专门电子邮件的方式全方位、宽领域地收集相关信息。

四是信息的处理。在获得信息后，还要有目的地进行筛选、分类和整理，并最终形成合规的调查报告以方便决策者使用。

（二）电子商务营销策略制定

策略制定是电子商务营销的关键。制定电子商务营销策略不仅要了解电子商务环境和电子商务工具，而且要重点把握电子商务中不同营销过程的不同策略。电子商务营销策略主要有以下几种：

一是产品和服务策略。（1）新产品开发策略。由于互联网有效地消除了企业与消费者间的信息不对称，企业可以直接了解消费者的需求，消费者也可以直接提出自己对产品的要求，所以企业要重点把握以消费者为中心的新产品开发策略。（2）产品组合策略。产品组合策略是电子商务营销策略的重要组成部分，指企业根据产品性质、经营环境、市场状况等对产品组合的宽度、长度、深度和黏性进行不同组合。（3）自助化服务策略。不同于传统消费者，网民更喜欢尝试自己解决问题，自己回应信息请求。这不仅节省了企业的人力和财力，还有利于提升消费者满意度。（4）差异化服务策略。虽然网络加深了企业平等的观念，但是企业也要因地、因时、因人提供差异化服务。（5）个性化服务策略。个性化服务既为消费者创造了价值，又培养了企业的忠实消费者。

二是渠道策略。电子商务营销的渠道策略包括宣传渠道策略、物流分销渠道策略、财务流渠道策略等。如淘宝网的网店主要以淘宝网站为宣传渠道，以“三通一达”快递公司（申通、中通、圆通、韵达）为物流分销渠道，并以支付宝、余额宝等为资金收付平台和渠道。

三是电子商务价格策略。电子商务价格策略主要有免费价格策略、低价渗透策略、折扣定价策略、撇脂定价策略、差异定价策略等。

（三）电子商务宣传

随着互联网使用者数量的增加，网络宣传成为推销企业产品、树立企业形象的一个低成本、高效益的手段。一般来说，电子商务宣传除通过企业自身的网站外，还可以借助电子邮件、社交信息平台、公告板等。

（四）电子商务促销

电子商务促销是一个不仅将企业的产品销售出去，而且为顾客提供多样化服务，以形成固定顾客群体，提升顾客忠诚度的过程。电子商务促销主要有以下步骤：一是了解促销对象，电子商务促销的对象是指在网络虚拟市场中可能产生购买行为的群体，主要有产品的使用者、购买者和影响者；二是制定促销方案；三是强化促销协调，通过不断完善信息、沟通与协调，确保取得最佳促销效果；四是评估电子商务促销效果，一般通过测定促销网页点击率、千人广告成本和网站成交量来评估电子商务促销效果。

（五）电子商务风险管理

电子商务在传播利于企业的信息的同时，也会因经营失当而传播负面信息。在进行电子商务营销时，一定要注意利用网络的快速、及时等特性，尽可能多地传播企业的利好信息，减少有损企业和产品形象的信息。当出现负面信息时，要及时进行管理，利用网络资源将负面影响降到最低限度。

阅读参考：小米的电子营销实践

小米公布的数据显示，其在2013年上半年的手机销量几乎相当于2012年全年的销量，而营业收入较去年同期的9.574 6亿美元增长了一倍多。

小米手机在本质上是一个电子商务的平台，而其电商系统的本质是对用户需求的把握。据了解，小米在米聊论坛建成了一个“荣誉开发组”，从几万人的论坛中选择一批活跃度相当高的用户，他们会和小米内部人员同步拿到软件更新的版本。最后，内部和外部的人员一起同步测试，发现问题随时修改。这样一来，小米就借助外力把复杂的测试环节很好地解决了。同时，小米通过MIUI论坛、微博、论坛等进行营销，对发烧友级别的用户单点突破，成功实现口碑营销，避免了电视广告、路牌广告等“烧钱”式营销。

截至2013年5月底，小米的微信账号已经有106万粉丝，通过微信联系的“米粉”极大地提升了对小米的品牌忠诚度。“我们是把微信服务当成一个产品来运营的。”小米分管营销的副总裁黎万强表示。

小米手机每周会有一次开放购买活动，每次活动的时候都会在官网上提供微信的推广链接和微信二维码。据了解，通过官网发展粉丝效果非常好，最多的时候一天可以发展3万～4万个粉丝。

本章小结

分销渠道是指产品从制造商（生产者）向最终用户转移过程中取得产品所有权或帮助转移所有权的所有组织和个人。分销渠道具有调研、促销、协议、订货、实体分配、融资、付款、承担风险和商品所有权转移9大功能。

按照中间机构级数的多少，可以将分销渠道划分为零级渠道、一级渠道、二级渠道、三级渠道和更高层次的分销渠道；按照分销渠道各层次同类中间商的数目，可以将分销渠道划分为宽分销渠道与窄分销渠道；按照分销渠道的中间环节和层次的多少，可以将分销渠道划分为长分销渠道和短分销渠道。

分销渠道的系统是指突破传统的由一个或一组制造商、批发商、零售商和消费者组成的分销渠道，由多个中间商密切联系而形成的更具分销能力、拥有更多资源的系统。其主要形式有垂直分销系统、水平式分销系统和多渠道分销系统3种。

选取和设计分销渠道方案要综合考虑顾客、产品、制造商、中间商、竞争者和环境等影响因素。分销渠道设计过程包括：对消费者的服务需求水平进行分析，确定分销渠道的目标，识别主要的渠道选择方案，对分销渠道的方案进行评估。

对分销渠道的管理主要是对中间商及其与制造商关系的管理，主要工作包括3方面：

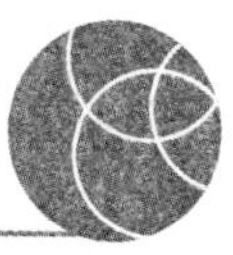

一是确定渠道成员的条件和责任；二是分销渠道成员的管理；三是分销渠道冲突的管理。

物流是供应链的一部分，是为了满足客户的需求而对产品、服务及相关信息从原产地到消费地的高效率、高效益的正向和反向流动及储存进行的计划、实施与控制的过程。物流决策主要包括：订单程序决策、仓储决策、存货决策和运输决策。

电子商务是利用网站在线交易产品、提供服务以促成销售的过程。电子商务涵盖的范围较广，一般可分为 B2C、C2C、O2P 等 8 种类型，已成为当今营销渠道的主要组成部分。电子商务营销主要包括电子商务营销调研、电子商务营销策略制定、电子商务宣传、电子商务促销、电子商务风险管理等实践内容。

思考题

1. 什么是分销渠道？它的功能有哪些？
2. 试论述分销渠道的设计过程。
3. 结合独家分销、选择性分销和密集性分销的优缺点，分别分析纯净水、空调、运动鞋在城市中选择何种分销形式最好。
4. 一家公司有两种选择：自己组建推销队伍和使用销售代理商，请按照经济性标准，画图说明这家公司在不同销售量上的分销渠道选择。
5. 如何对分销渠道成员进行有效的管理与控制？
6. 假设某企业每年需要某种生产材料 9 000 个单位，每次的订货费用为 500 元/单位，这种材料的单位年度维持费用为 100 元/单位·年，请利用最佳订货量模型求出该生产材料的最佳订货量。
7. 结合实例，谈谈你对电子商务营销优势与劣势的看法。

第十二章　整合营销传播策略

学习目标

1. 理解整合营销传播的概念，熟悉整合营销传播的开发流程；

2. 掌握影响整合营销传播组合决策的因素；

3. 掌握整合营销传播的工具，包括广告、销售促进、公共关系、人员销售和直接营销等。

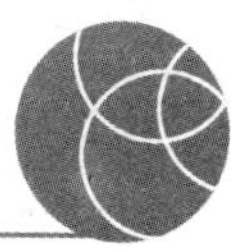

导学案例

如此卖马

传说中，天上管理马匹的神仙叫伯乐。在人间，人们把精于鉴别马匹优劣的人也称为伯乐。第一个被称作伯乐的人本名孙阳，春秋时期人。由于他对马的研究非常出色，人们便渐渐忘记了他本来的名字，干脆称他为伯乐，一直延续到现在。

汉人刘向所著《战国策》中，有一个卖马的故事：人有卖骏马者，比三旦立市，人莫之知。往见伯乐，曰："臣有骏马欲卖之，比三旦立于市，人莫与言。愿子还而视之，去而顾之，臣请献一朝之贾。"伯乐乃还而视之，去而顾之，一旦而马价十倍。这个故事是说，有个要卖马的人，在集市上停留了三天也无人问津。他去找伯乐，请伯乐到集市绕着马儿转几圈，临走时再回过头去看一眼。为此，他会把一天赚到的钱送给伯乐。伯乐按照此法做了以后，原本无人关注的马，价钱立刻涨了十倍。

这个小故事说明在古时人们就已经很重视营销技巧了，而且掌握了利用名人效应消除顾客疑虑的营销方法。在竞争激烈的现代社会中，企业只运用某种营销技巧恐怕已难以取胜，进行整合营销传播才是制胜法宝。

资料来源：百度百科，经编者整理、分析而成。

第一节　整合营销传播概述

企业不仅需要生产出满足特定顾客群体需求的物美价廉的产品，并选择合适的渠道向顾客提供，还必须把与企业产品和服务相关的信息经过策划、设计、组织和传播，及时传递给顾客，激发顾客的购买欲望，从而在竞争激烈的市场中实现企业的战略和财务目标等。

许多企业往往只依靠一种或两种营销传播工具，在市场逐渐细化的过程中，这种单一的营销传播方式虽然独具针对性，但是随着新型媒体的大量涌现、顾客行为的日渐精明，大量传播工具的整合势在必行。因此，企业必须采取全方位视角，在全面掌握传播对潜在顾客、零售商、供应商及其他利益相关群体的日常行为产生影响的不同方式的基础上，恰当地管理整合营销传播。

一、整合营销传播的概念和特征

（一）整合营销传播的概念

目前，理论界还没有对整合营销传播（integrated marketing communications，IMC）的精确概念达成共识。美国广告同业协会（4A）认为IMC是："通过评估各种不同的传播技术——广告、直接营销、销售促进以及公共关系等——在特定传播计划中所扮演的角色，并经过整合，使之提供清晰、一致的信息，以发挥有效的和最大的传播效果。"美国奥美广告有限公司对整合营销传播的定义为："融合各种传播技能与方式，为客户解决市场的问题或创造宣传的机会。”从这两个概念来看，前者主要强调过程，后者更多强调结果。

因此，整合营销传播是一个通过计划、创造、整合和执行各种营销传播工具，使营销信息随时间推移送达目标受众并对其产生清晰、一致和最大化影响的传播过程。

（二）整合营销传播的特征

整合营销传播主要有如下 4 个基本特征：

第一，追求各种营销传播工具传播清晰、一致的信息，从而极大地提升传播效果。而传统营销传播中各种传播工具口径常常不一致，导致信息自相矛盾、相互冲突，降低了传播效果。

第二，营销传播工具的组合以营销传播活动的总成本和效益最优为衡量标准，使促销组合的评价标准得以清晰化并易于衡量。而传统营销传播工具的组合缺少明确的衡量标准，在很大程度上受个人偏好或部门利益的影响，从而降低了营销传播的结构效率。

第三，营销传播计划的设计、管理以目标受众的需求（包括信息、产品和服务等）和企业目标为出发点和归宿。而传统营销传播往往只是从产品或企业出发，忽视了目标群体的需求。

第四，整合营销传播强调营销传播过程的连续性和一致性，是企业营销组合的有机组成部分。而传统营销传播往往将营销传播过程当作孤立的过程对待。

（三）整合营销传播与整合营销的区别

整合营销是在整合营销传播的基础上发展而来的。1995 年，Paustian Chude 首次提出了整合营销的概念：“根据目标设计（企业的）战略，并支配（企业各种）资源以达到企业目标。”简单地说，整合营销就是把各个独立的营销活动综合成一个整体，共同产生协同效应，实现企业价值最大化。因此，整合营销包括两个层次的内容：一是不同营销功能——人员、广告、产品管理、售后服务、营销调研等的协调，即整合营销传播的层面；二是营销部门与企业其他部门，如生产部门、研究开发部门等职能部门之间的协同。

由此可见，整合营销是销售战略，是一个复杂而且长期的过程，期间会牵扯到企业的各个层面，其范围比整合营销传播的范围广泛；或者说，整合营销传播是整合营销的一部分，整合营销不仅包括广告策略，还包括销售策略、人事变动以及对企业制度的完善等。

二、整合营销传播的工具

整合营销传播通过营销信息传播来传递企业或产品的性能、特征及形象等信息，帮助顾客认识产品，激发顾客的购买欲望。营销传播工具也称促销组合工具，其实质是卖方与买方之间的信息沟通，也称营销沟通。促销既是科学，又是艺术，是营销管理中最富技巧、创意和变数的因素之一。

（一）整合营销传播工具的类型

（1）广告：以付费方式进行的有关商品、服务和创意的非人员的展示和促销活动。

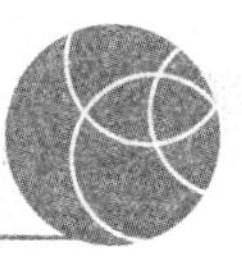

(2) 销售促进：为鼓励顾客对某个产品或者服务进行使用和购买而进行的一种短期刺激。

(3) 公共关系：设计各种计划以促进或维护企业形象及个别产品。

(4) 人员销售：与一个或多个可能的买主进行面对面接触，以介绍、释疑和促进产品销售，获取订单。

(5) 直接营销：使用信件、电话、传真、电子信箱和其他非人员接触工具进行沟通或征求特定顾客与潜在顾客的直接回复。

(6) 口碑营销：产品购买者、服务使用者通过亲身体验，以口头、书面或电子形式传递给他人的传播形式。

(7) 事件和体验：企业赞助的活动或节目，如体育、娱乐和公益活动等，以创造品牌与顾客之间的互动。

表 12—1 列出了 7 种营销传播工具的一些具体形式。本章将主要围绕广告、销售促进、公共关系、人员销售与直接营销来阐述营销传播工具的应用策略。

表 12—1　　整合营销传播的主要工具

广告	销售促进	公共关系	人员销售	直接营销	口碑营销	事件和体验
印刷广告 广播广告 电视广告 包装 产品样本 招贴和传单 广告牌 销售点陈列	竞赛、游戏 彩票、兑奖 赠品、赠券 展销、展览会 示范表演 折扣 低息融资 商品组合	新闻 演讲、游说 研讨会 年度报告 慈善捐款 捐赠 公司杂志	销售展示 销售会议 奖励节目 样品 交易和展销会	目录 邮购 电话营销 电视直销 电子信箱 网站	对话 网上聊天 微博 微信	体育 娱乐 公益 参观工厂

(二) 信息传播模型

在企业市场营销的信息传播阶段，为了影响和改变顾客购买行为的指向和选择，每个企业都需要担任促销者和信息沟通者的角色。为此，企业必须了解信息沟通的规律与流程。信息传播模型也叫沟通模式，一般要回答：(1) 谁要说？(2) 对谁说？(3) 说什么？(4) 通过何种媒介或渠道？(5) 目标是什么以及效果如何？图 12—1 是一个由 9 个沟通要素组成的信息传播模型。其中首尾为沟通主体双方，即信息的发送者与接收者；中间的信息和媒体为主要的沟通手段；编码、解码、反应与反馈分别为沟通的方法（编码、解码）和沟通的职能（反应与反馈）；噪声是任何沟通中必然存在的干扰因素，它可能来自环境、沟通要素、竞争对手或者信息发送者自身。

上述信息传播模型体现了信息有效传播的关键因素。首先，信息发送者必须知道要把什么信息传播给谁，以及要获得什么样的反应；同时，他还必须依据接收者的解码方式和水平正确地将信息编码。通常，信息发送者（编码者）与接收者的经验域越相近，对接收者解码方式的了解越准确，传播信息的准确性和效率越高。其次，信息发送者还必须选择合适的媒体，尽可能减少或抵抗噪声干扰。最后，信息发送者需要建立必要的反馈渠道，以便能够随时了解接收者的反应，并对传播策略和方法及时评价与调整。

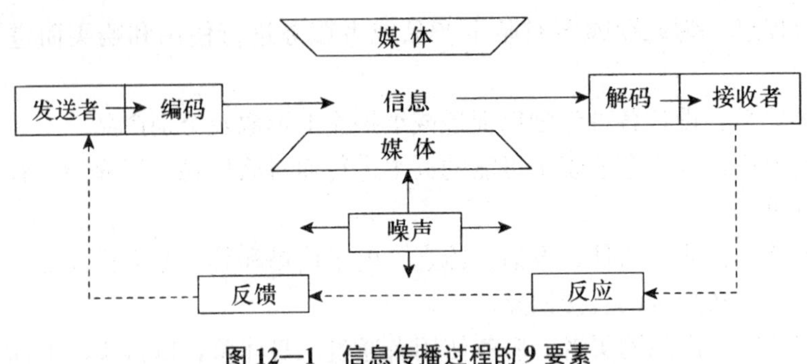

图 12—1　信息传播过程的 9 要素

三、影响整合营销传播组合决策的因素

营销人员在设计和管理一个全新的营销传播组合，或者要对一个低效率的营销传播组合进行调整时，就需要了解影响营销传播组合的主要因素并掌握必要的行业经验。这些因素主要有：产品市场类型、推式战略和拉式战略、消费者购买行为阶段、产品生命周期阶段及企业产品的市场地位等。

（一）产品市场类型

促销工具的有效性在消费品市场和产业用品市场会有很大差异，经营消费品的企业一般会把大部分促销投资用于广告，接下来是销售促进、人员销售和公共关系等；而经营产业用品的企业则通常会把大部分资金用于人员销售，其次是销售促进、广告和公共关系等，如图 12—2 所示。

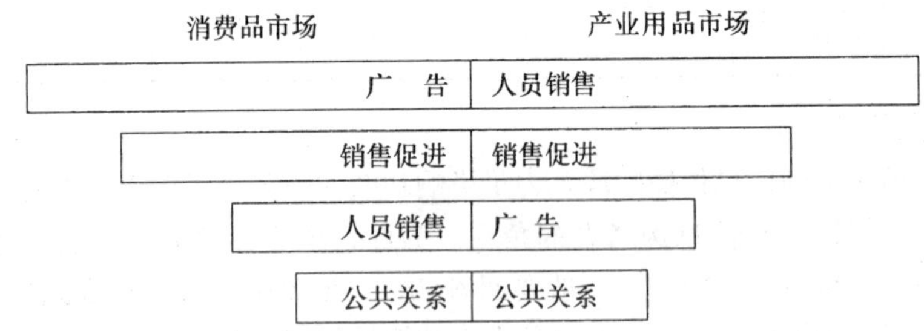

图 12—2　在消费品和产业用品市场促销工具的相对组合差异

一般来说，人员销售适用于昂贵、有风险的商品以及少数大买主市场。在产业用品市场上，尽管广告的作用相对次要一些，但它在提高企业及品牌知名度、克服销售人员与用户接触的障碍上，仍然起着重要作用。

（二）推式战略和拉式战略

推式战略是沿分销渠道垂直向下推销，即把中间商作为主要的促销对象，再由中间商影响消费者，进而实现销售。推式战略中用于人员销售和销售促进的费用要多于广告支出。拉式战略与推式战略相反，通常要求在针对最终用户的广告和销售促进上分配更多的资金，即通过刺激最终消费者的购买需求，来推动各级分销商的订货需求。拉式战略往往更加注重和利用品牌效应、广告与销售促进的适当配合。详见图 12—3。

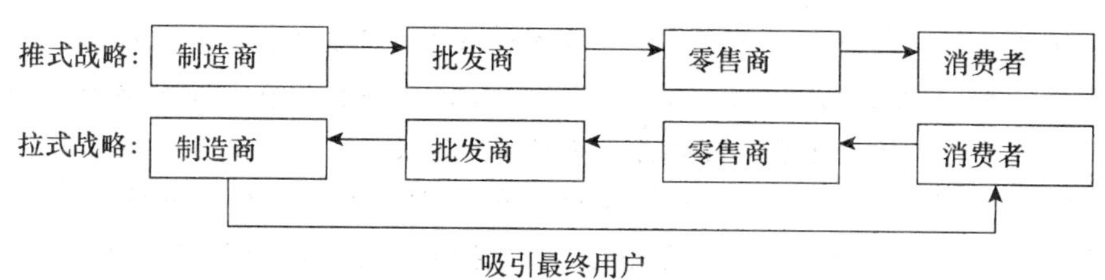

图 12—3　营销传播中的推式战略和拉式战略

(三) 消费者购买行为阶段

消费者购买新产品的过程大致包括知晓、兴趣、评价、试用和采用 5 个阶段。在前两个阶段即知晓和兴趣阶段，广告的效应常常是主要的和不可替代的，而在评价和试用阶段，人员销售和销售促进的效应变得相对更大。在正式采用阶段或消费者重复购买时，广告的提醒效应和与之密切相关的品牌效应又会变得相对重要。

(四) 产品生命周期阶段

在产品生命周期的不同阶段，用户对产品的认知和态度有很大差别，因而各种促销工具的成本效应也有较大差异。如图 12—4 所示，在产品生命周期的不同阶段，各种促销工具在促销组合结构中会发生规律性的变化。

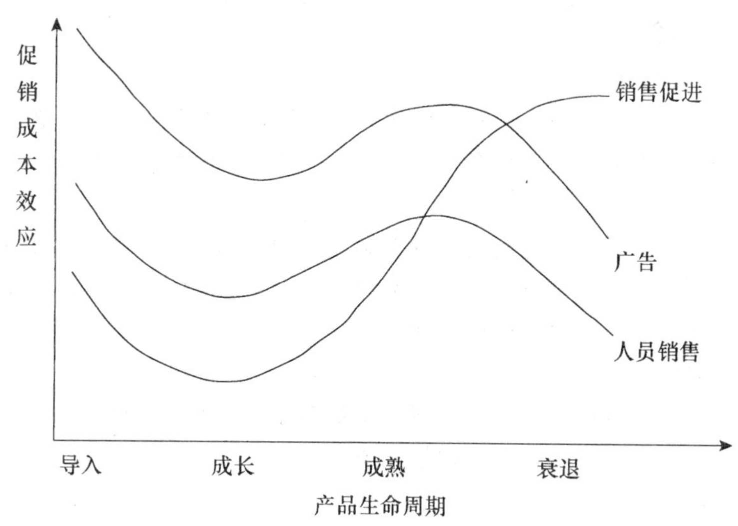

图 12—4　产品生命周期阶段的促销成本效应

一般来说，在导入期初期，广告和公共宣传的成本效应通常最高；在整个导入期和成长期，广告的成本效应逐渐降低，但相对作用仍很重要；在成长期向成熟期过渡以及在整个成熟期，销售促进的作用开始增大，广告和人员销售的成本效应又有明显增强；在衰退期，除了销售促进的成本效应达到最高点外，其他促销工具的作用都明显降低。

阅读参考：生命周期下的促销管理

M 乳制品公司在上海市场进行新品上市推广时，为了避开 N 公司在上海本土的保鲜奶优势，采取了差异化产品、差异化渠道的社区终端大规模、长时间的“免费品尝”促销活动，只用了短短一年的推广时间，在上海市场的日销量就达到了 100 吨。

成长期的 SS 乳酸饮料利用其产品已有一定知名度并且拥有部分忠诚顾客的优势，采用了“焦点换物”的促销活动对抗来自竞争对手的进攻，并且培养了一批新顾客。

CC 牛奶的“打扮我们的学童奶”活动是在产品成熟后针对儿童展开的，内容包括由儿童设计“学童奶”的包装以及评选后的奖励，进一步加深了顾客对其产品的忠诚度。

（五）企业产品的市场地位

企业产品的市场地位越强，品牌效应也越强。因此，对于强势品牌，广告支出的比重相对要大；而市场地位处于中间或稍后的品牌，销售促进的支出比例通常相对高一些。

四、整合营销传播的开发流程

营销人员在设计和管理整合营销传播时，通常要按顺序或交互采用以下步骤：确定传播对象、决定传播目标、设计传播信息、选择传播渠道、编制促销预算、促销组合决策、管理和协调营销传播过程。这些步骤和方法在原则上也适用于对广告、销售促进等促销工具的设计与管理过程。

（一）确定传播对象

企业的传播对象，一方面是目标市场顾客，包括现有的和潜在的顾客；另一方面包括那些对目标市场顾客的购买决定具有一定影响力的个人、组织和公众等。

（二）决定传播目标

传播目标是传播活动要求达到的预期结果。信息传播者需要在了解传播对象的需求、偏好、接触媒体习惯等特征，以及传播对象对企业产品或品牌的识别、认知状况和倾向的基础上，确定具体的和系列化的传播目标。

（三）设计传播信息

在确认传播对象和传播目标后，接下来就要为传播对象设计有效的信息，包括设计或选择信息内容、信息结构、信息形式和信息源。

1. 信息内容

信息内容主要是为传播对象提供的诉求。诉求主要有以下 3 种类型：

第一，理性诉求，即以顾客可以感知的主要利益作为说服理由。与理性诉求相联系的信息包括产品的功能、质量、性能、价值、价格或顾客可感知的其他利益等。

第二，感情诉求，即通过诱发否定、肯定或喜好、情趣等情感类因素以促使顾客确信或购买。许多情感类商品，如床上用品、起居用品、交往用品（如时装、牙膏、饮料、烟酒）等，感情诉求的效果更明显。

感情诉求包括恐惧性诉求和肯定性诉求。前者指传播驱使恐惧、羞愧等的信息，促使人们去做该做的事情（如刷牙）或停止不该做的事情（如吸烟）。肯定性诉求，如幽默、喜爱、愉快、欢乐等，可以吸引更多的关注。

第三，道义诉求，主要用来引导受众对正义或错误、公益或公害等事物或行为的正确

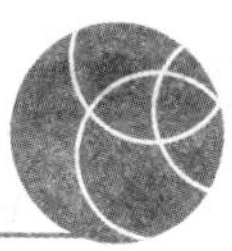

态度。道义诉求在公益广告或者企业希望淡化商业广告气味的传播活动中被较多采用。一般用于企业形象宣传或提高品牌知名度等。

2. 信息结构

信息的有效性也依赖于信息结构，而信息结构的合理性要受单面论证、双面论证、提出结论式和提出问题式等因素的影响。

（1）单面论证，指仅展示产品优点的单面信息，强调先入为主，适合在产品拥有明显优势特征，或传递与受众已有倾向较为一致的信息时采用。

（2）双面论证，指同时传送包含优点和缺点的双面信息，强调信息的诚实性和可信性。在受众教育程度较高，或受反面宣传影响较多时，双面论证往往更有效。

（3）提出结论式，即主张先提出结论，后陈述问题或解决问题的办法等。在单面论证中，一开始就提出强有力的论点，有助于吸引受众的注意力并引起兴趣。其缺陷是有忽视受众智商或认知的主动性之嫌，在竞争激烈的市场或行业，或者面对主动性受众及已有知识差别较大的受众时，往往难以取得理想效果。

（4）提出问题式，即主张先提出问题，后提供有关数据或分析，通过启发，让受众自己得出结论。该方法主张较多地尊重消费者主权，启发积极思考，在面对主动性受众时更为适用。其缺陷是吸引受众注意力的作用较弱，所以应与吸引注意力的辅助手段结合使用。

3. 信息形式

传播者必须为信息设计有吸引力的形式。有吸引力的信息形式应当在遵循受众接受规律或习惯的基础上，对不同信息的刺激强度进行布局和配置，并在主信息和辅助信息之间进行合理的设计与安排。有吸引力的图片、颜色和大字标题，独特的版面设计，信息长短和位置排列，以及浏览顺序的安排等，都会有助于加强传播效果。

4. 信息源

信息源指营销传播中信息的发布者或直接传播者。许多企业选择有吸引力的信息源（如名人）以恰到好处地将受众的注意力转移到产品或品牌上来。但企业并不是总能如愿，如百事可乐选择同其代言人布兰妮·斯皮尔斯解约就是因为她的个性太强，导致公众对布兰妮的关注度高于对百事品牌本身的关注。

（四）选择传播渠道

传播渠道主要有两大类，即人员传播和非人员传播。每类渠道又由若干子渠道组成。企业要就两类渠道进行配置或任选其一。

1. 人员传播

人员传播是指在两个或多个人之间直接进行的信息传播。如销售人员与潜在顾客进行面对面沟通。人员传播的主要优点是可直接获得信息反馈，特别适用于需要根据用户特性进行的个性化传播；主要缺陷是传播范围较小，按用户计算的单位传播成本相对较高。

2. 非人员传播

非人员传播是指通过传播媒体，即非人员传播方式进行的信息传播。主要有媒体传播、气氛传播和事件传播。媒体传播是指通过印刷媒体（报纸、杂志）、广播媒体（收音机、电视）等进行的传播，是非人员传播的最主要形式。气氛传播指借助于某种整体性环境创造的氛围进行的信息传播。例如，豪华商场与大众超市环境本身传递给购物者的信息会有相当大的差别。事件传播是指借助于随机或人为事件，向特定目标受众群体进行的信息传播。例如，公共关系部门可能将一次产品事故变成企业改进产品品质的宣传运动等。

人员传播通常是产业用品企业的主要信息传播渠道，而对大多数消费品企业来说，非人员传播则可能是更重要的传播渠道。

（五）编制促销预算

促销预算一方面可以对营销传播提供强有力的支持；另一方面也是检核营销传播活动合理性、促使成本降低和提高效率的重要管理方法之一。常用的促销预算制定方法有量力支出法、销售额百分比法、竞争对等法和目标达成法等。

（六）促销组合决策

企业的全部促销组合工具的运用应当是一种整体行为，其目标和衡量标准应当是整体促销活动的高效率和低成本。企业通常会采用增加高效率促销工具投入和减少低效率促销工具支出的方法，来改善促销组合的效率。选择先进的决策技术，将有助于达到总体效果相对较好而费用较少的最佳状态。

（七）管理和协调营销传播过程

20 世纪 90 年代以来，越来越多的企业将整合营销传播的理论应用于整合企业的营销活动和促销活动，这为各种促销工具的协调和整合提供了客观的衡量标准，也有效地减少了将促销组合调整至相对最佳状态所需的时间和费用，大大提高了整合营销传播效果。

第二节　广告、销售促进与公共关系

在分工和专业化快速发展的今天，大多数企业的广告活动、部分销售促进和公共关系活动是由专业组织承担的，企业则以出资人的身份主要对广告等营销传播活动进行决策管理。这通常是一个低成本、高效率的模式，但企业和营销人员必须懂得如何对营销传播活动进行有效管理。

一、广告

（一）广告的概念

广告是企业营销活动中使用最多、花费最多的促销工具之一，具有传播广、速度快、影响力强等特点。所谓广告，是指通过大众传播媒体，采用付费方式，以营利为目的进行的有关商品、服务、观念等的说服性的信息传播活动。

（二）广告决策的内容与流程

企业对广告活动的管理在内容和程序上主要包括确定广告目标、确定广告预算、设计

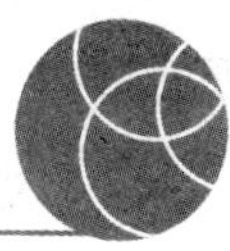

广告信息、选择传播媒体和广告效果评价等，具体见图 12—5。

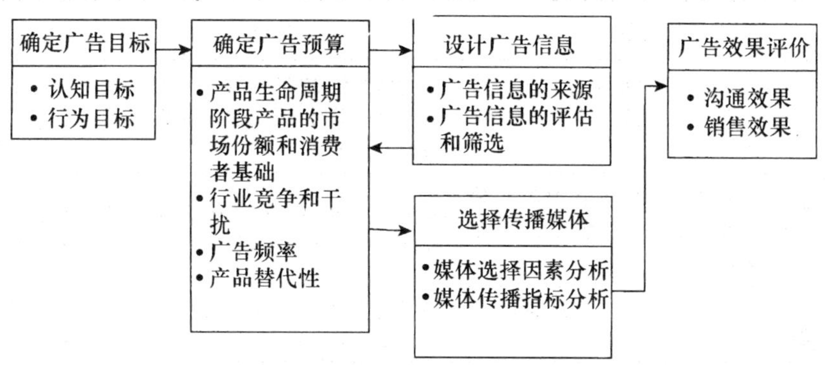

图 12—5 管理广告传播的主要内容和步骤

1. 确定广告目标

(1) 企业广告目标的构成。

广告目标是指在一定时期内针对目标受众所要实现的传播任务及所需达到的程度，它有两种类型，即认知目标和行为目标。前者包括展露、知名度、态度和试用；后者包括目标受众对目标产品的初次试用和重复购买。

1) 展露。即企业目标受众接触广告信息的范围和程度。展露是一切广告效果赖以产生的前提。只有通过受众对广告的接触，才有可能达到让受众知晓、接受，进而改变态度、采取行动的目的。

2) 知名度。即受众对广告信息基本内容的知晓程度。知名度是认知、识别某一产品(包括品牌名称)，并将其同竞争对手产品区分的前提。

3) 态度。即受众对广告企业或产品喜爱、偏爱的程度。改变潜在顾客对企业产品的态度，使其由陌生变为熟悉，进而变为有好感甚至喜爱，是广告的重要职能之一。

4) 试用。即受广告影响，顾客在知晓和改变态度的基础上初次购买广告产品的程度。通常情况下，广告对顾客初次购买的影响要比对重复购买大得多。

5) 重复购买。只有顾客对产品的使用体验满意或基本满意时，广告才能发挥其促使重复购买的作用，进而达到强化喜好和偏爱、培育品牌忠诚的目标。因此，当出现顾客初次购买率较高而重复购买率较低的情况时，常常是因为广告效果好而产品或售后服务出了问题；如果情况相反，则可能是广告传播有问题。

(2) 广告目标的确定方式。

第一，为衡量广告效果而确定广告目标。这是美国广告学家罗素・科利在 1961 年最先提出的。其主要内容是要求从可以衡量的广告效果出发，拟订某个特定时期的系列目标，然后在执行过程的相应时点上将广告效果与广告目标指标加以对比，以评价目标完成的程度、检验存在的问题等。该方法共提出了 52 种可能的广告目标。这 52 种广告目标按照对应的产品生命周期大体可以分为 3 种类型，即通知型目标、说服型目标和提醒型目标，如表 12—2 所示。

表 12—2　　广告目标的 3 种类型

类型	内容	目的	适用情况
通知型	告知有关新产品/服务的情况；建立品牌知名度；减少消费者试购的顾虑	描述所提供的各项服务；提出某项产品的若干新用途；说明新产品如何使用	新产品的市场导入期和成长期初期
说服型	建立品牌偏好；鼓励消费者转向你的品牌；改变消费者对产品属性的知觉	说服消费者马上购买；说服消费者接受一次推销访问	产品成长期和成熟期的大部分时间
提醒型	提醒消费者可能需要该产品；提醒购买地点	促使消费者在淡季记住产品；保持必要的知名度	产品的成熟期末期和衰退期

第二，连续性广告策划程序。该方式将目标市场消费者对广告产品的状态分为知名、接受、购买和满意 4 种类型。连续性广告策划程序法的主要特点是在对广告效果进行连续测定的基础上，通过对广告目标进行连续式或滚动式调整的方式确定广告目标，从而明显提高广告目标确定的准确性和可靠性。

在通过以上方式确定广告目标时，一定要遵循目标内容清晰、目标可量化和可测量、目标切实可行等原则。

2. 确定广告预算

广告预算是企业在制定广告方案时预先安排的广告预期支出金额，是广告管理的一项重要内容。广告花费过低将无法达到预期效果；反之，则会造成浪费，降低广告投资效率。

确定广告预算，一般应考虑以下 5 个方面的因素：

(1) 产品生命周期阶段。

新产品在导入期，为了使消费者了解产品信息，往往需要投入较多的广告费用；当消费者熟悉后，则可相应减少广告预算。

(2) 产品的市场份额和消费者基础。

在市场份额较大时，如果目标是维持并且竞争威胁较小，则广告预算可少一些。如果竞争威胁较大或想进一步增加市场份额时，则需要增加或保持较高的广告预算。

(3) 行业竞争和干扰。

在存在多个同类产品且产品同质性较高的市场上，企业往往需要加大广告预算，以抵制竞争性干扰和达到必要的广告宣传效果。

(4) 广告频率。

广告频率即广告信息传播在一定时期内需要重复的次数。一般来说，广告目标实现的难度大或者新产品上市时，都要求广告有较高的频率，从而增加广告预算。

(5) 产品可替代性。

产品的可替代性较高，或可替代产品种类较多，基于建立差异化形象的考虑，要求企业分配较多的广告预算；反之，则可减少预算。

企业在制定广告预算时，一般可在上期广告预算数量和效果评价的基础上，结合上述因素进行分析后加以确定。条件允许时，企业还可以选择合适的广告预算模型来提高广告预算的准确性。

3. 设计广告信息

广告信息通常是指有关提供物中包含的顾客需求和获得方式等情报。

（1）广告信息的来源。

广告信息的来源可分为外部来源和内部来源。外部来源有顾客、经销商、广告代理商和竞争者的产品、广告等，内部来源主要有企业销售人员、中高层管理人员等。

构思技术也是帮助产生及加工有用信息的有效方法。常用的构思方法有：

1）垂直思考法：这是人们通常思考问题的方法，也是合乎逻辑的分析方法。如遵循因果法的"好人一生平安"；相反，"好人无好报"则不易被接受。

2）水平思考法：也叫横向思考法，是从多角度、多方位思考问题的方法。例如，"冬装夏卖"常有"鹤立鸡群"的效果。

3）头脑风暴法：运用风暴式的智慧思潮撞击问题，以期产生新主意。

4）属性一览表法：产品属性实际上是顾客需求的主要利益。属性一览表法是将企业产品和主要竞争对手产品的主要属性列成一览表，然后对每一产品属性进行分析、比较，发现有用、有效信息的重要方法。属性一览表法示例见表12—3。

表12—3　属性一览表法示例

品牌	产品属性			
	杀虫力	毒性	喷嘴	价格
A品牌	杀虫力较强	无毒、低残留	专利喷嘴	价格偏高
B品牌	杀虫力强	低毒、低残留	普通喷嘴	价格较高
C品牌	杀虫力强	无毒、低残留	普通喷嘴	价格较高

相对而言，A品牌的无毒性和专利喷嘴的喷杀效果是更有效的说服信息。

5）利益分类法：假定购买者通常期望从一个产品中获得4种主要利益（理性的、感性的、社会性的、自我满足）中的一种或几种，然后据此分析并选择适合的广告信息。利益的类型示例见表12—4。

表12—4　利益的类型示例

产品效用经验类型	潜在效用类型			
	性质：理性 特点：可测量	性质：感性 特点：可感觉	性质：社会性 当希望被关注时	性质：自我满足 当追求自我时
使用效果经验	1. 使衣服更清洁	2. 胃痛消除	3. 公益性捐赠	4. 满足美的希望，如"美加净"
使用过程经验	5. 免淘米	6. 味道清醇的淡啤酒	7. 有利于环保的口香糖	8. 满足自尊需求，如受高等教育
偶然使用经验	9. 水果保鲜剂	10. 便携式计算机	11. 流行时装、家具等	12. 满足精神需求，如欣赏艺术

阅读参考：经典广告语

立顿茶：非凡立顿，异样人生；

汰渍洗衣粉：有汰渍，没污渍；

雀巢咖啡：味道好极了；

戴比尔斯钻石：钻石恒久远，一颗永流传；

浪琴手表：分秒之间，优雅尽显现；

耐克：Just do it。

以上品牌的成功都离不开这些广告语，它们简短精练、朗朗上口而又意味深长，被人们熟知且喜爱。

（2）广告信息的评估和筛选。

广告信息的筛选主要根据对广告信息可能产生的预期效果的评价来进行。广告信息“创造”阶段的目的是“生产”大量信息，而筛选阶段则是减少信息的数目，以便将最有价值的信息选出来。

广告信息评估和筛选的有效方法之一是认知价值法。评价的对象是广告信息，评估指标是专为评价广告信息而设计的一组属性指标，如愿望性、独占性和可信性等。例如，美国的“请捐一角银币”组织曾为了帮助先天性缺陷患者而募捐，要寻找一个广告主题。一组年轻父母按上述 3 种属性为其每一条广告信息评分，最高分为 100，其中评价较高的 3 条信息见表 12—5。

表 12—5　　按可能主题的 3 种变量对广告信息的评估

广告主题信息	评分			
	愿望性	独占性	可信性	总分
A. 您的下一个孩子也可能患有先天性缺陷	60	50	70	180
B. 每天有 700 个初生婴儿患有先天性缺陷	70	60	80	210
C. “请捐一角银币”组织将为您提供：小儿麻痹症疫苗，德国风疹疫苗和 110 个先天性缺陷咨询中心	70	80	90	240

如表 12—5 所示，信息 C 的评分分别为 70、80 和 90，其信息的独占性和可信性都是最高的，很可能更有利于广告预期目标的实现。

4. 选择传播媒体

传播媒体是传递广告信息的通道或媒介，通常占企业广告投资支出的 80%左右。合理选择和购买媒体，对于提高广告效果和降低成本至关重要。

（1）广告媒体的类型。

广告媒体种类繁多，根据载体的不同性质可以分为印刷媒体、电子媒体、邮寄媒体、户外媒体和展示媒体等。在日常生活中被人们所熟知的广告媒体主要有报纸、杂志、广播和电视。随着科技的进步，广告似乎无处不在，甚至出现令人意想不到的形式，如收银条背后印刷的广告、交通站点广告等。

（2）影响媒体选择的主要因素。

1）目标顾客的媒体喜好。人们经常依据自身的喜好与需要选择广告媒体，其所选媒体的传播对象和范围与企业目标市场越一致或接近一致时，广告传播的有效覆盖率越高，对预期广告目标的实现越有利。

2）媒体影响力。媒体影响力是指媒体的有效影响力，即媒体绝对影响力中有助于特定广告目标实现的部分。评估媒体影响力的有效性时主要可从以下几方面进行：媒体传播范围的大小和传播对象的性质、媒体的可信性、媒体传播信息的质量、媒体的吸引力和媒体的竞争性等。

3）媒体费用。一般来说，电视广告成本高，而报纸、广播费用较低。

（3）媒体选择的分析指标。

单一媒体选择和确定其购买数量的主要分析指标有覆盖率、毛评点、到达率和暴露频次等。

1）覆盖率。也称收视率、收听率或阅读率，指媒体在某一时点上所触及的受众对象占目标市场对象总量的百分比。其计算公式为：

覆盖率＝接触人数（每次或平均每次）÷总人口

例如，某地的总人口为200万人，覆盖率为30%，就是指电视或广播的受众人数为60万人；当报纸发行量为30万份和平均阅读率为2人次时，覆盖率也为30%。

2）毛评点。也叫总收视率、总收听率或总覆盖率，指某一媒体在一定时期内触及的总人次数占总人口的百分比。其计算公式为：

毛评点＝每次覆盖率×媒体信息发布次数

例如，当覆盖率为30%，信息发布3次时，毛评点＝30%×3＝90%。毛评点可以大于100%。

与毛评点高度相关的一个分析指标是视听众暴露度，即媒体在一定时期内触及受众对象的总人次数。它与毛评点描述的是同一现象，是毛评点的分子部分。

3）到达率。指某一媒体在一定时期内触及受众对象总人数（不是总人次）占总人口的百分比，也称累积受众比率或净受众比率。到达率的实际值可以等于或大于覆盖率。其计算公式为：

到达率＝触及受众总人数÷总人口

上面的例子中，每次覆盖率为30%，3次的总覆盖率或毛评点为90%，或视听众暴露度为180万人次。但实际接触媒体的总人数会大于30%，而远远小于90%。这是因为每次接触媒体的受众对象的变动和多数受众不同程度的重复接触所致。假如接触过1次、2次和3次的人口分别为25万人、40万人和25万人，则：接触总人数为25＋40＋25＝90万人；到达率＝90÷200（总人口）＝45%。45%大于覆盖率的30%，而远远小于毛评点的90%。

4）暴露频次。指在一定时期内，媒体接触对象（非总人口）平均接触媒体的次数。其计算公式为：

暴露频次＝毛评点÷到达率

或：

暴露频次＝接触总人次数÷接触总人数

目标暴露频次是指达到预期广告效果所需要的暴露频次。运用上述指标可以帮助企业计算某一媒体的准确购买数量。如上例，假定某产品要达到预期广告效果的目标暴露频次为10次，已知某一媒体的覆盖率为30%，到达率为45%，企业选择单一媒体策略，则企业应当购买的媒体发布次数为：单个媒体购买数量＝目标暴露频次×媒体到达率÷媒体覆盖率＝10×45%÷30%＝15次。

即要使能接触到广告信息的目标顾客平均接触10次广告，企业需要在该媒体上发布15次广告，购买的媒体发布数量为15次。

5. 广告效果评价

广告效果是指广告的传播是否有效，主要包括沟通效果和销售效果。

（1）广告沟通效果评价。

广告沟通效果评价主要包括对认知效果和态度效果的评价。

认知效果是指目标受众通过广告接触对广告产品的品牌和产品类别的知晓、认识情况。认知效果的调查可采用问卷调查和媒体接触效果调查的方式进行。而态度效果的测定一般可采用直接评分法、实验室测试法等。这是因为在涉及态度或喜好等情感倾向问题时，单纯问卷调查往往难以获得真实结果。

（2）广告销售效果评价。

不同于广告沟通效果，广告销售效果侧重于对行为效果的评价。如某个广告使品牌的知名度提高了20%，品牌偏好增加了10%，并不表明销售量一定会增加10%或20%。这是因为除了广告之外，影响销售效果的还有其他诸多因素。实践中，人们多采用历史分析法或实验法来衡量广告对销售效果的影响程度。

二、销售促进

（一）销售促进的概念

销售促进简称促销，是用来直接刺激消费者或经销商快速或大量购买的各种短期手段或工具的总称。如果说广告是购买的原因，那么促销就是对购买的一种激励，是增进消费者购买的策略。促销包括适用于消费者促销的工具，如赠品、优惠券、试用装、返现等，以及适用于分销商促销的工具，如减价、折让、免费产品、专业广告等。所谓工具，就是指促销实施的具体手段和方法。

（二）销售促进决策的内容与流程

企业对销售促进的设计和管理在内容和程序上主要包括确定促销目标、选择促销工具、制定促销方案、实施和控制促销方案、评价促销效果等。

1. 确定促销目标

销售促进的种类很多，按其直接目标主要可分为3种类型：一是对消费者的促销，包括潜在顾客试用和老顾客重购；二是对分销商的促销，主要用于刺激分销商立即订货、大量存货和在淡季购买；三是抵制竞争者促销的影响，或配合其他工具以吸引竞争者的顾客购买。

销售促进在多数情况下对品牌忠诚起消极作用，经常引导消费者追求降价、折扣、奖励或赠送等，还会降低广告的作用。

2. 选择促销工具

销售促进的主要类型有消费者促销和分销商促销。针对竞争者的促销大多也可归结为上述两种促销类型。

（1）消费者促销工具的选择。

消费者促销工具的形式多种多样，基本类型有：吸引试用型，主要用于新产品上市和进入新的细分市场，形式包括赠送样品和免费试用等；促使立即购买或大量购买型，具体有折扣、赠品、奖励、特价包装或其衍生形式等；促使消费者重复或连续购买型，主要有累计折扣和优惠券等。

（2）分销商促销工具的选择。

选择分销商促销工具，也称交易促销。与消费者促销工具不同，分销商购买以营利为宗旨，所以只有在有利于分销商降低成本或增加盈利时，促销工具才会有效。消费者促销工具也可以被用于对分销商的促销。此外，适合分销商的促销工具还有：促销津贴，是对按企业的一定要求开展促销活动的分销商给予的一种津贴或援助；促销援助，是为分销商开展促销活动，或改善管理、降低成本和增加销售提供的技术支持或帮助。

3. 制定促销方案

在制定整体促销方案时，还应考虑如下几个方面的因素：

（1）确定所提供促销刺激的大小。虽然较高的刺激程度有利于产生较高的销售反应，但刺激程度并非越高越好，应该适度。

（2）制定参与条件。即界定促销刺激对象（如消费者个人或分销商）的参与条件。

（3）决定促销的持续时间。促销的持续时间可参考产品平均购买周期的长度确定，而合理的促销持续时间要考虑促销效果的充分实现和促销效率的水平。

（4）选择促销物的分发途径。如放在包装内在购买现场分发，随邮寄品或附在广告媒体上发送等。

（5）决定促销时机。即制定出全年促销活动的日程安排。

（6）编制促销总预算。

4. 实施和控制促销方案

营销经理必须对每一项促销工作确定实施和控制促销方案。

实施促销方案必须包括前置时间和销售延续时间。前置时间是开始实施这种方案前所必需的准备时间。销售延续时间是指从开始实施促销方案时起，到大约95%的促销商品到达消费者手里为止的时间。

控制促销方案是指营销人员根据促销效果评价和其他反馈信息，对促销方案做出的修订、调整或中止实施等。

5. 评价促销效果

促销效果评价对于管理和控制促销、保证促销目标的实现极其重要，主要评价方法可参考广告效果的评价方法。

三、公共关系

（一）公共关系的概念

公共关系是一系列用来建立和维护企业与公众间良好关系以及产品形象的活动。营销中的公共关系则是企业主动与其顾客、供应商、经销商以及其他相关公众建立和维护良好关系，支持产品宣传和形象建设的活动。

公共关系的主要任务有：

（1）沟通与新闻媒体的关系，从正面展示关于本企业及产品的信息；

（2）产品宣传，即在新产品上市或有重要变故时，进行新闻报道式的宣传；

（3）企业形象宣传，即通过内部和外部信息传播来促进公众对企业的了解；

（4）游说，即通过与立法机构和政府相关部门的沟通，维护企业权益并影响法规制定；

（5）防范和处理危机事件，向企业高层提出建议并在授权后执行危机管理。

公共关系的主要工具有：公开出版物、事件、赞助、新闻、演讲、公益服务活动和形象识别媒体等。公共关系工具的主要特点是以不花钱或少花钱为目标，主要利用大众新闻媒体的力量来开展业务。

阅读参考：危机公关

危机公关是指机构或企业为避免或者减轻危机所带来的严重损害和威胁，从而有组织、有计划地学习、制定和实施一系列管理措施和应对策略，包括危机的规避、控制、解决以及危机解决后的复兴等不断学习和适应的动态过程。危机公关是应对危机的有关机制，具有意外性、聚焦性、破坏性和紧迫性。

（二）公共关系决策的内容与流程

在进行营销公关活动之前，营销部门必须制定营销公关方案，主要包括确定公共关系目标、选择公共关系工具、制定和实施公共关系计划、评估公共关系效果。

1. 确定公共关系目标

主要是在公众中树立正面的企业形象、产品形象并扩大影响。具体的目标可以是提高知名度、使潜在顾客了解企业或企业产品，或者以最有利的方式处理企业面临的危机事件等。

2. 选择公共关系工具

应选择能达到既定目标的相对最有效、最适当的公共关系工具，包括新闻报道、赞助、举办展览和开展主题活动等。

3. 制定和实施公共关系计划

即就具体目标和业务开发制定出切实可行的计划，包括具体的目标、活动内容、活动时间、执行人和要求等。对可能发生的危机事件还应制定必要的应急方案。公关人员应与

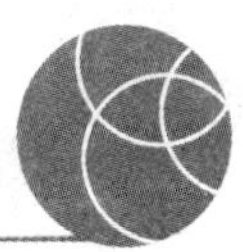

大众媒体建立并保持良好关系，熟悉新闻报道的规则和限制因素，以使计划能够被顺利执行。

4. 评估公共关系效果

一般可以通过以下 3 种方式获得相关数据并进行评估：

一是通过统计各种大众媒体对企业和产品报道的次数、版面大小，并比照相应的广告效果来加以确定；

二是通过公众调查，了解知名度和企业形象的变化；

三是比照相应的广告效果来确定企业公关活动对销售业绩的影响等。

第三节　人员销售与直接营销

人员销售是促销组合中花费最为昂贵，也是最有价值的工具之一。直接营销作为促销工具的后起之秀，集广告的低成本优势与人员销售的个性化沟通优势于一身，值得关注。

一、人员销售

（一）人员销售的内容

人员销售是指推销人员运用各种营销技巧，通过有效的方式与目标顾客面对面沟通，进而满足顾客需求又扩大企业销售的过程。它是企业管理活动中使用最多的促销工具之一，每个企业都要解决人员销售的设计问题，包括确定人员销售目标、选择人员接触方式、设计销售队伍结构、核定销售队伍规模和选定销售人员的报酬制度等，如图 12—6 所示。

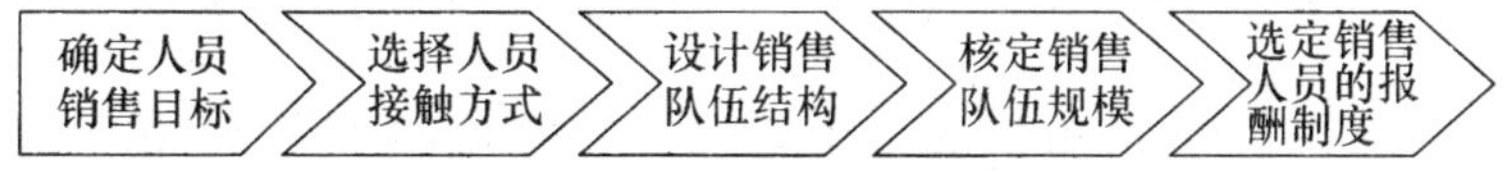

图 12—6　人员销售决策的内容

1. 确定人员销售目标

设计企业的人员销售，首先要确定其目标。企业目标顾客的特点、产品类型和企业战略等，是确定人员销售目标的主要影响因素。人员销售目标主要有：开发新顾客；传递产品、服务信息；销售产品；提供服务；收集和反馈信息；分配顾客访问时间；分配产品销售时间；收集和评价顾客资信情况等。一般来说，人员销售目标通常由一系列指标组成。例如，维系老顾客 80%，开发新顾客 20%，该目标可用销售额或顾客数量表示，也可用顾客访问时间比例表示。

2. 选择人员接触方式

人员销售设计需要为企业的顾客和产品选择最有效的人员接触方式，以便对销售人员进行专门培训，使销售人员能在适合的时间和地点，以适合的方式访问顾客，提高人员销售的效率。可选择的接触方式主要有：

（1）销售人员与顾客一对一。即一名销售人员面对面或通过电话和一名潜在或现有顾客交谈。适用于大订单的准销售接触。

（2）销售人员与顾客一对多。如销售人员向客户采购组介绍产品。

（3）销售人员与顾客多对多。如一个包括销售经理、销售人员和销售工程师在内的销售小组向一个客户采购小组展示和介绍产品。（2）和（3）相对更适合于大宗采购、组织间营销和政府采购等。

（4）推销会议。指销售人员和企业其他人员组织和邀请一些顾客讨论产品购买和使用中的问题以及相互合作的机会等。

（5）推销研讨会。即由企业专业技术人员向买主单位的技术人员介绍有关产品和技术的发展情况。

企业选择的接触方式可以是几种接触方式的组合。例如，以一对一、一对多为主，加上推销会议等的组合等。

3. 设计销售队伍结构

销售队伍结构设计的主旨：选择何种销售队伍结构能使企业在获取更多市场份额或销售增长率的同时，只需付出相对较低的管理成本。

最常见的销售队伍结构如表12—6所示。

表12—6　　销售队伍中的不同结构

按地区结构组织销售队伍	每个销售代表（或小组）负责一个地区，并作为企业在该地区的唯一代表。主要优点：（1）销售人员责任明确，可有效避免销售人员间的冲突；（2）责任明确和地区固定能促使销售人员与当地顾客及相关公众建立较稳定的联系，从而有助于业务开发；（3）差旅费开支相对较少。
按产品结构组织销售队伍	按产品线或个别品牌组织专门化的销售队伍。主要优点：特别适合产品技术复杂、产品或产品线之间毫无关联或产品类别很多的情况，在产业用品企业中采用较多。主要缺点：费用较高，销售人员可能“撞车”甚至发生冲突。
按顾客结构组织销售队伍	按顾客类别组织销售队伍。企业按照不同行业或不同规模将客户分类，然后安排不同的销售队伍为之提供产品和服务。例如，将客户分为大、中、小客户，重点客户和一般客户，不同行业用户等。主要优点：每个销售人员对客户的特定需要非常熟悉，有利于同客户建立稳定的关系。主要缺点：在客户分散时，差旅费开支较高。
复合型销售队伍结构	企业在一个广阔的地理区域内向许多不同类型的顾客推销多种产品时，将以上几种组织销售队伍的方法混合起来使用，以扬长避短。销售人员可以按地区—产品、地区—客户、产品—客户等进行分工，也可以按地区—产品—客户分工。一个销售人员对一个或几个产品线经理和部门经理负责。

企业销售队伍结构还应随市场条件和企业战略的变化而做相应改变。

4. 核定销售队伍规模

企业在确定人员销售的接触方式和队伍结构之后，还应进一步确定销售队伍的合理规模。销售人员不足会降低企业的总体销售能力，而规模过大又会显著增加不必要的成本，使销售效率下降。多数企业采用工作量法来确定销售队伍的合理规模。其实施步骤为：

（1）将客户按年购买量大小分成大小不同的类型。

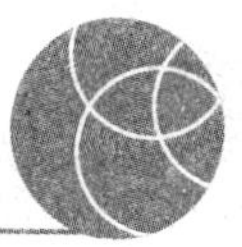

（2）确定每类客户中单位客户所需的年访问次数，访问次数的高低受竞争对手竞争性访问次数的影响，也受客户亲疏程度的影响。

（3）销售区域中每一类客户数乘上各自所需的访问数便是整个地区的访问工作量，即地区年销售访问总次数（总访问量）。

（4）确认特定级别的销售人员每人每年可进行的平均访问次数。

（5）将总的地区年访问次数除以每个销售人员的平均年访问数即得到所需销售人员数，即销售队伍规模。

假定某一级别的销售人员的有效访问工作时间为年标准工作时间的20%（其余时间为调研、准备、报告或处理相关业务等），即400（250工作日×8小时×20%）小时；并假定每次访问平均时间为2小时，则每位销售人员的年访问工作量为200次；再假定该地区所需年访问总次数为5 540次，则该地区需要约27（5 440÷200）位该级别的销售人员。此外，从管理幅度和效率上考虑，大约每15名销售人员需要1名销售管理人员，因此该地区约需要29（27+2）位销售人员。

按工作量确定销售队伍规模的关键，在于对访问质量、年访问次数和销售人员年访问工作量的确认。不同的访问质量，需要的年访问工作量会有很大差别。

此外，还可以按边际利润确定销售队伍规模，即根据增加最后一名销售人员所增加的毛利和成本之间的差额来确定销售队伍规模。不过此方法以假定企业战略、管理和销售人员的销售态度及技术熟练程度等均完美无缺为前提，实践中较难操作。

5. 选定销售人员的报酬制度

销售人员素质好、能力强，还要有好的激励机制才能促使其创造出理想的业绩。

报酬制度主要包括报酬水平和支付方式，是激励机制的主要内容。但要设计一套好的报酬制度并非易事。企业首先要确定销售人员报酬的水平，其水平不应低于社会认可的和竞争者为该类人员支付的“市场价格”，过低会导致招不到优秀人才或人员过度流失；过高则会增加成本，企业也会难以承受。

决定报酬水平后，还要决定报酬给付方式。有以下3种基本方式可供选择：

（1）纯薪金制。即销售人员能得到固定薪金和完成各项任务所需要的费用。其主要优点为：管理当局易于调配销售人员的工作；易于管理和核算。主要缺陷是：缺少激励作用，不利于鼓励销售人员各尽所能；评估和奖励比较困难；业务下降时，企业成本往往会骤然上升而使企业难以承受。如果薪金制的等级不合理，还会造成能人留不住、庸人不愿走的结果。

（2）纯佣金制。即根据销售额或销售利润的大小，按照固定或变动的比率支付报酬。纯佣金制有3个突出优点：能鼓励销售人员尽最大努力工作；使销售费用与收益（销售业绩或利润等）相关联；企业可通过不同的佣金率，调整销售人员在不同产品或新、老产品销售上的时间分配比例。但其缺陷也很明显：管理困难，即不易安排销售人员做额外工作；销售人员为获得高收益可能不惜损害企业信誉或利益；管理费用较高，员工缺乏安全感，人员流失率往往较高。

（3）混合制。大多数企业采用薪金与佣金混合的制度，以期保留薪金制、佣金制各自的优点并避免其缺点。这种制度适用于销售额大小与销售人员努力密切相关，以及管理部门希望能适当控制员工非销售职责的情况。混合制的实施难点在于二者结合的方式和比例的确定。实践中大约有 3/4 的企业采用混合制，并且多数企业把总收入的 70%作为固定薪金，余下 30%为其他变动部分。

从激励机制上考虑，除报酬制度外，其他一些激励手段也与报酬制度有异曲同工之效果，如销售竞赛、晋升、表彰和赞赏等。

（二）销售队伍的管理

人员销售管理主要包括对销售人员的招聘、挑选、训练、指导、激励和评价等。如果说设计人员销售主要着眼于总体效率的话，那么，管理人员销售则主要着眼于销售人员个体效率的提高。

1. 招聘和甄选销售人员

普通的销售人员和高效率的销售人员在业务能力与业绩上有很大差异。因此，选择高素质的销售人员是人员销售工作成功的关键之一。其主要内容包括：

（1）制定招聘计划。

一是拟订招聘目标，即招聘人数和要解决的人力资源问题；二是提出职位说明，即将拟招聘职位的责任详细制成职位说明书，让招聘者和应聘者都能明确拟招聘的销售人员应具备的条件和标准等；三是销售人力分析，即分析现有销售人员数量与素质是否符合企业要求等。

（2）核定招聘配额。

确定招聘人数时要注意素质和数量的关系。确定招聘人数的方法可参照核定销售队伍规模部分。招聘人员数量还受退休、晋升、流失人员数和工作量增加等情况的影响，同时也应考虑可能的筛选比例。

（3）明确优秀销售人员的标准。

迈克默里（Mcmurry）认为理想的销售人员应该具有 5 个特征：精力充沛、富有自信心、对金钱长期的渴望、根深蒂固的勤劳习性，并具有视各种异议、抗拒或者障碍为挑战的心理。

阅读参考：是否需要鞋

美国的一家制鞋厂为扩大市场，派一名推销员到非洲的一个岛上去做销售。推销员到达后发现当地人没有穿鞋子的习惯，于是沮丧地发电报告诉老板：“这里的居民从不穿鞋，此地没有市场。”

老板接到电报后，思索许久，又吩咐另一名推销员去做实地推销。当这个推销员见到当地居民赤足时，激动万分，立刻发电报给老板：“此岛居民无鞋穿，市场潜力巨大，快寄一百万双鞋子过来。”

（4）招聘准备与实施。

具体包括以下内容：吸引符合条件的潜在对象报名（包括由现有销售人员引荐、利用职介所、刊登招聘广告等）、初选、甄选测试（笔试、面试）等。

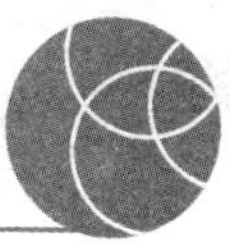

（5）销售人员的甄选。

即从应聘者中选拔出优秀、适宜的销售人员。

2. 销售人员的培训

有效的销售人员培训，既是一种感情投资，也是一种效率投资。前者可增强对员工的吸引力、凝聚力，成为销售队伍的稳定剂，后者可提高销售人员个人的工作效率。凝聚力加高效率，可以使销售培训得到理想的投资回报。

销售培训时间依企业性质而定，产业用品企业平均培训期限为14～28周，服务性企业为12周，消费品企业为4周。销售培训的方式主要有角色扮演、敏感性训练、课堂讲授、现场学习等。培训的内容包括入职培训、管理技能和职业知识培训、语言培训、专业技术的在职培训等。

3. 销售人员的监督和绩效评估

销售人员监督的内容和方法包括：建立现有和潜在客户的访问规范；指导销售人员有效地支配时间；建立有效的内勤与外勤销售人员的责任和协调规范等。

销售人员绩效评估主要包括：确定评估资料的来源，一般包括销售业务报告、现场观察、顾客信件、抱怨及调查等；工作绩效正式评估，通常可采用两种方法，即行业横向比较和个人纵向比较。

4. 销售人员的激励

基本激励模式：激励→努力→业绩→奖励→满足。该模式表明对销售人员的激励越大，其做出的努力越大，更大的努力会带来更大的业绩，更大的业绩将获得更多奖励和满足，而更多的满足又将产生更大的激励。

有效激励的形式因人而异，包括金钱、教育培训、表扬、晋升等。研究发现，经济激励更适用于年纪较大或者家庭成员较多的销售人员，而认同之类的激励则更适用于未婚或家庭成员较少并且受过正规教育的销售人员。

二、直接营销

随着市场机制的成熟和竞争度的不断提升，直接营销作为一种与传统营销完全不同的新型营销技术，越来越受到人们的青睐。美国的直接营销销售额近年来平均增长率达到10%～15%，为普通零售业的2～3倍。有专家认为，随着现代通信技术和互联网的发展，直接营销具有超越店铺销售和人员销售的趋势。

（一）直接营销的概念

直接营销（direct marketing）也译作直效营销，是一种不通过中间机构而直接与顾客接触来传递产品或服务信息的营销传播途径或销售通路。从本质上看，直接营销就是销售人员通过媒体与顾客或潜在顾客进行的直接沟通。其核心要素主要有两个：一是销售人员与顾客直接沟通，因此具备人员销售的主要优点；二是通过媒体进行沟通，比人员销售沟通的范围要广泛得多，从而具有部分广告的低成本优势。

直接营销具有便捷性、互动性、可衡量性、时空非限制性等特点。虽然直接营销与直接销售同属无店铺零售业态，但是我们还是应该清楚地了解两者的差异。直接销售指企业招募直销员，由直销员在固定营业场所之外以面对面的形式直接向最终顾客推销产品的方式（成本高），最具代表性的就是保险推销员；而直接营销是以非面对面的接触方式（如通过电话、产品目录、广告等）向顾客销售商品，买者和卖者之间没有销售人员的直接介入。由此可见，直接销售是销售人员以人际接触的方式面向顾客销售产品；而直接营销则采用个性化的沟通和销售方式，两者在成本高低上有很大差别。

（二）直接营销的工具

常见的直接营销形式包括：直接邮寄、目录营销、电话营销、电视直销、购物亭营销、电子营销和其他媒体营销等。

1. 直接邮寄

即销售人员将广告或产品信息以信函或其他“长翅膀的推销员”的形式，有选择地直接邮寄给目标顾客，销售产品的一种方式。顾客名单可以由销售人员自己逐渐积累，也可以从邮寄名单经纪人或调查企业那里购买。

目前，直接邮寄是一种非常流行的营销方式，它具有灵活性、个性化等特点，能够及时监测市场反应，促使顾客购买。但是获得目标顾客的成本要高于大众媒体，同时过多的直邮广告和信息会产生信息超载，导致目标顾客对收到的内容视而不见。为进行有效的邮寄直销，销售人员应力求认清目标群体，明确邮寄内容，动态了解活动效果等。

首先，可以采用3种方式来确定目标顾客：一是对顾客的消费间隔、消费次数和消费金额打分，分数越高的顾客越有吸引力；二是根据年龄、性别、收入、受教育程度和之前邮寄购买情况确定目标群体；三是依据之前老顾客的信息整理确定新的顾客范围。其次，选定邮寄内容，这不仅指信息的内容，还包括信封、回复的表格、传单等的设计。最后，可以将回复率作为衡量活动是否成功的标准。

2. 目录营销

早期的目录营销也是一种直接邮寄，邮寄的也只是一个类别或几个相关类别的商品目录。现在直接邮寄厂商寄给顾客的一般都是包含多种产品信息的商品目录，可直接寄给顾客或放在客流较多的商店供顾客随时索取。美国平均每个家庭每年收到的商品目录至少有50件之多。

现在除了色彩艳丽的纸质目录外，许多企业还将目录营销与电子信息相结合，通过互联网、微信、微博等渠道直接向目标顾客发送商品目录，既便捷又节约成本。但要注意，目录营销的成功有赖于对顾客名录的有效管理，从而提高产品质量，降低退货率，维护企业和产品的良好形象。

3. 电话营销

即使用电话直接向顾客销售产品，提供答疑服务。销售人员利用电话，不但可以直接向顾客销售产品，培植和选定主要销售对象，联系距离较远的顾客，而且可以接收由电视和广播广告、直接邮寄或产品目录销售反馈回来的查询订货信息，处理顾客服务和顾客投诉。这样不仅能够提升顾客满意度，而且有利于降低营销成本。资料显示，美国每年电话营销的总营业额高达1 150亿美元。然而在中国，出于对陌生来电的警惕心理，人们往往会产生排斥，所以在电话营销时要十分注意沟通技巧和语音语调，只有先得到对方的信任，才有可能成功营销。

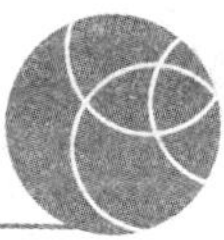

4. 电视直销

即利用电视广告直接向顾客销售或取得订单。具体方式有：

（1）直接广告。即销售人员通过电视广告来展示和介绍企业的产品，并同时告知查询订购电话，顾客只要打个电话即可完成交易约定。与电视广告不同，直接广告提供的是订购电话，并且顾客只需在自己要求的地点付款收货。

（2）电视购物频道。主要是通过专门电视频道播放系列产品广告信息，观众可全天24小时随时收看，并可随时拨打电话订购。

鉴于电视媒介的影音效果和广泛的收视群体，企业可以对产品的性能、特点、设计、配送和售后服务等进行详细介绍，并根据不同的目标群体选择合适的营销频道，进而促成销售。

5. 购物亭营销

购物亭营销是一种全新的商业零售形式，指依靠能根据投入的钱币和选取的商品自动付货的机器（即自动售货机）进行销售的营销方式。因其不受时间、地点的限制，能节省人力、方便交易，又被称为24小时营业的微型超市。

之前，此种营销方式主要用于饮料、香烟的销售，现在其应用范围逐渐扩大，并多存在于人流密集的商业中心、交通站点、写字楼等。

6. 电子营销

电子营销是电子商务的一部分，是从购买者角度来看的电子商务。营销者可以给消费者发送个性化的内容，而消费者可以进一步个性化这些内容，从而与更广泛的群体进行互动和对话。电子营销主要可以通过以下手段实现：

（1）网站。网站是企业形象的代表，更是企业营销的根据地，所以网站的设计不容小觑。杰弗里·雷波特（Jeffry Raport）和伯纳德·贾沃斯基（Bernard Jaworski）认为有效的网站应具备以下7个设计要素：

1）情景：网站布局和设计。

2）内容：网站上的文本、图片、声音和视频。

3）社区：怎样使用户之间进行沟通和交流。

4）客户化：为不同的用户制定网站相关内容，或者让用户设置自己的个性化网页页面。

5）沟通传播：怎样使网站与用户之间建立双向沟通传播。

6）连接：网站同其他网站链接的程度。

7）电子商务：网站处理和解决交易的能力。

网站的访问者一般会依据舒适性（使用简洁、功能齐全等）和美观性（字体适中、颜色恰当等）来评判网页的好坏，而优质的网页更会吸引顾客消费。此外，企业的网页设计还要注意动态变化性和安全性。

（2）在线广告。企业的在线广告主要有描述性广告和嵌入式广告两种。前者是指企业将带有文字或图片的小块广告投放在相关网站上；后者则是投放在一些视频、影视作品播放前的动态广告。

（3）电子邮件。电子邮件可以使销售人员与顾客随时沟通，并对相关产品进行及时宣传，成本大大低于直接邮寄，同时速度快、效果佳。但是许多人会使用电子邮箱的邮件过滤系统，防止广告类邮件的接收，因此电子邮件的发送要适时、有针对性。

(4) 在线社区互动。在线社区和论坛可以是由顾客自发设立，与企业无经济关系的虚拟社区；也可以是由企业出资设立的相关言论、信息的集散地。不论何种形式，它都是企业收集信息、推销产品、拉近顾客关系的宝贵资源。

(5) 社交网络。社交网络已成为 B2C 和 B2B 营销领域的新宠，更是其营销传播的主力。当下风靡的社交网络主要有微信和微博，它们不仅具有信息传播量大、传播及时、顾客数量多、范围广等优势，还具有话题和口碑营销的特点。例如，通过设立微信平台的公共账号，可以自动生成目标顾客群，因为用户会主动搜索并关注他们感兴趣的内容。然后通过每天产品信息的最新发送和互动活动，达到良好的营销效果。此外，微博的转发、微信朋友圈的点赞也是企业信息与服务的较好口碑式宣传方式。

7. 其他媒体营销

企业还可以通过杂志、报纸等印刷媒体或电台媒体向顾客推销产品与服务。书籍、食品、服装、日用品、汽车等企业可以在报纸、杂志上刊登相关广告，结合产品的精美图片，给读者以视觉冲击，增强其购买欲望。其他产品和服务可以通过在电台媒体上播放相关广告或是做专题栏目来进行介绍，同时结合热线电话订购，使得听众在听到感兴趣的某种产品信息时方便购买。这些营销方式使营销信息成为一种正面的接收式信息，而不是被动的推销式信息，避免了顾客的反感心理，增强了信息的传播度。

本章小结

整合营销传播工具（亦称促销组合工具）主要包括广告、销售促进、公共关系、人员销售和直接营销等。整合营销传播对各种促销组合工具加以整合应用，对提高企业的市场竞争力有重要的作用。

广告促销是企业非价格竞争的一种有效策略。企业对广告活动的管理主要包括确定广告目标、确定广告预算、设计广告信息、选择传播媒体和广告效果评价等。

销售促进作为企业使用频繁的一种促销工具，具有明显的短期促销效果。销售促进工具种类较多，作用常常具有双重性，与长期计划结合往往能取得更好的效果。

公共关系也是一种重要的促销工具。制定公共关系方案时，需要确定公共关系目标、选择公共关系工具、制定和实施公共关系计划、评估公共关系效果等。

人员销售是最传统的也是重要的促销方式之一。人员销售的内容主要包括确定人员销售目标、选择人员接触方式、设计销售队伍结构、核定销售队伍规模和选定销售人员的报酬制度。销售队伍的管理主要包括对销售人员的招聘与甄选、培训、监督与绩效评估和激励等。

直接营销作为促销工具的后起之秀，集广告的低成本与人员销售的个性化沟通的优势于一身，主要包括：直接邮购、目录营销、电话营销、电视直销、购物亭营销、电子营销和其他媒体营销等形式。其中电子营销作为目前效果佳、流行广的形式之一，主要由网站、在线广告、电子邮件、在线社区互动、社交网络等手段实现。

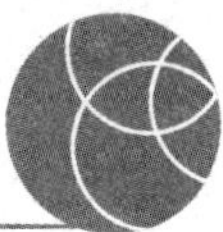

思考题

1. 整合营销传播的工具有哪些？
2. 企业管理广告活动的主要内容和步骤有哪些？
3. 简述消费者和分销商的促销工具的类型及选择。
4. 简述企业营销管理中公共关系的主要任务。
5. 如何设计和选择企业销售队伍的报酬制度会更有利于企业市场营销活动的开展？
6. 结合具体事例说明各种直接营销形式在现实中的应用。

第六部分
市场营销的组织和控制

第十三章　市场营销组织

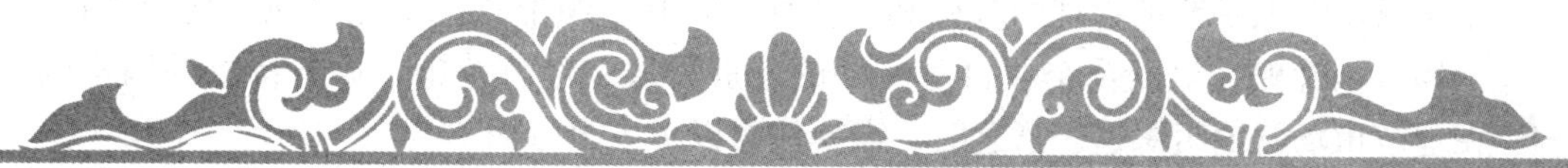

学习目标

1. 熟悉市场营销组织的概念与目标；
2. 了解市场营销组织的演化过程；
3. 认识市场营销组织的模式和具体类型；
4. 掌握营销组织设计的原则和步骤。

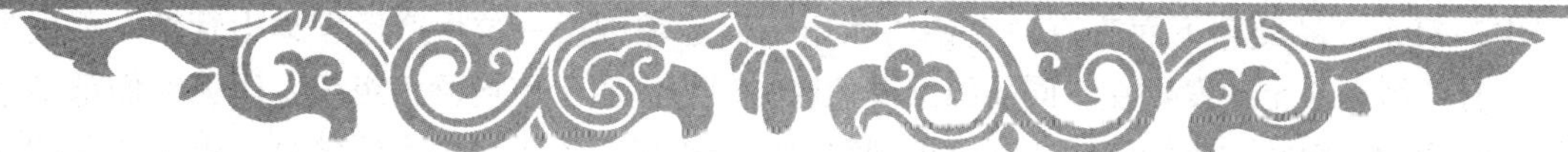

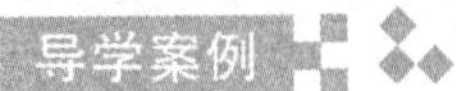

导学案例

可口可乐公司全球营销组织的变迁

可口可乐公司作为全球性大公司，其在20世纪90年代中期的组织变革被认为是企业从国际营销走向全球营销的变革的最后一步。起初，所有国际分部都向负责国际经营业务的执行副总裁汇报，该执行副总裁以及负责美国国内业务的副总裁向总裁汇报。目前，该公司新的组织由6个国际分部——5个可口可乐分部和1个可口可乐食品分部组成。美国经营单位的盈利占20%左右，并已降级为公司全球地域中6个国际经营单位中的1个部分。

第一节　市场营销组织的发展

企业的市场营销活动是由组织中的人来完成的，市场营销管理自然离不开特定的组织结构，组织决策是市场营销管理的一个重要方面。市场营销经理必须设计并维持某种组织结构，使组织结构与企业外部环境相适应，与企业内部条件和战略相匹配。

一、市场营销组织的概念与目标

（一）市场营销组织的概念

市场营销组织是指企业内部涉及营销活动的各个职位及其结构。它是以市场营销观念为基础而建立的组织，以消费者需求为中心，把消费者需求置于整个市场运行过程的起点，并将满足消费者的需求作为其归宿。

市场营销组织是营销管理的基础和重要保证，其组织形式主要受宏观市场营销环境、企业市场营销管理哲学以及企业自身所处的发展阶段、经营范围、业务特点等因素的影响。在理解市场营销组织这一概念时，需要注意以下3个方面：

第一，企业的市场营销活动并非都由市场营销部门来完成，而是发生在不同的组织岗位上。营销活动贯穿整个企业组织，在研发、生产、人力资源等部门中也都涉及营销活动，与营销组织密切相关。

第二，不同企业对其经营管理活动的划分不尽相同。例如，信贷对某个企业来说是营销活动，对另一个企业而言则可能是会计活动。

第三，并非所有的营销活动都发生在同一组织岗位。比如，在拥有很多产品线的大公司中，每个产品经理下面都有一支销售队伍，而运输则由一位生产经理集中管辖。不仅如此，有些活动甚至还发生在不同的国家或地区。但它们属于市场营销组织，因为它们都是市场营销活动。因此，市场营销组织也被理解为各个市场营销职位中人的集合。由于企业的各项活动总是由人来承担的，所以对企业而言，人的管理比组织结构的设计更为重要。有的组织看起来完美无缺，但是运作起来却不尽如人意，这主要是由于有人的因素介入。从这个意义上来说，评价市场营销组织的优劣主要是基于人员素质，而不仅仅是组织结构的设计。这就要求营销经理既能有效地制定营销战略和战术，又能使下级正确地贯彻执行这些战略和战术。

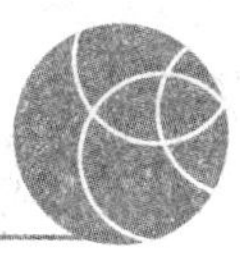

（二）市场营销组织的目标

通常来讲，市场营销组织的目标主要有以下4个方面：

第一，激励营销人员实现营销目标。企业营销活动是由营销人员来实施的，所以在市场营销组织中，对营销人员的激励与管理是头等重要的目标。营销高级管理人员需要通过设计合理的组织结构、良好的行为规范，营造和谐的人际关系及合作性竞争的氛围，以激发营销人员为实现组织目标而努力。

第二，对市场需求做出快速反应。营销组织应不断适应外部环境，并对市场变化做出积极反应。企业可以通过多种途径（如所处的行业的变化趋势、产品变化趋势、销售人员的反馈、各类调研咨询机构等）把握市场的变化。在了解市场变化后，企业的反应则涉及整个营销活动，从新产品研发、定价直至包装都要做出相应的调整。

第三，使市场营销效率最大化。企业内部存在生产、销售、财务、人事等许多专业化分工的部门，为避免这些部门间的矛盾和冲突，营销组织要充分发挥其协调和控制功能，确定各自的权利和责任。

第四，代表并维护消费者利益。企业若奉行现代市场营销观念，就必然要将消费者利益放在第一位，而这个职责主要由营销组织来承担。虽然有的企业利用营销研究人员的民意测验等来反映消费者的呼声，但仅此是不够的。企业必须在管理的最高层面上设置营销组织，以确保消费者的利益不受到严重损害。

建立市场营销组织本身并不是企业的最终目的，而是使得企业获得最佳营销效果的有效手段。企业市场营销组织的目标归根结底是帮助企业完成营销任务，市场营销组织的好坏可以从效率和效果两方面来考察。

二、市场营销组织的演化

现代市场营销组织是组织长期演化的结果。在宏观市场营销环境、企业市场营销管理哲学以及企业自身所处的发展阶段、经营范围、业务特点等因素的综合影响下，营销组织经历了多个发展阶段并逐步成熟。营销组织是随着市场营销管理哲学的不断发展演变而来的，总体上经历了单纯的销售部门、兼有营销职能的销售部门、独立的营销部门、现代市场营销部门、现代营销型企业、以过程和结果为基础的公司6个阶段。

（一）单纯的销售部门

小型企业常由一名主管销售的副总经理负责销售管理工作，销售部门的职能仅仅是推销生产部门生产出来的产品，对于产品式样、库存管理等完全没有发言权，见图13—1。

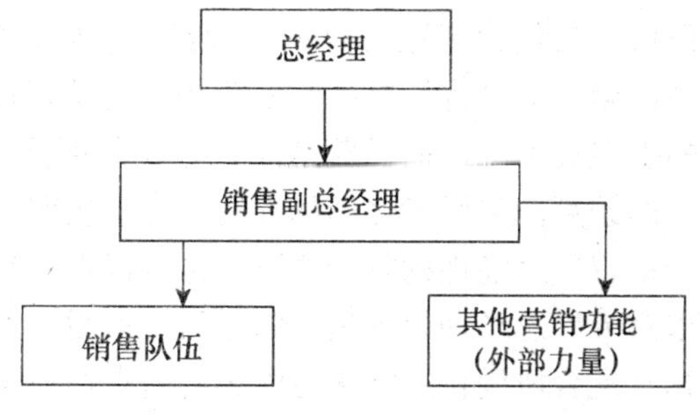

图13—1　单纯的销售部门

(二) 兼有营销职能的销售部门

公司规模扩大后，需要经常进行营销调研、广告及顾客服务，在组织上仍由销售副总经理来领导销售，在销售部门设有营销主管进行销售以外的营销工作，见图 13—2。

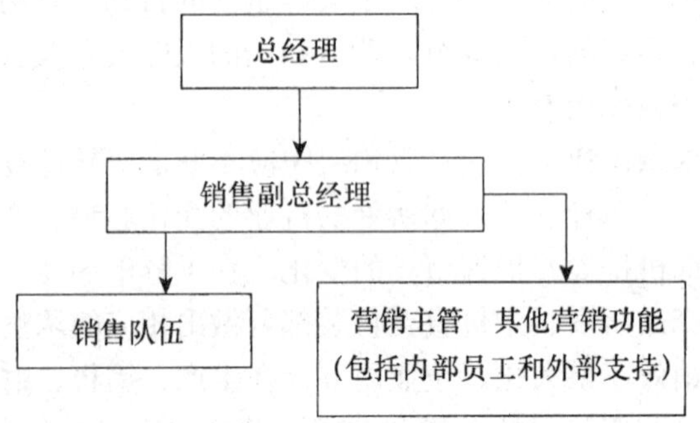

图 13—2 兼有营销职能的销售部门

(三) 独立的营销部门

公司的规模继续扩大，市场营销的其他职能的投资效益不断提高。但由销售副总经理来管理营销部门，他会把过多的时间和精力放在销售队伍的建设上，这使营销职能人员得不到所需的资金与管理方面的支持，影响了组织营销的绩效。现有的组织结构已不适应环境的变化，公司的高层管理者与总经理意识到应设立一个营销副总经理与销售副总经理分管营销与销售，向同一总经理或常务副总经理报告。独立营销部门的设立使总经理能对公司的发展机会和存在的问题有比较正确的看法和认识，而不像原来那样仅仅使用增加销售人员、降价等方式来解决问题；他会考虑营销副总经理的意见，从而更多地从顾客的立场来理解营销中存在的问题，更全面地分析和解决问题，见图 13—3。

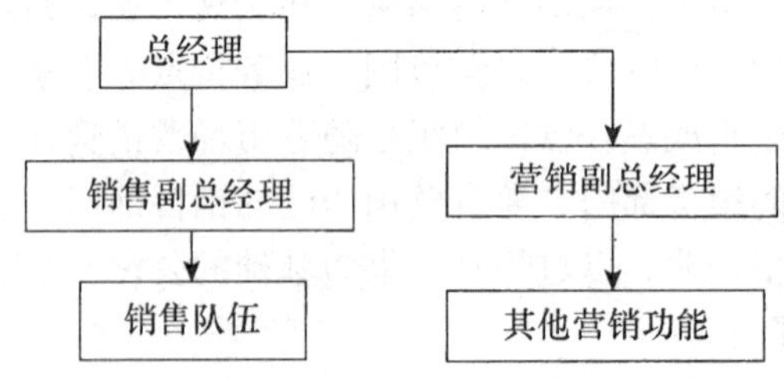

图 13—3 独立的营销部门

(四) 现代市场营销部门

在独立的营销部门阶段，虽然销售副总经理与营销副总经理的工作相互补充、支持，解决了营销过程中的一些问题，但是他们之间常常会相互竞争，彼此也互不信任。每一部门都不甘于让自己部门的重要性下降，而且营销部门随着企业规模的扩大，其重要性日益突出，要求扩大营销费用的预算。当两者之间的冲突不能解决时，会要求总经理协调。总经理可以把营销活动置于销售副总经理的管理之下；也可以把销售活动置于营销副总经理的管理之下；还可以要求常务副总经理处理出现的矛盾。最后一种解决方法使得销售活动能够与其他的营销活动相互配合协调，更能满足顾客的需求，所取得的管理效益要高于前

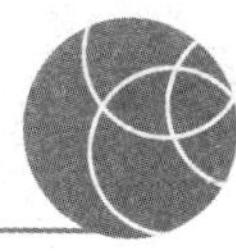

两种情况。因此许多公司都采纳了最后一种解决办法，从而形成了一种新组织结构，营销组织管理进入了一个新的阶段，见图13—4。

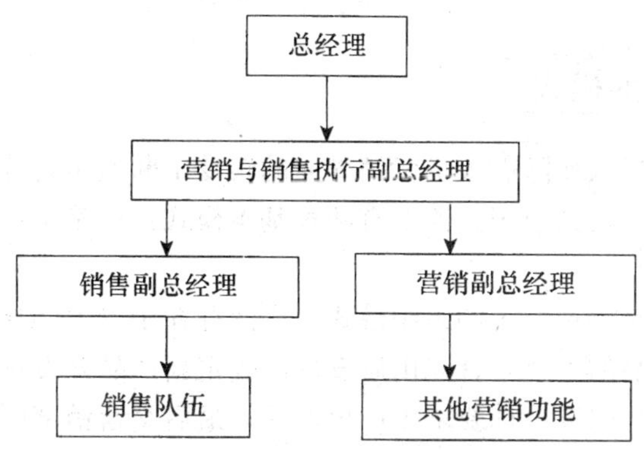

图13—4　现代市场营销部门

（五）现代营销型企业

企业成立营销部门以后，显示了很大的优越性，企业的市场营销活动成为一个整体。但是，在发展过程中仍然存在一些矛盾，这主要表现在企业其他部门不重视市场营销，各自强调其工作的重要性，形成多种中心。因此，只有企业主管认识到，企业所有的部门都是以市场为导向、以服务顾客为目的的，营销不只是一个部门的名称，而是整个企业的指导思想，这样的企业才能成为真正的现代营销型企业。

根据现代市场营销观念，市场营销是企业的基础，而不是单独的职能。从营销的最终成果即从顾客的观念来看，市场营销就是整个企业，为此，在企业组织内应做出相应的安排：(1)设立独立的营销部门，以准确把握顾客对产品或服务的具体需求；(2)营销部门参与新产品开发，在企业内部，营销部门对顾客需求最为了解，因此应全部参与到新产品开发过程中；(3)营销部门应统一负责企业的全部营销职能，不应将其中一部分职能分散到其他部门中去。

（六）以过程和结果为基础的公司

在现代销售组织的基础上，公司的管理者发现部门之间的严格分工阻碍了营销活动的开展，降低了营销效率。有些活动需要部门之间完全协作，打破部门之间条块分割的局面显得十分有必要。许多公司开始把它们的组织结构重新集中于关键的过程，而非部门管理。公司设置过程负责人，由其进行跨职能的训练小组工作，由各部门抽调人员组成一个过程小组定期对营销人员进行评价，见图13—5。

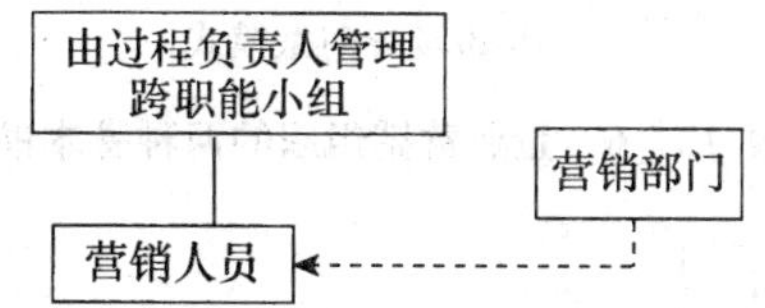

图13—5　以过程和结果为基础的公司

第二节　市场营销组织的类型

一、市场营销组织的模式

市场营销组织的模式伴随着市场营销导向的转变不断发生着变化。从营销组织设计所秉承的营销导向来看，营销组织大体上有两种基本模式：一是生产导向型模式，二是市场导向型模式。

生产导向型模式是一种传统的组织模式，广泛存在于以生产导向为营销理念的组织当中。企业注重的是产品的生产，首先由研发部门确定新产品开发项目，然后交由设计部门设计和开发，由生产部门按设计要求生产出产品，最后交营销部门销售。这种模式在我国的计划经济时代非常普遍，现在也有许多企业仍在沿用这种组织模式。这些企业大多设总工程师办公室，负责新产品开发项目、新产品质量标准和工艺过程，甚至包括包装、定价。这种组织结构以生产和技术为导向，往往忽略了对顾客需求的挖掘和分析，因而设计和生产出来的产品很可能片面追求产品质量或成本降低，而缺乏产品特色和竞争力。营销部门在这种组织结构中被边缘化，不能参与产品和技术的重大决策，生产部门生产什么，它们就销售什么。一般来讲，生产导向型营销组织在激烈的市场竞争中缺乏效率，对外界的竞争环境反应较为被动，见图 13—6 (a)。

随着企业所秉承的市场营销导向的转变，一种现代的市场导向型的组织模式应运而生，它将顾客需求作为组织经营和结构设计的出发点来实现满足顾客需求和企业盈利的双重目标。在这种观念下，营销部门更具有主导性、主动性，全面负责从顾客需求和市场环境中收集新产品构思或原有产品的改进意见，并把这些构思和意见传达给研发部门进行新产品开发或产品改进，然后由生产部门生产，再通过营销部门传递给顾客，营销人员在销售的过程中又主动听取顾客意见，将意见反馈给研发等部门。这种组织模式是一个动态的、良性的循环过程，从顾客需求出发又回到顾客需求本身，更具有可持续发展的动力，与生产导向型模式有着显著区别，见图 13—6 (b)。

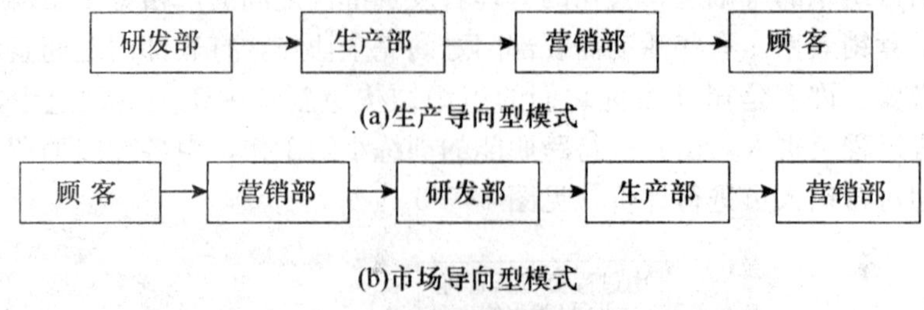

图 13—6　企业营销组织的两种基本模式

二、营销组织的具体类型

营销管理人员只有选择合适的营销组织形式，才能更好地实现企业目标。所有的营销组织都必须与市场营销活动的 4 个基本方面相适应，即职能、地理、产品和市场，由此产生了营销组织的4种类型。

（一）职能型营销组织

职能型营销组织的基本形态如图13—7所示。

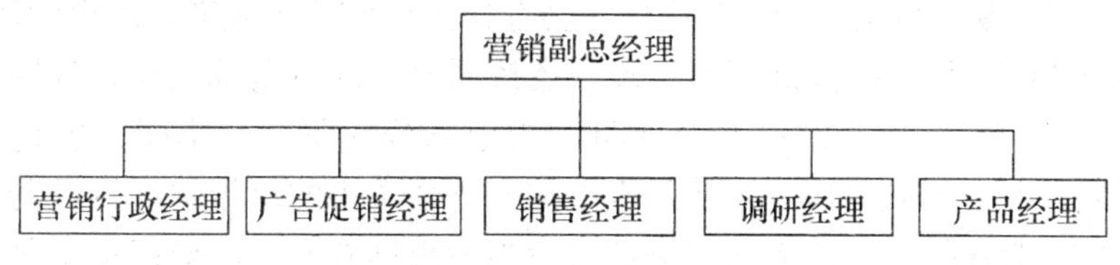

图13—7 职能型营销组织

每一位营销人员都需要明确营销组织的营销职能部门的职责，这些部门主要有以下几个：

（1）销售部。其职能范围是与其他职能部门积极配合，在不断满足市场需求的服务过程中，实现企业的销售收入。销售职能是企业营销的主要职能。现代营销的销售职能除了向消费者推销商品、送货、收款以外，还应包括以下内容：密切监察竞争者及商品动态；指导消费者合理使用商品；协助消费者解决使用商品时发生的问题；担负“活广告”的责任；充当消费者与企业间的纽带；随时留意其他有关营销活动的问题，并主动协助解决，如向产品部门提供新产品概念等。

（2）营销部。其职能范围是组织、分析、策划、控制、改善其他营销职能部门的活动，同时对企业营销活动实行日常性管理。营销部应承担的具体职能包括：通过营销信息的收集、分析，评价在各种营销状态下所面临的市场机会与竞争威胁；制定能满足消费者和企业两方面需求的产品最佳计划；进行营销渠道的维持、管理和促进活动；承担对促销对象、促销目标、促销手段的选择、确定等多因素的管理；营销日常行政事务、营销预算、营销绩效管理、人员培训、运输库存等日常营销行为。

（3）产品部。其职能范围是使企业的产品（服务）构成顺应消费者的需求及市场的动态变化，从而达到企业提高营销效益、实现营销目标的目的。产品部的职能通过从采购开始到保证销售部门的供应，以及对产品（服务）的售后保证等一系列操作程序来体现。包括：产品的材料、样式、规格、包装等的设计；研究如何能使产品向更价廉、更优质、效用性更强的方向发展；对所经营产品新用途的开拓；用新产品引导消费者需求；全方位考虑企业的产品组合等。

（4）广告部。其职能范围是单独拟制或与专门的广告策划公司合作完成企业的促销宣传广告。广告部也是企业营销中重要的职能部门，具体职能包括：广告内容、广告对象、广告目标、广告时限等的选择与限定；广告费用预算；确定广告媒体、实施广告的基本手段；组织人员或委托代理单位设计和制作广告；广告前期调查、广告方案执行、广告方案实施后的效果调查等。

职能型营销组织的主要优点是结构简单、管理方便。这种结构适用于产品种类不多，对有关产品的专业知识要求不高，或经营地区的情况差别不大的企业。随着产品增长和市场扩大，这种组织就逐渐失去有效性，并暴露出无法克服的缺点：第一，在这种形式下，由于没有人对一种产品或者一个市场全盘负责，因而可能缺少按产品或市场制定的完整计划，从而使得有些产品或市场被忽略。第二，各个职能部门之间为了争取更多的预算、比其他部门更高的地位，相互之间进行竞争，市场营销副总经理可能经常面临协调上的难题。

（二）地理型营销组织

在全国范围内从事营销活动的企业往往会选择按照地理区域进行组织设计，如图 13—8 所示。这类企业除了设置职能部门经理外，还按照地理区域范围大小，分层次设置地理区域性经理，层层负责。例如，一些企业将国内市场分成华东、华南、华北、西南 4 大区域，每个区域设一名区域经理，区域经理根据所管辖省市的销售情况再设若干地区销售经理。甚至有的企业在销售量较大的市场还增设当地市场专家，由他们负责研究当地市场环境。为了使整个营销活动更为有效，地理型营销组织通常与其他类型的营销组织结合起来使用。该模式明显增加了管理幅度，在营销任务复杂、营销人员对利润影响很大的情况下，这种分层是很重要的。

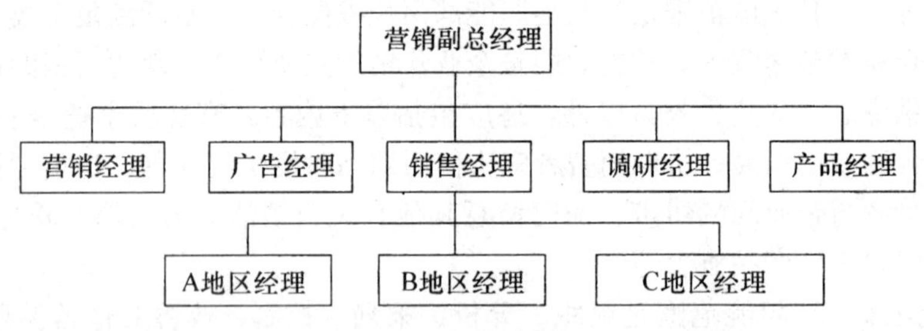

图 13—8　地理型营销组织

（三）产品型营销组织

当企业所生产的各产品差异很大，或经营的品牌较多时，在按职能设置的营销组织无法处理的情况下，建立产品经理组织制度是适宜的。产品型营销组织是指在企业内部建立产品经理组织制度，以协调职能型营销组织中的部门冲突。这种组织并没有取代功能性管理组织，只不过是增加一个管理层次而已。其基本做法是，由一名产品经理负责，下设几个产品线经理，产品线经理之下再设几个具体产品经理去负责各具体的产品，如图 13—9 所示。产品经理的职责是制定产品开发计划并付诸实施，监测其结果和采取改进措施。具体可分为 6 个方面：（1）发展产品的长期经营和竞争战略；（2）编制年度市场营销计划和进行销售预测；（3）与广告代理商和经销代理商一起研究广告的文稿设计和宣传活动；（4）激励推销人员和经销商经营该产品的兴趣；（5）收集产品、市场情报，进行统计分析；（6）倡导新产品开发。

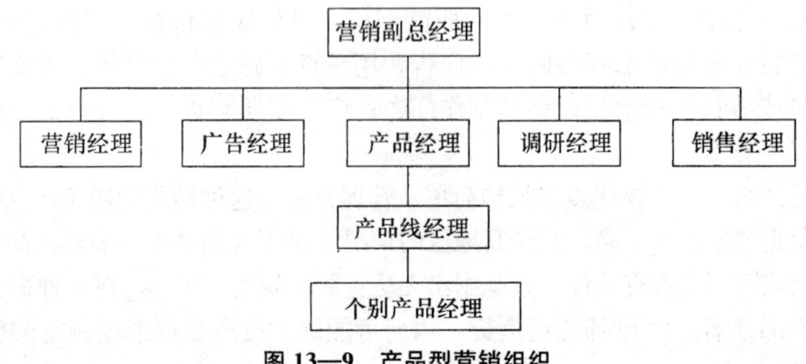

图 13—9　产品型营销组织

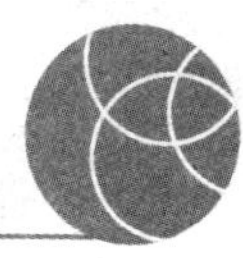

产品型营销组织的优点在于产品经理能够有效地协调各种营销职能，及时反映产品在市场上出现的问题，并对市场变化做出积极反应。同时，由于有专门的产品经理，那些不太重要的产品也不会被忽视。

阅读参考：宝洁公司清洁剂业务

香皂是宝洁公司产品类别中的一支，它所推出的第一个品牌是象牙香皂（Ivory）。之后，由于宝洁公司开始认识到推出第二个和第三个品牌的价值，因此需要由品牌经理来负责各品牌的上市和管理事宜。如今，单单是清洁剂一个产品类别，宝洁公司便拥有9种品牌和9位品牌经理。事实上，每位品牌经理都至少有两位专职的助手：一位品牌副经理与一位品牌助理经理。也就是说，共有27位品牌人员共同经营着宝洁公司的清洁剂业务。

尽管如此，产品型营销组织也存在一些缺陷：第一，这种组织形式某种程度上缺乏整体观念。在产品型营销组织中，各个产品经理相互独立，他们会为保持各自产品的利益而发生摩擦。事实上，有些产品可能面临着被收缩和淘汰的境地。此外，产品经理的流动可能导致该产品的营销规划缺乏连续性，影响品牌的长期竞争力。第二，部门冲突。产品经理们未必能获得足够的权威，以保证他们有效地履行职责，这就要求他们得靠劝说的方法取得广告部门、销售部门、生产部门和其他部门的配合与支持。第三，多头领导。由于权责划分不清楚，下级可能会得到多方面的指令。第四，这种组织形式的管理成本往往比预计的高。

（四）市场型营销组织

当企业把一条产品线的各种产品向不同的市场进行营销时可采取这种组织形式。许多企业都在按照市场系统安排其营销机构，使市场成为企业各部门为之服务的中心。市场型营销组织的基本形态如图13—10所示，一名市场主管经理管理几名市场经理。市场经理开展工作所需要的职能性服务由其他职能性组织提供并保证，其职责是负责制定所辖市场的长期计划和年度计划，分析市场动向及企业应该为市场提供什么新产品等。他们的工作业绩常用市场占有率的增加情况来判断，而不是看其市场现有盈利状况。市场型营销组织的优点在于，企业的营销活动是按照满足各类不同顾客的需求来组织和安排的，而不是把重点集中在营销功能、销售地区或产品上，这有利于企业加强销售和市场开拓。其缺点是存在权责不清和多头领导的矛盾，这和产品型营销组织类似。

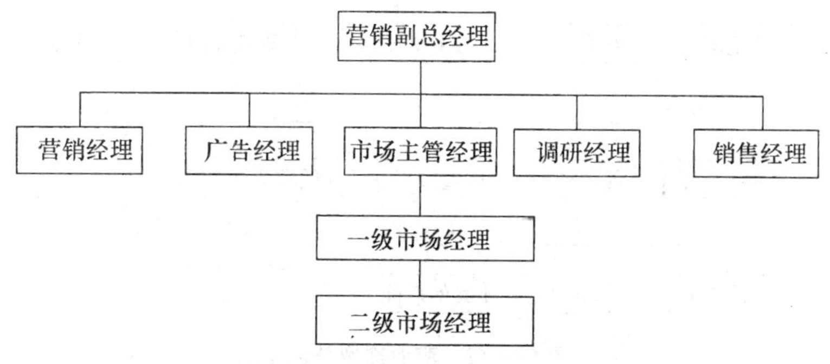

图13—10　市场型营销组织

以上 4 种类型都是独立的形式，但是，随着企业规模的扩大、多角化经营的实行，企业必将生产越来越多的产品品种，拥有越来越多的产品品牌，产品也将销往更多的市场，因而在这 4 种类型的基础上，企业的营销组织出现了几种类型的混合形式，主要有以下 2 种：

（1）矩阵型营销组织。矩阵型营销组织是职能型营销组织与产品型营销组织相结合的产物，它在原有的按直线指挥系统为职能部门组成的垂直领导系统的基础上，又建立一种横向的领导系统，两者结合起来组成一个矩阵，见图 13—11。

市场经理

产品经理	市场1	市场2	市场3	市场4
产品 1				
产品 2				
产品 3				
产品 4				

图 13—11　矩阵型营销组织

在营销管理实践中，矩阵型营销组织的产生大体分两种情形：一是企业为完成某个跨部门的一次性任务（如产品开发），就从各部门抽调人员组成由经理领导的团队来执行该项任务，参加团队的有关人员一般受本部门和团队负责人的共同领导，任务完成后，团队撤销，其成员回到各自的岗位。这种临时性的矩阵型营销组织又叫团队制。二是企业要求个人对维持某个产品的利润负责，把产品经理的位置从职能部门中分离出来并固定化；同时，由于经济和技术因素的影响，产品经理还要借助于各职能部门实施管理，这就构成了矩阵。矩阵型营销组织能加强企业内部门间的协作，集中各种专业人员的知识、技能又不增加编制，组建方便，适应性强，有利于提高工作效率。但是，双重领导、过于分权化、稳定性差和管理成本较高的缺陷又抵消了该组织形式的一部分效率。

（2）事业部型营销组织。随着产品品种的增加和企业经营规模的扩大，企业常常将各产品部门升格为独立的事业部，各事业部下设职能部门，如图 13—12 所示。

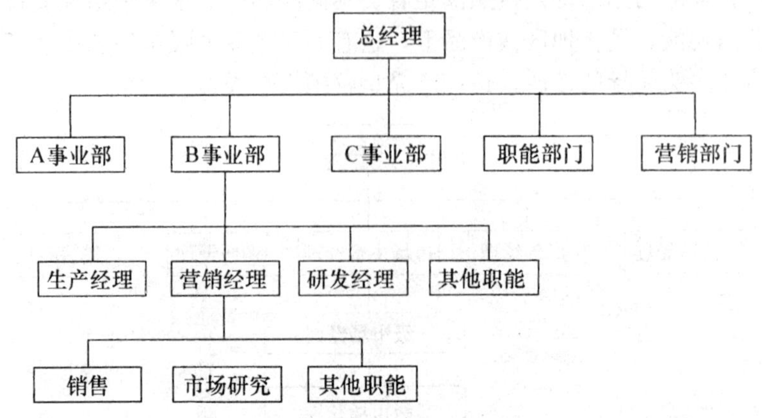

图 13—12　事业部型营销组织

根据企业是否再设立企业级的营销部门，可将该类组织划分为 3 种情况：

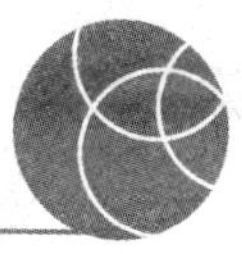

1）企业总部不设营销部门，营销职能完全划归于各事业部分别负责。

2）企业总部设立适当规模的营销部门，主要承担协助企业最高层评价营销机会、向事业部提供营销咨询指导服务、宣传和提升企业整体形象等职能。

3）企业总部设立功能强大的营销部门，直接参与各事业部的营销规划工作，并监控其营销活动。因此，各事业部实际上是营销部门营销计划的执行部门。

第三节　市场营销组织设计

一、营销组织设计的原则

营销组织的设计需要遵循一些基本原则，包括战略主导原则、高效可控原则、整体协调原则、责权利对等原则、管理幅度与层次原则等。

（一）战略主导原则

企业的发展战略不同，会要求设置不同的组织结构。企业营销组织的设计与选择，必须以企业的发展战略为主导，适应企业总体的组织结构及其变化。只有这样，企业的营销组织才能很好地支持企业发展战略的实施与实现。

（二）高效可控原则

组织效率是指组织在一定时间内和一定的资源投入下可以完成的工作量，它是衡量一个组织结构是否合理的重要标准。

营销组织要达到工作的有效性，实现工作的高效率，必须具备一些基本条件：第一，营销组织要有与完成自身任务相一致的权利，如人权、物权、财权、决策权、处理事务权，否则就无法工作，更谈不上效率；第二，营销组织要有畅通的内外部信息沟通渠道，否则营销管理难以达到高效率；第三，营销组织要有高素质的管理人员，责权利明确，易于控制，否则营销组织就会把精力消耗在对内外部摩擦的处理上，疲于应对。

效率高的营销组织会在必要的时间里以较小的资源投入完成规定的各项任务，它有合理的规章制度和岗位设置，因事设岗，各岗位分工明确；每个员工都清楚自己的责权利，各司其职；每件事情都有人负责，没有管理的死角。

（三）整体协调原则

设置营销组织需要遵循整体协调原则，应设计好营销部门与企业外部的关系、营销部门与企业内其他职能部门的关系以及营销部门内不同岗位人员之间的关系。

营销部门要能够在协调企业与顾客之间的关系中发挥积极作用，企业的营销目的是为顾客创造价值。失去了顾客，企业也就失去了存在的资格和生存的条件。比竞争者更好地为顾客创造价值，满足顾客需求，是企业设置营销部门的根本目的所在。

营销部门要能够与企业内部的其他职能部门相互协调。一般而言，营销部门通过掌握市场需求的动态变化引导企业的生产经营活动。营销部门通过识别、确认和评估市场上存在的需求和欲望，决定拟进入的目标市场。研发部门根据目标市场的需求，有针对性地设计、研制和开发适销对路的产品。生产部门则负责设备、原材料的采购和供应，提高生产能力，管理作业流程，控制质量水平，按要求生产市场需要的产品。营销部门还担负着向顾客和潜在顾客推荐产品、引导购买、产品分销和货款回收的任务。财务部门要保证企业生产和营销所需要的资金，在各个职能部门、各个业务项目、各个流程环节之间进行资金的合理配置，帮助企业实现目标。因此，无论是生产部门、研发部门还是财务部门、人力资源部门，都需要与营销部门协调配合。营销部门则要发挥主导作用，主动协调各个职能部门的活动，保证企业的竞争与发展战略能够顺利实施。

营销部门内部不同的岗位人员之间也要相互协调，以充分发挥每个人的积极性。不同的岗位人员是营销部门发挥其职能作用的关键因素，他们的创造力影响着营销部门的活力和适应环境的能力。只有不同岗位人员之间相互协调，企业的营销管理才能在组织上具有弹性，灵活地应对市场环境的变化。

总之，营销部门应该做到：在面对顾客时，能够代表企业；在面对企业内部各个职能部门和其他员工时，又能代表顾客；同时，组织内部又具有足够的弹性，能够灵活地应对市场环境的变化。

（四）责权利对等原则

责权利对等原则是组织设计的一个基本原则，在营销组织设计中尤为重要。因为营销人员是企业的一线员工，直接接触顾客，顾客对企业产品与服务的评价因素很多来源于营销人员。如果营销人员有责无权或权力范围狭小，不仅影响营销人员的工作积极性和创造性，而且会使营销人员面对顾客的特定要求无法及时解决，造成顾客抱怨甚至顾客流失。如果营销人员有权无责，就会造成权力滥用，使营销组织内部无序与混乱。对营销组织而言，更重要的是与责权对等的利益。比如，销售人员的主要收入来源于业务提成，销售人员的被激励程度如何主要看组织是否有效地贯彻了该原则。

（五）管理幅度与层次原则

管理幅度是指一个指挥监督者能领导多少隶属人员。在完成同样数量工作的前提下，管理幅度越窄，则管理层次越多。营销组织内工作内容很多，涉及面很广，信息传输快。如果管理幅度过宽，会造成领导上的困难；如果管理层次过多，又会影响信息传输，造成损失。企业应充分兼顾这两个方面，根据本企业市场营销的实际情况，确定营销组织的管理幅度与层次。

二、营销组织的设计步骤

设计和发展营销组织是每一位营销经理的根本任务之一。如前所述，营销经理从事管理的前提是进行组织规划，包括设计组织结构和人员配备等。20 世纪 90 年代以来，越来越多的企业改变了其营销组织原来的形式，改变的原因主要来自于产品需求、购买类型、竞争对手行为、政府政策等方面的变化。因而，企业的营销组织结构建立起来之后，营销经理要不断地对此进行调整和发展；否则，随着企业自身的发展与外部环境的变化，原先的营销组织将会越来越不适应营销管理的需要，变得僵化和缺乏效率。简而言之，企业营销组织的设计和发展大体要遵循 6 个步骤：分析营销组织环境、确定组织

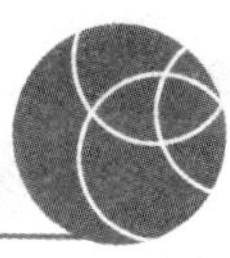

内部活动、建立组织职位、设计组织结构、配备组织人员、评价和调整组织。而这 6 个步骤相互联系、相互作用，形成一个动态有序的过程。为了保持营销组织的生机和活力，营销经理要根据这一过程进行有效决策。设计营销组织的一般步骤如图 13—13 所示。

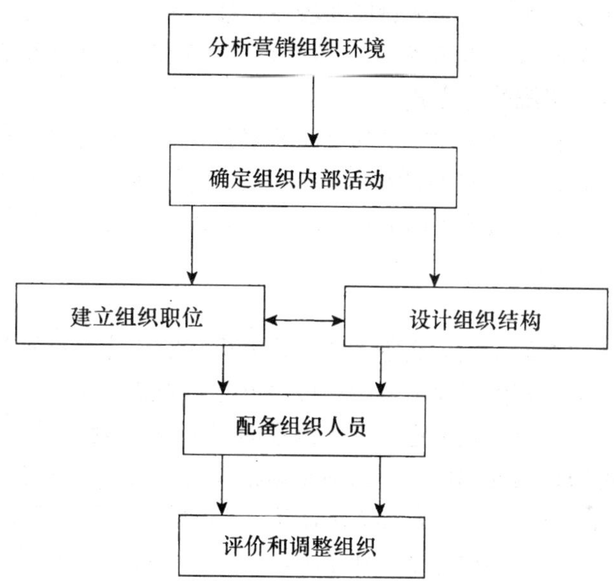

图 13—13　营销组织设计流程

（一）分析营销组织环境

营销组织环境分为内部环境和外部环境。内部环境主要指企业自身的环境特征；外部环境包括很多复杂因素，如政治、经济、社会、文化、科技等，而对营销组织影响最为明显的外部环境是市场环境和竞争环境。

1. 企业内部环境

在企业内部环境因素中，高层管理者的经营思想对企业营销组织的设计影响较大。有的管理者强调稳定，有的则试图成为行业领导者。经营思想的不同势必造成营销组织的差异。同时，企业发展与产品类似，也有一个周期过程。企业处于不同的发展阶段，就相应地具有不同的组织结构。

2. 市场环境

市场环境的分析主要涉及对产品所处的生命周期阶段、市场的变动程度以及消费者购买行为等方面的考量。

(1) 在产品生命周期的不同阶段，企业的营销战略和营销组织相应地随之改变。通常，在导入期，企业冒着很大的风险向市场投放产品，它往往建立临时性的组织，如销售小组，以便迅速地对市场行为做出反应。在成长期，消费需求增大，利润不断上升，吸引了大批竞争者进入该市场，这时企业要建立有效的营销组织，如市场导向型矩阵组织，确立自己强有力的竞争地位。在成熟期，消费需求稳定，利润开始下降，于是企业必须建立高效率的组织，如职能性金字塔型组织，以获取最大利润。而在衰退期，产品需求减弱，企业为保持原有的利润水平，开始精简部分组织机构，如减少销售地点等，有时也可能会设立临时机构，帮助产品重新开拓市场。

(2) 对于有些市场（如食品和工业原料市场）而言，在一个较长时期内，消费者购买行为、分销渠道、产品供应等变化不大，它们显得十分稳定；而另外一些市场，如儿童玩具和女性流行用品市场，由于产品生命周期较短，技术和消费需求变化快，所以，它们变得多变而不稳定。不难理解，市场越不稳定，营销组织越需要及时改变，必须随着市场变化及时调整内部结构和资源配置方式。

(3) 不同类型的购买者对企业提供的产品及服务有着不同的要求和侧重点。产业用品购买者和医疗品购买者相比，前者侧重于产品的技术性能和连续的供应关系，而后者则强调服务和安全保证。侧重点的不同影响企业的营销方式，从而要求与其相适应的组织类型以满足顾客需求。

3. 竞争环境

营销组织必须从两方面来应对竞争者：一是分析竞争环境，辨明竞争者是谁以及他们的营销战略和策略；二是如何对竞争者行为做出反应。为此，企业就要使其营销组织结构不断地加以改变和调整。企业收集竞争对手情报的方式多种多样，既可以设立专门的机构(市场研究部)，也可通过其他部门（如借助于销售人员）获得；既可依靠外部机构（咨询公司)，也可要求企业全体职员为收集情报而努力。不同的选择将直接影响营销组织的构成。而究竟该选择哪种方式则取决于企业是否需要直接、快速地根据竞争者的行为调整其营销战略。此外，企业在收集到有关情报后，还必须制定相应的措施，并经由营销组织贯彻实施。如果经调查发现，加强售后服务是提高企业竞争能力的主要方面，那么，企业就可能会把销售部门和服务部门合并在一起。

(二) 确定组织内部活动

职能性活动与管理性活动是营销组织内部的两大类活动。

职能性活动涉及营销组织的各个部门，范围相当宽泛。企业在制定战略时就会确立各个职能在营销组织中的地位，以便开展有效的竞争。管理性活动涉及管理任务中的计划、协调和控制等方面。

企业通常是在分析市场机会的基础上制定营销战略，然后再确定相应的营销活动和组织的专业化类型。假定一个企业满足下述条件：企业年轻且易于控制成本，企业的几种产品都在相对稳定的市场上销售，竞争战略依赖于广告或人员推销等技巧性活动，那么，该企业就可能设计职能型组织。同样，如果企业产品销售区域很广，并且每个区域的购买者行为与需求存在很大差异，那么，企业就会建立地理型组织。不过在实践中，有时按照上述逻辑显得行不通，因为企业的营销战略可能被现有的组织机构所制约。比如，一家企业通过对市场和竞争者状况的分析，决定实行系统销售战略。然而，由于该企业的原有组织机构是为不断开发新产品而设计的，所以，采用这一新战略就显得困难重重。

(三) 建立组织职位

企业在做出组织职位决策时需要清楚各个职位的权力和责任及其在组织中的相互关系，应考虑3个要素，即职位类型、职位层次和职位数量。每个职位的设立都必须与营销组织的需求及内部条件相吻合。通常，对职位类型的划分有 3 种方法：一是划分为直线型和参谋型。处于直线职位的人员行使指挥权，能领导、监督、指挥和管理下属人员；而处于参谋职位的人员则拥有辅助性职权，包括提供咨询和建议等。事实上，直线和参谋之间的界限往往是模糊的，一个主管人员既可能处于直线职位，也可以处于参谋职位，这取决于他所起的作用及行使的职权。二是把职位划分为专业型和协调型。显然，一个职位越专业化，越无法起协调作用。但是各个专业化职位需要从整体上进行协调和平衡，于是，协调型职位就产生了，项目经理或团队制都是类似的例子。三是把职位划分成临时型和永久型。严格地说，没有任何一个职位是永久的，它只是相对于组织发展而言较为稳定而已。临时型职位的产生主要是由于在短时期内企业要完成某项特殊任务。有时，组织进行大规模调整时也要设立临时职位。

职位决策的目的是把组织活动纳入各个职位。因此，建立组织职位时必须以营销组织的营销活动为基础。企业可以把营销活动分为核心活动、重要活动和附属性活动 3 种。核心活动是企业营销战略的重点，所以首先要根据核心活动来确定相应的职位，而其他的职位则要围绕这一职位依其重要程度逐次排定。此外，职位的权力和责任的规定体现在工作说明书上。工作说明书包括工作的名称、主要职能、职责、职权、此职位与组织中其他职位的关系以及与外界人员的关系等。如果企业决定建立新的职位，有关部门主管就要会同人事专家拟出一份关于该职位的工作说明书，以便对应聘人员进行考核和挑选。

（四）设计组织结构

组织结构的设计和选择同职位类型密切相关。企业如果采用矩阵型组织，就要建立大量的协调性职位；如果采用金字塔型组织，则又要求有相应的职能性职位。因此，设计组织结构的首要问题是使各个职位与所要建立的组织结构相适应。从这个意义上来讲，对组织结构的分析要注重外部环境因素，它强调组织的有效性。但是，营销经理总是希望节约成本和费用，他还要考虑效率。通常，组织的效率表现为以较少的人员和上下隶属关系以及专业化较高的程度去实现组织的目标。这取决于两个因素：一是分权化程度，即权力分散到什么程度才能使上下级之间更好地沟通；二是管理宽度，即每一个上级所能控制的下级人数。人们普遍认为，假设每一个职员都是称职的，那么，分权化程度越高，管理宽度越大，则组织效率就越高。如果一个 20 人的销售队伍仅由 1～2 名经理来控制，那么，这支队伍就有较大的决策自主权，从而可能会取得较好的销售效果。此外，营销组织总是随着市场和企业目标的变化而变化的，所以，设计组织结构要立足于将来，为未来组织结构的调整留下更多的余地。

（五）配备组织人员

新组织与再造组织的人员配备不尽相同，相比较而言，再造组织的人员配备要比新组织的人员配备更为复杂和困难。这是因为，人们总是不愿意让原组织发生变化，他们视再造组织所提供的职位和工作是一种威胁。事实上，组织经过调整后，许多人在新的职位上从事原有的工作，大大损害了再造组织的功效。同时，企业解雇原有的职员或招聘新的职员也非易事。考虑到社会安定和员工个人生活等因素，许多企业不敢轻易裁员。但是，不论哪种情况，企业配备组织人员时必须为每个职位制定详细的工作说明书，从受教育程度、工作经验、个性特征及身体状况等方面进行全面考察。而对再造组织来讲，还必须重新考核现有员工的水平，以确定他们在再造组织中的职位。团队人员配备也应引起重视。团队往往是企业为完成某项特殊任务而成立的，是组织的一个临时单位，其成员多从组织现有的人员中抽调。如果团队要有效地发挥作用，营销组织必须使团队成员与其他成员之间保持协调关系。比如，由组织下层的人员作为领导来管理由来自组织高层的成员构成的团队就行不通。同样，团队领导的职位也不应该比该团队所隶属的经理的职位高。

（六）评价和调整组织

营销组织运作的好坏总体上可以从效率和效果两方面来考察。效率通常是结果与努力的比率。从组织的角度讲，效率要通过企业内部的专业化和程序化来实现，只要组织的目标及所面临的外部环境不发生变化，即使专业化和程序化会带来精神和道德等方面的问题，它们也必然大大提高组织的效率。效果反映的是实现目标的程度，它是实际结果同预期结果的对比。效率与效果的区别在于迅速取得的结果并不一定有效地满足目标。因此，一个有效的组织必须能随市场变化和技术革新而不断地进行自我调整。正如管理学家彼得·德鲁克所言："效率是正确地做事情，而效果则是做正确的事情。"有的组织试图不断革新，就倾向于效率；而有的组织愿意维持原有的市场，它倾向于效果。

从营销组织建立之时，营销经理就要经常检查、监督组织的运行状况，并及时加以调整，使之不断得到发展。营销组织需要调整的原因主要有以下几种：第一，外部环境的变化。外部环境的变化主要包括商业循环的变化、竞争加剧、新的生产技术出现、工会政策、政府法规和财政政策、产品系列或销售方法的改变等。第二，组织主管人员的变动。新的主管人员试图通过改组来体现其管理思想和管理方法。第三，现存组织结构存在缺陷。有些缺陷是由组织本身的弱点所造成的，如管理宽度过大、层次太多、信息沟通困难、部门协调不够、决策缓慢等。第四，组织内部主管人员之间的矛盾。为了不使组织结构变得呆板、僵化和缺乏效率，企业必须适当地对组织结构加以调整。

本章小结

随着市场的不断扩大和业务的逐步增加，企业的市场营销组织结构也经历了一个长期演变的过程，这种过程通常可以划分为：单纯的销售部门、兼有营销职能的销售部门、独立的营销部门、现代市场营销部门、现代营销型企业、以过程和结果为基础的公司6个阶段。

从营销组织设计的导向来看，营销组织有两种基本模式：生产导向型和市场导向型模式。企业需要建立起市场导向型的营销组织。为了实现企业目标，营销经理必须选择合适的营销组织形式，主要有职能型营销组织、地理型营销组织、产品型营销组织和市场型营销组织。此外，还有两种混合组织形式：矩阵型营销组织和事业部型营销组织。

企业营销组织的设计要遵循5个原则，即战略主导原则、高效可控原则、整体协调原则、责权利对等原则、管理幅度与层次原则。营销组织的设计有6个步骤：分析营销组织环境、确定组织内部活动、建立组织职位、设计组织结构、配备组织人员、评价和调整组织。

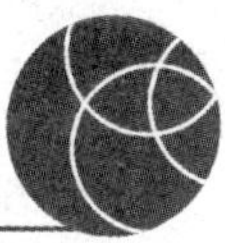

思考题

1. 营销组织的设计要考虑组织内外部的哪些因素？

2. 市场营销组织的演变过程经历了哪些阶段？

3. 市场营销部门的组织形式主要有哪几种？各有什么优缺点？

4. 请举出生产导向型营销组织不适应当代营销环境的例子，并由此分析建立市场导向型企业的必要性。

第十四章　市场营销控制

学习目标

1. 了解市场营销控制的概念与特点；
2. 掌握市场营销控制的类型，了解市场营销控制的流程；
3. 掌握年度计划控制、战略控制、效率控制与盈利能力控制的方法。

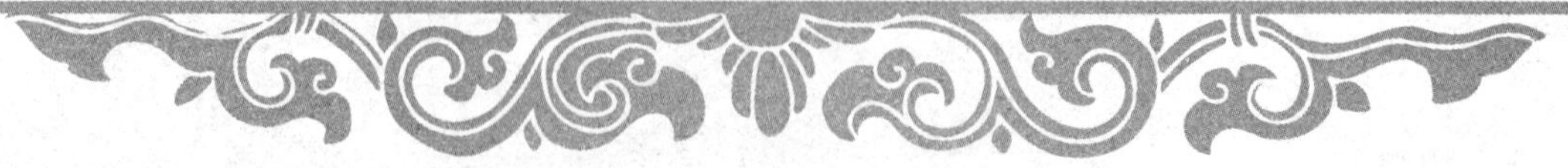

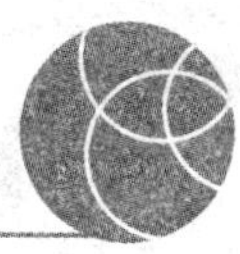

导学案例

营销机遇与战略控制

将10年前的市场战略和今天的相比较，人们会发现一些市场战略已经过时。10年前，3G网络与彩色显示屏手机刚刚开始普及，而今天的手机制造商卖的则是数量激增的智能触屏手机，4G网络、高配置、高分辨率、节能大屏正成为主要的卖点。竞争者不断推出新产品、销售商失去效力、广告成本猛涨、政府法规相继出台、顾客到其他商店购买，这些变化既带来了机遇也带来了挑战，企业需要定期调整市场经营方向。

许多企业认识到它们的市场营销策略需要定期彻底检查，但是不知道究竟该如何进行。还有一些企业只是简单地实施了一些小变化，并没有触及本质。例如，企业制定了年度市场计划，但在管理上却没有深入、客观地进行控制。这也正是各行业大浪淘沙般不断淘汰掉众多挑战者的原因。对企业而言，必须有更规范的方法来控制市场营销策略，并针对变化的环境和机遇重新确定市场经营战略。

第一节　市场营销控制概述

市场营销控制是市场营销管理的基本功能之一，也是市场营销管理过程的一个重要步骤。市场营销管理是一项系统工程，为了保证企业预定的营销目标得以实现，不仅需要借助一定的组织系统来实施，而且必须对企业计划以及外部环境的变化、企业内部的协调、各部门之间的利益与立场的统一进行有效的调节和控制，即企业需要建立市场营销控制系统来保证营销计划的执行。

一、市场营销控制的概念、任务与特点

（一）市场营销控制的概念

市场营销控制是指市场营销管理者为了确保预定营销计划的运行、衡量和评估营销计划的成果而实施的一整套工作程序或工作制度。市场营销控制用于跟踪企业市场营销活动过程的每一环节，它包括为了实现营销绩效与预期目标的一致而采取的一切措施。也就是说，市场营销管理者要经常检查市场营销计划的执行情况，查看计划与实际情况是否一致，如果不一致或者没有完成计划，就要找出原因，并且采取适当的措施和正确的行动，以确保市场营销计划与目标的完成。

（二）市场营销控制的任务

通常来说，市场营销控制要完成以下4个任务：

第一，市场营销控制的中心内容是目标管理，在营销计划制定出来之后，营销控制就必须严密监控是否有与计划或目标不一致的情况出现，自始至终实施目标管理。

第二，市场营销控制必须监视市场营销计划的执行情况并进行对比，判断计划与实际是否始终保持一致。

第三，通过市场营销控制发现差距后，要及时查找原因，判断是何种因素导致偏离计划的情况出现。

第四，查明原因后，采取适当的措施加以纠正，必要时甚至可以改变原有的计划目标，以实现营销战略的预期总目标。

（三）市场营销控制的特点

市场营销控制中的控制活动无论是物理、经济或其他方面，其基本过程和基本原理都是一样的。然而，市场营销控制与其他控制相比，又有着一定的特殊性，主要体现在以下3个方面：

第一，市场营销控制具有整体性。这种整体性包含两层含义：一方面，市场营销控制是企业全体成员的职责，完成计划是所有人共同的责任，因此，参与控制也是全体成员的共同任务；另一方面，控制的对象是企业的各个方面。为了保证企业内部各个部门之间的协调一致，需要进行有效的控制。

第二，市场营销控制具有动态性。具体事物的物理控制通常是高度程序化的，具有稳定的特征；但是市场营销活动不是静态的，企业的外部环境和内部情况随时都在发生着变化，如果事先制定的计划因为某些不可预见的情况而无法执行，而事先设计的控制系统仍在按计划运转，那就意味着会在错误的道路上越跑越远。因此，市场营销的控制标准和控制方法不能保持一成不变。为了提高控制的有效性和适应性，必须使市场营销控制具有动态性。

第三，市场营销控制具有人为性。无论是什么样的控制，最终都是要由人去执行控制的，因此，市场营销控制首先是对人的控制。同时，控制不仅仅是监督，更重要的是指导和帮助，只有当企业所有员工认识到矫正偏差的必要性并具备矫正能力时，偏差才会真正被矫正。这样，既达到了有效控制的目的，又提高了企业员工的自我控制能力。

二、市场营销控制的类型与原则

（一）市场营销控制的类型

市场营销控制的类型主要包括年度计划控制、战略控制、效率控制与盈利能力控制。

1. 年度计划控制

年度计划控制是企业高层营销管理人员需要完成的任务。其目的主要在于发现计划执行中出现的偏差并及时采取纠正措施，保证企业能够实现其在年度计划中所制定的各项指标。高层营销管理人员以年度计划为依据，通过销售分析、市场份额分析、营销费用—销售额分析、财务分析及顾客满意度追踪等多种方法检查营销的目的是否实现，是否造成偏差，原因是什么，计划目标的可行性是否存在问题等。在必要的情况下，还要对其进行修正。

2. 战略控制

随着时间的流逝，企业当初的营销目标、营销战略和营销政策可能已经不再能够满足现有情况的要求。企业必须定期进行评估，检查基本战略是否与当前的市场营销环境相适应，确定营销的目标和手段是否适合现阶段企业的经营情况和战略发展目标，判断是否需

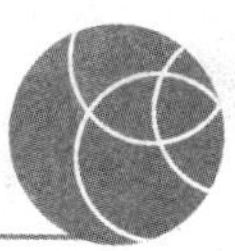

要寻求新的战略发展机会，这就是战略控制。战略控制通常由企业的高层领导者来完成。

3. 效率控制

效率控制主要用于评价企业营销开支并提高经费开支的效率，从而提高营销效益。营销管理人员必须检查营销队伍的建设是否合理，营销人员的工作效率如何，应该采取哪些措施提高效率，以及广告和促销的分配比例是否合理等。

4. 盈利能力控制

企业必须衡量不同的产品、地区、顾客群、营销渠道等方面的盈利率。盈利能力控制的目的就是检查企业哪些产品能够盈利，在什么地方盈利，盈利的程度如何，以及企业的哪些产品造成亏损，亏损的具体原因何在等。营销管理人员可以通过产品销售情况、产品经营情况、销售渠道的经营情况、成本情况等来分析盈利率，进行盈利能力的控制。

市场营销控制的类型及内容如表 14—1 所示。

表 14—1　　市场营销控制的类型及内容

控制类型	控制者	控制目的	控制方法
年度计划控制	高层管理人员	发现计划执行中出现的偏差并及时采取纠正措施，保证企业能够实现年度计划中所制定的各项指标	销售分析 市场份额分析 营销费用—销售额分析 财务分析 顾客满意度追踪
战略控制	高层管理人员 营销审计人员	检查基本战略是否与当前的市场营销环境相适应，确定营销的目标和手段是否适合现阶段企业的经营情况和战略发展目标，判断是否需要寻求新的战略发展机会	营销效益等级评定 营销审计
效率控制	营销管理人员	评价企业营销开支并提高经费开支的效率，从而提高营销效益	销售队伍控制 广告效率控制 销售促进效率控制 分销效率控制
盈利能力控制	营销管理人员	检查企业盈亏状况	销售利润率 资产收益率 净资产收益率 资产管理效率

（二）市场营销控制的原则

市场营销控制是市场营销管理的一项重要职能，也是比较容易出现问题的一项职能。如果没有有效地实施市场营销控制，即使有再好的计划、再优秀的人员，最终也达不到预期的目标。为了能够有效地实施市场营销控制，需要遵循以下 4 点原则。

1. 市场营销控制的目标管理性

市场营销控制是为营销管理的组织目标服务的，但是不同的企业、不同的对象，其控制的目标是不同的。市场营销工作往往错综复杂，目标众多，谁都无法对每一方面甚至是每一件事都实现完全控制。因此，营销管理人员的任务就是要在众多的目标中选择最能够反映工作本质和关键需要的目标，并对此加以控制。需要注意的是，目标必须是可执行的。

2. 市场营销控制的及时性

信息是市场营销控制的基础。在实施市场营销控制时，必须能够及时发现偏差，迅速采取措施加以改正。如果出现了信息的滞后，往往会造成不可弥补的损失。为了避免造成这种滞后性，提高市场营销控制的及时性，信息的收集和传递必须及时。另外，对反馈控制来说，信息滞后现象是一个很难克服的困难。因为发现偏差、分析偏差原因进而提出改进方法可能会花费很长的时间，而当改进措施被真正实施时，很可能实际情况又已发生了很大的变化，这时候采取的措施不仅不能产生积极的作用，反而可能会带来消极的影响。解决这种问题的最好方法就是采取前馈控制，以防患于未然。

3. 市场营销控制的客观性

在市场营销控制的整个过程中，最容易出现主观判断的是在按标准衡量绩效的阶段。特别是采取直接观察法进行衡量的时候，更容易引起主观因素的介入，可能会产生第一印象效应和晕轮效应。第一印象效应也叫首因效应，是指首次接触时留下的印象以及产生的心理效应。第一印象效应强调的是由于前面的印象非常深刻，导致后面的印象成为前面印象的补充，是一种时间上的差别；晕轮效应强调的是事物的某一方面的特点掩盖了其他方面的特点，是一种内容上的差别。在市场营销控制中，晕轮效应会使营销管理人员只注意某一方面的表现，从而导致决策的偏差。

在市场营销控制中，营销管理人员应该采用科学的方法实施有效控制，避免个人的主观经验或直觉判断。

4. 市场营销控制的经济性

市场营销的控制活动是需要付出成本的，无论是精力、时间还是实际的费用，都构成了一定的成本。如何进行控制，控制到什么程度，都要考虑成本问题。为进行控制而支出的费用和由控制而增加的收益都直接与控制程度相关。也就是说，市场营销控制工作一定要注重经济性，坚持适度性原则，并保证用于营销控制的费用必须是合理的。尽可能在最经济的情况下，最大限度地实施控制。

三、市场营销控制的流程

市场营销控制是营销管理过程中不可缺少的一个环节，也是营销管理的主要职能之一。具体来说，市场营销控制的流程包括以下 6 个步骤。

（一）确定市场营销控制的对象

企业可以对市场营销业务的所有方面均实施控制。要实施有效的市场营销控制，应界定范围，明确是为谁制定的，目的是什么，即确定市场营销控制的对象。

（二）识别衡量的尺度

在确定控制对象之后，还要建立一个衡量的尺度，借以衡量营销目标和计划的实施情况。即识别所要获得的信息的种类，利润、销售量、市场占有率、顾客满意度等指标都可

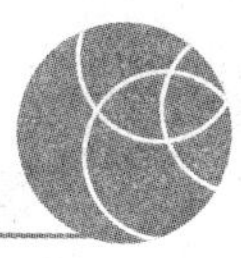

能成为衡量的尺度。

（三）确定衡量的标准

标准是衡量实际工作及其结果的依据和准绳，是由一系列的计划目标构成的。在具体的市场营销控制中，笼统地将营销计划作为标准是不行的，不同的对象有不同的衡量标准，必须根据具体的事项设置具体的标准。没有一套完整的标准，衡量绩效或纠正偏差也就失去了客观依据。一般而言，市场营销控制标准可以根据营销目标战略、市场环境、目标市场的情况、竞争者的情况以及管理人员的控制能力等因素确定。另外，衡量的标准也不是一成不变的，由于各企业的具体情况不同，营销目标不同，营销控制的衡量标准也各不相同。不仅不同的企业会有不同的标准，即使是同一个企业，在不同时期的衡量标准很可能也是不一样的。随着营销环境及企业内部条件的变化，各类标准也应该不断地修正，以适应新的情况。

（四）选择控制方法

市场营销控制的基本衡量方法有两种：一种是资料分析法。收集与营销活动相关的、能反映实际运行状态的原始资料，包括各种统计报告、口头报告、书面报告和报表等，它们能及时、准确、全面、系统地记载并反映企业营销的绩效。只有对营销活动状况有全面、真实的了解，才能胸有成竹地实施营销控制。这种数据收集工作可以由人工完成，也可以借助机器。如电子反馈信息，就是通过 POS 系统、电子监控信息等高科技装置获得相关信息，这种方式非常迅速，而且不易出错。另一种是直接观察法，如在营销现场进行观测。这种方法可以看到现场的实际情况，获得真实而全面的信息。

无论采取哪种方法，都是要为营销管理人员提供有用的信息，为将来矫正偏差提供客观依据。因此，要确保所收集到的信息的及时性、准确性和适用性。

（五）按标准衡量绩效

衡量绩效就是以控制标准为依据，根据绩效衡量的结果，对实际工作的各个阶段进行检查和比较，找出实际工作情况与衡量标准之间的偏差信息，并且根据这些信息来评估实际工作的优劣。市场营销控制的目的不是衡量绩效，而是达到预期的目标。因此，工作完成得好的部门要及时总结经验，在以后的工作中推广；工作完成得较差的部门要及时找出问题，下一步再针对问题提出解决方案。

（六）分析偏差原因并提出改进建议

在对工作绩效进行差异分析和对比分析的基础上，分析偏差产生或存在的原因，并提出解决方案，及时纠正任务执行中的偏差。由于营销控制的内容和标准很多，产生偏差的原因也可能很复杂，因此，更正的行动应该多种多样，如调整资源配置、人员配置，加强管理，重新制订计划或重新拟订目标等。营销管理人员必须采取适当的改正行动，以弥补目标和执行结果之间的缺口，这可能要求改变行动方案，甚至改变目标本身。同时也有这样的可能，即某些偏差是由一些暂时性的偶然因素所引起的，不一定会对营销活动的最终结果产生重要影响，可以不必采取纠正措施；或者，某些偏差可能对企业造成有利的结果，对于这样的偏差，营销控制的重点在于找出造成偏差的原因，并努力向更有利的方向加以引导。

第二节　市场营销控制的内容与方法

一、年度计划控制

（一）年度计划控制的概念

年度计划控制是指由企业高层管理人员负责的，旨在发现计划执行中出现的偏差，并及时采取纠正措施，帮助年度计划顺利执行，检查计划实现情况的营销控制活动。

年度计划控制的中心是目标管理，包括 4 个步骤：

第 1 步，建立目标。营销管理人员应该将年度计划的指标分解为每季或每月的指标。

第 2 步，营销管理人员应该随时监督市场营销计划的实施情况，跟踪掌握各项指标的完成情况。

第 3 步，衡量绩效，分析偏差。及时发现实际情况与计划的差距并分析其中的原因。

第 4 步，纠正偏差。针对问题采取补救措施，以缩小实际与计划之间的差距，必要时可以调整实施步骤或修正计划。

（二）企业的年度计划控制方法

一般而言，企业的年度计划控制应该包括销售分析、市场份额分析、营销费用—销售额分析、财务分析和顾客满意度追踪 5 种方法。

1. 销售分析

销售分析就是衡量并评估企业的实际销售额与计划销售额之间的差异情况。具体有 2 种方法：销售差异分析与微观销售分析。

（1）销售差异分析。销售差异分析用来衡量在销售目标的执行过程中导致缺口形成的不同影响因素所起的相应作用。

［例 14—1］假设年度计划要求在第一季度销售 10 000 件产品，5 元一件，也就是说，第一季度的计划销售额为 50 000 元。但是在该季度末，却只销售了 8 000 件产品，而且是 4 元一件，即销售额为 32 000 元。销售绩效差异为 18 000 元，即为预期销售额的 36%。由此可见，价格下降和销售量的减少构成了销售额的减少。但是，这两者对销售额的影响程度是不同的。

问题：在未完成的销售额中，有多少是由于价格的降低造成的，又有多少是由于销售量的下降造成的？

分析：

由于价格降低造成的差额＝(5－4)×8 000＝8 000(元)

8 000÷18 000＝44.4%

由于销售量下降造成的差额＝5×(10 000－8 000)＝10 000(元)

10 000÷18 000＝55.6%

从计算结果可以看出，大部分的销售差距是由于没有完成销售量目标所造成的。企业

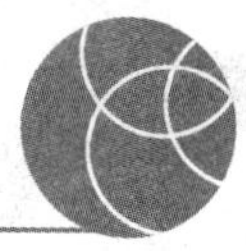

应该进一步分析为什么预定的销售量没有实现，是营销努力不够，还是目标市场的需求发生了变化。

（2）微观销售分析。微观销售分析就是分别从产品、销售地区及其他方面分析没有能够达到预定销售额的原因。

以销售地区为例，可以将总销售计划指标分解为各地区的具体指标，然后逐一分析，弄清各地区销售的差异，进一步找出原因之所在。

［例 14—2］ 红星企业在 A、B、C 三个地区销售，预计的销售量分别为 2 000 件、3 000 件和 5 000 件，而实际销售量分别为 1 800 件、3 200 件和 3 000 件。

问题：造成红星企业实际销售量与预计销售量差距的原因何在？

分析：

A 地区完成了预定销售量的 90%，B 地区超额 6.7%，而 C 地区只完成了计划的 60%。由此可以看出，造成实际销售量与预计销售量差距的主要原因在于 C 地区销售量的大幅减少。因此，企业应该查明 C 地区销售量减少的原因。

2. 市场份额分析

市场份额分析站在一般的环境影响之外来考察企业本身的经营工作状况。相较于销售分析，市场份额分析更能反映出企业在市场竞争中的地位。如果企业所占有的市场份额升高，表明它比竞争者的情况更好；反之，则说明企业与竞争者相比其绩效较差。但要注意：有时市场份额下降并不一定就意味着企业竞争地位的下降，如某一新企业加入本行业，行业中每个原有企业的市场份额都会下降；又如企业有时可能放弃某些不获利或者获利很低的产品用以降低成本、增加利润，也会使企业的市场份额下降。

根据企业选择的比较范围不同，有 3 种方法可以衡量市场份额，包括总的市场份额、服务市场份额、相对市场份额。

（1）总的市场份额。总的市场份额也叫全部市场占有率，或简称市场占有率，是指企业销售在行业总销售中所占的比例。利用这一指标必须做两项决策：第一，市场占有率是用单位销售量还是销售额来表示；第二，需要正确认定行业的范围，即明确本行业所应包括的产品、市场等。如一家生产分体式空调机的企业将自己所属行业范围确定为所有空调设备，其市场份额自然很低；如果它将自己的行业定位为家用柜式和分体式空调机，则其市场份额自然会提高不少。

（2）服务市场份额。所谓服务市场，是指所有能够和愿意购买其产品的购买者。服务市场份额就是指企业销售额占其所服务市场的总销售额的比例。服务市场份额总是大于它的总的市场份额。一个企业总的市场份额可能很低，而它的服务市场份额却可能接近 100%。企业通常很重视服务市场份额，通过强化各项销售手段或开发新产品等各种方法来提高其服务市场份额。

（3）相对市场份额。相对市场份额是企业将其销售额和最大的竞争者相比的百分比，即将本企业的市场占有率与行业内领先的竞争者的市场占有率进行比较。如果相对市场份额大于 1，意味着本企业为行业的领导者；如果相对市场份额等于 1，表示本企业与行业的领导者平起平坐、不相上下；如果相对市场份额小于 1，则表示本企业在行业内不处于领先地位。如果相对市场份额不断上升，意味着该企业的市场成长速度很快，正不断地接近领先的竞争者。

阅读参考：市场份额变动的影响因素

企业的市场份额会因为许多种因素的影响而发生波动，不同的原因可能会产生相同或相似的市场占有率变化趋势。因此，有必要根据引起市场占有率变化的具体原因进行全面分析，然后对企业市场营销过程实施有针对性的控制策略。企业市场份额的变动主要有4个影响因素，即顾客渗透率、顾客忠诚度、顾客选择性和价格选择性，其关系为：

总市场份额＝顾客渗透率×顾客忠诚度×顾客选择性×价格选择性

其中，顾客渗透率是指购买该企业产品或服务的顾客占所有顾客的百分比；顾客忠诚度是指顾客对该企业产品或服务的购买量占这些顾客对其他提供同类产品或服务的供应商购买量的百分比；顾客选择性是指该企业的顾客平均购买量与某个一般企业的顾客平均购买量之比；价格选择性是指该企业的平均价格与所有企业的平均价格之比。

3. 营销费用—销售额分析

年度计划控制还需要检查与销售有关的市场营销费用，确定营销费用的各项开支是否合理，以减少不合理的费用支出，确保企业为达到销售目标所消耗的费用不要超支。营销费用—销售额分析是一种主要的检查方法。

营销费用—销售额分析是指企业营销费用对销售额的比率，还可以进一步细分为销售费用率、人力推销费用率、广告费用率、销售促进费用率、市场营销调研费用率、销售管理费用率等。营销管理人员的工作就是密切注意这些比率，以发现是否有任何比率失去控制。当然，企业管理层在进行营销费用—销售额分析时，一般不规定各项营销费用的具体数值，而是给出一个正常波动的范围。当一项营销费用对销售额的比率超过正常的波动范围时，意味着已经失去控制，会给整个营销计划带来麻烦，因而必须认真查找问题的原因。

例如，假定某企业规定的营销费用/销售额比为25%，即每销售100元货物，就会发生营销费用支出25元。又假定总营销费用中推销费用占10元，广告费占9元，市场调研开支占2元，管理费占4元，则它们与销售额之比分别为10%、9%、2%和4%。不过，各种目标比例会因随机因素的影响而产生波动，通常也允许企业根据自身情况随时进行分析。

当营销费用—销售额的比率失去控制时，可以按照不同项目分列费用，然后利用营销费用—销售额偏差图进行分析。

4. 财务分析

市场营销管理人员应对各项营销费用—销售额之比进行全面的财务分析，以决定企业应该在什么地方、如何去开展市场营销活动，从而获得盈利、提高利润率。这种财务分析主要是通过一年的销售利润率、资产收益率、资本报酬率和资产周转率等指标来了解企业的财务情况。企业管理层可以利用财务分析来判断影响企业净资产报酬率的各种因素。所谓净资产报酬率，是指资产报酬率和财务杠杆率的乘积。

其中：

资产报酬率＝净利润/总资产

财务杠杆率＝总资产/资产净值

净资产报酬率＝资产报酬率×财务杠杆率＝净利润/资产净值

要提高净资产报酬率，企业就必须提高净利润与总资产之比，或者提高其总资产与资本净值之比。

5. 顾客满意度追踪

以上介绍的4种控制方式基本上都属于定量分析，企业还需要对市场营销的发展变化进行定性分析，而顾客满意度追踪就是一种定性的分析方法。所谓顾客满意度追踪，是指企业通过设置顾客意见和建议制度、建立固定的顾客样本或者通过顾客调查等方式，了解顾客对本企业及其产品的态度变化情况。运用这种方法可以及时发现企业营销中存在的问题，以便第一时间采取纠正措施加以解决。

主要的顾客满意度追踪方式如下：

（1）顾客意见和建议制度。企业应该记录、分析并答复顾客所提出的书面或口头意见，通过各种方式增加顾客反馈意见的途径，鼓励顾客提出批评和建议，收集顾客对企业产品和服务反映的完整资料，从而使企业对自己的产品和服务在顾客心目中的地位有一个全面的了解，并有针对性地对存在的问题予以解决。

（2）固定的顾客样本。企业可以建立由具有一定代表性的顾客所组成的固定顾客样本，通过定期电话访问或者邮寄调查表的方式了解顾客的要求、意见和看法。这些顾客所反映的意见通常比较全面、具有代表性，有时比顾客意见和建议制度更能反映顾客态度的变化。

（3）顾客调查。企业定期向随机抽取的顾客进行抽样调查，请顾客填写调查问卷，对企业的产品、员工的服务态度、服务质量等做出评价。通过对这些问卷的分析，企业可以及时发现问题，然后根据调查结果改进工作。

顾客满意度追踪是近年来得到欧美企业特别重视的一项指标，尤其是对于许多顾客要反复购买的产品和服务而言。对于企业来说，赢得一个新顾客的成本在不断上升，保住老顾客就显得格外重要，而保住老顾客的关键就是提高顾客满意度。

阅读参考：年度业绩检测

在菲利普·科特勒的《科特勒谈营销》一书中，作者呼吁企业应该以3种不同的积分卡来检测年度业绩。它们分别是：财务积分卡（financial scorecard）、营销积分卡（marketing scorecard）、相关人员积分卡（stakeholder scorecard）。其中，营销积分卡要注重分析顾客保留率、顾客满意度、相对的产品质量和相对的服务质量等指标。

二、战略控制

（一）战略控制的概念

市场营销环境的变化很快，常常会使企业已经制定好的目标、政策、战略和方案失去作用。因此，在企业市场营销战略实施过程中必然会出现战略控制问题，企业要定期对进入市场的方式重新进行评价。

战略控制就是指市场营销管理者采取一系列行动，对整体营销效果进行全面评价，以确保企业的目标、政策、战略和计划与外部的市场营销环境相适应。

战略控制是由企业的高层管理人员专门负责的。营销管理者通过采取一系列行动，使市场营销的实际工作与原战略规划尽可能保持一致，在控制中通过不断评价和信息反馈，连续对战略进行修正。与年度计划控制、盈利能力控制和效率控制相比，市场营销战略控制显得更为重要，因为企业战略是总体性和全局性的。而且，战略控制更关注未来，战略控制要不断地根据最新的情况重新评估计划和进展，因此，战略控制也更难把握。

（二）战略控制的方法

企业进行战略控制主要有两种方法，即营销效益等级评定和营销审计。

1. 营销效益等级评定

一个企业的营销效益可以从营销导向的5种主要属性的不同程度上反映出来：顾客观念（customer philosophy）、整合营销组织（integrated marketing organization）、充分的营销信息（adequate marketing information）、战略导向（strategic orientation）和工作效率（operational efficiency）。

2. 营销审计

（1）营销审计的概念。

战略控制的目的是确保企业的目标、政策、战略和措施与市场营销环境相适应。由于在复杂多变的市场环境中，原来的目标和战略容易落伍、过时，企业有必要通过营销审计这一重要工具定期批判性地重新评估企业的战略、计划及其执行情况。应该说，每个企业都有财务会计审核，即在一定期间内客观地对财务资料或事项进行审核与分析，最后根据所收集的数据，按照专业标准进行判断，并在得出结论后做出书面报告。这种财务会计的控制制度通常有一套标准的理论和做法。由于营销审计还没有建立起一套规范的控制系统，国内很多企业往往只是在遇到危急情况的时候不得已才进行营销审计，目的只是解决一些临时性的问题。但是，目前国外已有越来越多的企业在进行战略控制时会运用营销审计这一重要工具，其战略控制的任务是保证企业的市场营销目标、策略和制度能最佳地适应现行的市场营销环境的变化。

营销审计是对一个企业或一个业务单位的市场营销环境、目标、战略、组织和活动等所做的综合的、全面的、系统的、独立的和定期性的核查，以便确定问题的范围和各项机会，并提出行动计划的建议，以提高企业的营销业绩，改进市场营销管理效果。

营销审计作为一种方法，可以追溯到20世纪50年代初期，它的出现基于以下时代背景：第二次世界大战以后，西方发达国家的市场竞争日趋激烈，企业的营销费用大幅度上升，市场营销出现危机。一些大型的工业企业为了提高经济效益，逐步开始对营销活动进行检查、分析和控制，展开了营销审计。进入70年代以后，美国许多工商企业，特别是一些跨国公司，从单纯地关注利润和效率逐步发展到全面核查经营战略、年度计划和市场营销组织，其审核的具体内容包括用户导向、市场营销组织、市场营销信息、营销战略控制及作业效率等诸多方面，同时制定了审查的具体要求，确定审查标准并采用计分方法进

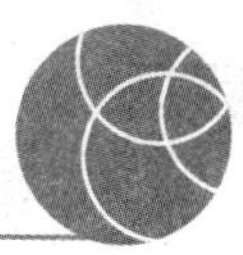

行考核评审。从那时起，营销审计逐渐成熟并得以迅速发展，成为提高企业市场营销管理水平的有效工具。

（2）营销审计的内容。

一次完整的营销审计活动的内容是十分丰富的，概括起来包括6个大的方面，即营销环境审计、营销战略审计、营销组织审计、营销系统审计、营销生产率审计、营销功能审计。

1）营销环境审计。营销环境是市场营销活动的根本制约因素，因此市场营销必须审时度势，对营销环境进行分析，并在分析的基础上，制定企业的市场营销战略。但是这种环境分析是否正确，需要经过营销审计的检验。因为市场营销环境是处于不断变化中的，企业需要通过对其所处的营销环境进行审计，来分析营销战略是否与现在的营销环境相适应，以及是否要对原有的营销计划进行调整。

营销环境审计并不简单地等同于营销环境分析。因为营销环境审计除了要反映这是一个什么样的市场外，还有重要的一点，那就是企业现在处于营销环境中的什么位置。

在进行营销环境审计时，主要是分析宏观环境和微观环境中影响企业目标和发展趋势的关键因素。

具体说来，要进行以下几项内容的审计：

第一，市场营销目标审计。主要内容包括：市场营销目标是否按照市场导向确定，是否符合市场的需求并与营销环境的变化方向相一致；市场营销目标是否能够全面反映整个市场营销过程，防止引起存货积压或产品脱销；市场营销目标是否有主次之分，当有多个目标同时存在时，应该合理确定各目标实现的先后次序，引导市场营销朝正确方向发展；市场营销目标是否与企业内部资源和应变能力相平衡，避免过大或过小。

第二，市场机会分析审计。市场机会分析审计就是要重新审查企业对市场机会是否做了充分、正确的分析，得出的结论是否符合实际。

第三，竞争者状况审计。企业的市场营销战略应该是建立在了解竞争者战略的基础上的，研究竞争者状况的目的在于知己知彼，获得竞争的主动权。对竞争者状况进行审计时要注意审查以下几点内容：竞争者的生产规模、地理位置和营销战略；竞争者的产品组合；竞争者的市场定位情况；竞争者的销售系统；竞争者的促销活动；竞争者的财务状况；竞争者的技术水平和管理水平；竞争者的自然资源情况、能源及原料供应情况；竞争者潜在的竞争者情况等。

第四，内部资源审计。内部资源审计的目的在于充分认识企业的优势与劣势，扬长避短。主要包括3项内容，即产品审查、员工素质审查和内部物质基础审查。通过这些评价和审查，明确企业市场营销能干什么，不能干什么。

第五，企业实力与劣势审计。市场营销战略的关键是明确企业的竞争优势，因此要对企业的实力和劣势进行审查。可以分4个步骤完成该审计过程：首先，评价企业当前的市场位置；其次，确定企业外部营销环境中所面临的主要市场机会和威胁；再次，确定企业要实现竞争策略必须具备的条件；最后，在企业当前市场定位与未来的外部环境之间发现问题与差距。

2）营销战略审计。企业的市场营销战略应该建立在对企业目标、市场、营销环境、竞争者以及内部资源等全面认识的基础上，使营销目标、营销环境与企业资源三者之间达到一种动态平衡，这是制定企业营销战略的基础。因此，对营销战略进行审计，就是对制定营销战略的基础进行审计。例如，企业发展的战略思想是什么？战略目标是什么？现有资源、条件与企业的战略目标相适应吗？企业应该发展还是收缩？可能会遇到什么壁垒？企业的市场细分是否科学？目标市场的选择是否正确？市场营销资源的配置是否合理？市场营销组合是否合适？所有这些都需要经过营销战略审计的检验。

3）营销组织审计。营销组织审计主要是审查企业各部门在执行市场营销战略方面的组织能力和对市场营销环境的应变能力。包括营销管理高层选择决策和控制决策的能力；职能部门对营销工作的分析、规划和执行的能力；营销部门对市场环境的应变能力；与其他部门的联络工作是否存在问题等。

4）营销系统审计。营销系统审计主要检查企业分析、规划和控制系统的质量，评价营销组织对营销环境和战略的应变能力。包括对信息系统、计划系统、新产品开发系统和控制系统的审计。

第一，信息系统审计。主要审计企业市场情报系统是否能准确、及时、有效地提供与顾客、分销商、竞争对手及各类媒体有关的信息，信息渠道是否顺畅，企业决策者是否充分利用了市场调查与研究，是否恰当地运用了市场营销信息进行科学的市场预测。

第二，计划系统审计。主要审计企业是否制定了周密的市场营销计划，计划的可行性、有效性及执行情况如何，是否进行了充分且科学的市场预测，是否有长期的市场占有率增长计划，是否制定了适当的销售定额，销售定额的完成情况怎样。

第三，新产品开发系统审计。主要审计企业开发新产品的系统是否健全，是否组织了新产品创意的收集与筛选，新产品开发的成功率如何，新产品开发的程序是否健全，在进行研究开发之前是否有过充分的论证，新产品在推广之前是否进行产品测试或试销，新产品开发方针是否体现市场导向，新产品开发计划是否科学等。

第四，控制系统审计。主要审计企业对年度计划目标、盈利能力、市场营销成本等是否有准确的考核和有效的控制，控制系统是否能确保年度计划目标的实现，是否定期分析了各产品、市场、地区和分销渠道的盈利性，是否定期审查了市场营销成本。

5）营销生产率审计。就是对企业的盈利能力和成本效益进行审计。主要是考察企业内不同营销实体的盈利能力和各项营销活动的费用控制。

具体来说，要进行以下几项内容的审计：

第一，盈利性控制审计。主要审计企业在不同产品、市场、地区和渠道中的盈利性怎样，企业应该进入、扩展、收缩或撤离哪些细分市场，对企业的短期利润或长期目标有何影响。

第二，成本效益审计。主要审计哪些营销活动的成本过高，应该采取什么措施降低成本。

6）营销功能审计。营销功能审计是指对营销组合各因素（即产品、价格、渠道、促销）的效率进行评价，及时发现企业营销管理中存在的问题并据此改进，以促进企业更顺利地发展。

具体来说，要进行以下几项内容的审计：

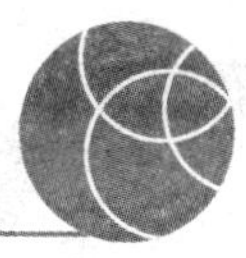

第一，产品审计。主要审计企业现有产品的质量、特色、式样、品牌等是否符合顾客的需要，现有产品是否需要做出某些调整。

第二，价格审计。主要审计产品定价的目标、策略和程序各是什么，成本、需求及竞争状况等对定价的影响程度如何，顾客认为价格与产品是否相符。

第三，分销渠道审计。主要审计分销的目标和策略是什么，市场覆盖率如何，分销渠道是否有需要改进的地方。

第四，促销审计。主要审计企业的广告目标是什么，广告预算是否适当，广告效果评价如何，销售队伍的规模、组织方式是否适应产品的销售，销售人员的选拔、任用及素质与能力的培训进行得怎样，销售人员的报酬及激励措施怎样，是否需要加强其他促销手段。

（3）营销审计的特点。

营销审计具有 4 个方面的特点：全面性、系统性、独立性和定期性。

1）全面性。营销审计实际上是在一定时期内对企业所有市场营销活动进行的效果评价。营销审计最大的特点在于它不是一种功能性审计，不限于审计某些特定问题，而是把市场营销当作一个整体，对全部业务活动进行审核。这是由现代市场营销整体性的特点所决定的。营销审计只有体现全面性，才能有效地对市场营销活动进行审核与评价。不仅企业内所有执行营销功能的部门都应该包含在营销审计内，甚至一些非营销部门也应该包括在营销审计内，因为这些部门的行为同样会影响到顾客满意，如财务部门、研究开发部门、物流部门等。只有全面的营销审计才能找到企业营销问题的真实原因。

2）系统性。营销审计应该与企业的发展相适应，遵循一种系统的、合乎逻辑的秩序来展开。其中包括一系列有秩序的步骤，如营销环境审计、营销战略审计、营销组织审计、营销系统审计、营销生产率审计和营销功能审计。在审计结果的基础上制定并调整行动计划，以提高企业的整体营销效益。由于市场营销的效果受到客观环境以及企业的战略目标、决策、组织和计划等各种条件的影响和制约，而且无法一目了然地判断是否已经达成良好效果，这就要求营销审计必须对营销活动中存在的机会与问题进行系统性的审核与评价，以发现影响营销效果的因素并提出正确的营销计划。

3）独立性。即营销审计应由独立于被评估企业的人员来进行。营销审计可以通过 6 种途径：自我审计、交叉审计、上级审计、企业审计处审计、企业任务小组审计和局外人审计。营销审计必须保证审计结果的客观、正确才有实际意义，因此，企业在进行营销审计时贯彻独立客观性原则至关重要。为了做到这一点，除了企业自我审计之外，还必须请外部的专家审计。一般而言，好的审计大多来自于外界经验丰富的顾问，这些人通常具有必要的客观性和独立性，有许多行业的审计经验，对本行业比较熟悉，可以集中精力做好审计工作。

4）定期性。营销审计不是只有在企业营销出现问题时才去进行，正因为营销审计可以帮助企业预见和避免问题的出现，所以无论企业目前的形势和现状如何，都应该进行定期检查，与时俱进。企业应将营销审计作为一种管理制度持之以恒地开展下去，只有这样，市场营销才有实际效果和生命力。

总之，营销审计的重要作用之一是使企业在销售业绩比较好的时候，发现企业存在的问题，但前提是企业必须坚持定期的营销审计，这样才有利于企业业务的正常开展。

(4) 营销审计的标准。

在设定营销审计的标准时，要以营销审计的目的和任务为基础，将弹性和刚性结合起来，设定尽可能明确的、符合客观情况的标准。主要应该注意以下几个方面：

1) 主观和客观：由审计人员凭借其经验确定营销审计的标准；以同行业企业一些指标的平均值和共同遵循的规范作为审计标准。

2) 优优结合：以同行业中优秀企业的规范和标准作为本企业的标准；综合其他企业优秀的业务规范和指标值（不是各个企业的全部业务，只是每家企业中的优秀业务）形成一个评价标准体系。

3) 内外结合：以本企业内部的计划、预算、业务规范和其他的规章制度为审计标准；以外部的直接竞争对手的各项业务标准作为本企业的审计标准。

4) 宏观和微观：要考虑国家法律、法规的业务项目，如果法律、法规有明确规定的，可以直接作为营销审计的标准；根据企业以往的财务和营业记录，采用统计方法求得平均值作为审计标准。

(5) 营销审计的基本步骤。

1) 了解营销目标，确定审计范围。由企业管理人员和营销审计人员会面，介绍情况，共同拟订营销审计协议，其中包括企业的营销审计目标，营销审计的范围，审计工作的深度、广度，审计资料的来源，审计报告的形式和审计的时间要求等。这是营销审计得以顺利进行的基础。

2) 制定营销审计计划。为了提高工作效率、节约审计时间及降低审计成本，还必须制定出详细的营销审计计划。审计人员应该根据审计协议的内容，认真设计一份详细的营销审计计划，内容包括要会见的访问对象、需要了解的问题、访问的时间和地点等，并要求在每天工作结束后都写出工作报告。制定营销审计计划的目的在于使营销审计所花费的时间和成本均达到最小化。

3) 收集资料。营销审计计划通过后，审计人员应该严格按照计划准备调查和收集各种资料。在收集资料的过程中始终要坚持第一手资料与第二手资料相结合的原则，不能只依赖于营销审计部门所提供的现成资料，一定要注重收集来自消费者、合作伙伴、分销商、供应商及公众和媒体等的信息，这种资料应该占据一定的比重。

具体的资料应包括：企业各项目标的实现情况，如各项目标的实施进度及各种营销资源的配置是否合理；确定执行计划时是否付出了足够的努力，如营销战略的执行是否受到足够的重视、营销管理人员是否全力以赴、市场营销活动能否得到企业全体员工的大力支持等；企业营销组织状况如何，如内部信息沟通的情况、责权分配是否合理等。

4) 对审计结果进行汇总，提出改进意见，做出营销审计报告。在对营销审计范围所规定的所有方面进行系统的资料收集之后，营销审计人员要归纳整理资料，根据调查结果进行总结，并对企业存在问题提出合理建议，最终提交一份客观的、能够反映企业现实状况的书面审计报告。

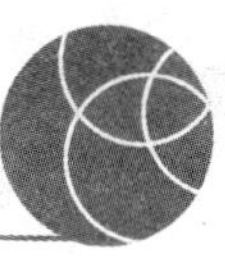

三、效率控制

（一）效率控制的概念

如果盈利能力分析显示出企业的某一产品或某一地区、某一市场所获得的利润很低，那么接下来的一个问题就是，有没有更好、更有效率的方式可以用来管理销售队伍、广告、销售促进及分销，这就要用到效率控制。

所谓效率控制，是指企业不断地寻求更有效的方法来管理销售队伍、广告、销售促进及分销等绩效不佳的营销实体活动。

（二）效率控制的方法

由于企业的营销活动和企业市场销售效果之间的关系非常复杂，很难找到相互间明确的量化关系，因此，对企业的各项营销活动进行效率控制也是一件非常困难的事情。在实际操作时，可以按照每一种活动所能产生的、能明确测量的指标进行评价和控制。企业进行效率控制时经常采用的方法有 4 种：销售队伍效率控制、广告效率控制、销售促进效率控制和分销效率控制。

1. 销售队伍效率控制

企业的各级（各地方、地区和区域）销售经理要记录和掌握自己地区内销售队伍效率的几项主要指标，这些指标包括：

（1）每个销售人员每天平均进行销售访问的次数；

（2）销售人员每次访问所需要的平均访问时间；

（3）销售人员每次访问的平均收益；

（4）销售人员每次访问的平均成本；

（5）销售人员每次访问的招待成本；

（6）销售人员每 100 次销售访问所接下的订货单百分比；

（7）每个访问周期内增加的新顾客数目；

（8）每个访问周期内丧失的顾客数目；

（9）销售队伍成本占总成本的百分比。

通过以上分析，企业可以发现一些重要问题，采取有针对性的改进措施，从而取得很多实质性的进步。

2. 广告效率控制

为了做好广告效率控制，企业至少应该做好如下统计：

（1）每一种媒体类型、每一个媒体工具接触每千名购买者所花费的广告成本；

（2）注意、看到、联想或阅读每一种媒体工具的顾客人数百分比；

（3）顾客对于广告内容和广告效果的意见，即顾客对广告的接受度；

（4）顾客在接触广告前后对于产品态度的衡量；

（5）由广告刺激而引起的顾客询问次数；

（6）每一次的广告成本。

企业营销管理人员可以采取一系列的步骤来改进广告效率，包括：进行更加有效的产品定位；确定广告目标；选择与寻找效果较佳的广告媒体；购买相对效果更好的媒体广告时段；进行广告事后效果测定等。

广告效果评价可以分为事前评价、过程中评价和事后评价 3 种。事前评价是指在广告发布前测量顾客对产品的态度，以确定一个评价基准。包括对产品的认知、对企业的认知和顾客的品牌选择倾向等。过程中评价是指在广告发布的时候监控广告效果，以决定是否应该对广告的内容和形式等做出适当的调整。事后评价是指在广告发布结束后对广告效果做出最终认定，判断是否达到了预定的广告目标。

3. 销售促进效率控制

由于许多销售促进可以令顾客产生直接反应，因此，相对于广告效率的评价，销售促进效率评价可以获得更加准确的结果。销售促进包括很多种工具，不同的销售促进工具有着不同的评价方法。为了改善销售促进的效率，企业的营销管理人员应该记录每一次销售促进活动的成本以及对销售的影响，掌握如下统计资料：

（1）因为优惠销售而增加的销售百分比；

（2）每一单位销售额所花费的陈列成本和促销费用；

（3）赠券收回的百分比；

（4）由示范而引起的顾客对产品询问的次数。

销售促进效率控制主要是对企业营业推广的控制，是企业在准确记录上述原始数据的基础上，观察采取不同销售促进手段的促销活动所带来的不同效果，以便采用以最佳的方式和途径达到最佳效果的销售促进手段。

4. 分销效率控制

分销效率控制是指企业营销管理人员通过调查研究分销经济性，主要是对企业存货水平、仓库位置和运输路线与方式以及分销费用进行分析和改进，并努力寻找最佳的运输方式和途径以达到最佳配置，使分销成本实现最小化。

效率控制的目的在于提高销售队伍、广告、销售促进和分销等市场营销活动的效率。市场营销经理必须重视相关的关键比率，因为这些比率可以表明上述市场营销组合因素的有效性，并且可以据此判断应该如何实施改进措施。

阅读参考：华为的销售效率控制

“酒香不怕巷子深”的时代早已过去，今天的企业如果没有有效的市场营销活动，产品再好也无法有大的突破。华为公司对效率的控制就极为严格，力求通过各方面效率的提升，达到最终的持续发展。

一、销售人员效率

华为要求各地区销售经理要定期记录本地区内销售人员每天平均的销售访问次数，每次会晤的平均访问时间、平均收益、平均成本，每百次销售访问而订购的百分比，销售成本对总销售额的百分比等。通过这些数据的对比，帮助销售人员找出制约其提高业务量的问题所在，制定相应措施提高效率。华为的销售人员还有一大提高工作效率、实现自我管理的法宝，即填写工作日志。

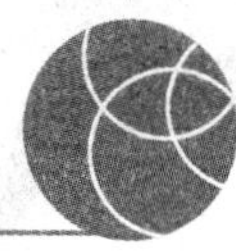

二、广告效率

虽然华为到目前为止几乎拒绝任何专业性刊物以外的广告。但是不可否认，在其走向国际化的发展道路之后，其态度也开始有所转变。华为每投资一个广告，都会对广告成本等相关数据等做出统计，并据此改进广告投资方式，提高效率。

三、促销效率

对于像华为这样生产大型通信设备的厂商而言，促销的手段相对会显得比较单一。为了改善销售促进的效率，销售人员对每一个销售促进的成本和对销售的影响都要做详细的记录，如每一项销售额的陈列成本，因示范而引起询问的次数等。华为的销售人员还观察不同销售促进手段的效果，并使用最有效果的促销手段。

资料来源：周恒编著：《华为的营销策略》，深圳，海天出版社，2006，经编者整理、分析而成。

四、盈利能力控制

（一）盈利能力控制的概念

除了年度计划控制和战略控制之外，企业还需要测定不同的产品、不同的销售地区、不同的顾客群体、不同的销售渠道和不同的订货量的盈利能力。通过盈利能力的控制，企业可以决定哪些产品或者营销活动应该扩大，哪些应该缩小或取消。

对企业而言，产品的盈利能力是非常重要的，它可以直接决定企业的市场营销组合策略。盈利能力控制一般是指由企业内部负责监控营销支出和活动的营销审计人员负责，旨在测定企业不同产品、不同销售地区、不同顾客群、不同销售渠道以及不同规模订单的盈利情况的控制活动。它包括对各营销渠道的营销成本控制、各营销渠道的营销净损益和营销活动贡献毛收益的分析，以及反映企业盈利水平的指标考察等内容。

营销渠道的收益是收入与费用相抵的结果，没有严格的企业生产成本和市场营销成本的控制，企业要取得较高的盈利水平和较好的经济效益是难以想象的。因此企业必须对产品的材料费、加工费和制造费用，以及直接推销费用、促销费用、仓储费用、折旧费、运输费用、其他营销费用进行有效控制，全面降低支出水平。此外，费用支出必须与相应的收入结合起来分析，才能真实而全面地了解企业的盈利能力。

（二）盈利能力控制的方法

在对市场营销成本进行分析之后，还应该考察以下几个反映企业盈利能力的指标。

1. 销售利润率

企业通常会把销售利润率作为评估企业盈利能力的主要指标。所谓销售利润率，是指企业利润与销售额之间的比率，表示每销售100元产品企业获得的利润，它反映了企业市场控制能力和企业盈利能力之间的关系。其计算公式是：

销售利润率＝本期利润/本期销售额×100％

另外，在同行业间衡量经营水平时，最好采用下面的计算公式，这样才能比较正确地评价市场营销效率。

销售利润率＝税后利润/产品销售收入净额×100％

2. 资产收益率

资产收益率是指企业所创造的总利润与企业全部资产的比率。其计算公式是：

资产收益率＝本期利润/资产平均总额×100％

与销售利润率的计算一样，为了在同行业间进行对比，资产收益率可以用如下公式计算：

资产收益率＝税后利润/资产平均总额×100％

3. 净资产收益率

净资产收益率是指税后利润与净资产的比率。所谓净资产，是指总资产减去负债总额后的净值。这是衡量企业偿债后的剩余资产的收益率。其计算公式是：

净资产收益率＝税后利润/净资产×100％

4. 资产管理效率

资产管理效率与企业盈利能力息息相关。资产管理效率高，那么企业的盈利能力相应也较高。资产管理效率可以用以下两种方法来分析：

(1) 资产周转率。资产周转率是指一个企业产品销售收入净额与资产平均占用额之比，它可以衡量企业全部投资的利用效率。如果资产周转率高，则说明该投资的利用效率高；反之亦然。其计算公式是：

资产周转率＝产品销售收入净额/资产平均占用额×100％

(2) 存货周转率。存货周转率是指产品销售成本与存货平均余额之比。它可以说明某一时期内存货周转的次数，以此考核存货的流动性。存货平均余额一般是取年初和年末余额的平均数。通常情况下，存货周转率越高越好，说明企业存货水平低，周转快，资金的使用效率比较高。其计算公式是：

存货周转率＝产品销售成本/存货平均余额×100％

(三) 盈利能力控制的流程

企业盈利能力控制的流程主要分为 3 步，即确定职能性费用、将职能性费用分配给各个营销实体、为每个营销渠道编制一张损益表。

1. 确定职能性费用

即衡量所有市场营销活动将引起多少营销职能费用，主要包括产品、广告、推销、市场调研、包装、运输、仓储等活动。

市场营销成本直接影响企业利润，它包括以下几个项目：

(1) 直接推销费用。如营销人员的工资、奖金、差旅费、培训费和交际费等。

(2) 促销费用。如广告媒体成本、宣传资料的印刷费用、促销所用赠品及奖品费用、展览会费用、促销人员工资等。

(3) 仓储费用。如仓库租金、维护费、保险费、商品包装费、存货成本等。

（4）运输费用。分两种情况，如果是自有运输工具，需要计算运输工具的折旧费、维修费、燃料费、牌照费、保险费、司机工资等多项费用；如果是托运，要计算托运的费用。

（5）其他市场营销费用，如办公费用等。

上述市场营销成本连同企业的生产成本共同构成了企业总成本，会直接影响企业的经济效益。

2. 将职能性费用分配给各个营销实体

在确定了各项职能性费用后，还需要将职能性费用分配给各个营销实体，即衡量每一种分销渠道在交易的过程中所发生的职能性费用支出，将已划分的各营销职能费用按分析目标（如产品、地区、客户、销售人员等）分别计算。

在分配的时候，需要明确销售努力的结果，这可以用每一个渠道的销售量来表示。其中，广告费用可以根据不同渠道提出的广告数进行分配，包装和运输费用按每一种渠道提出的订单数进行分配，开单和收款费用也以此为根据。

职能性费用的分配，实际上也就是营销成本的分摊，这种成本分摊是对盈利能力进行实际分析时不可回避的问题。在分配费用时，需要注意将以下 3 种不同的成本加以区分：

（1）直接成本。这是指直接分配给那些引起这些费用的营销实体的成本，如销售佣金就是一种直接成本。另外，只针对某一特定产品的广告费用也是产品利润分析中的直接成本。推销人员的薪酬、差旅费等也都是直接成本。

（2）可追溯的共同成本。这种成本只能通过间接的方式，但是可以依照合理的基础分配给各个营销实体，如场地租金等。

（3）不可追溯的共同成本。这种成本是指高度主观地分配给各营销实体的成本。如用于塑造良好“企业形象”所支出的费用，如果平均分配给所有的产品就是不客观的，因为各个产品在企业良好形象的建立中所获得的好处是不同的。此外，企业上缴的税金、利息和管理层的工资也都存在难以分配共同成本这种现象，类似这样的无法进行分配的费用，就构成了企业不可追溯的共同成本。

对于包括直接成本在内的销售成本控制分析，大部分人都可以接受，然而对共同成本的处理就有所争议。可追溯的共同成本归并了随营销活动规模的大小而变动的费用和在最近的将来可能不随之变动的费用，这一成本一旦取消，其盈利指标就变得非常喜人。但是不可追溯的共同成本是否可以分摊给营销实体呢？关于这一点企业要注意 3 个问题：一是对不可追溯的共同成本的分配方法，要在时空上保持一致，有连续性；二是企业对分摊办法的制定切忌主观武断；三是在关注共同成本的同时，更要关注对直接成本的控制。

3. 为每个营销渠道编制一张损益表

在完成职能性费用的分配后，还要为每个营销渠道准备一张损益表。企业可以根据损益表来确定调整的对象，如对出现亏损的营销渠道要进行认真分析，找出亏损原因。必要时可以对该营销渠道进行调整，以确保企业整体的利润水平。

企业对盈利能力进行控制的根本目的就是找出影响盈利的原因，以便采取相应的措施，削弱或根除不利因素。

［例 14—3］晨阳公司经营某项产品，月销售收入为 30 万元，制造成本为 20 万元，毛

利为10万元，实际支出市场营销费用总和为12万元，试对该产品的盈利能力进行分析。

分析：

该产品净利＝30－(20＋12)＝－2(万元)

销售利润＝(－2)÷30×100％＝－6.7％

造成该产品亏损的原因很可能是制造成本或营销费用太高，应采取降低营销费用和制造成本等措施。如果采取措施之后仍然没能扭转亏损状态，则应该放弃对这种产品的经营。

本章小结

市场营销控制是指市场营销管理者为了确保预定营销计划的运行、衡量和评估营销计划的成果，而实施的一整套工作程序或工作制度。市场营销控制用于跟踪企业市场营销活动过程的每一个环节，它包括为了实现营销绩效与预期目标的一致而采取的一切措施。市场营销控制具有整体性、动态性和人为性3个特点。市场营销控制的流程包括6个具体步骤：确定市场营销控制的对象；识别衡量的尺度；确定衡量的标准；选择控制方法；按标准衡量绩效；分析偏差原因并提出改进建议。

市场营销控制的类型主要包括年度计划控制、战略控制、效率控制与盈利能力控制。

年度计划控制是指由企业高层管理人员负责的，旨在发现计划执行中出现的偏差，并及时采取纠正措施，帮助年度计划顺利执行，检查计划实现情况的营销控制活动。企业的年度计划控制包括5种方法：销售分析、市场份额分析、营销费用—销售额分析、财务分析和顾客满意度追踪。

战略控制是指市场营销管理者采取一系列行动，对整体营销效果进行全面评价，以确保企业的目标、政策、战略和计划与外部的市场营销环境相适应。战略控制有2种工具可以利用，即营销效益等级评定和营销审计。营销审计活动的内容包括营销环境审计、营销战略审计、营销组织审计、营销系统审计、营销生产率审计、营销功能审计。

效率控制是指企业不断地寻求更有效的方法来管理销售队伍、广告、销售促进和分销等绩效不佳的营销实体活动。企业进行效率控制时经常采用的方法有4种：销售队伍效率控制、广告效率控制、销售促进效率控制和分销效率控制。

盈利能力控制一般是指由企业内部负责监控营销支出和活动的营销审计人员负责，旨在测定企业不同产品、不同销售地区、不同顾客群、不同销售渠道以及不同规模订单的盈利情况的控制活动。企业盈利能力控制的程序主要分为3步，即确定职能性费用、将职能性费用分配给各个营销实体、为每个营销渠道编制一张损益表。

思考题

1. 什么是市场营销控制？
2. 简述市场营销控制的特点。

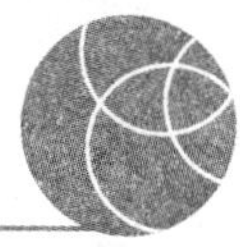

3. 市场营销控制的流程包括哪些?
4. 市场营销控制包括哪些类型?
5. 年度计划控制有哪些方法?
6. 战略控制的目的和方法是什么?
7. 效率控制有哪些方法?
8. 简述盈利能力控制的流程。

参考文献

1. [美] 菲利普・科特勒，等. 市场营销原理（第 13 版）. 楼尊，译. 北京：中国人民大学出版社，2010.

2. [美] 菲利普・科特勒. 营销管理（第 5 版・全球版）. 汪涛，译. 北京：中国人民大学出版社，2012.

3. 李怀斌，毕克贵. 市场营销学（第二版）. 北京：清华大学出版社，2012.

4. 李怀斌，周学仁，张北光. 市场营销学（第二版）. 大连：东北财经大学出版社，2011.

5. 郭国庆. 市场营销学通论（第五版）. 北京：中国人民大学出版社，2013.

6. 郭国庆. 市场营销学. 武汉：武汉大学出版社，2004.

7. [美] 菲利普・科特勒，加里・阿姆斯特朗. 市场营销. 俞利军，译. 北京：华夏出版社，2003.

8. [美] 菲利普・科特勒. 营销管理. 梅汝和，梅清豪，周安柱，译. 北京：中国人民大学出版社，2003.

9. [美] 菲利普・科特勒. 市场营销原理（亚洲版・第 2 版）. 何志毅，赵占波，译. 北京：机械工业出版社，2010.

10. 谭俊华，李明武. 市场营销学. 北京：清华大学出版社，2013.

11. 吴建安. 市场营销学（第四版）. 北京：高等教育出版社，2011.

12. 吴涛. 市场营销学教程. 北京：中国发展出版社，2009.

13. 连漪. 市场营销学：理论与实务（第 2 版）. 北京：北京理工大学出版社，2012.

14. 贺继红，白建磊. 市场营销学通理. 北京：清华大学出版社，2012.

15. 袁连升，成颖. 市场营销学理论、案例与实训. 北京：北京大学出版社，2012.

16. 周学仁，李怀斌. 市场营销学教程. 北京：中国商业出版社，2012.

17. 赵平，于春玲. 市场营销案例. 北京：清华大学出版社，2000.

18. [美] 唐・亚科布奇. 营销管理. 田志龙，编译. 北京：机械工业出版社，2011.

19. [美] 罗杰・凯林，等. 市场营销原理. 王成慧，曹亮，译. 北京：人民邮电出版社，2007.

20. [美] 加里・阿姆斯特朗，菲利普・科特勒. 市场营销学. 赵占波，何志毅，译. 北京：机械工业出版社，2011.

21. [美] 菲利普・科特勒，凯文・莱恩・凯勒. 营销管理. 王永贵，等，译. 北京：中国人民大学出版社，2012.

22. 梁幸平，任君庆. 知识营销（修订版）. 北京：经济管理出版社，2002.

23. 杨勇，等. 市场营销：理论、案例与实训（第二版）. 北京：中国人民大学出版社，2011.

24. ［美］山姆·沃尔顿，约翰·休伊. 促销的本质. 杨蓓，译. 南京：江苏文艺出版社，2012.

25. 姜玉洁，李茜，郭雨中. 促销策划（第二版）. 北京：北京大学出版社，2011.

26. ［美］菲利普·科特勒. 营销管理（亚洲版·第5版）. 吕一林，王俊杰，译. 北京：中国人民大学出版社，2010.

27. 周恒. 华为的营销策略. 深圳：海天出版社，2006.

28. ［美］菲利普·科特勒，凯文·莱恩·凯勒，卢泰宏. 营销管理. 卢泰宏，高辉，译. 北京：中国人民大学出版社，2009.

29. ［美］安妮·T·科兰，等. 营销渠道（第7版）. 蒋青云，等，译. 北京：中国人民大学出版社，2008.

30. 吕一林. 营销渠道决策与管理（第二版）. 北京：中国人民大学出版社，2008.

31. 郑锐洪. 营销渠道管理. 北京：机械工业出版社，2012.

32. 吴健安. 市场营销学（第五版）. 北京：清华大学出版社，2013.

33. 王学东. 营销策划——方法与实务. 北京：清华大学出版社，2010.

34. 涂平. 市场营销研究方法与应用. 北京：北京大学出版社，2013.

35. 石磊. 一看就懂的营销技巧全图解. 北京：电子工业出版社，2014.

后 记

经全国高等教育自学考试指导委员会同意，由经济管理类专业委员会负责高等教育自学考试经济管理类专业教材的审定工作。

《市场营销学》自学考试教材由东北财经大学毕克贵副教授担任主编，孙宴娥担任副主编，周学仁、张扬、刘洋、赵贵南、望美玲、张志文、范津律及内蒙古包头财经信息职业学校王琦凡参与编写。全书由毕克贵、孙宴娥、刘洋统稿。

参加本教材审稿讨论会并提出修改意见的有中国人民大学吕一林教授、北京理工大学王秀村教授。

对于编审人员付出的辛勤劳动，在此一并表示感谢！

全国高等教育自学考试指导委员会
经济管理类专业委员会
2015 年 1 月